谁输在起跑线上

吴树 蒋铮 著

人民东方出版传媒
東方出版社

图书在版编目（CIP）数据

谁输在起跑线上 / 吴树，蒋铮 著．—北京：东方出版社，2016.9
ISBN 978-7-5060-9217-3

Ⅰ.①谁…　Ⅱ.①吴…　②蒋…　Ⅲ.①中小学教育—教育研究—世界
Ⅳ.① G632.0

中国版本图书馆 CIP 数据核字（2016）第 227026 号

谁输在起跑线上
（SHUI SHU ZAI QI PAO XIAN SHANG）

作　　者：吴　树　蒋　铮
责任编辑：黄珊珊
出　　版：东方出版社
发　　行：人民东方出版传媒有限公司
地　　址：北京市东城区东四十条 113 号
邮政编码：100007
印　　刷：龙口市新华林文化发展有限公司
版　　次：2016 年 10 月第 1 版
印　　次：2019 年 5 月第 2 次印刷
开　　本：710 毫米 ×960 毫米　1/16
印　　张：22.25
字　　数：320 千字
书　　号：ISBN 978-7-5060-9217-3
定　　价：60.00 元

《谁输在起跑线上》名家推荐

中国教育走入死结是共谋的结果，管理者负的责任更大些，但家长常常也是同犯。打破恶性循环很难，但也只能是从各自的领地做起。我想本书更能影响的大约是家长和舆论。如果更多的家长走出了误区，孩子的情况毕竟会好些。

——社会学家、《吾国教育病理》作者郑也夫

以报告文学来表达对教育现状的关切，让我想起曾经风行一时的《神圣忧思录》。相隔三十年，教育依然是中国之痛，牵动着万千国人的良心。它关乎一个古老民族的文明新生，也关乎人类的长远未来。本书可以帮助国人明白中国教育的真实困境，理解其症结之所在，从而找到突围的方向。

——历史学者傅国涌

掩卷而思，这不愧为一部奇书。把一部非小说写得比当下许多小说都更精彩凝练，在一连串鲜活、可信、得之不易的故事中闪烁着灵性的芒辉，从而令读者手不释卷。此书的可读性对于众多关心我国教育问题的人士来说是无可替代的。

——著名作家、中国报告文学学会副会长理由

我喜欢这两本书，更理解作者的良苦用心。因为对于中国教育改革来说，的确需要有这样的忧患意识，需要有担当的全方位反思与审视。

——著名教育家、全国政协常委朱永新

为中国教育问题求解药方的书很多，但这本书却以其独特的作者组合与视角，给读者带来不同的观感——“生于忧患，死于安乐”，明了中国的后顾之忧，才能开启中国教育的新生之路。

——21 世纪教育研究院副院长，知名教育学者熊丙奇

中国梦首先是教育梦，教育不强，国家就没有后劲。

——中科院院士、原英国诺丁汉大学校长杨福家

所有学校都在争一流，国内一流、国际一流，最后都不入流……所以才有了“钱学森之问”。

——中科院院士、清华大学教授潘际銮

中国大学已经偏离原点太远，已经不再是一个学术机构，变成了一个行政机构。中国大学上不去，有深层次的机制问题。

——中科院院士、原中国科技大学校长、南方科技大学校长朱清时

作者在云南采访事件知情者

作者赴内蒙调查农村教育

作者赴江西考察农村小学

作者采访城市学生家长

作者采访农村学生家长

作者赴福建采访惠安女教育现状

作者采访北京某国学班学生

作者与美国中学生座谈

目　录

C O N T E N T S

序

三十年我们缺失了什么？

掩卷而思，这不愧为一部奇书——中国教育的话题被千千万万的家庭为之焦虑、为之困顿并寄予殷殷厚望，在这同时，又被一大群权威专家所热议、所剖析，并言之凿凿地指明出路，却未见成效；面对多元思辨的无解，在莫衷一是的窘困中，以及说起话来就激烈爆棚的语境下，这本书究竟还有多少文章可做？这着实是一个令人担心的问题。但是本书作者做得非常出色，显然境高一界，艺高一筹。

大面积深入、专注、机智地调查，而且常常锲而不舍地追踪式采访；一旦目标确定之后就随之一个足够的周期，不论是深受应试教育之害的学生，还是看似施害者的教师或家长，抑或是那些“超级考试工厂”的神话，作者都以职业的执著和极大的耐心关注着人物和事件发展的各个节点，呈现出峰回路转、柳暗花明、虎头豹尾的结构。如此竟然把一部非小说写得比当下许多小说都更精彩凝练，在一连串鲜活、可信、得之不易的故事中闪烁出灵性的光辉，从而令读者手不释卷。

书中那些受害者与施害者犹如在同一沸腾的炼狱中，互为因果也互相转换，每一真实的案例都展现一幅“风情万种”却“撕心裂肺”的画卷，合乎情理又出乎意料。书中那个名叫麦麦的失踪少年，还有小小年纪就出国留学的龙凤胎，或是“天上人间”的刘彩霞，读来令人震撼之余，也伴随着一种近似禅宗的彻悟。类似的例子在书中几乎可以信手拈来。于是，我们看到作者代价高昂的、含辛茹苦的、义无反顾的付出，其足迹遍及大江南北直至海外，在调查现场敏锐地应对变化莫测的前沿格局，以期捕捉弥足珍贵的第一手资料。我们也看到，这部书的精髓形于书内而修于书外。

在这个意义上，此书的可读性对于众多关心我国教育问题的人士来说是无可替代的。

《谁输在起跑线上》以基础教育领域为主要题材，《天骄之殇》以高等教育领域为主要题材，话语的环境氛围似乎一张一弛。

在普及教育阶段，孩子们本应享受更多快乐和更加健康的时光，却在书山题海的高压下喘息着。故事的高潮是那些升学率很高的“名校”，一人就读，全家动员；一届高考，千人拜树，万人放灯，夹道送考，弥漫着巫术般的狂迷。人生的目标如此浅近，误把理想当做现实，错把现实等同理想，以致暑期后开学的大学校园，本应是“在明明德，在亲民，在止于至善”（《礼记·大学》）的大好时光，我们看到却是另一派松弛凌乱的景象。

作者并不止于病态现象层面的精致描述，而是抽丝剥茧般地剖解着高等学府的外弛与内张——为项目经费的撕搏，为评职称的剽窃，以及依附于官僚体制的腐败和挥之不去的暴戾之气。通过一个个案例之后的链接、访谈和后记，从而将全书引向思辨的框架，向社会发出一声声叩问，并保持驾驭宏大话题应有的超然。

国人说起教育改革的宏论可谓滔滔不绝。不过，毕竟言者易，行者难。在《天骄之殇》中出现了令人刮目相看的三位践行者——被称作“三剑客”的大学校长。他们一样的襟怀抱负，不一样的机遇，略显差异的性格，天壤之别的成效，在比照的镜像中意趣盎然。作者又在中西教育文化比较的回廊中荡漾了一下，答案清晰明了，结论欲吐还含，构成本书又一组华彩的乐章。

众所周知的“钱学森之问”：“为什么我们的学校总是培养不出杰出人才？”经过三十年河东、三十年河西的变迁，人们应该有了更清晰的观察。其实，任何人都可以一眼看穿，所谓的“钱学森之问”实乃钱学森之盼。

三十年来我们的教育事业拥有很多收获：基础教育取得傲人的成就，即使远在穷乡僻壤也播下知识的种子。高等教育更是辉煌显赫，每年从大学校园里走出令全世界为之眩晕的大批工程师，还有腹藏孔孟老庄又熟知苏格拉底和柏拉图的人文学者。他们身影的背景是亮丽的教学大楼、雄厚的师资和无边际扩展的校区……这一切都可量化为庞大的数字，那数字令人瞠目结舌。

但是，钱学森之盼依然悬浮于空中，可望未可及，现实与先生的希望相距甚远。

三十年来我们显然缺失了什么？让我们重拾理想与现实这个并不新鲜又不可释怀的话题。三十年来，从成人到孩子的芸芸众生，人们的理想在一点点消磨、抽空、褪变，遂把滚滚红尘的功名利禄当做毕生追求的渴望。

什么是理想？它的词义并不深奥，无非是比行尸走肉、沐猴而冠又多了一点精神的意涵，却足可使人回肠荡气、血脉贲张。一个有理想的民族，可以在一无所有的绝境中奋起；一个失却理想的民族，也可以在繁华似锦中枯萎凋零。

中国教育后顾有忧，作者在书中击节长叹，其忧令此书的读者抚卷沉思！

理由

2016元宵，海南

理由

作者简介：中国著名作家、艺术评论家、中国报告文学学会副会长。1977年至1986年蝉联四届中国优秀报告文学大奖，2009年获开放改革三十年优秀报告文学奖，建国六十周年优秀报告文学奖。代表作有《扬眉剑出鞘》、《理由小说报告文学选》、《明日酒醒何处》、《倾斜的足球场》、《香港心态录》等。

卷首语

历时三年多，这部书总算脱稿了，我们如释重负之余，深感忐忑不安。

这几年，正是中国教育经历十年复兴、十年停滞、十年沉沦的历史进程后，开始顺应中国改革大潮寻找新出路的裂变期——脱轨、阵痛、迷茫、探寻……这一切，带给本书作者的是一次次补充调查、反复论证、多重思考、更正表述……于是，在超出合同期限一年多后，我们才将书稿交审付梓。

即便如此，我们仍知身在改革大时代，文于思潮多变之秋，要想跟进或驾驭全程只是妄念，唯用诚惶诚恐之拙笔，截取大时代之下的若干凡人故事报告于世，至于其中人物命运的前世今生、是非曲直，且由读者见仁见智、思之评之便罢。感谢东方出版社的同仁们，对我们此种愚顽执著的书生意气给予了理解与支持。

这一千多个昼夜我们做了些什么？明查暗访了国内数十所不同类型、不同规模的大、中、小学。其中有万众仰慕、一“座”难求的重点中小学、“超级高中”、大学名校，也有默默无闻、甚至被人遗忘的普通学校，还有鲜为人知的“状元生产线”、校园“江湖”……我们重点调查了近年来发生在校园里的若干典型案件“第一例”，力图通过对那些悲剧元素的透析，将其净化为可以激发正能量的动力，以期达到阻止悲剧续演的目的。

在百余名受访人士中，有多位中科院院士、著名大学校长、资深教育家，如杨福家、朱清时、潘际銮、刘道玉等。有知名或不知名的各类大学不同学科的教授、学者，也有参与应试教育、功名显赫的“高考神校”领导，有默默无闻的普通学校老师，还有一些欧美国家有“故事”的教育界人士和家长。

特别值得一提的是，在接受我们采访的数十位新老学生中，有恢复高考后曾经万众瞩目、如今行踪难觅的第一代著名“神童”，如宁铂、谢彦波等；有负笈游学海外的低龄留学生，如被移民美国的神秘龙凤胎、留学法国的中国女孩莎拉等；还有“混迹”校园“江湖”、自称“灰太狼一族”的问题少年……读者可以通过我们的多篇独家人物访谈和受访者的奇特经历，一窥我国当代青少年进取之艰辛，堕落之无奈。

感谢所有受访者，对我们的调查给予了充分信任和鼎力配合，不计观点各异，不拒尖刻追问，好事坏事讲真事，好话坏话说真话，喜怒哀乐显真情。尤其难忘的是一些不幸经历失子之痛、心陷莫大悲哀的学生家长，在接受采访时，不惜忍受“剜肉医疮”之苦，以现身说法警世示人，多番让我们泪洒当场……

我们知道，所有这一切，皆因各位受访者与作者有着一个共同的愿望——让深受现行教育制度之累的孩子们早日脱离苦海、重拾童心，让每一所学校早一天净化为莘莘学子们健康成长的保护神。

在梳理案例、廓清思路时，我们也有过许多纠结，比如一些教育学者告诉我们：中国大学死了；但刘道玉、潘际銮校长又告诉我们：中国大学可以不死；杨福家、朱清时校长则告诉我们：中国大学可以活得更好。三种思维、三样说法、三重逻辑，透露出什么？中国教育在反省、在反思、在寻找适合自己的出路。

翻开世界历史，无论哪一次重大变革的出现，都会伴随一场文化理念上的冲突与革命。而这种文化理念的变化，又经常被包裹在某种迷障之下缓慢、痛苦、焦躁地进行着，一直挣扎到旧皮褪尽、新肌发生。我们的国家教育，我们的民族文化，不是正在经历这样一次脱胎换骨的“涅槃”与优化吗？身在其中，进退与共，对此我们没有理由泯灭理想，我们当有足够的信心走向未来。

值本书出版之际，我们向全国政协常委、中国民主促进会中央委员会副主席、“新教育实验”发起人朱永新教授，向中国著名报告文学作家、文学评论家理由先生，表示诚挚的谢意。他们以不同的身份，站在不同的角度，为本书撰写了精彩的序与跋，足以诠释本书的意旨与精神。

吴树　蒋铮

于 2016 年清明

吴树

作者简介：作家、文化学者。代表作：长篇报告文学三部曲《谁在收藏中国》、《谁在拍卖中国》、《谁在忽悠中国》，获《亚洲周刊》十大好书、“中国图书势力榜”十大好书等多项奖励；另著有《阿门》等多部影视作品，曾获多项国内外专业奖。

蒋铮

作者简介：广东省“十佳女新闻工作者”、《羊城晚报》主任记者，多次获广东省新闻一、二等奖。著有新闻作品集《走进新加坡 走进香港》。

开　篇：邓小平的“77.88”

历史是一个人的性格绘画还是多数人联手创作的巨制鸿图？所谓英雄史观与大众史观，在哲学上争论了若干年。虽然我们不是前者的鼓吹者，但我们相信：有时候个人的思想与作为，的确可以改写一段社会发展史。

邓小平的再次复出

1977年春节前后，中国北京一家军队医院里，躺着一位个头矮小的男人。他是谁？叫什么名字？均不得而知，病历上只有一个阿拉伯数字组成的代号。这很正常，我住过那家医院，每天值班小护士从小窗口里喊这种代号，似乎有意淡化病人的自我意识。

对于眼前这个因为前列腺炎引起尿潴留症的病人来说，这里的监狱气味儿似乎更浓一些——上锁的楼道、便衣看守，他的病情及行踪也被严令禁止向外透露。

尽管这位特殊患者的周边布满了明岗暗哨，还是有不少闯进病房来的人。这天，打头来“闯宫”的是位大嗓门军人，他随手拨开企图阻止他入内的警卫：“谁说不让看，我就是来看他的！”警卫认出来人是时任中共中央政治局委员、功勋卓著的独臂将军余秋里，行了个礼，打电话报告去了。

余秋里跨进房间就对着有些耳背的病人嚷嚷：“好点没有？老兄，我们都等着你出来呢！”

接下去几天，新中国“十大元帅”中的徐向前、聂荣臻也先后来到病房，看望那位其貌不扬、却明显不是等闲之辈的病人。可不幸的是，进院一周后，病人的病情还在继续恶化。消息报告至军委办公室，高层指示：派出最好的医生主持治疗。

“您是邓……”一位奉命前来会诊的权威老军医，见到病人后大惊失色。很快有人提醒他：“不要指认病人的姓名！”老军医贴近病人探视，更确定躺在病床上的人就是他——无人不识的“邓大人”。

“首长，我……”面对这个特殊的病人，老军医面露尴尬，低下头不知说什么好。

“没啥子，去年你在《人民日报》写的那篇批邓文章我看过了，你不要有任何包袱。我知道你不会主动干那种事，一定是别人让干的，我相信你！”病人安静地躺在床上，一笑了之。

老军医哭了，泪流满面。与大多数中国人一样，这位曾被卷进“文革”漩涡里的大夫，不知道该怎么去支付自己的良心账单，唯有用自己毕生所学，参与救助这位命途多舛的伟人。

邓小平，这位中国政坛的特殊大人物，他的命运不但国人牵肠挂肚，更为西方媒体长期热炒。在他住进医院的这段日子，全世界媒体竞相报道他政治上“三起三落”的传奇经历。所发文章形同“通稿”，高度一致：

“邓小平第一次被打倒，是在中国土地革命战争时期，原因是拥护毛泽东的政治、军事路线，被撤销江西省委宣传部长的职务，受党内严重警告处分。后于红军长征前，在中央军委政治部主任王稼祥等人的支持下，邓被中共中央重新任命为总政治部秘书长；第二次被打倒于‘文革’初期，作为‘刘邓资产阶级司令部’的第二号人物被撤销党内外一切职务。至 1974 年，在毛泽东和周恩来的支持下，复出主持中央和国务院的日常工作；好景不长，1976 年 4 月，他第三次被打倒，撤销党内外一切职务，保留党籍，以观后效。最近病危卧床……”

鬼老外，啥都瞒不住他们！邓小平被秘密监护在这家医院看病，西方情报机关也弄得一清二楚。当时的国人谈虎色变，传说美国间谍卫星连这家医院的护士更衣室都不放过。在后来解禁的某国情报局档案里，就有这个时间段的下述记录："中国有可能在逮捕'四人帮'后，发生第二次政治变局，躺在医院里的邓很有可能东山再起！"说准了。邓小平入住301医院前后两三个月，中国政局的确又发生重大变故。

1977年2月3日，邓小平入院55天，手术后身体奇迹般好转。

傍晚，一辆黑色轿车驶入301医院，一位年轻军人向拦阻他的监护人员亮出"尚方宝剑"，获准进入邓小平的病房。他"啪"地行了个军礼，"首长，我奉命接您，咱们动身吧！"说完，扶起邓小平走出院子，上车直奔西山，安排他和家人住进25号楼。

此时，中共中央、中央军委副主席叶剑英元帅，就住在距离很近的15号楼内。

没有不透风的墙。四天后，代表中共最高领导层意志的"两报一刊"——《人民日报》、《解放军报》、《红旗》杂志，联合发表题为《学好文件抓住纲》的社论，提出："凡是毛主席做出的决策，我们都坚决维护，凡是毛主席的指示，我们都始终不渝地遵循。"字里行间透露了一个信息：打倒邓小平是毛泽东主席生前定下的铁案。

一份与社论精神高度一致的中共中央文件，被毫无例外地送达西山25号楼——此前，叶剑英副主席曾明确指示机要秘书："凡我看的文件，都要送给小平同志，让他看，熟悉情况！"他还委派自己的办公室主任王守江及时向邓小平通报时局动向。

邓小平看过文件后沉默未语。

这天夜晚，邓家人正在晚餐，叶剑英的小儿子走进客厅，悄悄告诉"三公主"邓榕："我家老爷子想与你家老爷子见面……"

尽管邓老爷子耳背，这句话听进去了。他赶忙放下筷子，让女儿陪同乘车去到15号楼。

车未停稳，邓小平老远就看到一个熟悉的身影由人搀扶着，站在门口相迎。他急切地打开车门，高声喊道："老兄！"

"小平！"没有更多的语言，叶剑英与邓小平紧紧握住彼此的手，久久不放。在警卫人员再三提示下，两位老人相互搀扶着走进里屋。

这一夜很长，两位共和国的先驱关起房门彻夜长谈，此时此刻，他们关心的不是个人生死荣辱，而是那个他们为之出生入死、浴血奋战的人民共和国，怎样彻底结束十年动乱？如何伸展腾飞的翅膀？

这一夜很短，国策、计谋、步骤……怎么让国人认清“凡是派”权重误国？如何扳正共和国之舟前进的航向？分手时，两位老人都感觉到肩沉心重、意犹未尽，还有很多很多话未及向对方倾诉。

1977 年 2 月 18 日，丁巳年春节，“凡是派”控制的舆论工具还在集中火力“批邓、反击右倾翻案风”。此时的北京虽说春寒料峭，但西山 25 号院内却热闹非凡。一辆辆红旗轿车接踵而至，一个个中国政坛上一言九鼎、举足轻重的大人物纷至沓来：叶剑英、李先念、王震、胡耀邦、万里……

有些段落看上去平淡无奇，却是一个个镶嵌在历史链条上的结扣，如若将它们串联起来，你会发现它们的组合逻辑竟然是那般诡异、妙不可言。就像眼前这个普普通通的春节，一次普普通通的聚会，看上去只是共和国精英巨头们对一位劫后余生的老战友一次团拜，却凝聚成一个不期而遇的气场，随机孕育出一种政治生机，它让每一位到场者，都深切地感觉到他们在抱团酝酿一次足够改变共和国前进轨迹的巨大能量。

是的，没有 1977 年西山 25 号院的那个春节，共和国的今天可能会推迟至遥远的明天或后天。

令人揪心的是：接下来的时局进展，并不如此刻西山 25 号院的笑声那么明朗，老帅们力主邓小平复出政坛的风声引起了当时最高层的强烈反弹。

3 月 14 日，中共中央工作会议在北京召开。华国锋在会上重申：“凡是毛主席做出的决策，都必须维护；凡是损害毛主席形象的言行，都必须制止！”

会议第四天，中共资深领导人陈云作书面发言，态度鲜明地支持恢复邓小平的党内职务，另一位中共元老级人物王震也在会上提出要让邓小平出来工作，要为“天安门事件”平反。由此，中共高层“凡是派”与“改革派”的斗争进入短兵相接的关键时刻。

会后，叶剑英与时任中共中央政治局委员的李先念先后多次找华国锋谈话，希望早日让邓小平出来工作。

数月后，中共十届三中全会在北京召开。这是粉碎“四人帮”之后召开的第一次中共中央全会，会上通过了《关于恢复邓小平同志职务的决定》，恢复邓小平中共中央委员、中央政治局委员、常委、中共中央副主席、中共中央军委副主席、国务院副总理、中国人民解放军总参谋长等一长串职务。

1977 年 7 月 30 日夜，邓小平复出后首次亮相北京工人体育场

1977 年 7 月 30 日夜，邓小平终于在沉寂一年多以后首次亮相，来到北京工人体育场，出席 1977 年北京国际足球友好邀请赛闭幕式。当他走上主席台时，全场近 10 万名观众自发起立，长时间热烈鼓掌，在场外国记者迅速向各自大本营发出这一意外获得的重要新闻。至此，传奇邓小平最终完成了他“三落三起”的政坛神话。他在其后会见外国元首时开玩笑说：“如果对政治上东山再起的人设立奥林匹克奖的话，我很有资格获得该奖的金牌！”

在此后的中共中央十一届六中全会上，坚持“两个凡是”的华国锋提出辞去中共中央主席、中央军委主席职务，退出政坛，以邓小平为代表的“改革派”正式登上中国政治舞台，历史随之翻开新的一页。

投石问路

1977 年邓小平出山前，在西山与位高权重的叶老帅是否有过“隆中对”？他三出茅庐时，是否有一张如诸葛孔明式的“出师表”？我们不得而知。但听说决定邓小平复出政坛的中共十一届三中全会召开后，就有“凡是派”人士曾私下里担忧：“放虎归山必留后患！”他们的担忧很快变成了事实。邓小平此番复出后的十几年内，凭借过人的政治智慧和人格魅力，在中国政坛呼风唤雨，掀起一阵阵摧枯拉朽的改革旋风。

1977年7月底，与邓小平在“工体”复出亮相同时，时任国务院副总理兼国家科委主任方毅、教育部长刘西尧，分别接到一个内容相同的通知：邓小平同志要亲自主持召开一次“科学和教育工作座谈会”，要求他们从科学院系统和教育部所属大学各挑选15名科学家、学者入会。条件有三：第一，要有真才实学；第二，要有见识、敢讲话，能说出东西来；第三，不能跟“四人帮”有关系。

这三条可让两位政府大员伤透了脑筋。“文革”十年，尽管知识分子的际遇不尽相同，但为了自保，有多少人没被“四人帮”染指？可是再难也得去找啊！同朝为官，他们太了解这“江山易改秉性难移”的邓小平，他不愿和那些在“文革”期间助纣为虐的人虚与委蛇、同堂议事。

难归难，任务还得完成。两部委在自己所辖部门“全国大搜捕”，终于按照邓大人提出的条件遴选出32名专家学者，科技战线和教育战线各16名。其中有钱三强、周培源、苏步青、童第周、张文裕、王大衍、于光远、何东昌、潘际銮、柳大纲、杨石先、林兰英、彭恒武和邹承鲁等，他们基本上都是当时中国科技、教育界的权威人士。

人找齐了，方、刘两位领导并未松口气，尤其是刘西尧部长想得更多。他知道，邓小平在中央政治局会议上主动请缨抓教育，依他的个性，绝不会依照“两个凡是”的路子走。这次会议是他复出后的第一个动作，究竟会闹出什么动静？万一座谈会偏离了“凡是派”的轨道，他这个教育部长又该如何应对？

尽管后来一些教育专家和媒体对刘西尧这一段历史的功过是非不乏微词，但是如果设身处地站在他的立场上审时度势，或许应该对这位命运多舛的教育部长多几分谅解。

刘西尧是20世纪末中国政界少有的既有大学学历、又有少将军衔的部级领导。自1963年开始，他一直担任第二机械部部长职务，直接参与、领导过我国第一颗原子弹的发射试验。“四人帮”倒台后，基于他的学历和从事科技工作领导的经验，中共中央主席华国锋让他担纲教育部长。刘西尧尽管内心认为教育领域的水太深、太浑，不十分情愿，但是既然中央领导的主意已定，他只好说了声“服从组织安排”，便走马上任。

刘西尧向记者披露，上任之初他曾经问过华国锋主席：“教育战线怎么搞？”华的回答斩钉截铁：“毛主席怎么说的就怎么做。凡是毛主席说过的话，凡是毛主席定过的事，都不能动！”

对于同为会议组织者的国家科委主任方毅来说，似乎要轻松一些。一是他时任中共中央政治局委员、国务院副总理，对于高层的势力较量知道得多一些，加上不像刘西尧那样直接抓教育，也就可以回避一些直接面对最高层的机会。更重要的是，早在5月中旬邓小平正式复职之前，就跟他有过一次约谈，话题鲜明地涉及教育改革。

在会议召开前一个小时，方毅给入会的专家学者们打招呼：“小平同志重新出来主持工作，希望听听大家对教育工作的意见，大家可以敞开谈，不要有什么顾虑！”

刘西尧部长在一旁笑笑。据有些细心的参会者事后回忆说：“看得出，刘部长当时像是苦笑！”

时间：1977年8月4日—8日。

地点：人民大会堂四川厅。

主持人：邓小平。

与会者：方毅、刘西尧和30多位科技教育战线的专家学者，他们大多数都是“文化大革命”中被打成“反动学术权威”的人，头上还戴着这样那样的“反动帽子”。

这是一次名为科教座谈会，但实际意义将影响中国历史进程的重要会议。有意思的是，会前大多数参会者对自己被弄到北京干什么却一无所知、心怀忐忑。

“1977年，我52岁，还是一位被迫离开讲台十多年的教师。7月底的一天，我突然接到通知，要我8月初赴京参加科学和教育工作座谈会。说实话，接到通知那一刻，我真有焉知祸福的感觉，当了那么多年的‘臭老九’，满脑子都是接受批斗的想法！”——后任中科院院士的武汉大学化学系教授查全性先生

1977 年 8 月 4 日，邓小平主持召开全国科学和教育工作座谈会

在接受采访时说。

“就在接到开会通知前不久，我在清华大学还是‘坚持资产阶级反动教育路线的顽固分子’，天天接受批斗，突然要我和党委副书记何东昌一起参加那个会，有些不知所措，还以为又要接受批判呢！”中科院院士、清华大学教授潘际銮先生接受我们采访时笑道。

潘老回忆：“小平同志跟我们一起坐了四天，早上八点多钟来，一直到下午四点离场。刚开始大家心有余悸，听的人多说的人少，很拘束，有些人发言还闹出些笑话来。”

8 月 4 日，南开大学校长杨石先第一个发言。这位毕业于美国康奈尔大学的化学博士，十年来一直辗转于大大小小的批斗会。他以惯用的语言开口就做检讨：“我的资产阶级世界观没有改造好，今后还要继续好好改造。下工厂、下农村接受工人阶级、贫下中农再教育……”

邓小平一听皱起了眉头，回头看看方毅，方毅苦笑。他有些失望地扫视全场，见大部分代表神色紧张、表情凝重。

邓小平主持会议的习惯是让大家充分发表意见，自己尽量少说。面对眼前的窘境，他不得不亲自唱响开场白：“同志们哪，科学和教育是‘四人帮’破坏的重灾区，你们各位恐怕也作为反动学术权威被打倒过，吃尽了苦头。这样的会十年没有召开了，如果不是打倒‘四人帮’，我们也不可能坐到一起来。现在，中央要我抓一下科学和教育工作，怎么抓？我请你们来座谈，就是请你们出主意，谈一谈科教战线上的拨乱反正怎么搞。希望各位畅所欲言，用不着再担心‘四人帮’打棍子和戴帽子了！”

座谈会现场

话虽这么讲，“文革”十年给与会各位留下的阴影太大，很难用几句话消除，更何况在座的谁都记得，邓小平第二个政治跟斗就摔在教育战线上。

1975年，在“文革”乱局难以收拾的情况下，中共内部突然意外地传达了一条“最高指示”——“邓小平人才难得！”

于是，邓小平临危受命，出面主抓乱局整顿。他全盘否定了“教育革命”的“伟大成果”。还宣称：“一点外语知识、数理化知识也没有，还攀什么高峰？中峰也不行，低峰都有问题。我们有个危机，可能发生在教育部门，把整个现代化水平拖住了！”

在邓小平的倡导下，中小学曾一度恢复了考试制度。可就在这前后，河南省唐河县马振扶公社中学突发一起命案：初二女学生张玉勤在期末考试英语考卷上写道：“我是中国人，何必学外文，不会ABC，也当接班人，接好革命班，埋葬帝修反！”遭到老师的批评教育后，该学生跳河自杀。

当时中共中央负责意识形态工作的江青、张春桥等人抓住这件事大做文章，将该校校长和当事教师抓进监狱，并在全国高调“反击右倾翻案风”，并很快利用这个案件在政治上重拾上风。

尽管这件事与邓小平毫无干系，但是在“反回潮、反复辟”的口号下，复出不到两年的邓小平便荣获了一条最新最高指示：“他（指邓小平）说永不翻案，我看靠不住啊！”于是，这位“整顿大员”顷刻之间被打回了原形——“右倾翻案风的急先锋”，再一次被赶下中国最高政坛。

时隔不到两年，这位自称可以荣获打倒次数最多的“吉尼斯世界记录”政治人物奖的邓大人再一次复出，他似乎疮疤未愈就忘了疼，竟然主动请缨继续抓教育，这不能不让亲近者为他捏把汗。就说眼前这场戏，即便他自己无所畏惧，但是几十位入会者怎么会不顾虑重重、心有余悸呢？毕竟大家都在“文革”期间吃够了苦头，万一这位邓大人又要闯祸，谁敢保证不会殃及池鱼？

有鉴于此，尽管会议主持人一再号召大家敞开思想发言，座谈会还是在压抑的气氛中冷场了两天，即便有人发言，也是挑些无关痛痒的场面话讲。一直务虚到第三天才由一个老生常谈的话题，非常偶然地打破了沉闷。

开山之战

潘际銮教授回忆：“在谈到如何提高教学质量时，我们清华大学党委副书记何东昌同志说，‘现在很多人小学毕业，补习 8 个月就上清华了，这能保证教学质量吗？’”

邓小平一听皱起眉头：“那样搞，就应当叫清华中学、清华小学，不能叫大学嘛！”

来自武汉大学的查全性教授经过一夜的反复考虑，本来准备好了一个发言提纲，听邓小平这么一说，脑袋一热，丢下准备好的提纲，突然做了一个在当时可谓是石破天惊的发言，使得邓小平寄予厚望的这次座谈会，免遭无功而散的窘境。

查教授慷慨陈词：“大学的招生工作是培养人才的第一个重要环节，好比农业上的筛选良种。从武汉大学五年招生的情况看，按照‘十六字’方针招收的工农兵大学生文化基础相差悬殊，质量没有保证。所谓‘十六字’方针，‘自愿报名，基层推荐，领导批准，学校复审’，全是骗人的，实际就是四个字，‘领导批准’！其他都是徒有虚名，有的甚至连过场也不走！现行招生制度的弊端首先是埋没人才，一些热爱科学、热爱文化、有前途的青年选不上来，一些不想读书、文化程度又不高的人反而占据了招生名额！”

本书作者采访与会代表、清华大学教授潘际銮

查全性的发言让在场的方毅松了一口气，他比教育部长刘西尧更知道邓大人召开这次座谈会想唱哪出戏。可此刻的刘西尧却不轻松，他一面紧张地听查教授的发言，一面表情凝重地盯着邓小平。是啊，如果座谈会这样开下去，谁知道会发生什么难以预知的事故？

查全性的发言让邓小平精神一震，紧锁的眉头展开稍许。他从沙发上直起身子，深深地吸了一口烟，鼓励道：“查教授，你说，接着往下讲！”并且提示所有与会者：“大家都注意听听他的意见，这个建议很重要哩！”

受到鼓励的查教授越说越激动，脸上泛起阵阵红晕，他痛批当时的招生制度有四大弊端：“一是埋没了人才，二是卡了工农兵子弟，三是助长了不正之风，四是严重影响了中小学学生和教师的积极性。今年招生工作还没开始，就已经有人在请客送礼走后门，甚至小学生都知道，如今上大学不需要学文化，只要有个好爸爸！”

尽管查教授的发言道出大多数与会者的心声，却明显又出乎大家意料之外。全场鸦雀无声，与会者不约而同地将目光移向邓小平，见他拿着钢笔不停地记录。

查全性用余光看了大家一眼，似乎意识到自己的发言已经严重出格，但准备好的话语犹如开闸之水，已完全失控。他干脆掉转头，大声向邓小平说："广大群众包括大学里的教师，对'十六字方针'非常不满。他们说，'解放前上大学靠钱，（解放后）前十七年上大学靠分，现在上大学靠权！'学生们也说，'学好数理化，不如有个好爸爸！'因此，'十六字方针'不推倒，招生质量得不到保证，'走后门'不正之风不刹住，党风就无法端正！'读书无用'的社会风气就不可能扭转！所以，我建议恢复高考，今年能办的事情就不拖到明年！"

这一段简短的发言，在今天听起来平平淡淡、波澜不惊，但在当时却要冒很大的政治风险。

与会者面面相觑，再次惶恐不安地将目光投向邓小平，会场陷入短暂的静默。邓小平有耳聋的毛病，通过女儿邓楠"咬耳根子"转达，才知道查全性发言的内容。

接着，会场上突然响起邓小平孤独的掌声。接下去，一直担心冷场的方毅、担心违背"凡是派"意旨的刘西尧也心事重重地跟着鼓掌。这时候，大部分与会者才暂时将余悸搁置一旁，跟着三位领导鼓起掌来。

邓小平展开了愁容，由衷地笑了。他太需要这样的发言了！政治家最大的智慧莫过于借力发力。他环视四周问道："大家对这件事有什么意见？"

潘际銮教授回忆："接下去，发言才开始踊跃起来，大家集中反映三方面的问题。第一，当前招工农兵学员的方法培养不出来人才；第二，知识分子不都是资产阶级反动权威；第三，过去的教育路线并不是全错。

"小平同志当即表态：第一，十七年我们的教育路线不是修正主义，是毛主席革命路线；第二，我们的知识分子都是无产阶级知识分子，不是资产阶级分子；第三，现在的招生办法不行，要把它改过来！"

此时的掌声才算热烈起来，会场的僵持气氛也迅速被打破。科学家吴文俊、汪猷等人接着发言，支持查全性教授的建议。其他与会者也纷纷指出推荐工农兵学员上大学的各种弊病，赞同恢复高考。

邓小平不失时机地追问刘西尧："既然大家都觉得应当恢复高考，今年恐怕来不及了吧？"

刘西尧正在盘算，查全性抢着插话："还来得及！招生会议虽然开过了，但还没有正式招生，所以至少下决定还来得及。假如晚一年纠正，就多了几十万不合格的大学生啊！”

刘西尧坐在邓小平的边上，中间隔了一个座位。邓小平扭头用浓重的四川话又重复问一遍：“你说来不来得及嘛？”

刘西尧想想说：“假如推迟开学，还来得及……”

邓小平又接着追问：“今年的招生计划送出去没有？”

刘西尧回答：“刚送出去，不过还来得及追回！”

邓小平果断地一挥手：“那就赶紧追回来嘛。今年就改，看准了的，不能等，不能再耽误一代人，重新再召开一次招生会议，今年就要下决心恢复高考。原来规定今年招收5%应届高中毕业生，这个比例要提高，教育部立即执行！”

潘际銮教授回忆说：“在场所有的代表，包括人民大会堂端水的女孩子，都情不自禁地站起来鼓掌，整整5分钟！大家心里那个高兴啊，无法形容——被文化大革命中断了十年之久的高考终于有望恢复，被‘四人帮’坑害的中国教育终于有望重新起航，大家再次用掌声表达心里的喜悦，很多人的手掌都拍痛了！”

1977年8月8日，一次差点成了“走过场”的科教座谈会，在邓小平掷地有声的讲话中成功落下了帷幕：

“今年就要下决心恢复从高中毕业生中直接招考大学生，不要再搞群众推荐。从高中直接招生，我看可能是早出人才、早出成果的一个好办法……我给大家当后勤部长！

“对全国教育战线十七年的工作怎样估计？我看，主导方向是红线……‘两个估计’是不符合实际的。怎么能把几百万、上千万知识分子一棍子打死呢？我们现在的人才，大部分还不是十七年培养出来的？知识分子中绝大多数是好样的！

“知识分子的名誉要恢复。无论从事科研工作的，还是从事教育工作的，都是劳动者。我要做的第一件事，就是解放知识分子……”

“8.8会议”后，教育部按照邓小平的指示，收回了此前在山西太原召开的高招会文件，重新召开77年高考招生会议。事情至此，似乎可以大功告成。但接下来所发生的事再次出乎人们意料之外，代表们在四个问题上吵得天翻地覆，无法达到共识：

1. 现在是否可以像“文革”前一样招收应届高中毕业生？

2.“文革”中考试被说成是“刘少奇修正主义路线”，现在是否可以恢复考试？

3. 政治审查中如何克服唯成分论的影响，贯彻主要看本人政治表现的政策？

4. 招生中如何贯彻阶级路线与择优录取的关系？

这四个拿到现在会笑死人的问题，在当时可就是一场“两个阶级、两条路线”的生死大战。比如：一派认为招应届毕业生是周总理提出来的，也是符合毛主席指示的；另一派质问，既然符合毛主席的指示，为什么没有下发文件？而且争论双方使用的武器都是“毛主席语录”。

无休无止的“语录战”，就这样从 8 月 13 日开始，打到 9 月初，战场从北京饭店移师前门饭店，再到友谊宾馆。会议从盛夏开到秋凉，代表们不得不让家人寄来秋衣，仍然没有形成一个可行的招生方案。

会议一直开到 9 月中旬，教育部才勉强起草了一个改革招生制度的初步意见，报给了分管科教工作的副总理邓小平。邓小平看完材料后，怒从中来，连声说道：“繁琐，繁琐，繁琐！”随后大笔一挥，把复杂的政审条件全部划掉，简单地写上两条：1. 为革命而学习，遵守纪律、热爱劳动；2. 要看现实表现，不要看出身。

接着，这个曾被毛泽东多次批评不肯“绵里藏针、柔中寓钢”的四川汉子，传令召见教育部长刘西尧和副部长雍文涛、李琦，见面就指责：“你们管教育的不为广大知识分子说话，还背着‘两个估计’的包袱，将来要摔跟头的！”接着举起夹着香烟的手指大声强调：“你们还没有取得主动，至少说明你们胆子小，怕又跟着我犯错误……教育部不要成为阻力，赞成中央方针的，就干；不赞成的，就改行！”

在邓小平的强力干预下，史上耗时最长的一次高招会总算艰难落幕。1977 年 10 月 5 日，中共中央政治局常委会讨论了邓小平亲自修改的《教育部关于 1977 年招生工作座谈会的请示报告》。一周后，国务院批准下发正式文件。10 月 22 日新华社发布文稿，全国媒体同时报道了这条新闻。

后记：邓小平是一位当之无愧的政治家，恢复高考只是他复出后所设棋局中的一颗“投石”，用作解开当时中国政治死扣的突破口。此举赢得了党心、民心，赢得了中国社会对他的高度信任。会议结束两天后，著名的“真理标准大讨论”即大张旗鼓地在中国理论界全面铺开，持续半年之久。通过这场辩论，邓小平“实践是检验真理唯一标准”的哲学主张进一步为国人所接受，“文化大革命”被全盘否定。

当年年底，刘西尧自动辞去教育部部长职务。几十年后，这位身心疲惫的老将军接受采访时由衷地感叹：“当年我的辞职，有利于国家教育事业，也解放了自己……”

一个冬天里的中国喜剧情节

◆高考优先，暂停印刷《毛泽东选集》

公元 1977 年 10 月，北京“马拉松”高考招生会议结束后，中国国务院正式宣布立即在全国范围内恢复高考。

这是一个令国人骚动、让世界瞠目的冬天，乍暖还寒，人心鼎沸，只要是有人群的地方，都在传递和议论恢复高考的消息。对于数千万下放农村和生产建设兵团的知识青年来说，恢复高考更是他们梦寐以求的愿望。举国上下，读书学习蔚然成风，重新开印的高考辅导教材，一时间洛阳纸贵，一书难求。

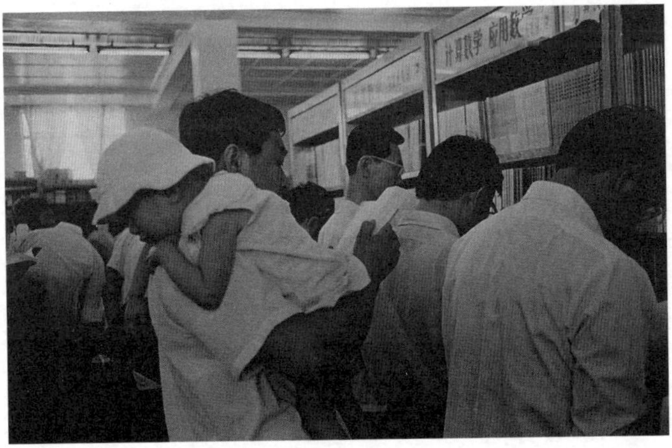

抱着孩子买参考书准备高考 蒋铎摄影

上海图书馆一位退休工作人员向我们描述：“哦哟，那情景就像如今年轻人上剧院看明星歌手演出一样！大清早6点钟，图书馆大门没开，外面就挤满了来看书借书的年轻人，星期天队伍要排出好几百米！每天一开门，只看见那个人头啊哗啦啦地往里涌！侬看看阿拉图书馆的这个门……”

老人把我带到图书馆门口：“这个房子是英国人造的嘢！门嘛厚厚的，玻璃窗嘛也是厚厚的，有时候都给挤破了。阿拉几个值班的被挤到门边，只好提醒年轻人勿要挤、勿要挤，怕伊受伤了啊！”

“那个时候的年轻人跟现在不一样的，更加上进！”老人颇有几分感叹。“每人手里拿几块大饼，阿拉图书馆有开水供应。座位不够，窗台上、地板上，还有外面楼梯上，有的找不到地方坐，干脆站着看书写笔记。当时这面墙上贴着一幅标语：‘努力学习，把文革十年失去的时间补回来’。现在想想那个场景，还是蛮感动人的哦！”

另一位曾任阅览组组长的老职员回忆：“当时最热门的一套书是《数理化自学丛书》，原先我们有十套，后来一看不行，就和新华书店商量，想办法从别地方开后门调来几十套，结果还是不够用，只好再买……”

此情此景，又何止出现于上海图书馆？

就这样，在结束高考整整十年之后，1977年冬到1978年夏，中国创造了打破多项吉尼斯世界考试纪录的壮举——积压了整整十年的1180万考生，分别从农村田头、工厂车间、部队哨所涌向各地考场；在数量庞大的考生之中，年龄最小的14岁，年龄最大的40出头。父母与兄弟姊妹、老师与学生同进考场的场面，在各地多有出现。

恢复高考北京某考场

开考前，由于此前过量印刷高考辅导书籍，导致全国范围内纸张匮缺。教育部只得据实向中央报告："纸荒影响高考试卷不能准时印刷，招生工作可能要推迟到来年。"邓小平知道后，果断做出决策：暂时停止印刷《毛泽东选集》第五卷，保证恢复高考后第一份试卷按时按量完成。

中国的考场风云惊扰了许多西方报纸，他们用非常夸张的语句做通栏标题："中国恢复科举制！""千万考生挤塌中国各地考场……"

◆ 1977 年冬，共和国第七任总理走进考场

"二十年前，也是这个季节，在当时中国乡村一块极贫瘠的土地上，我开始准备参加高考……"这段自述，出自一位 30 年前恢复高考后的首届考生之口。今天，他的名字已为每一位中国人耳熟能详——十七、十八大中共中央政治局常委、国务院总理李克强。

"如果没有恢复高考，克强可能就留在凤阳当公社书记，顶多当个县委书记！"记者去凤阳县采访时，一位当年与李克强交情甚笃的农民如此表述。

"他是 1974 年 3 月来大庙公社东陵大队插队锻炼的，干起农活来比吃大锅饭的农民都卖力，革命加拼命！开始来的时候水土不服，全身皮肤溃烂，他照样天天坚持下地劳动，肩膀上背着印了'为人民服务'几个红字的挎包，里面装着干粮和咸菜。记得有一天，我陪他去一个村子推广水稻良种，半路上听见大喇叭播放恢复高考的通知，克强听了过后高兴得跳起来，对我说：'好、好、好！早就等着这一天！'当时我就意识到：克强只怕是要'鲤鱼跳龙门'了！自打他来我们村插队落户当农民以来，书就一直没离过手。

知青时代的李克强（中）

"他那时候已经当上大队长，白天继续下地种田，还要处理大队部日常工作，晚上挑灯夜读到深夜，人磨瘦了几圈儿。好在他这几年苦

惯了，筋骨练得很硬朗，一直坚持到走进考场。学习、工作、劳动，一样都没耽搁……”

30年后，在纪念北大百年校庆的时候，时任国务院副总理的李克强发表了一篇题为“师风散记”的文章，文中回忆了当时填写高考志愿时的真实心态：

“在填写高考志愿之前，我曾收到一位邂逅相识的学者的来信。他早年毕业于北大，深以为那里藏有知识的金字塔，因而在信中告诫我，要珍惜这十年一遇的机会，把北大作为唯一的选择。当时的我多数时间是和乡亲们一起为生存而忙碌，几不敢有奢望。在生存欲和求知欲的交织驱动下，我还是在第一志愿栏里填下了本省一所师范学院的名字（注：安徽师范学院）——据说在师范院校读书是不必付饭钱的。即便如此，我对北大依然存有难以抑制的向往，于是又在第二志愿栏里填下了北大的字样……”

填报志愿后，与大多数考生一样，李克强开始度日如年地等待公布分数线、考分、录取通知。好不容易等到下发录取通知书，总分超出重点分数线很多的李克强却没被属于提前录取系列的安徽师范学院录取。正当他和家人惴惴不安时，邮局送来另外一所大学的录取通知书——北京大学法律系。

过后，李克强自述：“大概是因为北大有优先选择的权力，她并没有计较我这近乎不敬的做法（第二志愿），居然录取了我！”

1978年3月，李克强带着憧憬告别了4年的插队生活，离开了中国农村改革“大包干”发源地凤阳，走进北大校园。他在那篇纪念文章中充满激情地写道：“更难预料的是，在以后的日子里，从修本科，到读硕士、博士研究生，我竟做了北大近十年的学生。在这段时间里，知识以‘爆炸’的速度扩展，知识的传播场所和手段日益多样化，但我还是一而再、再而三地通过考试来做北大的学生。从某种角度说，我来这里寻觅的不仅仅是知识，亦是为陶冶一种性情，修养一种学风！”

1988年，李克强以《农村工业化：结构转换中的选择》一文获得经济学硕士，接着又与大学同学孟晓苏、毕业于复旦大学的李源潮，一起师从著名经济学家厉以宁攻读博士学位。厉以宁还把三位弟子的毕业论文整理成一本书，定名为《走向繁荣的战略选择》，并亲自撰写后记。若干年后，二李同朝为官，孟晓苏中途弃政经商，成为中国第一大房地产公司总裁。这些都是后话。

2013年3月，李克强当选中华人民共和国第七任总理。在与中外记者见面会上深情回顾："我曾经是安徽凤阳的插队知青，很难忘那一段和乡亲们度过的艰难岁月。那里当时是中国农村出了名的穷地方，也是后来中国农村承包制改革的发源地。1977年高考后，我是在田头锄地时得到高考录取通知消息的。正是改革开放改变了我们国家的命运，使亿万农民脱贫，也使许许多多的人出现了重大的人生转折……"

◆两场高考诞生8位政治局委员

在知识青年李克强同学参加高考的同时，一大批被命运流放到中国各处田野地头、厂矿车间的有为青年，也纷纷进入各地考场。谁能想得到：若干年后，正是这些当时看上去灰头土脸、其貌不扬的年轻人，在剧烈的社会变革中，成为共和国脱胎换骨的洗礼者。

【政治军团】

1977年冬考结束后，7位与李克强有着近似经历和命运的青年人，先后被不同大学录取。有趣的是，34年后的公元2012年11月15日，包括李克强在内的这8位当年的下放知青，从不同地区、不同工作岗位上脱颖而出，同时步入人民大会堂，一起当选为中国共产党十八届中央委员会政治局委员，成为共和国的顶梁柱。他们分别是：

李克强：原在安徽凤阳插队当农民、大队支部书记，1982年毕业于北京大学法律系，当选中共中央政治局常委、第七任中华人民共和国总理。

张德江：原在吉林省汪清县插队当农民，1980年毕业于金日成综合大学经济系，当选中共中央政治局常委；

胡春华：原湖北省五峰土家族自治县农民子弟，1983年毕业于北京大学中文系，当选中共中央政治局委员；

赵乐际：原在青海省贵德县插队当农民，1980年毕业于北京大学哲学系，当选中共中央政治局委员；

范长龙：原中国人民解放军战士、军官，1982年毕业于解放军军事学院，当选中共中央政治局委员；

李源潮：原江苏省大丰县上海农场职工，1982年毕业于复旦大学数学系，当选中共中央政治局委员；

王沪宁：原上海出版局一般干部，1981 年复旦大学国际政治系研究生毕业，当选中共中央政治局委员；

马凯：原北京市西城区党校教员，1982 年毕业于中国人民大学政治经济学系研究生毕业，当选中共中央政治局委员。

我仔细查阅 24 位十八大新当选政治局委员的个人履历，发现以上 8 位均为恢复高考后前两届入学者。这些与共和国一道经历过“文革”磨难的“老同学”，将用自己来自社会底层的非凡经历和进入高雅知识殿堂所获得的远见卓识，齐心协力为共和国的巨轮掌舵，续写一段中华民族艰难卓绝、承前启后的伟大历史。

【科技军团】

在回顾那一段特殊历史的时候，我们不会仅仅只把镜头聚焦在身居社稷高位的政治家身上。如果将结束十年“文革”之灾后的中国比作一艘重新启航的巨航，那么，如今在这艘巨舰上服役的各大兵团，无一例外地屹立着从 1977 年冬至 1978 年春天的考场上脱颖而出的精兵良将。他们大多出生于共和国建立之初、成长于共和国的灾难岁月、成才于共和国的复兴之始，高度的社会使命感赋予他们特有的报国热情。他们从校园走向社会后，快步登上中国政治、科技、经济、文化舞台，成为百废待兴的共和国的重要决策者和各个领域的建设精英。

据记者不完全统计：目前，中国科学院、中国工程院“两院”院士共 1471 人，其中仅 1977 年恢复高考后首届入学的大学毕业生就有 143 名，约占总数十分之一。除此之外，还有十几名首届毕业生留学海外，尔后分别成为美欧各国科学院的“洋院士”。正是有了他们承前启后，与新老几代中国科技精英们一起力挽狂澜，才得以成功地将科技力量转变为传统政治大国的第一生产力。

我们很想将中国科技天空上的这些灿烂群星与前面的政治明星们一起，列出一串长长的名单，但终究未能如法炮制。因为他们大部分人的名字是那样陌生，不被国人知晓和关注，他们的群体是那样严谨，以至于难以遴选出几位代表人物。但是，他们的整体业绩却一点也不逊色于政治军团，他们的科研成果凝聚了国人的集体血汗和智慧，已经转化为共和国一大堆炳耀史册的辉煌数据，成为科技强国的催化剂。正是有了这种催化剂，在短短 30 年里，中国的综合国力跻身世界前列，中国人民开始摆脱贫困、向小康生活迈进。

【文化军团】

与中国科学星空中默默无闻的科学家们相比，77 年恢复高考后首届毕业生中的文化名人可谓星光灿烂。被业界称作“第五代中国电影导演”的那几位，下过乡、扛过枪、弄过机器开过荒，几乎全是恢复高考后进入北京电影学院的首届毕业生——田壮壮、张艺谋、陈凯歌、顾长卫、张军钊、江海洋、张建亚——他们的名字与劫后重生的中国电影同时走向世界，载入史册。

几个哥们中间，最早为人所知的是张军钊，他执导的电影《一个与八个》，被称作中国第五代电影导演的发轫之作。说起自己当年上电影学院的事，他笑言：“对电影的执著之心感动了天地！”

恢复高考后，自小钟情于当演员、拍电影的张军钊觉得机会到了，便千方百计找到电影学院一位招生老师的通讯地址，冒昧写了一封信。信里倾述了自己对电影的热爱，咨询自己适合报考什么系，并索要报名表。没想到那位老师

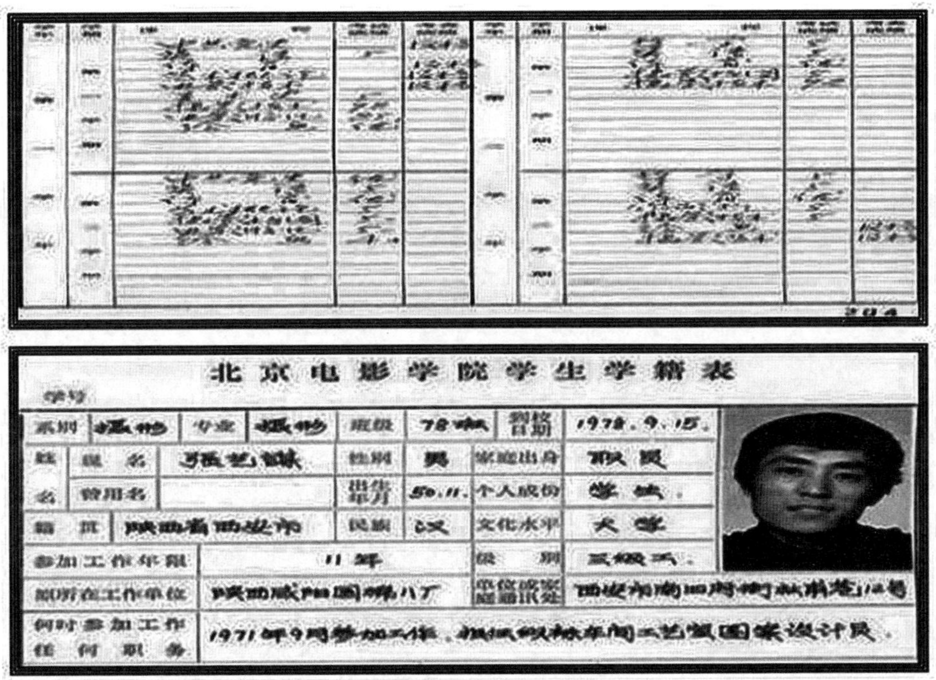

北京电影学院学生学籍表

学号

系别	摄影	专业	摄影	班级	78级	到校日期	1978.9.15.
姓名	张艺谋			性别	男	家庭出身	职员
曾用名				出生年月	50.11.	个人成份	学生.
籍贯	陕西省西安市			民族	汉	文化水平	大学
参加工作年限	11年					级别	三级工.
现所在工作单位	陕西咸阳国棉八厂					单位或家庭通讯处	西安市南四府街[illegible]12号
何时参加工作任何职务	1971年9月参加工作，[illegible]车间工艺[illegible]设计员。						

张艺谋被北京电影学院破格录取

回信非但没给他邮寄报名表，反而婉转地劝他打消念头：“你只适合电影文学系，不过我们学校暂时没这个系，你可以在实践中自己学习创作……”

非常有意思的是，就在张军钊心灰意冷时，命运又拐了一个弯儿——他的一个小朋友是应届毕业生，鬼使神差拿了一份电影学院的招生简章和报名表，却不打算真的去报考。就这样，因为有了这张报名表，张军钊顺利考入电影学院导演系，尔后成为中国第五代电影的开路先锋。

因拍摄电影《红高粱》、《大红灯笼高高挂》、《活着》、《秋菊打官司》等影片而誉满世界影坛的张艺谋，成才之路则更加坎坷。他告诉记者：“我下乡插队做了三年农民，又在咸阳棉纺厂当了七年搬运工。我上大学的目的很简单，为了谋出路。再实际点儿说只要有个大学生学历，就可以包分配，地位不一样。那时候要是体院收我，我就进体院了！ 1977 年报考电影学院，想法只有一个，毕业后当专业摄影师，或者自己有本钱开一间照相馆！”

因为超龄等原因，张艺谋开始被电影学院拒招，后经黄永玉、华君武等老画家的力荐，文化部长黄镇惜才出面做工作，才被电影学院列入“另册”收读，直至毕业时才补办正式录取手续。尽管命途多舛，张艺谋谈及 77 年高考，仍把那次机会说成是一根“救命稻草”。他多次向记者坦言：“要是没恢复高考，哪有我的现在？”

78 级导演班毕业的第五代导演江海洋执导《高考 1977》

老谋子有感而发的这句话，几乎成了中国第五代电影导演代表人物的共同口头禅。张艺谋的同班同学，此后因拍摄《孔雀》、《立春》、《最爱》等电影在国际影坛多次获大奖的电影导演兼大牌摄影顾长卫，也有着跟张同学差不多相同的命运走向——高中毕业后虽然侥幸逃脱去农村插队落户，却成为城市里面的无业游民。“那时候我人生最大的希望就是得到譬如进街道工厂当工人之类的机会。可是在社会上混了两年后，这样的机会也没轮到，最多就是打打临时工。1977 恢复高考，那就是我们头顶上的一道佛光。考上电影学院，从此我的命运改变了！”

谈及那场改变命运的考试，著名导演顾长卫感叹地对记者说：“我们比父辈们要幸运很多，社会的变革为人们实现自身价值提供了无限的可能！”

也许今天的年轻人很难发自内心去认同这种略带宗教色彩的抽象价值观，但在记者走访过程中，同为 78 年电影学院恢复招生后的首届毕业生，又同为第五代导演代表人物的田壮壮、张建亚等人，还有许许多多其他领域的“老同学”们，他们的表述几乎如出一辙。

后记：我们无法一一拜访那些已经成为各个领域领军人物的“老同学”，也没必要列出一份“中国精英排行榜”。从被荒废学业到重新复读，再到肩负使命知识报国，似乎是被俗称“老三届”（1966–1968 年初、高中毕业生）那一代人的宿命。正因为如此，在接受记者采访时，他们当中绝大多数人——不管是名人还是普通人——都有着鲜见的乐观精神和罕见的使命感。他们没有辜负历史赋予他们的舞台，用属于自己的不同风格，顽强地演绎着自己与共和国的故事。

第一章　30年后，游荡在校园里的死神

“三十年河东，三十年河西”，人们感叹的是光阴荏苒、世事无常。假若将这句话反向演绎为“三十年河东，三十年还是河东”，那又会是怎样一番景象呢？

生命快闪：红领巾死结

采访时间：2012年11月。

采访地点：南方某省一城镇小学。

受访人：蓝河（化名），女，状元楼小学教师。

姚校长，女，状元楼小学校长。

欣儿（化名），女，11岁，状元楼小学五年级学生，自杀未遂者。

学生家长若干。

采访人：本书作者。

蓝河，一个从地区师范学校毕业后任教不到两年的美女教师，认识她很偶然。

我刚在新浪网开微博，她便是我第一批粉丝，喜欢阅读我在“微博”上发的诗歌和随笔。那一次，她读到我的诗句“上帝像一尊冷酷的冰雕，听任我脆弱的生命被一次次捆绑。”便在微博上写下评论：“成年人的生命尚如此脆弱，

作者赴现场调查

那些年幼无助的孩子，又如何承受生命之重？！”

又是问号，又是惊叹号，让我一下子神经紧绷。我回复：“何出此言？”

接下来，她发私信请求我留下联系电话。我照办了。

“老师！我已经铸成大错，可我实在不知道错在哪里？三条活生生的命啊，怎么说没就没了呢……我该怎么办？”电话里，我听见蓝河老师近乎绝望的哭泣声。对于这样的电话，我当然不敢掉以轻心。

次日，我将自己空陆联运到蓝河老师供职的那个南方小镇，在一家古色古香的茶楼里与她见面。

茶楼外面挂着两幅木质长联，左联：“君勿言空山闲水窄井低檐有浪心无长志”；右联：“我所愿道德为本书卷立身无恒产有恒心”。横联是茶楼的名称——“状元楼”。

据说长联的笔墨出自清朝末年当地一位穷秀才之手，原作每年春节写在纸上，重复贴于自家的茅屋门前，以励志自勉。十年寒窗后，秀才终于金榜题名、入朝为官。于是，乡人便央请秀才将长联写在木头上，着人雕刻后悬挂起来作茶楼门联，以为乡中后生效仿。

茶楼前厅的壁挂，全都是当地历年高考状元在长联底下立此存照的相片，据说那些有资格将子女照片挂在这里的家长，每个月都可以免费到茶楼喝一次茶，一来人前显贵，二来也为茶楼邀聚人脉。

蓝河老师挑了一间朝向最雅静的茶室，窗外果然山水玲珑，一面是碧波闪烁的芦苇荡，另一面是青黄翠绿的小山峦。

“出事那天，同学几个在这间茶室喝茶……逢到周末或有什么好事坏事的机会，我们都来这里聚聚、聊聊！”蓝河老师二十岁出头，水灵灵的江南女子，由于脸上挂着一串沉重的心事，显出几分憔悴。

“我们刚到不久，姚泓校长打来电话，说有急事让我马上回学校。一听校长的口气我知道事情不妙，撒腿就跑。刚进校门气还没顺过来，就见三个学生的家长围住校长，见我到了，转而问我是否知道他们女儿去哪了。

“刚开始一听是这个事我还松了一口气，平常也有家长找不见孩子跑到学校问老师的，更何况那几个女孩子平常都很温顺，哪会出什么事？我让家长们别急，等天黑了她们自然会回家吃饭。

“有个家长急了，大声嚷嚷：‘刚才农资站的人告诉我，说我女儿在那里买了几瓶农药，还谎称是我差她去买的。我们地里的庄稼好好的，要买农药干什么？还有人看见她们三个中午在一家小店里买了好多酒菜，暴食一顿！’

“一听这个我开始发慌，因为我太了解那几个孩子，家庭经济条件不好，从不乱花钱。她们为什么喝酒？喝完酒以后究竟去哪里了？慌乱中，我猛然记起头天开班会的时候，我对 7 名期中考试不及格的孩子罚过站，而且要求他们写出期末考试门门功课必须达到优秀的保证书，并让家长作为第二保证人在保证书上签名。这三个孩子都在其中。天哪！会不会……我不敢再往下想，急忙去找另外几个罚过站的男孩。

“几个男孩倒没事，有的在家做作业，有的在网吧打游戏机，都说没见着那三个女同学。其中一位提醒我，让我去找秀秀（化名）问问。在女同学当中，秀秀读书晚，年龄大两岁，行事仗义，说话有人听。

“我赶往秀秀家，半途中遇上她爸爸。秀秀爸看见我很高兴，告诉我他刚下汽车：‘原打算明天去学校找老师商量，准备下学期让秀秀转学去东莞读书，今天碰上了正好！’秀秀爸在广东打工，她平常随了姑姑在镇小上学。我心里着急，顾不上与秀秀爸多搭讪，紧着步子赶路。

“到了秀秀家门口，她姑姑刚从工厂下班，手里还拎着两盒带给秀秀吃的饭菜。我赶紧问她秀秀在不在家，她说：‘在呢，中饭后她要跟几个女同学一道去县城玩，被我锁在家里写作业！’

“我心里一块石头掉下来，随秀秀家长进屋。接下来的事情谁也想不到，秀秀的房门从里面扣死，她姑姑用钥匙打不开，敲了半天没动静，我喊秀秀也没人应。这时候，一种不祥的预兆由心而生，我顾不上跟他们解释什么，大声喊

叫：‘快撬门，秀秀出事了！’

“门被撬开，眼前一幕我这一辈子也无法忘记……”蓝河老师无声地哭了，眼泪夺眶而出。

“一条红领巾沉甸甸地挂在双层床架子上端，一头套紧秀秀的脖子。面呈茄紫色的秀秀歪倒在床头，单腿弯曲，像是不愿意站直来换得吸氧的机会。我箭步上前抱住秀秀，哭喊着救命，秀秀姑姑手忙脚乱地想解开侄女脖子上的红领巾，可是红领巾打的是死结，解不开。秀秀爸急中生智，掏出打火机将红领巾烧断，这才把秀秀抱到床上……

“我当场晕倒，醒过来以后才得知自己是与秀秀一起被120急救车送进县医院……平日里那么坚强的孩子，怎么会这样？后来，我听说警察在秀秀的床上找到了一封遗书……”蓝河边讲边哭，直至泪枯言尽，憔悴的脸颊上留下一道道深深浅浅的灰暗泪沟。

“您见过秀秀的遗书吗？都写了些什么？”我问。

“没有，派出所到现在也没公开遗书……”蓝河摇摇头，用纸巾擦拭脸上的泪痕。

我相信蓝河的眼泪是从心里流出来的，但究竟是悔恨还是怜悯？抑或是委屈？我当时并没去深究，因为这一事件的结局更让人揪心——

蓝河接着告诉我，另外三个女孩在学校西边的山林里被找到，其中两位喝农药当场死亡。另一位名叫欣儿（化名）的女孩喝农药时闻不得气味，喝了就吐没死掉，再用红领巾挂在树枝上自缢，幸好树枝被压断，被寻到时一息尚存，经过抢救活过来。

次日，我买了一些礼物找到那位幸存的小姑娘欣儿家，她和她的家人一块接受了我的采访。

记者：“能告诉我事情是怎样开的头吗？”

欣儿：“……期中考试，我们四个女孩子都有功课不及格，被班主任蓝老师罚站、打耳光。其实那些都不要紧，平常也会有，赶上男老师上课，问题回答不上，还会被拎起耳朵丢到教室外面去……”

记者：“你说的这些是真实的吗？”

欣儿父亲：“我亲眼看过一位男老师用脚把学生踢倒在地！”

欣儿母亲：“就你眼尖？哪个老师不打学生？不打不骂不成才！你上学的时候没挨过打？你平常不也打孩子吗？比老师打得还更狠！”

欣儿父亲：“那不一样，孩子是我生的，打不打由我。再说我打孩子是为她好……”

记者：“后来呢？谁出的主意喝药？”

欣儿：“我们几个在一起，都说不敢拿保证书回来给家长签名，怕挨骂。可不让家长签名又不让进教室。后来秀秀说：‘我们这样活着没多大意思，不如早点死掉！’我们三个都同意，死就死呗，至少不用再回家怕父母、上学怕老师。死就死呗，更简单一些……”

想不到眼前这个十一岁大的小女生，说到死的时候竟然那样淡定和坦然，让我不寒而栗。

记者：“出事那天是‘六一’儿童节？”

欣儿：“嗯。”

记者：“为什么要选那一天，是你们的节日呀，不上课放假，本应当快快乐乐的？”

欣儿摇摇头欲言又止，无奈地挤出一丝笑状——我第一次见到这么小的孩子就会苦笑，简直有点毛骨悚然。我没说话，等她回答。

欣儿：“……就算放假也不能玩，不是做作业就是帮家里干农活。”

记者：“作业多吗？”

欣儿：“课内课外一大堆，做不完……”

记者：“农药你们是怎么买到的？”

欣儿：“头天我们几个凑的钱，让菊儿（化名）去农资站买，她认识那里的人！”

记者：“那秀秀她怎么……”

欣儿：“吃过中饭后我们三个一起去找秀秀，她被姑姑锁在家里做作业没办法出门。她让我们按照原计划行动，说有办法在房里把自己解决掉。她还说死了就自由了，没人管得着，不用背书做作业，从明天起，我们想去哪里玩就可以去哪里玩。”

记者："当时你知道死是怎么回事吗？"

欣儿："不知道……"

记者："现在呢？"

欣儿没马上回答，一脸的茫然："其实喝完半瓶农药我就后悔了，肚子疼得像拿刀子绞，吐得很厉害。一看她们两个都已经不会动弹，可能是死了。我不能一个人活着啊，就解开红领巾挂在树枝上……"

记者："知道后来发生的事情吗？"

欣儿摇摇头："他们告诉我，树枝压断了，我药性发作昏迷过去……"

记者："这些天，你想过死去的那三个同学吗？"

欣儿不再回答我的问题，用上牙咬紧下唇，发出急一阵、缓一阵的抽泣声，听着让人窒息。

究竟是什么过不去的坎儿，让四个花季女孩决心踏上不归之路？她们到底要用自己的生命向亲人和学校老师倾诉什么？我不相信事情真相如欣儿说的那么简单，突然想起蓝河提到秀秀写过遗书，那里面肯定会透露一些孩子们真实的死因。

与欣儿谈话后第二天，我一个人悄悄去了秀秀家。

"遗书我们还没来得及看，就被勘察现场的警察拿走了。我去要了三次，不给，看都不让看。这里面肯定有鬼，派出所包庇学校！我敢肯定，秀秀就是被老师逼死的。她从小可能吃苦呢！更何况这两年家里条件好了，她想吃什么、玩什么我们都替她买……"秀秀姑姑一边哭诉一边指指放在秀秀床边上的一堆东西，其中有一个很漂亮的布娃娃，还有运动鞋、没吃完的几包饼干和饮料。

"这么宠着她，她怎么就会寻死呢？真是想不通！"秀秀大姑还说，她已经向很多媒体求助，要求记者们主持正义，帮着要回遗书，弄清楚侄女的真实死因。

秀秀爸呆坐在女儿睡过的那张高低床上，一言不发，眼睛盯着小窗户外面那不足一平米的天空。那条被烧掉小半截的红领巾依旧挂在床架上，偶尔微微飘动几下，像是向每个来访者复述那一幕令人心碎的惨状。

我劝秀秀爸将红领巾摘下来，免得天天面对它伤心。

秀秀爸摇摇头，木讷地说："秀儿加入少先队以后没离开过它，有时睡觉都戴着……"然后将目光从窗外的天空中移下来，盯着那条曾被女儿视作生命、最后却要了她性命的红领巾，再也不言语。

广东省某小学打工子弟自杀现场

姑姑在一旁说："我摘下来他又重新挂上去，说秀秀去阴间看她娘了，万一哪天回来，看不见红领巾就找不着家……"

姑姑说，秀秀出生不久，母亲就患上肝癌。秀秀爸变卖了所有家产，还欠下一屁股债，也没能够挽救妻子的生命。此后，为了偿还债务，他将女儿留在老家让父母亲代养，自己一人到东莞打工，白天在工厂里干活，晚上到路边卖烤肉串，一干就是七年。债务刚还清，秀秀的爷爷去世，奶奶害病无力照看读小学的孙女，为了让秀秀能继续上学，在东莞邻近打工的单身姑姑便主动把侄女接到身边读书。

口干舌燥的姑姑喝下一瓶矿泉水，接着说："这才来了两年，哥哥说秀秀明年要升六年级考初中了，打算这学期结束后，接她去东莞一所口碑很好、高考名次靠前的重点中学读书，连学校的赞助费也准备好了……她爸单身十几年，再好的女人也不娶，就只是一心一意攒钱培养秀秀考大学，图她将来有个好前途……"

为了弄清几个孩子的死因，下午我去了当地派出所。办案人员告诉我："经过现场勘察和事后调查，可以负责地下结论，第一，孩子们是自杀，不是他杀；第二，死因嘛，主要原因是父母不在身边，孩子心理脆弱，经不起老师批评教育……"

我提出要看秀秀的遗书，办案人员没同意，理由是死去的三个孩子还没火化、安葬，遗书暂时不能公开，以免激化矛盾，影响安定团结。

欣儿说话吞吞吐吐，秀秀姑姑那么肯定地说孩子是被老师逼死的，蓝河老师有苦难言的表情，还有派出所对秀秀遗书内容守口如瓶、讳莫如深，使得我对孩子们的死因越来越怀疑。我深信，秀秀的遗书里，一定还藏有不为人知的内容。

派出所不公开孩子们的遗书，并没能阻止事态的发展与失控。

在我到达镇上的第三天，三位出事学生在外打工的家长全回家了。他们将孩子的遗体从医院太平间移去学校操场，搭起临时祭奠帐篷，并且在那里举行新闻发布会，指责教师违法打骂学生、学校失察导致惨案发生，还联合向校方提出三项要求：

1. 要求学校向每个死去的学生赔偿安葬费、家长精神损失费、误工费120万元；

2. 要求班主任蓝河老师披麻戴孝在学生的灵前下跪、磕头、谢罪；

3. 要求校长带领全校师生给死去的孩子送葬。

家长们这三项要求显然都难得到满足。第一，县教育局下拨的教育经费和学校平常一点勤工俭学的积累，全加在一起也不够赔偿金额；第二，即便蓝河老师答应披麻戴孝为死去的学生磕头谢罪，学校领导和教育主管部门也不会让她那么做，会寒了所有教职员工的心，往后还有谁敢当老师？第三，让学校全部停课为死者送葬，不合规矩，就算校长答应，学生和家长们也不干。

由于学校保持沉默，更激起家长们的愤怒，他们一连几天坐在校长办公室理论，不让校长出门，副校长和教导主任出面劝阻，遭到谩骂和推搡。校长被围攻了几天后，高血压心脏病复发被送进医院。学校群龙无首，蓝河老师被家里人禁足，无法上班。其他老师每天到学校点过卯，布置些作业就让学生回家做去。

学校师生越来越少，外面的人却越来越多。先是本省，接着全国各地的很多媒体也纷至沓来。一时间，这所乡镇小学成为新闻批发市场，正常的教学秩序被彻底打乱。

综合各路媒体的主要视点，无外乎关注两个问题：一是几个学生的直接死因；二是抓住俩孩子用红领巾自杀这一吸引眼球的新闻焦点，各自写出一些自家的解读。可是，先到的记者还能找到学校的领导和老师聊聊，晚到的记者找不到老师，就只能听听家长的一面之词，再找镇上一些并不知道事件前因后果的居民补充一点小道消息，然后按照自己的理解与发挥，安装一个唬人的标题，再配上那张索命红领巾的醒目照片，抢时间见报、上电视、上互联网。讲究点的媒体在就事论事一番后，还会找几个曝光率较高的教育界知名人士，请他们给事件装置几顶政治大帽，再激聊一通应试教育的罪状，发表几篇批判中国教育大政的檄文。

最后，后来的记者不甘心炒剩饭，怂恿学生家长一起去派出所讨还孩子们的遗书，希望从中找到振聋发聩的独家猛料。在媒体与家长的起哄下，派出所迫于舆论压力公开了秀秀的遗书。

秀秀的遗书写在语文作业本上，错别字很多，但语言流畅、一气呵成，看得出孩子在写遗书时虽然情绪激动，但去意已决，没有丝毫犹豫。

“老爸：我很想你，但是知道你回家也帮不了我，我只有死这一条路，才能不挨老师的打、不受同学的气！！我尽了最大的努力，每天做作业到深夜，姑姑看到的。星期天除开帮助姑姑做家务事，从来没玩过，可还是考不好，得不到优！辜负了你这些年辛辛苦苦在外打工，也对不起姑姑在家里对我的照顾。

“我知道，正如你常对我讲的那句话：考不上重点初中，我就是废物，你和姑姑远离家乡来外地打工的辛苦也白费了。昨天，老师要我们几个写一张保证书，还得让你们在上面千（签）名，保证期末考试门门功课都拿优，否则就要自动退学！我笨，我做不到！昨天晚上做梦都看见你生气的样子，骂我是废品。明天要是交不了保证书，老师又会罚站、打耳光，要我们退学！

“我们只有死！只有死！死了一了百了！一了千了！！！不孝女儿、笨蛋、废品秀秀……”

短短300多字的遗书，十几个感叹号，尤其后面那个落款：“不孝女儿、笨蛋、废品秀秀”——孩子在毁灭自己的肉体之前，还要用老师和家长赠送的一顶顶“桂冠”，摧毁自己稚弱的自尊心——我止不住一阵强烈的心颤。

听派出所的办案人员说，四个自杀的孩子人人都写了遗书，内容大同小异……

正如警方所料，遗书公开后，的确更加重了校方的压力。学校乱成一团，校长病情加重，老师上班也遭受家长们的围攻，蓝河老师更加不敢露面。

闹腾一周后，在市教育局、公安局和镇政府的联手干预下，事件终于平息下来。不知道官方、校方与家长们达成怎样的共识（双方都守约不透露细节，据说学校赔付了巨款）。外界能知道的是：校长被免职，蓝河老师被免除班主任职务、行政拘留审查。跟着，学校得以清场、复课，恢复正常教学。媒体也随之撤出现场。

一个月后，我再次回到小镇。有意识拉开时差，独自在沉淀后的水池里不受干扰、清晰透彻地观察新闻之“鱼”，是我多年职业生涯养成的习惯。

回镇上的第一天，我还是先约头两天刚从拘留所出来的蓝河老师见面，地点依旧在那家挂着劝学长联的状元楼。

短短一个多月的时间，用蓝河老师的话来说，“简直是经历了一场生死穿越、脱胎换骨”。姑娘瘦得变形，眼圈也黑了，眼角旁生出几条鱼尾纹。

“怎么样，老师？吃了一个月牢饭，25 岁的小美女，是不是变成 52 岁的白骨精了？”蓝河貌似轻松，用调侃掩饰内心的苍凉。我勉强陪她不咸不淡地开了几句玩笑，实在不忍用语刀去重新捅开她血迹未干的心。

“老师，想听听我对这件事的真实想法吗？”蓝河主动切入正题。

“说实在话，到现在我还是不知道我究竟错在哪？平常每个学生的家长见面都一再叮嘱：‘请老师对孩子严加管教，该打就打、该骂就骂，那是为他们好！’行啊，我照办了！接手班主任快两年，这个班的平均成绩提高了十几分。我容易吗？得付出多少心血？”

我没像平日那样，伺机给采访对象抛过去几个嗜血之问，只是安静地听着蓝河满心委屈的倾诉。

“我白天给他们上课、找复习资料，晚上还得加班备课、改作业，就连寒暑假也没休息几天，得给学生补课呀！尽管上面不提倡，可是老师们都互相比着拼着，人家补课你不补行吗？考不过别的班级，学校批评、家长埋怨，还得扣绩效工资……说句丑话，我到现在连男朋友都没时间处。去年同学介绍了一个条件比较好的省城公务员，拖了几个月连见面的工夫都腾不出来，泡汤了……就这样，最后还落得个开除留用！别说我不服，其他老师也兔死狐悲啊，往后谁还愿意去为学生卖命？”

“你真的觉得这次事件与自己一点关系都没有？问心无愧？你确定你们所做的一切纯粹都是为了学生？”尽管我理解蓝河老师因为受重罚而产生的逆反心理，毕竟是80后嘛。但是她连开始给我私信时那种起码的忏悔都没有了，让我心生愤怒。

面对我的质问，蓝河老师的怨怒平息了一些。她沉思片刻，抬起头：“老师不是来听我忏悔，或让我再重复一次官样文章的深刻检讨吧？”

“无耻！”如果换上是一个男孩，我指定张口就骂，此刻我只在心里怒吼了一声。

“你觉得自己不应该对几个孩子的死亡负主要责任？不应当拷问一下自己的良心吗？”我努力控制住语调。

她毫无表情地说：“现在，家里家外、学校社会都把我当成十恶不赦的杀人犯、女魔头！拘禁、检讨、开除留用……最让我忍受不了的是社会上每个人都有资格充当裁判、法官、教父，都可以随时向我索取忏悔……”

我懂，这最后一句就是针对我的了。

“你看过秀秀的遗书吗？”我试着平静下来，换上讨论的口吻问她。

“我平常是有打学生耳光、罚站，我那样做又是为了什么？连他们家长都说打得好，还让我打重些，‘不打不骂不成人’！我不是虐待狂，平常看见流浪狗挨揍我都会伤心。写保证书要求带上家长签名，那也是为了让家长知道学生在校的成绩和表现。再说，你真以为学生们就因为怕交不了保证书去自杀的吗？”

“那你以为什么是导致孩子们自杀的直接原因呢？第一次给我写信时，你不也说过那些孩子不该承受那样的生命之重吗？难道你忘了？”我不再顾忌是否戳痛面前这位姑娘的心伤，追问。

蓝河见我情绪激动，不再与我争执，默默递过一杯凉水，轻轻嘀咕一句：“我知道您讨厌别人说假话，而且说假话也瞒不过您。所以……”

她边说边从包里拿出一个作业本，“我承认，我是压死骆驼的最后一根稻草，但是孩子们的死因并不是如您想象得那样简单……我给您看一篇秀秀的日记。”

她翻开作文本，给我念了其中有一段文字：“二年级的时候，在广东打工的爸爸买了一个美丽的布娃娃给我做伴。每天我上学，就把她锁在家里。我没有见过布娃娃的爸爸妈妈，也没有见过布娃娃给爸爸妈妈打电话。今天上课的时候我忽然想起，布娃娃想不想她的爸爸妈妈呀？一个人关在家里会不会孤单害怕呀？”

读完这一段，蓝河老师忽然精神失控，一面放声大哭，一面哀怨地倾诉：“您知道吗，我小时候的日子过得比秀秀还惨！”

我似乎从中嗅出些什么味道，眼神恢复了些宽容。

“四岁的时候，爸爸妈妈离婚，谁都不要我，像丢垃圾一样把我扔给一位远房叔叔，每月付给他 20 块钱生活费。在叔叔家的那几年，我白天没吃过一顿饱饭，晚上一个人睡在满鼻子霉气的杂物间里，关上灯黑咕隆咚，成群的老鼠床上床下闹腾。您看看我耳垂下的这块疤，就是被老鼠咬的……”

蓝河老师侧过面让我看她伤残的耳朵，接着说：“熬到七岁，爸爸出钱让他们送我上小学，可叔叔家里的活儿一样不能少干。带弟弟妹妹、烧饭喂猪，稍有闪失，弟弟妹妹摔跤了什么的，我就得挨打挨骂！

“读到三年级，成绩不好留级。放假那天，我拿着成绩单不敢进屋，在门外池塘边坐了一夜，几次想跳进水塘里，变成鬼去找我的亲爸亲妈……”

讲着讲着，蓝河老师止住了抽泣，可是我的鼻子却开始发酸。

“天快亮了，我受了冻发高烧，还是不敢回家，就去敲开一位好心邻居的门，那位叔叔在我们学校当老师。他把我送去医院打针吃药退烧，完了给我熬了一罐热粥……

“病好了以后，那位老师叔叔叮嘱我：‘孩子，你记住，要活下去、活得好，就只有读书一条路！’从那时候起，我把这句话死死记在心肝上！发奋读书，升初中、考师范、参加工作……如果没考上师范、找到工作，我现在会过怎样的生活？不敢想象！”

蓝河似乎从回忆中找出一些平衡，情绪渐渐稳定下来，她直视着我的眼睛：“现在这些农村孩子，长大后面临的竞争只会比我们那个时候更加激烈。假若考不上大学，他们就只有像父辈一样外出当打工仔，生儿育女以后，还会过着骨肉分离、有亲无家的日子……”

我闪开了姑娘渐渐激愤的眼光，无言以对。是呀，从主观愿望上讲，她错在哪里？

第二天，我通过市教育局联系蓝河所在镇小学的姚校长，没想到她非常利索地接受了我的采访。一见面，我就发现这位因学生自杀事件受到撤职处分的校长，心态异常平和，简直如释重负。

记者："姚校长，这起事件过去有一个多月了，不知道您有些什么想法？"

姚校长："首先，对几个孩子的死我非常悲痛。作为一校之长，自己有不可推卸的直接责任，撤职降薪毫无怨言。再说，我前几年就到了正常退休年龄，因为工作需要一直被组织上留用，现在出了这件事，就算是革命到底了吧！"

记者："您说自己对这起事件有'直接责任'，能说得更具体一点吗？"

姚校长："因为不管怎么讲，学校的教学思想、老师的教育方法，都与我这个当校长的思想理念和管理方法有关。"

记者："能详细谈谈您的治校理念吗？"

姚校长："作为一所农村小学，我们的生源几乎全部都是中国社会地位最底层、生活质量最低的农民子女。我一贯认为，从某种角度讲，小学教育的成败，是决定这些孩子前途命运的关键一步，不是有句口号，'不能输在起跑线上'吗？道理很简单，小学基础打不好，将来上不了重点中学，上不了重点中学，他们当中大部分人将滞留在农村，或外出做打工仔、打工妹。"

记者："现在不也有许多打工仔、打工妹发家致富，日子过得很好吗？"

姚校长："别怪我说话直接，扪心自问，如果您自己的儿女也面临同样的处境，您是让他们继续受高等教育，然后跟您一样当记者、作家，还是让他们离乡背井去当打工仔、打工妹？"

记者："……听口音您不是本地人吧？"

姚校长："我是'老三届'初中毕业生，1970 年从上海下放到这里插队当知青。1978 年恢复高考后，我考上了师范大学。毕业后一腔热血，放弃留在上海当中学老师的机会，自愿回到插队的地方，想通过自己的努力，帮助这个贫苦地区的老百姓子女，多一些受教育改变命运的机会。”

记者：“您，做到了吗？”

姚校长自信地：“问心无愧，我做到了！这所学校是我从上海募捐创办的，一连十几年，无论是入学率还是进入重点中学的升学率，一直是全市第一，从我们学校出去的学生，考去国外读博士的有 2 个，读硕士的有 10 个，考上各类大学、中专的有 100 多个！”

记者：“很冒昧，我想知道，校长作为一位有近四十年教龄的教育工作者，您对此次事件的前前后后、方方面面，做过一些个人以外的系统性思考吗？”

姚校长：“……这件事，你们媒体有媒体的考量，站在全社会的角度，也许比我们站得高一点。而我和我的老师们，包括被开除留用的蓝河老师，我们面对的是一户一户农民，一个一个望子成龙的梦想，所以只能站在我们看得见、摸得着的高度来思考这件事。狠抓教学质量、狠抓考试成绩，我们没错，是对这些农村孩子的未来负责，是对为了子女将来比自己过得好而离乡背井、打工赚钱的家长们负责！当然，再好的愿望也会有不尽人意的负面现象，总不能因噎废食吧？”

记者：“我非常理解校长的心情，恐怕这也是大部分老师的真实想法。不过我想换一种方式思考，这几年因为作业负担重、学校教育方法失当而选择自杀的小学生越来越多，您真的觉得只要能换来刚才所列举的那一堆辉煌数字，以孩子们沉重的童年记忆，甚至是付出生命代价作为教育成本，就值当了？我们就可以心安理得地面对社会、面对那些死去和活着的孩子吗？”

校长音调低下来：“……不叫心安理得，但至少我们对自己的付出问心无愧……”

【链接】

调查结束后，我们以“红领巾自杀”作为关键词上百度搜索，相关词条竟多达 76 万余条，类似案例在全国各地都有发生，赴死少年其状之惨烈触目惊心，令人不忍卒读——

我们查阅到的首例“红领巾死结”发生在 2002 年 2 月 26 日，是云南玉溪市某小学新年开学的第一天。刚过完 10 岁生日的四年级女生晨晨，用两条红领巾吊死在自家阳台的防盗笼上，直到奶奶为她冰冷的身体换上衣服时，她眼中积压的泪水才滴落出来。据家长和学校老师反映："晨晨在学校里是品学兼优的好学生，在家里是个懂事的好孩子。"有老师推测，可能是学习压力过大，使得孩子产生了精神忧郁症。

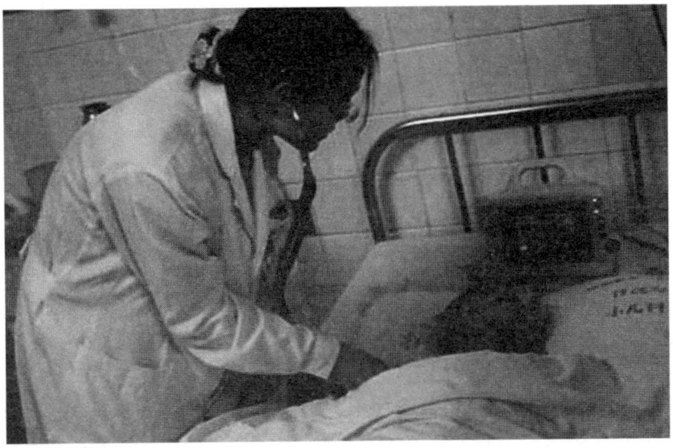

自杀男孩抢救现场

2008 年 11 月 30 日，广东省汕头市下寨小学分校一位 9 岁的男孩因发烧难受，找父母要 10 元钱去看病抓药。窘于家贫缺钱，当晚，孩子父母亲为谁出面去借钱而相互推诿、激烈争吵。次日清晨，小孩高烧未退痛苦不堪，取下脖子上的红领巾悬于床梁之上，打上死结引颈自尽。所幸断气之前被父母发现，剪断红领巾，将昏死的儿子送进附近医院抢救。10 天后，孩子捡回一条命，但由于脑组织严重受伤，留下智障后遗症。

2009 年 1 月 7 日，柳州市 XX 小学三年级九岁女生韦某，因为学习压力大，午休时间在校园内的自行车棚里，用两块红砖垫脚，挂上红领巾上吊自杀。此后，该市教育局下达禁止补课令。

2009 年 12 月 10 日晚，广东东莞石排中坑村一间出租房内，11 岁的打工子弟何某看见老师来家访，便躲进卧室反锁房门不出。两小时后家长回家，用钢筋撬开窗户进入房间，见孩子用红领巾挂住脖子打上死扣，悬挂在架子床上。父亲用打火机烧断红领巾急救，儿子已经气绝身亡。家长向记者控诉：儿子的死是因为在学校经常受到老师体罚所导致。学校则认为是家长只顾打工赚钱，对孩子监管不力促成悲剧。死者在日记中留下字迹："（从）老师打我的那一天起，我心里总是想着快点长大，找老师报仇去……"

一周后的 2009 年 12 月 16 日下午，云南省晋宁县凤踪小学 12 岁的五年级学生小 A，被发现在宿舍里用红领巾上吊，经医院抢救无效死亡。在老师眼里，小 A 是个学习成绩好、上进心强的好学生，从三年级开始一直担任班干部。在家里，尽管父亲去外地打工，但是爷爷奶奶对这个独苗孙子却疼爱有加。

2010 年 4 月 18 日，武汉市某小学 12 岁小学生小华因为玩电脑游戏，遭到爸爸的狠打。次日，他趁父母上班，解下红领巾在阳台的晾衣架上自杀身亡。该学生平常学习成绩较好，全年级 300 多人中排名前 50，但家长并不满足儿子的排名，天天加压要他进入前几名。

2010 年 5 月 12 日，银川市西夏区四小一名 11 岁小学生有一门功课考了 89 分，担心无法向家人交代，在家用红领巾上吊自杀。

一周后的 5 月 18 日晚，重庆綦江县某小学五年级 12 岁女生黄 XX 用红领巾悬床自尽。该校负责人告诉记者："黄 XX 是个表现非常不错的学生，虽然学习成绩一般，但听话懂事。"究竟为什么自杀，老师和家长都说不出所以然。

2010 年 10 月 30 日，昆明市官渡区某小学 10 岁男孩小 B，放学后被老师留下抄作业，趁人不备用红领巾上吊自杀，经抢救无效死亡。家长认为孩子之死与学校实施惩罚性教育有关，理由是该学生自杀前曾被罚连续扫地三个月。

2010 年 12 月 29 日，昆明市菊花村一位 11 岁少年在家中用红领巾自缢身亡，自杀前曾向家长描述："作业太多了，做不完就要被老师罚抄书，一抄起码五遍。"

2011 年 11 月，浙江省嘉善县第一人民医院先后收治 3 名用红领巾自杀的小学生。记者采访了解到，自杀原因基本上都是不满学校老师或家长高压教育。

2011 年 12 月 29 日中午，11 岁的云南男孩周周放学后被老师留校抄写教辅，回家后用红领巾缠颈在卧室门上自杀身亡。周妈妈拿着儿子花了一中午抄满的一本小楷，伤心哭诉："连课本上的填空题都要抄，我真不知道抄写这些练习题有什么意义？"

周周生前所获奖状

2014 年 11 月 18

日，番禺市桥华阳小学五年级打工子弟小欢因英语考了39分，留下日记——“我很后悔前一天不听奶奶的话，下次考试一定会复习两三个小时的……”然后在家中上吊自杀。

2015年3月11日，青岛市嘉陵江路第一小学二年级学生刘涵宇不小心将墨水洒在同学衣服上，老师给予严厉批评后，又通知家长到学校面谈。当晚，小涵宇在家里的卫生间用红领巾上吊自杀。到过现场的记者说：“死去的小孩儿生前成绩优秀、品行好，尽管入学才一年多，墙上贴满了奖状。”

后记：在本章将近结尾时，我收到蓝河老师发来的一封E-mail。自从最后一次在状元楼的不愉快谈话之后，我中断了与她的所有联系。蓝河老师在信中告诉我，她辞去了“开除留用”的教师职务，去俄罗斯留学，选择了一个在中国非常冷门的专业——宗教学。同时，她已经皈依了基督教。

她在信中写道：“……先生知道红领巾的来历吗？其实，红领巾最早是东正教少年儿童佩戴的信物，礼拜天戴着它迎接基督复活，后来被布尔什维克演绎成为共产主义少年先锋队的Logo……”

我没有给蓝河老师写回信，因为即便我不同意她以宗教的方式洗脱自己，可我又能有什么更好的方式改变她的命运、超度那些屈死少年的魂灵？即便我在宗教之外找到了某些答案，却也无能为力去解开那些染血的红领巾死结……

谁说虎毒不食子？

这是我多年记者生涯中最艰难、最苦涩的一次采访……

采访时间：2012—2013年。

采访地点：云南某地。

受访人：有关涉案人员、办案警官、媒体、死者亲属。（文中所有受访者均用化名）

采访人：本书作者。

“别说您看报纸有质疑，那天是几号？忘了……孩子他爷爷来报案时，我也不信！”方警官一面说一面从档案柜里取出卷宗。

“哦对，是3月11号，我在派出所当班。大石村67岁的村民黎世代心事重重地走进派出所，说是来报案的。我问他报什么案？他说，‘我儿子杀人了！’我问他把谁杀了？他说，‘把他儿子杀了！’

“‘你儿子杀他儿子，开的什么玩笑？是他亲生的吗？’我看那老头有点迷迷瞪瞪的样子，不敢相信他的话。

“他回答：‘是他的亲儿子，我的亲孙子！’简直像是绕口令。

“我又问他，什么时候发生的事？他说：‘前天下午杀的人，就埋在后山。’

“我问他为什么今天才来报案？他说：‘儿子跟全家人都打过招呼，谁把这事给捅出去，他就让谁给小山子（死者化名）去做伴。他说到做得到的，要知道我来报案，准会杀了我……我想了两天，这事情不合天理呀，再说那是我孙子的一条人命。所以……’

“这时候，我意识到真有可能出命案了。下午，带了另外三个同事开车去大石村。半路上，报案人黎世代要求下车回避，怕儿子报复他。

“到了他们家，黎远照正在盖一间新屋。我们问他，你小儿子呢？他头也不抬地张口就答：‘不知道。’我们告诉他，今天必须要见到小山子。他这才从从容容地歇下手里的活计走过来，试探地问：‘听到什么啦？’

作者赴云南采访死者的哥哥大山

“我说，不管听没听到什么，你把小山子找来问话！

“那家伙非常镇定，朝我们盯着看

了一阵，然后说：‘实话告诉你们吧，前天小山子不好好做作业，我教育了他一顿，他就离家出走了。我也不知道他去了哪里，怎么找？等他回来了，我带他去派出所见你们就是。’

“我问他，你是怎么教育儿子的？那家伙嬉皮笑脸地说：‘我怎么教育儿子你管得着吗？你们警察这不是没事找事吗？’说完，掉头就走，要去接着盖房子。

“‘黎远照你老实一点！我们没根没据来找你干嘛？你当警察真的闲着没事？’我朝他吼了一嗓子。这时候，他好像猜到我们掌握什么了，突然一变脸，犯横：‘少跟我来这一套，当我没见过世面？这几年外出打工混社会，我什么人没见过？什么事情没经历过？’

“他边说边往外走，我们上前摁住他……”

讲到这里，方警官接电话，要去参加一个紧急会议。我提出先去黎远照家，采访他的大儿子大山，聊聊那天现场发生的事情。方警官说也行，他开完会马上去大石村找我。

哭、可劲儿地哭！直哭到声音嘶哑，眼泪排山倒海！

——这是我与黎远照的长子大山第一次见面时近一个小时的现场实录。直到方警官开完会赶到这里，这个 9 岁的孩子才急刹车般止住哭泣。

这户庄稼人的院子坐落在大山脚下，四间平房破旧不堪，三面土坯墙，另一面傍山。屋内除开一个用土砖垒砌的灶台、一张吃饭、写作业兼用的破方桌，外加几张烂板床，见不到别的什么家具，吃的用的乱七八糟堆在地上。大山的奶奶告诉我，早年房顶上盖的是瓦，老是被后山滚下来的小泥石流砸破，现在就改用大块塑料瓦了。

我问奶奶：“这么恶劣的环境，为什么不搬去山外条件好些的地方居住？”

年过花甲的奶奶对我的问话似懂非懂，答非所问地说：“就是这个命，搬去哪里都一样。我那造了孽的儿子一直在昆明打工，刚回家就造出这种事情……被派出所带走了，还不知道什么时候能放回来，丢下三个孩子，我怎么养得活他们……”

方警官严厉地对奶奶说：“你只怕看不见你儿子回家了！养不活孩子怨谁？我跟你讲，这个案子你也有份，查清楚了你也跑不掉！”

奶奶讪讪地："我一大把年纪，早死晚死、死在哪里都一样。他爸那也是为小山子好，想孩子把书读出来……"

"为他好就打死他？那我为你好，打死你，行不行？"方警官显然对这个案件胸有成竹，阻断了奶奶的唠叨。接着吩咐大山："弟弟怎么死的？你把前前后后经过都如实讲给这位记者听，不要哭哭啼啼地像个女娃儿！"

大山果然不敢哭了，他讨好地点点头，乖乖接过我递给他的小板凳，与我面对面坐下，将两只小手合掌夹于裆下，像只惊魂未定、夹起尾巴的小猕猴。然后一面回答我的问话，一面不时用眼睛的余光朝斜对面站着的警官瞟上几眼。

"你弟弟几岁？"我问。

他想了一下，怯生生地："弟弟比我小 3 岁……"

"大山，能把那天发生的事情讲给我听吗？"

他点点头，哽咽了一下，然后深深地吸了一口气，憋了会儿吐出来。说句实话，当时看着大山那副可怜兮兮的模样，我差点临阵退缩终止问话。可我没那么做，也许这就是我们这种职业的残忍抑或无奈吧。

"开学不久，那天下午我和堂哥、堂姐，还有小山四个人一起放学回家。进屋的时候爷爷奶奶、爸爸在堂屋里围着火塘边烤火边烤山芋吃，我们四个小孩放下书包也跑过去拿。弟弟最后过来，刚拿了块洋芋往嘴里放，被爸爸喊住。

"'别急着吃，写字了没？'爸爸问他。

"弟弟回答，'今天老师只让读书，没布置写字。'爸爸不相信，问我们三个。姐姐告诉他，上课的时候老师让弟弟在黑板上写语文数学几个字，弟弟不肯写……

"爸爸回头问弟弟：'老师让你写了

大山曾目睹父亲打死弟弟

没有？’弟弟说没有。

“爸爸又问了一遍，弟弟还是不承认。爸爸他、他就发火了，骂弟弟欺祖，‘你哄别个可以，你敢哄你爹！’后来、后来他就、他就……”大山的呼吸再次变得急促，脸色惨白，哽咽着讲不下去。

方警官到底是各种场面见得多了，他有些不耐烦地催促孩子：“好了好了，接着往下讲吧！”

大山惧怕地瞅了一眼方警官，呛咳了两声，打算接着往下讲。可刚说了两句“接着、接着……”嗓子又给堵住，发音受阻，哇地一声吐了一地。

突然一阵胸闷袭来，让我也觉得呼吸受阻，有些窒息感。我再也无法漠视孩子的痛苦，伸手将大山拉到身边，替他擦去脸上的泪痕：“好了大山，阿姨不听了，你不用讲、不用讲了……”

大山一怔，抬头看看我——我努力克制着自己不让含在眼眶里的泪水落下。他又侧过面去怯生生地盯着方警官——我瞅见方警官也转过身叹了一口气。

猛然，大山将头埋在我的肩膀上失声痛哭起来。还是跟刚才一样，哭得惊天动地。此时的我也无法再矜持下去，任由眼泪打湿了孩子的颈脖……

“孩子没见过世面，胆儿小，加上受了些惊吓。现在事情过开了还好些，事发第二天我找他们做笔录的时候，三个孩子全都吓傻了，站在那里不住地发抖……其实案情本身很简单！”下山后，方警官继续为我介绍案情。

“死者的父亲黎远照觉得小儿子在学校没有好好读书，回家还撒谎说老师没布置作业，心里窝火，抬腿就是一脚，刚好踢在小山子的胸口，踢倒在灶台上。可能孩子也死犟，坚持说老师没布置作业。于是，做父亲的更恼火了，一把抓起儿子扔出门外，脑袋撞在灶房门上。一看儿子还不认错，黎远照那家伙牛脾气更大，顺手拾起电线杆底下一块五六斤重的大石头朝倒在地上的小山子砸过去，正好砸在小山子的后脑勺上。这是造成死者重伤的致命一击！”

此时，我才真正理解大山复述目睹杀人现场的艰难，毕竟那是血淋淋的真实场面，不是电影电视剧里的虚构情节啊！作为一个10岁的孩子，亲眼看见自己的父亲杀死自己年幼的弟弟，而且出手每一招都是那样凶残和致命，他内心的恐惧程度可想而知。

小山子喊叫了一声昏死过去，事情并没有就此罢休。通过警官的口述，我进入一个更加令人难以置信的恐怖场景。

黎远照行凶时，奶奶和三个孩子一直在旁边看着，爷爷躲在房里不出来，没人敢出面阻止。等到黎远照走开去接着焊钢架子，12 岁的表姐燕儿才跑过去扶起表弟小山。

看着满脸是血、奄奄一息的表弟，燕儿吓得哭喊起来："弟弟不行了，被小爸打死了！"

在附近地里干农活的一位亲戚闻声跑过来，见孩子还在喘气，便说："小山子，要是不太疼，你就赶紧起来，免得你爸生气。"

小山子一听，勉强睁开眼哭了两声，微弱地说了句："婶，我走不动……"便又昏死过去。

那位大婶赶紧叫喊黎远照："三哥，小山子不行了，送医院吧！"

奶奶这时也朝儿子嘀咕了一声："打娃娃也不能往死里打……"

黎远照余气未消地回答母亲："打死算了！我早就说将他送人，你不舍得，要不没这场事！"说着过来朝儿子看了一眼，没再说话。想了想，他嘱咐母亲："死了，拖去后山埋掉！"口吻冷酷，就像打死一只鸡或鸭。

黎远照抄起一把锄头，朝燕儿和奶奶吼叫："还不快弄走啊！"奶奶只好找来一条披风，将小山子包裹起来，让燕儿帮着拖到后山一个乱石堆里。

黎远照随便挖了个坑将儿子放下去，用土填平。

方警官告诉我，据现场目击者燕儿说，她帮着小爸把弟弟抬进坑里去的时候，小山子还动弹了一下，他小爸也看见了，所以埋好后站在上面用力踩了几脚。

我调阅黎远照的供词笔录时，看到他对自己的行为做如此交代，之所以要用力踩几脚，"就是免得他不死不活在地下难受……"

"虎毒不食子！"放下卷宗，我不由自主嘀咕这句千百年来被国人视作伦常的成语。

方警官一听来气了："您是没看见，那家伙一点人性都没有！ 11 号下午我们把他拷到派出所接待室待审，他一边看电视，一边哈哈大笑。看完了电视又向我们要了一大碗米饭，一粒不剩吃了个干干净净，然后问我们什么时候放他回去，好像是来派出所做客。哪里有一点为儿子的死感到悲伤，或为自己的暴行觉得后悔！”

“小山子是黎远照亲生的吗？”我本能地问道。来这里的当天，就听说了当地不久前发生过丈夫怀疑妻子“偷人”而割下她脑袋的惨剧。

方警官回答：“不只是你，一开始我们也怀疑呀！他们村里有人说听黎远照抱怨过，怀疑小山子不是他的亲生儿子。正是因为这个原因，她老婆早就离家出走，至今杳无音信。为了寻找黎远照是否还有这一重杀人动机，我们给他与死去的小山子做了亲子鉴定，结果是对的，死者是他的亲生儿子，一点都不含糊！”

说实在话，警官对小山子一口一个“死者”的称谓，我由衷地反感，无论如何也无法接受一个6岁的书包童子与死神同义的现实。直到9个月后此案公开开庭，当所有当事人都走进真实无误的法庭时，我才勉强将小山子临死前痛楚无助的遗容定格在脑海之中。

“你告诉他DNA鉴定结果，黎远照明确知道小山子是自己亲生儿子的时候，他有何反应？”我问。

警官回答：“没说话，什么反应也没有。”

2013年1月22日，黎远照杀子案首次开庭，其母关某因明知孙子没死还帮助儿子实施活埋，被以故意杀人罪的共犯一同被起诉。法庭辩论的主要焦点在于：犯罪嫌疑人是“故意杀人”还是“教育方式失当造成的过失杀人”。

法官：“你为什么要殴打黎小山？”

黎远照：“因为他那几天去上学，书也不读，字也不写，我特别生气。教训他他也不听，一下很鬼火才下手那么重。平时如果他不听话我也会打他，但只是打了吓吓他。出手过后头脑里一片空白，没想到这个后果，不晓得怎么办，现在后悔了……”

法官：“你为什么后悔？”

黎远照喃喃地：“他是我的亲生儿子啊，能不后悔……”

法官：“你对黎小山实施掩埋时，是否知道你儿子还活着，并没有断气？”

黎远照：“不知道，以为救不活……”

黎远照的律师辩护说:“本案的起因是父母恨铁不成钢,作为亲生父亲,不可能主观置孩子于死地。黎远照出于教育目的失手打伤孩子,误以为不能救活才埋的,属教育方式不当,社会危害性相对较小。”

奶奶关某的辩护律师说:“关某仅仅是帮助儿子递了一把锄头,埋葬其认为已死亡的孩子,没有故意杀人的主观认知和具体参与行为,故不构成故意杀人罪。”

检方认为:“被害人小山子是一名年仅6岁的孩子,在本案中不存在过错。黎远照辩解在教育孩子,但教育的方式不应当是用脚踢、扔下一米多高地埂、用石头砸头部,明知没死还将孩子埋掉,其主观恶性和社会危害性可见一斑,而不是相对较小。”

接着,检方出示了公安机关的相关证据:

黎远照本人的供述:“接过孩子发现还有一点气息……埋的时候手指还有些动。”

黎远照母亲关某本人的供述:“用手摸孩子嘴巴,发现孩子还有热气……”

在场证人黎小燕证实:“小爸挖坑时,弟弟小山子还有气,嘴里还吐着白色的泡泡……泥巴飞到弟弟嘴里,弟弟还用舌头把泥巴顶出嘴外……”

法医尸检报告证实:“小山子的气管内有大量泥土附着,这就意味着他被埋时还有呼吸存在。”

黎远照:“当时我把他打成那种,自己也吓着啦,也不敢看,他们说死了我才抱去把他埋了。埋的时候看见他手指头动了下,我说是没死么就带他去看下,后来我等了一下看他也不动了,想着应该是死掉了,就把他埋了,还用脚使劲在土上踩了好几下。我倒不是嫌麻烦,是想着他快死了,与其去医院的路上死掉还不如让他死在家里……”

法庭认为:黎远照母子的行为已经构成故意杀人罪,应当依法追究其刑事责任。

法庭辩论结束后,多家媒体采访了黎远照。这个看上去白净、瘦弱的年轻人,似乎很难跟那个杀死亲生儿子的恶魔混同一体。

面对媒体,黎远照并没有对自己最后将面临的判决表现出什么忧虑,只是为自己的行为做一些此前不愿表达的无力辩解。他当然知道这些辩解对法院的判决毫无意义，听上去更像是说给自己的良心和死去的儿子听——

“孩子生下来他娘就跑了，我一人辛辛苦苦养的娃啊，一下子就没有了，心里能不难受吗？娃不听话，不肯好好读书，不打有什么办法？读不好书以后还不跟我一样没出息？我也后悔，后悔管什么用？杀人要受什么处罚我知道，进来就准备接受法律制裁，能出去就出去，不能出去就算了，顶多给娃作伴去……”

显然，只读过四年书的黎远照并不真正知道，杀死亲生儿子与杀死别人一样，将会受到法律最严厉的制裁。他更无法理解由自己带到世上、又被自己亲手毁灭的那个小生命，怎么会引发那么多外人的关注，引起那么大的社会反响。

不管别人怎么想、怎么说，如何把黎远照描绘成一个杀死亲生子的孽畜，可他知道自己是人，一个有血有肉、见过世面却不谙世事的“思想者”——他常年在外打工，看多了那些只属于城市人的风光美景，知道自己无望过上那样的神仙日子，但无法抑制作为一个父亲对儿子命运的关怀与畅想，而要改变儿子们的命运谈何容易？

在黎远照的家族词典里，除开读书、考大学、离开农村之外，还能有什么可以改变儿子命运的词汇呢？遗产？资本？资源？社会关系？什么都没有。儿子们唯一的靠山只有屋后那一座能为家人生前遮挡一半风雨，死后收尸敛骨的庞大土石堆。

能理解黎远照的只有一个人，那就是他的亲娘、小山子的亲奶奶。庭审结束后，我又去了半山上的黎家。因为家里还有三个孩子没人照顾，奶奶被允许取保候审。

奶奶指着三个分别只有 12 岁、10 岁、9 岁的孙子孙女，抱怨说：“他犯了事大家都会骂他猪狗不如，可他的难处有多大谁又知道？他哥哥前两年出车祸死了，媳妇离家出走不知道下落，这老大老二是他们留下来的，加上大山小山一共四个娃，还有我们老两口——那个老不死的好吃懒做不顾家，成天在外面泡——全家人靠娃一人外出打工挣辛苦钱养活。让孩子们上学念书又花钱又费力，还不是为他们将来好？

“远照不在家的时候，我也天天盯着娃儿们做作业，对他们讲，你们不好好读书，房子破了哪有钱来修？房子倒了你们住哪里去？娃儿们淘气啊，不听，就认打！这回的确打得太重了……听村里人说娃要判死刑枪毙，真要那样我去替他顶死，他回不来这几个小娃娃还不要饿死！”

我不忍心告诉奶奶：即便她不被判刑，也等不到儿子回来的那一天。我只是安慰她说，政府不会不管这几个孩子的。

奶奶显然对这种结局不放心，她说：“就算政府抚养这几个孩子，能有亲爹亲奶奶那么尽心尽力吗？”

无言，我回答不了奶奶最后抛给我的一道简单又直接的问题。

下山之前，我让奶奶带我去向未曾谋面的小山子告别。小山子被重新安葬在离他们家不远的后山一处乱石岗上，坟茔旁边有一棵与他差不多同龄的木梓树，树上站着几只乌鸦，听到我们的脚步声后，“啊——啊——”地飞走了。

奶奶告诉我，乌鸦是阴阳界的使者，来接小山子重新投胎的。她向着坟头说：“小山子，你爹你奶奶对不住你。孩子啊，跟着乌鸦投胎去吧，宁可到城里头找个好人家当猫做狗，也断然不要再回这个穷家呀……”

和着奶奶的哭诉，那几只歇在旁边石头尖儿上的乌鸦扯着嗓门“呱呱呱”地鸣叫起来。

三个月后，黎远照殴打、活埋亲子案经曲靖市中级人民法院再审判决：黎远照犯故意杀人罪被判处死刑，缓期两年执行，剥夺政治权利终身；同案犯黎远照之母郑某被判处有期徒刑三年，缓刑五年。母子俩都表示服判不上诉。这个令人揪心的杀子惨案从法律意义上落下了帷幕，可留给社会的，却还有一连串谁也理不清的思考和难题。据说此案尚未判决时，云南又出现过两起父亲杀子案，案情不得而知。

在《春城晚报》一位资深记者的热心帮助下，昆明一家武校接纳了大山子，并提供他全部学费和生活费。在此期间，我们去昆明郊区探望过在武校学习的大山子，孩子看上去脸色比在老家好多了，穿着学校给他买的新校服，也显得比过去精神。跟我们谈话时，大山子始终满面笑容，显得彬彬有礼，但只要谈及他那个家，便马上沉默下来。问他想弟弟吗？回答想。想奶奶吗？想。想爸爸吗？不回答，低下头收敛起笑容。

校长告诉我们，孩子文化课成绩一般，但学习武术很用功。对此，最早报道此案的邓记者表示出一些忧虑。她说："黎远照从小被父亲恶打，成家后性格乖戾，虐待子女家人成习，最终以杀子判死告终。大山子从小感受最多的也是家庭暴力，并且亲眼看见父亲杀死弟弟。谁能保证这孩子长大后不会重复那个家庭的悲剧呢？"

我们采访21世纪教育研究院副院长熊丙奇时，他也有类似担心："如果父母把自己的阴暗面投射到孩子身上的话，那么孩子成长后必然也会出现相同的问题。"

他们的担心绝非多余，大山子跟我们谈话时就曾透露过："要学好武术，长大了报仇。"我们问他给谁报仇，他保持沉默。

【链接】

近年来，类似黎远照杀子的案件并非绝无仅有，且呈现出愈来愈多发的趋势——

2005年12月24日晚，在杭州萧山一间10平方米的出租房内，来自河南的水果摊贩郑某夫妇在教育3岁的儿子识字时，因儿子小博生性倔强，不愿重复朗读，遭致母亲耳光、父亲棍棒殴打近一小时，颅脑受损后引起呕吐，呕吐物堵塞呼吸道，引起窒息导致死亡。

在法庭上，那两位邻居眼里"老实、本分的生意人"痛不欲生。母亲哭诉："我们只是为了教他认字，他不肯，不是存心去伤害他。我们之所以下这样狠心，为的是不想让孩子今后过我们一样的苦日子……"

2006年11月11日下午，北京市平谷区农民张某，因14岁的儿子小涛沉湎网络游戏耽误学习，对其进行管教引起儿子反抗。愤怒之下，张某用木棍击中儿子头部，将其打倒在地，后送医院抢救无效，经法医鉴定为开放性颅脑损伤死亡。接受记者调查时，张某自述家境贫困、生活压力很大，连每个月的电费都经常支付不起。他们用辛辛苦苦攒下的钱，将儿子送进当地一所有名的寄宿学校，想让儿子在封闭式管理环境下考上一个好高中，为此欠下一屁股债。

2010年3月29日下午，随夫在江苏打工的贵州人诺某教3岁的女儿念诗，因女儿跟不上而生气，用力在女儿头上拍打多次，导致女儿嘴唇发白、气尽命绝。

2010年4月12日晚，徐州电器修理工张某因5岁的儿子不愿做习题，气急之下，用木棍持续殴打儿子屁股20多分钟，直到儿子服软求饶，答应第二天赶早补做作业才住手。第二天早上，张某去喊儿子起床上幼儿园，掀开被子一摸，儿子身上冰凉。经法医鉴定：孩子下腹部、腰背部、双臀部及大腿广泛性皮下出血、扩肌肉内出血，脏器内小血管空虚等失血征象，由钝性物体多次击打导致创伤性休克，心脏骤停。

张某在法庭上供述："我很爱我的儿子，打他也是希望他长记性，从小养成爱学习的好习惯，像报纸上说的，不能输在起跑线……"

2010年6月11日，西安某商场职工刘某送9岁的儿子上学，听老师说孩子有一门课考试只考了70分，当场便扇了儿子耳光，还踹了他几脚。晚上回家，刘某为了让儿子"长记性，下次多考点分，再次一边骂一边对孩子拳打脚踢，并用木棍重打儿子的腰背部。直至12日凌晨，他发现孩子快不行了才抱去医院，遍体鳞伤的孩子已经停止呼吸。

刘某在同事的眼里，是个非常有责任心的父亲，从儿子上幼儿园起，就一直每天接送儿子，单位加班时也把孩子带在身边，工作间隙还忙着给孩子辅导功课。法庭上，刘某坚称："我很爱很爱我的儿子，在他出生前，我就为他设计好了美好的未来。当孩子出生时，我感觉是一个天使来到我的身边，他的笑容、哭泣，包括给他换尿布，都是件十分美好的事情。孩子读书后，我对他的期望值更高。可他不听话，逃学、不做作业、伪造老师签字、放学不归，他辜负了我的一片苦心，这样下去也会耽误他自己的前程。我没办法才下狠手打的他……"

如果说上述案例多半是当事人爱子心切、教育失当所造成，下面惨绝人寰的杀子案，却是由一位年轻母亲有预谋、有计划的故意作为，其行凶理由更是让人不寒而栗。

2013年1月28日上午，三亚市南田农场女职工王某开车带着4岁的儿子出行，一路上先后购买了水果刀、煤气、农药。行至一个偏僻的水塘边，王某停下车，手牵手将懵懂无知的儿子带至东侧一块龙眼地里，先将儿子活活掐死，然后自己喝农药自杀。哪知碰上一瓶假农药，王某又用准备好的水果刀割腕和颈部自杀，结果水果刀太钝，切不断血管。自杀未果后，王某将儿子安放在车上，自己跳入池塘。不料在她行将溺毙之时，又被两位路过的村民发现，将她救起送进医院。

后经审讯，王某自述导致她决定与儿子同赴黄泉的理由竟然是："感觉自己没有能力教育好儿子，与其让儿子以后因为没有受到良好教育而遭受生活上的苦难，还不如陪着儿子早点离开这个世界……"

2014年5月19日晚8点，在杭州某小学当保安的父亲发现女儿抄作业，一怒之下把女儿拖到车棚，用草绳勒住脖子，接着用另外的绳子吊打。打了一分钟，父亲离开，半小时后返回发现女儿快不行了，忙送去医院。女孩因窒息时间长达5分钟，造成心肺功能损害，最终死亡。

后记：我们可以为那些一失足而成千古恨的父亲母亲们长吁短叹，却无法终止共和国阳光下的愚昧和残忍！我们只能为那些夭折在"父爱、母爱"棍棒下的孩子捶胸顿足，却唤不回他们被"爱死"的魂灵！我们有能耐描绘一张张现代文明的可笑画饼，却无能拯救那些至今仍挣扎在人生起跑线上的苦役孩童！

血色"起跑线"

一个个索命的"红领巾死结"，成为中国社会的隐痛。一桩桩亲生父母虐杀子女的血案，引发文明社会的人性恐慌。"周周的书包"为什么那么重？"小山子"们的生命为什么那么轻？一系列问号拷问着教育的良知，一组组由专业人员调查后得出的数据，更加深了人们对中国教育现状的忧虑。

据世界卫生组织（WHO）统计，中国每年自杀身亡人数为28.7万，其中儿童自杀率约占0.9%，以此计算，每年自杀身亡的中国儿童人数大约为2583人左右。另一份调查报告显示，我国10—14岁少年儿童自杀率为2.41/10万，成为全世界儿童自杀率最高的国家之一。在自杀者的年龄排列中，12岁占第一位（40.3%），其次为14岁（22.7%），11岁和13岁（13.6%）。

这组被各种媒体大量引用的数据，的确有些刺痛国人的心。我们翻阅了大量资料，竟发现20世纪80年代之前，中国境内的在校小学生因学业问题自杀的案例几乎为零。此后30余年，中国社会经历了一场举世瞩目的大变革，GDP大幅度增长、贫困人口大幅度减少，恰恰在这样的大环境下，本应享有最高幸福指数的少年儿童，何以被笼罩在逐年扩大的死亡阴影之下？对此，一些独立研究机构的调查，为我们提供了更加具体、直观的数据：

2003年，广州市疾病预防控制中心等多家单位联合对市区10所小学的3045名五、六年级小学生进行问卷调查，结果显示：有3.4%的人制订过自杀计划，1.3%的学生采取过自杀措施；其后，另一组专业人员对广州市8所中学和8所小学进行了调查访问，受访的7527名学生当中，自杀意念发生率为14.5%。

2004年，复旦大学附属儿科医院等机构对9所不同学校、2500名中小学生进行专项调查，其中24.0%的孩子曾有过自杀念头，15.2%的孩子认真考虑过要采取行动，5.85%的孩子曾自杀未遂。

2004—2007年，北京大学儿童青少年卫生研究所公布了一项历时3年，涉及京、广、沪等全国13个省市区、约1.5万名学生的调查报告：在校中学生每5个人中就有一个曾经考虑过自杀，占样本总数的20.4%，而为自杀做过准备的占6.5%，各项数据比两年前调查结果均增长了几个百分点。

2009年，一项来自湖南长沙的专业调查报告显示：在随机抽取6所小学1060名小学生样本中，有28.3%的孩子因学习压力大等原因，曾有过自杀意念。

2013年，南京市对900名中小学生进行了生命意识教育现状调查，结果显示有自杀念头的中小学生为35%。在南京市教育科学研究所对南京近2000名小学生所做的抽样调查中，有40.1%的小学生因学习负担过重，曾说过“不如死掉的好”。

2014年，四川“华西心理卫生中心”发布一项针对成都市中小学生的调查数据——2%的学生有抑郁焦虑情绪，23%的学生曾有过自杀的念头，精神障碍患病率为2.6%左右，在被医院确诊患有“精神抑郁症”的孩子当中，年龄最小的仅 11 岁……

著名青少年教育专家孙云晓著书立说，将上述现象统称为“童年恐慌症”。这一并非来自医学结论的“新病种”的病因是什么？国内两家颇具权威的研究机构，进一步给出了大致相近的调查数据。

中国青少年研究中心经调查揭示：有这种“病灶”的孩子当中，因考试或作业压力过大而表现出恐慌情绪的占 76.2%，其中 55.4% 的孩子程度不同地表现出抑郁、自卑，少数甚至对生活绝望。该报告还指出：这种现象呈现愈演愈烈的态势。

由 21 世纪教育研究院发布的 2014《教育蓝皮书》调查报告称：“学习压力是中小学生自杀的首要因素，有 75% 的案例与学习压力相关。”“中小学生的自杀并不是个体单纯的心理脆弱，而是高度的学习压力导致的普遍心理崩溃，其根源在于高度应试的教育制度。”

记者就此问题采访全国政协常委、中国新教育运动发起人、中国民主促进会副主席朱永新教授时，他愤而问之：“本来，花季应该充满阳光和歌声，那应该是满怀梦想、憧憬未来的青葱岁月。是怎样的压力，让中国的孩子们这么苦这么累，选择了这条不归路？”

朱教授认为孩子们的压力主要来自于三个方面：一是父母把自己的意志强加给孩子；二是学校片面追求升学率绑架了学生；三是各级政府像抓 GDP 一样抓考分教育。他痛陈：“庆父不死，鲁难未已；考试不改，教育难兴。”“教育的警钟，因孩子们的生命而鸣。这一再鸣响的警钟，是在告诫我们：认真反思和改进我们的教育，我们的步履还不够快，步伐还不够大，现在，正是刻不容缓的关口！”

◆“魔鬼书包”

2007 年 9 月，在中国共产党十七大记者招待会上，12 岁的北京小记者季家希向时任教育部长周济先生提问：“我有两个问题。第一，我知道教育部门和学校为了减轻我们的小书包已经做了很多工作，为什么我们的书包还是那么重呢？第二，现在同学们总说睡眠时间太少，每天一大早，天还不亮的时候就上学了，有什么办法能让我们多睡一会儿呢？”

比起小记者天真的提问，周部长的回答多少有些言难由衷：“十七大报告当中还真回答了你这个问题。十七大报告当中明确提出，要求我们要减轻中小学生课业负担，提高学生综合素质……”

2009年，这位有着中国工程院院士、瑞典皇家工程科学院院士、博士生导师等学术背景的教育部长被免职，那位提问的小记者进入了中学，她那些学弟学妹们的书包是否有所减重？周部长代表政府做出的“减轻中小学生课业负担”的承诺是否兑现？

2011年，云南11岁小男孩周周因完不成作业而用红领巾自缢身亡后，周妈妈向记者哭诉，她曾经称过儿子的书包，足足7公斤重！“周周的书包”即刻引发全国媒体的广泛关注，不少同仁纷纷走进小学校园，掂量起孩子们肩膀上的负荷。我们有代表性地选择几例：

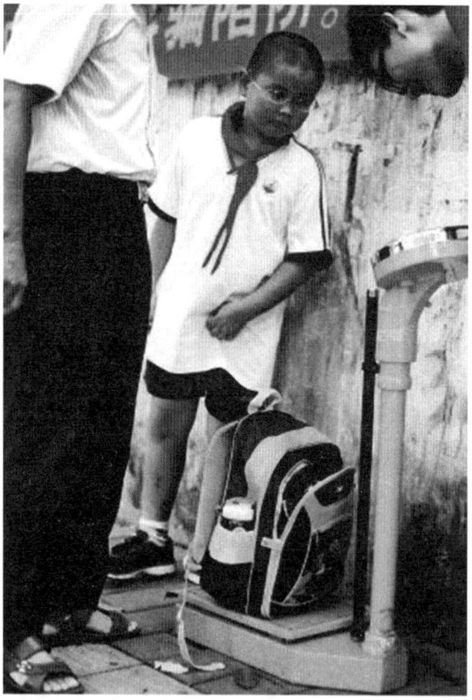

记者为广州小男生书包称重5公斤

湖南长沙记者为数十名小学生称得书包重量平均4.6公斤，最重的达6.5公斤。50%以上的受访小学生书包重量超过本人体重20%。（根据现代医学常识，儿童书包不能超过体重的10—15%）

四川成都记者走访多所小学，随机监测各年级学生的书包重量为：一年级平均3.6公斤，二年级平均4公斤，三年级平均4.2公斤，四、五年级平均6公斤，六年级平均6.9公斤，最重的一只书包达7.2公斤。

浙江记者对100名一至六年级学生的书包现场称重，结果显示平均重达5公斤，最重的一只书包7.5公斤。

《武汉晨报》记者调查报道:“一至三年级的学生书包多低于5公斤，四至六年级多重于5公斤，最重的达7.5公斤，不少学生每天由家长代背接送。”

2012年，为减轻小学生的书包重量，部分省市的教育部门下达改用轻质纸张印刷小学生课本的通知。此后，京、沪、广、宁四地记者分别对本地区部分学校进行调查，结果显示：小学生的书包重量虽略有减轻，但仍在3.5—6.7公斤范围内徘徊。

最富戏剧性的一组数据是新疆媒体对当地小学新生的书包与电工、士兵的常用工具所做的对比性测试，结果令人瞠目：电工的工具箱重约2公斤，士兵的标准步枪重3.7公斤（据说美国一款新式战术卡宾枪SU-16E，即使在装满30发5.56mm步枪弹的时候，全枪的重量也只有2.63公斤），而当地一年级新生的书包平均重量为4.5公斤，远远超过两类职业成年人的负荷。

有一种凝固的时空被人们形容为“蹉跎岁月”。当小记者季家希步入大学殿堂后，好事的记者们手里那杆秤似乎仍旧没闲下来。2014年1月13日，南京小学生记者梁若予给市长写了一封信:“……尊敬的市长伯伯，每个小朋友都希望拥有一个快乐、健康的童年，我们的书包需要减负。爸爸妈妈说，这是个老大难问题，每年都有人呼吁，但是年年还是成问题。我知道，市政府每年都有量化的工作目标，能不能把‘让小学生的书包减轻1公斤’作为南京市2014年的工作目标，让这一美好心愿早日实现呢？”

相隔9年，两位小学生记者向政府领导所提的问题如出一辙。如果撇开国情，这些问题似乎并不复杂，可对于中国最高教育行政长官来说，小学生的“魔鬼书包”真就成了一道无解难题——前任部长无功而返，后任部长又接着陷入“学生减负”的泥坑。这话听起来有些匪夷所思，但“剧情”却仍在年复一年地演绎着。

很多问题封闭起来看非常复杂，甚至于神秘，打开看看却一目了然。

“魔鬼书包”里究竟装了些什么？主要无非“老三样”——课本、作业本、教辅书。问题出在哪？就是最后一样——教辅资料，这部分书籍的重量通常要超过课本两三倍。有意思的是，在这个问题上，教育部和国家新闻出版总署自2001年开始，曾多次发布过各种相关禁令:“不得向学校和学生随教材搭配教辅材料”，“小学生不留家庭书面作业，学校不得违规补课……”而且还三令五申，要求各地教育部门严肃查处那些拒不执行者。

如果教育部的禁令都能得到落实，后面的话就没得说了。诡异的是，这一张张“禁令”仿佛只能表明教育当局的某种态度，对于执行者而言，它们更像一根根飘荡在半空中的“鸡毛令箭”，纵使落地亦无声——“魔鬼书包”沉重如旧，学生负担未见丝毫减轻。为什么？道理很简单，对于一向循规蹈矩的中小学校而言，之所以敢于抗命不遵，自是后台有强大的利益支撑。

2011 年，中央电视台《焦点访谈》栏目记者深入安徽、福建等地多所学校进行暗访，比较完整地揭示了一条围绕教辅书形成的黑色利益链，为我们解开了“魔鬼书包”里隐藏着的秘密。(《教辅：挡不住的负担》2011.9.1;《教辅：利益催生乱象》2011.9.2）

在滁州市四中的一个公告栏里，张贴着学生一学期需要交纳的各项费用。其中七年级的教辅材料费 233 元，是教材费的两倍多。九年级的教辅材料费高达 307 元，是教材费的 5 倍多。公告栏明确指出这些教辅材料由学生自愿购买，但对于学生和家长来说，不管愿不愿意，这些教辅材料不买还真不行，因为老师会按照这些材料来布置作业。在漳州市的中小学，新华书店在配送教材的同时，也会向学校搭售大量《创新优化学习》丛书。

在这些学校，规定（教育部禁令）显然成了摆设，而具体向学生搭配销售哪些材料，也不是学校就能决定的。学校给了记者两份教辅书目录，上面共列有 72 种教辅材料，而且它们都印有“安徽省中小学教材审定委员会审查通过”和“推荐使用”的字样。只有这个目录中的材料才能通过征订渠道进入学校。

据滁州市教育局介绍，“安徽省中小学教材审定委员会”与教材编写单位“安徽省教育科学研究院”，均同属省教育厅下设机构。安徽新华教育图书发行有限公司营销部工作人员说，其他单位送审（教辅资料），省中小学教材审定委员会概不接待。

国家严禁统一征订和搭售的教辅材料是如何进入一些学校、被强制销售给学生的？在这个过程中，违反规定的不仅有学校，更有学校的上级——当地教育主管部门。

一套教辅材料至少要经过4个环节——编写、出版、发行、征订，最后卖到学生手中。以漳州的《创新优化学习》系列丛书为例，全书共有10多套，其中初中部分每套平均定价130元，漳州市目前有初中学生20多万人，仅仅这一套教辅每学期的销售额就超过2600万，一学年的教辅销售就超过5000万元。按5%版税计算，每年仅仅是初中教辅就能带来250多万元的收入，再加上小学和高中的教辅，市教育局普教室34名职工，每年通过教辅创收达到人均达7、8万元以上，旱涝保收。

安徽省教科院编了298种教辅，面向全省中小学征订，根据销售额取得的版税更加可观。这些教辅书都是通过下发推荐目录向学校统一征订的，而这是国家明令禁止的行为，所以这些版税收入是不能摆到明面上来的。那么，他们怎么从出版单位拿到这些钱呢？漳州市普教室负责人说："这些书都发完了，税务单开过去钱打过来，用宣传费、研讨费的名义就可以了。"

记者调查发现，虽然有多家发行商，但是能够进校统一征订教辅的却只有新华书店一家。据统计，在安徽省滁州市大约有六万三千名中小学生，仅仅这一个市一学期，统一征订教辅的销售额就达到一千万，而安徽全省中小学生超过一千多万，按比例推算，进校统一征订的教辅销售总额可达10个亿。这些利润如何分配呢？

新华书店五折拿到图书之后，扣除4%配送成本，还剩下占书价46%的利润，这其中的一半，也就是23%左右，要作为回扣，支付给当地教育部门和学校。据业内人士反映，现在各地对教育腐败查得比较紧，所以教辅出版商给教育局的回扣都做得比较隐蔽，比如说定期组织教育局相关领导到国内外考察旅游，赞助教育局各种会议等等。教育局是教辅利益链上的重要获利方。

最后，作为教辅销售的最终端，学校当然不会白忙。根据安徽省滁州市二中一位负责人所说，新华书店给学校明折是10%，叫宣传费，而其他教辅书从市场上三折就可以买到，这样学校得到的回扣远比新华书店的高。不过这样做得不到当地教育局许可，只能由学校、老师和书商达成私下协议，由老师选定教辅资料后，再要求学生到指定书店购买。书商按全价向学生收钱，然后再按协议价结算，两者之间的差价就成了学校和老师的回扣。

对于学生来说，既要买新华书店统一征订的教辅书，又要买学校、老师指定的个体书商的教辅书，同一个学科有多种教辅材料也就不足为奇了。

教辅销售的利益链条把一些地方教育部门、学校、书店、书商等串联在一起，监督者和被监督者成了利益共同体。在利益面前，潜规则大行其道，明规定自然形同虚设，而被利益绑架的不仅是学生家长的钱包（学生的书包），还有教师的形象，教育部门的公信力以及国家有关规定的严肃性和权威性。

从央视《焦点访谈》栏目揭示的真相中，我们不难看清“魔鬼书包”无法减重的直接原因——小小书包袖里暗藏乾坤，承载着下至学校老师、上至各级教育部门诸位大神的钱袋子。只要社会整体价值观仍旧偏离正道，在错综复杂的利益链面前，有法不依、有令难行的现象还将持续下去，“起跑线上不能输，三天一本教辅书”的荒诞剧还将继续在孩子们稚嫩的肩头上演。

◆中国教师的迷失与困顿

客观而言，压垮小学生的“魔鬼书包”虽然沉重，它至多是压死骆驼的最后一根稻草，是现行教育体制下带有悲剧色彩的一样道具。

中国青少年研究中心副主任、著名青少年问题专家孙云晓主持过一次“当代中国少年儿童人身伤害问题研究”课题，对全国10省市6000名中小学生进行问卷调查，“经常被老师罚站罚跑罚抄课文”、“被老师讽刺、挖苦、责骂”、“被老师用各种手段殴打”的学生，占总人数的17.1%—24.1%。答卷还显示，有30.8%和29.5%的学生对“老师批评和体罚”有很重的精神压力。

另一项涉及42所中小学的调查显示，占学生总数72.59%的学生明确表示曾受到过老师的体罚、变相体罚、用侮辱性语言进行人身攻击；38.78%的家长证实在自己孩子身上发生过上述情况。

著名儿童文学作家郑渊洁曾就红领巾自杀案例在博客上讽言：“鉴于个别学校的老师越来越像狱卒，鉴于个别学校的学生越来越像犯人，为了保证学生安全，请将红领巾改为纸质，以防不测！”

教育学者、陕西师大附中教师杨林柯则公开发表“批教”《万言书》，强调：“教师的眼里要有‘生命’，要有‘人’，不能只有‘教学’！”在接受我们采访时，杨老师大声疾呼：“教育要革命，不是要人命！”

这一切，并非子虚乌有，一桩桩“教室伤害案”，每年不间断地暴露于公众面前，肇事者手段之残忍、行为之恶劣令人发指。

1999年10月6日，陕西华阴市黄河工程机械厂子弟学校一位女同学丢了10元钱，班主任崔老师怀疑是男同学刘某所偷，拿起锥子，在他脸上刺了个“贼”字，面积比5分硬币稍大，导致该生留下永久性疤痕。

1999年12月13日，贵州湄潭县抄乐完小五年级学生冯某上课时向后张望，被课任老师罗某厉声喝斥，强令后排同学向冯某脸上吐口水。冯某受不了，回吐了一口唾沫，罗老师又强迫后排同学从厕所里撬来大便喂给冯某吃，并威胁他“不许吐出来，否则不让上学！”在场同学全都痛哭失声。事后，冯某整天精神萎靡，目光呆滞，被迫缀学。

2000年，山东省东阿县姚寨乡黄圈小学三年级的学生刘姗姗（11岁），因上课时没能背下自然题，与另外几位同学一道被老师孙某处罚自己打自己耳光，并让同学押送到其他班级“游班示众”。事后，刘姗姗服农药自杀身亡。

2000年，陕西省黄陵县田庄镇小学9岁男生XX因未带作业题，被教师葛某抽耳光、脚踹，并指全班学生每人抽小男生10教鞭，谁抽得重受表扬，抽得轻则受罚10教鞭。挨了280教鞭的小男生当即呕吐、大小便失禁、肝脾肿大，患上病毒性肝炎住进医院。

2000年4月3日，云南省会泽县上村乡14岁的学生张某因未按时完成作业，被历史教师聂某暴怒之下活活打死在教室里。

2000年3月27日，陕西西安雁塔区老烟庄小学二年级12名男女学生未完成作业，被年轻的班主任肖某勒令扒光衣裤在教室里转圈，以示惩罚，并允许其他年级的学生趴在窗外观看。

2000年10月15日，河北省新乐市西名村小学两名三年级王姓学生，因未能背下班主任李老师布置的数学口诀，竟被李某用烧红的铁制扒火钩在脸上烫出两三个“十”字，并威胁其他学生说：“看以后谁敢不听老师的话！”

2002年1月，河南省驻马店市金店乡某小学二年级学生刘某，因上课时未能完整背诵课文，被语文老师王某用钢笔在其左右脸颊上分别写下“不会”、“背书”4个字，并斥责不许擦掉。刘某回家后因脸上的字受到母亲的呵斥，她抄起菜刀猛地砍向自己……

2002年，河南原阳县葛埠乡一中学教师熊某逼着6名未完成作业的男生从二楼跳下……

2011年10月20日，云南玉溪市夏井小学数学教师潘某听说学生何某骂他，上课时先让同学打了何某200余棍，何某当即被打得皮开肉绽，跪地求饶，潘某仍不肯罢休，又让几个男生到外面捉来了10只苍蝇，强迫何某当众吞下。

2004年4月9日，贵州省纳雍县一位教师，因为第四组学生不能顺利朗读课文，便将第一组9名学生叫上讲台，逐个把学生的裤子脱下来露出屁股，强迫第四组3男3女6名学生去舔同学的屁股，名曰“舔股思过”……

够了，这样的事例不胜枚举，乍一听去，实在无法让人将这些无耻的暴行与一个崇高的职业联系在一起。正如新华社评论文章所批：“罚舔屁股看似出于‘一怒之下’，恰也偶然中体现出必然。天长日久之中，竟不知师德为何物！休说罚舔屁股，就是做出比罚舔屁股更为荒唐的举动，也毫不奇怪……”

“狱卒！”“凶手！”“帮凶！”“脑残！”“变态”……面对学生的抱怨、社会的谴责，站在“被告席”上的老师们却也攒了一肚子苦水。记者采访时，没少录下他们的怨词：

“您看看我一周的课程表，基本课时16节，加上早读和自习、托管6课时，共22课时。再加上备课和批改作业时间，平均每天工作量近6课时，超负荷劳动！我们这样卖命抓教学图什么？”湖北一位乡村小学老师向我们陈述。

“家长仅仅供孩子吃好穿好就万事大吉了吗？孩子出事了，把责任一股脑推给学校。教育不是万能的，学校不是万能的，教师更不是万能的。一个班少则四五十个孩子，多则七八十个，管得过来吗？”江西一位小学班主任向记者诉苦。

“现在的教师成了高危职业，不狠劲儿抓学习家长有意见，在单位上啥都不如人。抓紧了学生不满意，指不定哪个夜晚躲在哪个角落里暴揍、打残你。学生出事了、自杀了，我们就得做替罪羊，轻则开除公职，重则坐牢、关班房！”山西一位小学教师如是说。

此言不虚。这些年，师生矛盾导致的暴力事件并不比“医患纠纷”来得少。

2008年10月4日晚自习，山西朔州23岁的年轻教师郝X在教室里制止一位学生抽烟，被该生用准备好的弹簧刀连捅数刀，倒毙于讲台之下。事后，人们在肇事学生自题“死亡笔记”中读到这样一页字：“我就是个坏学生，不光是老师、同学，父母也不尊重我……我要复仇，我要杀老师，我不会后悔，我希望用这种方式唤醒人们对学生的态度……”

2010年8月，无锡市一位年仅22岁的女老师，在学校门口管教一个小学生，被家长割断喉咙，死于逃命途中。

2013年9月14日，被誉为“高考神校”的江西临川二中学生雷某，因上课玩手机遭到班主任的批评，并收缴手机，让该生通知家长到学校领取。次日中午，雷某手持一把水果刀，闯进教师办公室，将正在备课的班主任打翻在地，并割破其颈动脉，导致该名老师当场死亡。

2015年12月4日，湖南省邵东县创新学校高中部6楼的教师办公室，高三班主任滕老师正在批改学生作业，学生小龙怀揣三把尖刀进来，在滕老师毫无防备的状态下，不顾母亲的劝阻，朝班主任胸口连刺三刀，滕老师当即死在血泊之中。事后小龙若无其事地告诉同学：“看到他倒下时痛苦的眼神，我就不自觉地想笑”。经审讯得知，这位由滕老师手把手教了三年的学生，杀害老师的原因竟然是：“他阻挡我看小说！”记者获悉，两个月前，这个县城的另一位教师，也是因为管教严格死于自己学生的尖刀之下……

在记者调查过程中，“弑师”案例每年都有发生。是什么原因导致学校师生关系恶化到如此地步？尽管从道理上讲，矛盾的主要方面在教师一方，但平心而论，生活在一个失善的时代，面对强大的教育机器，长期在高压下超负荷运转的中小学教师又何尝不是弱势群体？根据有关机构的调查，除开他杀之外，中国中小学教师自杀概率也大大高于其他职业，每年见诸于媒体的案例就有近百宗之多，事发原因大同小异。

2005年，江苏江阴长泾河塘中心小学一位从教26年的数学老师，因所带的两个班级在期中考试时“全军覆没”，认为出卷不公，“超出教学大纲”。在与学校领导沟通未果后愤而饮毒自尽，并留下遗言：“我活着的时候是一个不讨领导喜欢的老师，我死了同样也是一个会让领导头疼的老师！”

2005年8月底，吉林省九台市一位平时工作循规蹈矩的小学教师，因评聘考核中被民主打分过低，导致精神崩溃而自杀。

2010年12月4日凌晨，甘肃省华亭县一名年轻教师，由于忍受不了工作压力，割破颈动脉、腕动脉后跳楼自杀。

2013年12月16日，山东省莱西市某中心小学教师丛某采用打耳光方式管教学生，导致该生耳膜破裂。随后，学生家长提出索赔15万元的要求，在与学生家长未达成赔偿协议后，该教师服毒自杀身亡。

2013年7月17日夜，58岁的云南省盐津县落雁乡中心小学代课教师程兴贵，因工作压力过大、工资待遇过低，在几年工龄得不到承认的情况下，从50米瀑布跳下身亡。

2013年3月，海南省三亚市女老师在毫无征兆的情况下，突然被发现在宿舍内自缢身亡。所留遗书称：“受到学生的恐吓和威胁……学校故意安排我做那么多活，我都累垮了……”

2014年2月21日，信阳市罗山县一男一女两名小学教师，因长期患有精神忧郁症，在同一天、不同地点，一个跳楼、一个自缢身亡。

2014年4月30日，上海市普陀区教师陈某因所带班级二模成绩不佳，选择服毒自杀。一位学生家长在自己的博客中写道：“陈X老师年方30，性格活泼开朗，对学生极好，像少男少女们的大姐姐。在日益变态的基础教育生态下，承受不了压力选择花季早夭……”

那位家长寥寥几行字，倒是一语道破天机。近年来，中小学教师的心理健康受到全社会的广泛关注，国家和一些省市的教育机构纷纷成立了专业课题组进行调查研究，所得出的数据与上述案例一样触目惊心：

2005年，国家中小学心理健康教育课题组对北京100所城乡中小学的2000多名教师进行的调查显示，51.23%的中小学教师存在心理问题，其中32.18%属于“轻度心理障碍”，而2.49%的老师已经构成“心理疾病”。此后，该课题组又对辽宁省168所城乡中小学、2292名教师作过类似调查，所得数据基本吻合。

2006年，上海"小学教师心理健康问题研究"课题组公布的有关调查报告显示：上海市小学教师心理健康问题检出率达48%，其中12%的教师存在有明显的心理症状，2%程度较为严重。

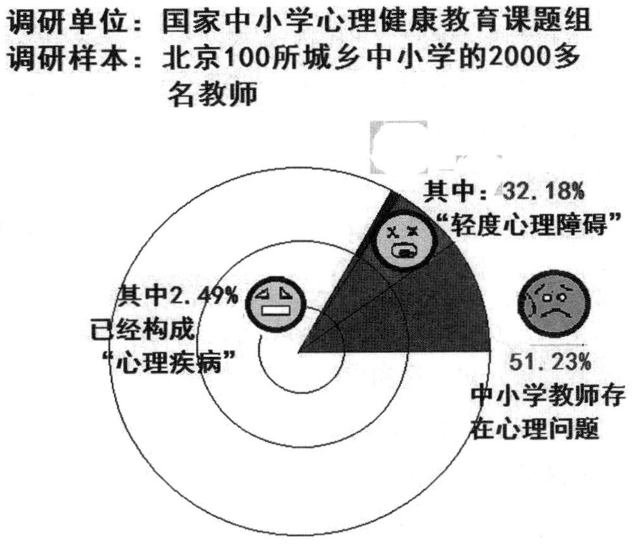

中小学教师心理健康调查表

2007年，重庆市教科院对全市500余名一线教师进行调查后发现：76.9%的教师感觉压力大，51%的教师落下"职业病"，37%的教师产生职业倦怠。

2012年，江西师范大学教育学院课题组对423名农村中小学教师使用一般调查问卷、Beck抑郁问卷（BDI）、症状自评量表（SCL-90）调查，并进行多元Logistic回归分析。结论是：农村中小学教师有自杀意念者检出率为32.2%，明显高于无自杀意念组。

我们曾询问过一些因伤害学生受到惩处的老师："为什么会落到如此两败俱伤的局面？"

老师们这样回答："我们也知道现在做学生很难，站在社会角度上看，说我们是残害孩子们的刽子手都不为过。可是我们的难处却常常被人忽略不见。老师也是人，也得食人间烟火。小学教师基本工资很低，尤其是大部分农村教师，月薪仅在2000元上下，剩下绩效工资、奖金拿多少，就得拼分数。如果学生平均成绩上不去，不但每个月的收入少，加工资、评职称全都泡汤！"

我们又向多位小学校长询问："国家已经实行九年制义务教育，小学生不存在升初中的压力，为什么学校还那么注重考试成绩呢？”

得到的回答是：“目前高中还没进入普及教育范畴，那就意味着初中存在非重点和重点，特别对于农村孩子来讲，考上升学率高的初中，关系到今后能不能上重点高中。考不上重点高中就等于考不上大学，考不上大学，就等于前面中学、小学都白念了！”

这是一个尽管奇怪却又逻辑严密的上游传导联动机制，但在现行高考制度未有根本改变之前，这样的异动逻辑将不可抗拒地持续下去。不幸的是，教书育人本是一项塑造灵魂的高尚行为，需要良好的修养与匠心方能完成，而现实却为我们展示出完全相反的另一番景象——多数教师带着程度不同的心理疾病坚持在工作岗位上，他们能胜任社会赋予的神圣使命吗？

说来也巧，每年的9月10日，既是中国的“教师节”，又是世界卫生组织设定的“预防自杀日”，反观这种巧合，记者五味杂陈。历朝历代，中国人多以尊师重教为风尚，如今，我们的“灵魂工程师”竟沦落到如此境地，我们的社会情何以堪？

◆谁赢在起跑线上？

学生是输家、老师是输家，大多数家长更是舍了孩子没套住狼，几乎所有当事者全都输在为之奋斗的“起跑线上”。那是一条怎么样的“起跑线”？

我们在两年多的采访中，看到、听到最多的一句流行语是：“不能让孩子输在起跑线上。”它如同一种伪装到极致的恶性病毒，借助某种病态的价值需求，在中国社会流行了20多年，至今仍琅琅于万众之口，成为众多为人父母者至高无上的人生信条。在它的蛊惑之下，家长们不惜节衣缩食、砸锅卖铁，甚至与学校达成某种默契，将孩子们圈入一个狭小的角斗场，为赢在“起跑线上”生死搏命。

据我们反复考证，“不要让孩子输在起跑线上”的口号最早出现于20世纪90年代，从一开始就类属商业广告。它的流行要素即是历史转折、国情巨变时期的世俗心。一句商业广告词，何以闹出如此大的动静？我们先来看一组相关数据。

1990年之前，由于长期受“读书无用论”的影响和经济条件的制约，“教育支出”对于中国老百姓而言，还是一个陌生的词汇。即便1978年恢复高考后，普通城镇居民对子女教育渐渐有了些支出，也仅仅限于学校的学杂费和书费，顶多外加几本高考参考书，所占比例微乎其微。

90年代初期，随着国人的经济收入不断攀升，加上社会生活日趋文凭化，高考热居高不下，国人开始有了“教育投资”的概念，除开支付学校的低廉收费之外，经济条件稍好点的家庭，会给孩子买一些教辅资料，报名参加学校组织的高考强化训练班。

到了90年代中期，中国社会资本化倾向进一步确立，教育产业化得到官方的默许，高考经济随之异军突起，各种类型的高考衍生物蜂拥而上。正是在这种背景下，出自商业策划，“不能让孩子输在起跑线上”的广告词悄然入市，成为各类教育产品的公用代言——儿童学前班、早教班，在校学生兴趣班、特长班、培训班的招生广告，少儿学习用具、教辅资料，乃至胎教音像出版物……就连超市里各种营养品、补脑汁的营销广告，也不乏其词。

“参加学前辅导班，您的孩子绝不会输在起跑线上！”

“英语强化训练，3个月超越起跑线！”

“XX维生素，起跑线上的脑黄金”……

诸如此类，随时随地可见，特别是每年开学前后和寒暑假期间，更是铺天盖地。强大的商业炒作，迅速将这句广告词演绎成一种公众广泛认同的励志口号，以其走耳走心的多重定义开始大行其道，成为传播效率最高的社会流行语，在望子成龙的家长之间口口相传。由此，一场盲目攀高的教育消费热甚嚣尘上，迅速将中小学教育推向产业化、功利化巅峰。与

房产广告：“让孩子赢在起跑线上”

此相对应的是，中国家庭的人均教育支出进入了超常提速的异动轨道，每年以14.3% 的均速增长，远高于我国城乡居民人均消费性支出和人均可支配收入。

进入 21 世纪后，“不能输在起跑线上”完成了从广告词—流行语—“醒世恒言”的完美演绎，中国家庭教育支出也随之翻番，以年均 29.3% 左右的速度增长。到了 2013 年，中国居民家庭教育支出约占总收入的 30.1%，达到 9830 亿元，其中，各种名目的校外教育开支高达 6500 亿元。与此同时，中国中产阶级家庭的教育支出，超出美国同类型家庭支出十倍之多。

这样一块巨大的教育蛋糕被谁瓜分？在所有当事人几乎全部躺枪完败的结局之外，谁是这一场商业竞争的既得利益者？一切似乎清清楚楚，却又很难说得明明白白。在“为了孩子”的大旗之下，若干利益集团置国家的前途、少年儿童的命运于不顾，利用各自掌控的权力、财力资源，于校内校外、明里暗里沆瀣一气，以各种卑劣的手段将数以千万计的学生和家长诱困于那条血色起跑线上，堂而皇之地谋财害命。据 2011 年 5 月 26 日《南方周末》报道：长沙多所中小学的班主任，每年单向各种补课培训中心介绍学生，能拿到 10 到 20 万元的“人头费”回扣，“年级主任与校长甚至能拿到 30 到 40 万元 / 年的回扣，有的培训中心每年送给教师的回扣费达一千万元”。

中国不乏智者、不乏勇者，只是少了些智勇双全的人。现行体制内外一些心存良知的教育工作者或社会知识分子，何尝看不清商人们那一点雕虫小技？何尝看不透他们的底气所在？只是碍于投鼠忌器，便集中火力，纷纷将投枪掷向那句祸国殃民的广告词。

原教育部基础教育一司副司长王定华批之：“‘不能让孩子输在起跑线上’这句话某种程度上是一种忽悠，不符合科学逻辑，不值得宣传和推广！”

教育学者熊丙奇接受记者采访时表示：“把学生全放在起跑线上奔跑，再利用分数把学生进行高低排序，跑在前面的是优胜者，跑在后面的是失败者。学生拼命跑了 90 分，最终发现自己还在最后一名，因为前面的学生都是 91 分以上。这是中国教育体制造成的悲剧。教育从来没有起跑线，教育的目的是发展学生个体，实现自我完善，做更好的自己。”

著名外交家、原中国外交学院院长吴建民更尖锐地指出：“‘不能让孩子输在起跑线上’已经逐步演变为一场严重的社会公害，危害巨大……在不同年龄阶段做不同的事，这是自然规律，违背了是不行的！”

诺贝尔物理学奖获得者，正在忙“去太空中寻找反物质”的丁肇中教授听到这个口号后，批之：“这个办法培养不出人才，完全违背教育规律！”

著名儿童文学作家郑渊洁则直接向家长们发出呼吁：“请让孩子输在起跑线上！输在起跑线上能赢得人生，赢在起跑线上会输掉人生！”

被网友称作“最牛愤青教授”的浙江大学党委副书记郑强更是愤而疾呼：“中国孩子不是输在起跑线，是搞死在起跑线！”

诸如此类的言论比比皆是，可吊诡的是，对于专家学者们的焦虑与批判，当事者似乎反应冷淡，点赞者众，响应者寡。很多学生家长向记者掏心：“大家都知道那句口号是骗钱的玩意儿，可怎么办？即便你废了它，有用吗？现实摆在那里，从小学、中学到大学，哪一步不都得拿分数说话？你不上杆子别人上杆子，为了孩子的前途，谁敢落下半步？该买的教辅资料还得买，该上的课外班还得上……”

家长的“教育焦虑症”一旦付诸于行动，往往会以暴力与强迫的手段显现出来，这对于已经被老师和沉重的学业负担压弯了腰的孩子们来说，无异于被生生扯断了最后一道生命保护线。他们小小年纪无处诉苦、无人理解，稍有软弱，便倒在起跑线上非死即伤。

凡此种种，根源在哪？决策层多数人揣着明白装糊涂，倒是退休在家的原教育部长、国家总督学刘斌受访时一针见血：“为什么这种口号长盛不衰？只要劳动人事制度以文凭为本，教育就以考试为本，师生就以应试为本。是谁让基础教育阶段的学生都为应试高考卖命？表面看是高考，那高考又为了什么？为了文凭，为了借助文凭在未来的社会竞争和利益分配中获得有利地位，所以只怨高考干扰了素质教育，实在是忽视了高考的实质！”

毕竟是当过教育部长的人啊，短短几句话，把那句口号的前世今生、内涵外延，说得清楚明白。

第二章 “虎狼效应”下的青春暴动

也许人们可以将一宗宗家暴事件统称为“棍棒底下出才子”的“平民妄想症”，如果推开代表当代中国“普世价值观”的中产阶级和部分高级知识分子的院门，其间又是怎样一番风景呢？

21世纪初叶，中国家教圈刮起一阵动物旋风——虎妈、狼爸、鹰爹……他们频频亮相于国内外众多媒体，以自己“成功”的教子范例，强力推动家庭暴力主义，使之成为可以与当代主流教育思想相匹敌的成才攻略。

“三天一顿打，孩子上北大”

2011年夏末，一些刚熬过揪心的高考又陷入儿女落榜困局，正犯愁下一步棋该怎么走的中国家长们，忽然疯传一段网上视频，接着又抢购一本与视频有关的书，然后如同打了鸡血一般，纷纷在网络论坛围绕一句话展开了激烈的辩论：

“您是活菩萨显灵，拯救芸芸众生！”

“他就是一堆垃圾！一个江湖骗子，生意做不好，写书骗钱混日子！”

“感谢您，为我们这些受苦受难的中国父母指明了方向！”

“去死吧暴君！自以为是的虐待狂！”

“我能把儿子送到您家里去培养吗？”

“摊上做他的子女我宁可做孤儿！”

……

那是一段怎样火爆的视频？一本什么内容的书？如何惊世骇俗的一句话？怎么能在搞怪成风的网络上吸引那么多见怪不怪的网民？

这三样同出一人之手——萧百佑，香港籍商人。萧哥早年毕业于暨南大学国际金融系，曾在广东国际信托投资公司任职，公司关闭后开始下海创业，结婚后定居香港，现膝下有一男三女。

三十年来，尽管萧百佑在金融、地产领域都小有建树，但值得他大声嚷嚷的还是培养了四个品学兼优的孩子，取得了足以让国人羡慕嫉妒恨的伟大成就——2009年，老大老二通过“港澳台全国联考”，双双被北大录取，创造了兄妹同届上北大的招生纪录。2011年，老三高中毕业又考上北大，剩下小女儿尚在中央音乐学院附中读书学琴，只待来年金榜题名。

人生在同一座迷宫里窜进窜出，成成败败一半赌际遇、一半拼风云。如果事情到此为止，萧百佑先生和他“一门三北大”的家教神话顶多只够拼凑一段江湖传奇，抑或仅限于他朋友圈内的一席美谈，酒足饭饱后转瞬即逝。可接下来发生的事，却使得这位在商场上折腾多年未成正果的商人，一夜之间风生水起，囊获一枚属于自己的专利商标——“中国狼爸”。书封、博客、微博、演讲……概莫例外。“狼爸狼爸”地叫得多了，他的真名反倒渐渐被边缘化，没几个人记得住。

萧百佑出名得益于他写了一本书，他写那本书又得益于一次朋友聚会。

尽管此前只是在商海里打滚，萧百佑与文化界一些名人雅士相交甚笃。著名影视导演高希希、著名畅销书作家海岩、中央电视台名嘴阿丘、著名文化策划人江小鱼等一干人众，都是他的座上客。

一日，萧百佑与几位北京文化界友人闲游香山，谈及他的教子真经，没想到被大家狠批了一通。可批归批，友人们对萧百佑家教所取得的辉煌成果不得不翘大拇指。说道他“一门三北大”时，擅长文化策划的江小鱼突发奇想：“我说老萧，你的教子真经若写成书出版，一定畅销！”

“哎哎——有道理！”海岩、阿丘、高希希这三位马上一旁喝起彩来。

“刚刚大家都还在批判我的家教手段落后、惨无人道，怎么又动员我写书呢？”萧百佑心里一动。

“不管白猫黑猫，逮住老鼠的就是好猫……”几个文人朋友边开玩笑边起哄。

毕竟在商海里滚了这么些年，萧百佑隐约意识到朋友们的嬉笑话题里，蕴含着某种机会，至于是商机还是别的，他一时半刻琢磨不透。

书籍：《所以，北大兄妹》

回家后，萧百佑果真捉笔成书，自定书名：《“打”进北大》，先是联系了一家出版公司，要求自费出版此书，首印两万册。出版社方面觉得书名太暴力，要求修改。后经此书策划者江小鱼先生过目，将书名改作《所以，北大兄妹》。2011年6月，该书正式出版发行。

由于定位畅销书，尽管书名修改后淬了几分火，但书的章节标题仍旧保留了十分激越生猛的风格——“用舍得代替舍不得”、“挥刀断流，宁杀错不放过”、“用军事化管理限制孩子的自由”、“把父母变成孩子的皇帝”、“棍棒之下出才子，该打就打别心疼”、“棍棒精神是萧家一宝”……书的封面更加匠心独到，腰封主题词赫然醒目：“中国‘狼爸’——狠狠教你上北大”！底下赫然外加两排字：“高希希、司马南、阿丘、江小鱼、谭飞、曾子航、刘世平、何龙联袂推荐”！

前面提过引起网络激辩的一句话，正是这本书最抓人眼球的主题词——“三天一顿打，孩子上北大”！口号虽然雷人，可毕竟血腥味儿太重，所以引起大多数网友，特别是学生们的愤慨。究竟这句话出自江小鱼那一干朋友对萧百佑的调侃，还是萧百佑为炒作而自拟的广告词？抑或是读者对那本书的总结？尚不得而知。我们不妨先叩开那个令世人羡慕嫉妒恨的“一门三北大”的家庭，看看大门里面是否隐藏着外人不知道的某种“秘密武器”?

有趣的是，萧家的太太和子女极少接受外界采访，顶着“狼爸”称号的萧百佑就是这个家庭唯一的“新闻发言人”。对于那些质疑他的读者和媒体人，他应对最多的一句话是:“他们根本没有完整读过我的书!”

带着系列问号，我们翻开萧百佑先生的大作——《所以，北大兄妹》。

“‘把鸡毛掸子拿来！站在我面前数过去第二块砖上！把不写字的手伸出来，抬到肩膀一样高！’爸爸龙颜大怒，一拍桌子。

“我颤抖着照办，可恨的是惊慌失措中数错了，站上第三块瓷砖。鸡毛掸子一下子打过来:‘哪里是第二块瓷砖？’我赶快重新挪到正确位置上。

“‘再说一遍，苹果，怎么拼写？’爸爸握着鸡毛掸子，把另一端压在我的左手上，问道。

“我战战兢兢地回答:‘a-p-l-e-aple…’一紧张，中间还是漏读了一个‘P’(正确的英语单词是apple)。我话音还没落，鸡毛掸子已开始一下又一下地抽打在我身上，如狂风扫落叶一般。我哭得像个泪人，蜷缩在那块瓷砖上，喊着，‘爸，我知道错了！以后再也不敢了！真的不敢了！对不起啊爸爸，以后一定不会再写错……’

“爸爸却丝毫没有停止的意思，只是一个劲地边打边说:‘不会拼是吧，我就打到你会！不学习是吧，好！我今天就打到你学’”……

上面一段文字，是“狼爸”教训二女儿萧萧的真实场景。我们再看看“小狼女”萧冰如何描述她的一次“家常便饭”——

“那一次我没按时背书，爸爸一番训话过后，拿出藤条。因为我天天要练钢琴，自然不能打手，他便对着我的小腿抽打起来。第一下抽下去的时候，我忍不住跳起来，哭喊‘爸爸我错了，再不敢了……’

“‘站好了！不许动！’爸爸严厉地喝道，‘说好了打十下的，动一下就多打一下！’

“打完之后，我的小腿上全是鲜红的血印。爸爸放下藤条，大声对我和被责令站在一旁观看‘行刑’的哥哥姐姐们说:‘这就是要你们记住，学习是要认真的。下次不认真还得打！记住了吗？’

"我忍住泪水，惶恐地点点头，哥哥姐姐们也大声回答：'爸爸，记住了！'这时候，在一旁默默观看的妈妈此时才上前把我拉回房间，给我被打伤的小腿上药……"

也许应了那句"男儿有泪不轻弹"。萧家唯一的儿子萧尧讲起挨打的场景，似乎没有妹妹们描述的那么恐怖，非常淡定，恍若在讲述别人的故事——

"爸爸每天最乐于干的事，就是晚饭后把所有的孩子们召集到一起背《三字经》。我们几个在床前站成一排，爸爸手里早就预备好了惩罚工具——藤条或鸡毛掸子，背不好的，自然是躲不掉的挨打了，打手心、打小腿，完全跟旧社会的私塾老师一模一样，打完了还不行，还得背，一直到会背了为止，才能上床睡觉。"

"我自小喜欢植物，从外面弄回来几盆名贵花草种在阳台上。那天一心专注浇水没及时回答爸爸的问话，这一下犯了'天条'，挨藤条抽打后，爸爸命令我将那几盆来之不易的花草扔进垃圾箱。

"爸爸让我扔掉那些植物的时候，我连眼泪都没流，虽然争辩了几句，但是对于爸爸的暴政我早已经习惯了，知道反抗也没有用，我们这些农民起义是永远不可能取得胜利的，所以我只能遵照爸爸的意思去办。到现在，我对植物的兴趣，也只限于帮妈妈种些葱姜蒜了。"

不知道出于整体包装需要突出一个"打"字，还是萧先生的性格中遗传了某种暴戾基因——他多次坦诚地说过自己是从小被父母亲棍棒打出来的孝子与才子——这本书里的某些细节让人读来不可思议，"狼爸"仿佛真是童话里异化变形后一头嗜血成性的狼，在家里打红了眼，连别人家的孩子也不放过。

一个大学同学去欧洲做生意，将儿子交给他临时托管，由于孩子不服从管教，竟也惨遭他多次捆绑、饿饭。最严厉的一次是将孩子捆在阳台上八小时，"我给他松绑时，一裤子的屎尿！"（打人者自述）据说等他同学从欧洲回来，这个孩子就改掉了不听话的坏毛病。

除开打，还有心理惩罚。听听他另一个女儿的描述：

"不听话要写检讨书，没做好作业要写检讨书，考试没考好要写检讨书，成绩退步要写检讨书，出去玩要写检讨书，顶撞了家长一句要写检讨书，写不出'新意'还要被批评是反省不深刻。在一次次检讨书的侵袭下，我发现淘气些的哥哥也开始害怕了，加入我们‘乖孩子’的队伍，尽量避免自己犯错的几率。”

总览《所以，北大兄妹》全书，精髓就在一个“打”字上。而且，从前面几个场景看，这个“打”还不是做做样子、唬唬孩子的虚招，而是货真价实、见血留痕的狠招。

萧百佑并不掩饰：“我的打，绝对不是很多家长那种轻描淡写的意思一下，而是‘真材实料’地打，一定是狠狠地打。我们家的仿古大花瓶里，常年都放着藤条和鸡毛掸子，那是打孩子必不可少的工具。藤条是个好东西，打了不伤筋骨，但绝对疼，疼了才能记住！”

什么情况下开打？犯什么错打多少下？这位当年暨南大学的高材生总结了100多条细则，按照量化的标准来实施，并且琢磨出“8项基本原则”：

1. 3岁开始打，12岁以后不再打；

2. 只用藤条或鸡毛掸打，伤皮肉不伤筋骨；

3. 只打手和小腿，身体其他部位不打；

4. 打前先训话，讲明错误之处再打；

5. 一人犯错，其他孩子必须站在一旁看着他（她）挨打；

6. 打之前公告这次打几下，让孩子自己数，不多打不少打，数错一下罚十下；

7. 受教育者必须主动伸手挨打，不能缩手躲避，不能喊疼，缩手一下多打一下，喊疼重打；

8. 一人犯错众人连坐。老大犯错，只有老大挨打。老二犯错，老大和老二都挨打，依此类推。理由是，小的犯错大的没管好也有错。

合上这本潇潇洒洒十几万字的书，如果将“狼爸”的教育思想与理念改编成《家教论语》，你只要轻松下载以下区区500多个方块字就搞定。

“我内心的教育理念、我的教育方式，是要破现今的所谓‘素质教育’！就是要让大家更清楚地意识到，只有传统教育，才能够救当下的青少年！”

“那些优秀的古人，哪一个不是从小在私塾里被老师鞭笞过，哪一个不是犯了错便在家中受到严厉责罚？”

“什么是民主？在这个家里，孩子们是民，家长是主……我就是皇帝，是天！只要我提出的要求，孩子们必须无条件服从、遵守……完成不好，加以训斥；训斥之后，棍棒伺候。这个程序，雷打不动……”

凭心而论，《所以，北大兄妹》从内容到封面设计的确煞费苦心，几位封面的推荐者，也是当今中国文化场面上的腕儿级人物，颇有号召力。但也许是当今中国纸媒读者的阅读口味被吊得太高太重，这本性格张扬高调的书，出版后还是卖得不温不火，评论界也少有人问津。直到半年后，萧百佑应邀参加江苏教育电视台一档节目，才鬼使神差地连人带书一夜爆红。

那档节目名叫《现在开讲》，除开萧百佑之外，现场还有另外五位嘉宾——律师杨歌、媒体评论员刘根生、特级教师黄侃、副教授朱强、学生家长张姬雯。

在观众的热烈掌声中，萧百佑手持书里面反复提到的家教核心道具——鸡毛掸上场，但没想到的是，接下来的场面多少让他有几分尴尬。

一开场，主嘉宾萧百佑介绍自己的教儿经：“三天一顿打，孩子上北大”。旋即，大部分现场观众都举起“反对”的手牌。紧接着，“主打方”与“反打方”嘉宾开始了唇枪舌战。

“反打方”嘉宾——南京师范大学副教授朱强发言：“孩子来到世界，承载着上天的祝福，他不能成为大人发泄情绪的对象！”

“狼爸”辩解：“打要有尺度、分寸，

萧百佑先生在江苏教育电视台《现在开讲》现场

让他知道为什么会被打。”

“反打方”嘉宾——南京市“十佳家长”、作家张姬雯步步紧逼：“用你这种管理方法，孩子不可能有一个快乐的童年！”

“狼爸”即时反驳：“孩子的感受是朦胧的，现在感到不快乐，我相信等长大了以后，取得了成功，再回忆童年生活，肯定认为是快乐的！”

朱强教授抬高声调：“难道（你们家）孩子们有受虐倾向吗？”

嘉宾杨歌律师站起来力挺“狼爸”：“不要曲解狼爸，他虽然‘凶残’，但爱子心甚。你的溺爱是姑息！”

朱强教授愤怒地：“对亲生儿女要打出痕迹来，三五天才能消掉。这就像南霸天对吴琼花，黄世仁对喜儿！”

现场气氛掀起第一个高潮，绝大多数观众举起“反对”的手牌，“主打方”暂时处于劣势。

此时，主持人不失时机另辟蹊径：“听听当事的孩子们怎么说吧……”接着挂通现场电话，连线“狼爸”的外甥女，她曾经被送到舅舅家接受过调教。

毕业于中国农业大学、现在在央企工作的女孩在电话里说：“有一次背书没背好，他让我选打哪儿。我选了打屁股，那地方肉多，打了三五天后伤痕才消掉……当时被打后，心里反而轻松了。现在更不恨舅舅，还要感谢他！”

接着，主持人又电话连线“狼爸”在北大就读的儿子萧尧。

萧尧在电话里说，自己觉得爸爸实施的是传统教育，但对传统教育的理解并不透彻。“教育方式有精华，也有糟粕。虽然有时候自己也会有争取权利的想法，但还是很感谢爸爸的，因为从中受益很多！”

现场有几位观众举起“赞成”手牌，“狼爸”侧过面向那几位支持者微笑致意，人气似乎略微向“主打方”分流。

突然，观众席上一位大妈起身向工作人员要了麦克，有些激动地大声嚷嚷：“我坚决反对狼爸，我认为孩子上北大不一定说明就好。我的女儿也很优秀，就没上什么名校！”

嘉宾席上，“反打方”嘉宾张姬雯站起来力挺大妈：“说打就能把孩子送进北大是片面的，学校教育去哪里了？”

“主打方”嘉宾杨歌反驳：“小孩自制力差，说教不能达到目的。打是符合社会规范的，做错事要受到惩罚！”

张姬雯：“孩子犯错要担责任，但方式不一定是打。你的一个眼神孩子也就知道了！”

杨歌：“如果父母不打他怎么威严得起来呢？”

“狼爸”补充说：“趁早打就有威严！”

朱强：“并不是像你所倡导的那样，孩子只有打才能进北大！”

“狼爸”：“但是三天一顿打，打得好肯定可以上北大！”

朱强：“即便打上北大，你培养出来的很可能是羊子羊女，本质是一种奴性教育，孩子的性格会受到扭曲！”

这句话惹恼了“狼爸”，他甩了一下鸡毛掸：“连美国的家长也打电话给我，请教我怎么打孩子？怎么打得好又不犯法？”

朱强：“对孩子的尊重是没有差别、没有国界的，是人就要尊重！”

辩论越来越激烈，场上气氛再度紧张起来，“狼爸”显然被语气咄咄逼人的朱强教授逼到了墙角，脱口而出：“在中国打他就是尊重！家长亲自打就是尊重！科学的打就是尊重！要让他们明白，爱是用打来做保障的！”

这句话让现场观众愕然，“反对”手牌摇晃个不停。朱强调侃说：“狼爸你明年可以到江苏来办个集中营，把全体学生都打进北大！”

全场观众哈哈大笑。朱强乘胜追击，打出题板：“向一切摧残祖国花朵的行为说不！”并且用结论式语言批判“狼爸”的教育方式是“奴性家教！”

“狼爸”被朱强嘲弄的语调和现场观众压倒性反对意见彻底激怒，他狠狠地敲打着手里的鸡毛掸，红着脸骂了一句粗话，接着两边嘉宾吵成一团。

主持人见状大声说：“不能再录了，带子都不够了！”无奈地用停录的方式结束了这场“战争”。

我看过那场电视辩论会，从现场气氛、势头上说，“狼爸”萧百佑明显处于劣势，几乎成了众矢之的。可是，这并不意味萧先生整体包装与造势遭受了挫败，恰恰相反，如果没有这一场令他尴尬的电视辩论会，也许《所以，北大兄妹》就只是一本普通不过的自费出版书而已。节目播出后，创下网上收视率的新高，“狼爸”连人带书一夜走红。

有人说："狼爸"的家庭暴力如果发生在欧美国家，他恐怕真会成为名符其实、不带引号的虐童恶狼，受到社会批判甚至法律制裁。但是，偏偏"狼爸"就生活在"成功说明一切"的当代中国。所以，不管是在口头上批他或从心里厌恶他的观众和读者，也不得不对萧百佑先生"一门三北大"的奇迹刮目相看，不少苦于无法找到教子良方的中国家长，甚至争相效颦，整天追着孩子屁股摩拳擦掌。

话往回说，尽管诸多媒体为了博眼球而对"狼爸"现象表现出一种宽容的姿态，尽管中国普通老百姓为了孩子的前途不得不饮鸩止渴，纷纷加入"狼"阵营，但是，中国文化、教育界的名士们，却毫不留情地选择了向"狼爸"宣战！

中国工程院院士、原中国教育部副部长韦钰率先开炮："这种使用暴力对待孩子，过分强调 IQ（智力商数）教育是本末倒置的。一个人的成功不取决于他的 IQ，取决于社会情绪能力。"韦钰院士还用近 10 年脑科学研究的成果证明："彪悍教育是损害儿童的，如果损害得更严重，不是把孩子推向监狱就是推向医院！"

中国青少年研究中心副主任、教育理论家孙云晓说："没有惩罚的教育是不完整的教育，即缺钙的教育，但惩罚教育不是棍棒教育，惩罚教育与棍棒教育的性质是完全不同的。惩罚教育是培养主人的教育，而棍棒教育是训练奴才的教育。这位狼爸用家主对待奴才的方式教养自己的孩子，并成功地将孩子送到了北大，这对于曾极力倡导'独立之精神，自由之思想'的北大，不啻一个反讽！"

资深社会评论员李宝臣措辞严厉地说："为什么国家要制定《未成年人保护法》？那就是保护这些孩子免于遭受非正常的虐待。如果你说狼比人还高级，那我们大家都没有必要再去谈教育，而应该把所有的孩子交给狼去教育。从动物学的虎毒不食子来看，萧先生被誉为狼爸，是对狼的侮辱。人就应该是'人'。打是一种野蛮的、粗俗的、原始的教育方式，我感觉跟现代文明是格格不入的。"

北京大学"家长教育与人才成长"课题组专家张旭玲表示："无法完全认可'狼爸'打孩子的行为，他的孩子在接受采访时也认为'别人不打也可以上北大’。说明孩子也不完全认可父亲的做法。成绩好不是成功的教育，特别是‘狼爸’的几个孩子通过港澳生身份进入北大，也无法说明他们本身的成绩就很好。完全是个人炒作，用上北大的噱头来误导人！”

记者浏览了多家网站，粗略统计绝大部分网友对“狼爸”的棍棒教育用“脚”投票。一位网名“家住乡下”者发帖：“这是公开的犯罪！严禁伤害未成年人！应该严惩那些炒作、教唆成人以暴力对付孩子的行为！！！”——一段短文全是感叹号，愤懑之心跃然帖上。

有一位大学教授甚至对萧先生炒作家教“秘诀”的动机提出质疑：“据说现在全国各地已经有30多个孩子被父母送到‘狼爸’家中，利用寒暑假，接受‘狼爸式’教育。‘狼爸’正把自己的家教转变为教育培训，做起了生意。这就更值得对‘中国狼爸’概念加以理性分析了！”

对于此类批评和猜测，已经适应公众人物做派的“狼爸”，总体上能保持绅士风度，他风趣地回答：“康熙爷打孙子乾隆，雍正帝打儿子乾隆，皇帝也是打出来的！”

话虽那么说，嘴虽继续硬，但记者注意到：在强大的批判声中，“狼爸”的立场也渐渐发生一些微妙的变化。正如一家媒体评论员指出的那样：“浏览‘中国狼爸’的故事，自开始演绎到今天，我们可以清晰地发现一条线索——从夸大暴力在家庭教育中所占的比例以及渲染暴力手段，强调‘三天一顿打，孩子上北大’的招牌性广告语，到人与书走红后受到质疑渐渐弱化‘打’在家教过程中的作用。”

这种结论可以从萧百佑先生自己的言论中得到佐证：“万炮齐轰，恶评如潮啊！我平常不用电脑，也不上网，我的助手看到网上那么多人骂我，都气哭了。我太太也很担心，她昨天也问了同样的问题，‘为什么忽然这么多人骂你？’”

萧先生为自己叫屈：“我哪里是什么‘狼爸’啊，我是一个全天下少有的好爸爸！”可曾几何时，这位先生振臂高呼：“在家教问题上，只有一个专家——中国‘狼爸’萧百佑！”

此后接受采访时，萧先生甚至这样为自己辩解：“如果单靠一个‘打’字就可以进北大，那还得了？那就直接办集中营得了，还办大学干嘛？还需要什么好家长，那就召集些悍匪得了！”可能他忘了，这段话原本出自南京电视辩论会他的对手朱强教授之口，为这，他当时怒不可遏地朝朱回骂了一句粗话。

“狼爸”的出现，让国人在教育理念上陷入空前的纠结，正如《所以，北大兄妹》一书的策划者江小鱼所感叹的那样：“（‘狼爸’）诸多不近人情的教育方式，让局外人感到不可理喻，但实践证明了它的可操作性和无限广阔的延展性。”

本书的另一位策划人——著名电影导演高希希也明确表示出效仿萧氏家教理念的意愿：“这只狼很厉害，是一只战狼。我要把他的育人理念和经验完完整整灌输到我自己对下一代的教育之中去！”

央视著名主持人崔永元则用他一贯的幽默腔调侃：“宁肯孩子没文化，也不打他上北大！”

此话一出，马上有人笑言小崔是（主持人）“站着说话不腰疼”，体会不到“苦二代”谋生的难处。甚至有些学生跟帖云：“要是‘狼爸’的招数真管用，别说三天一顿打，一天三顿打我们也情愿！”

随着时间推移，也许“狼爸”还会越来越多地修正自己的家教理念，保住中国家教教父的桂冠。也许随着时局和中国人价值观的变迁，“狼爸”会被人遗忘。但是，萧百佑的确创造了中国教育史上草根名人的奇迹，如他曾在自己的新浪博客赫赫宣示的那样：

“据报道，网络上有5000多万条狼爸的信息！”

“据报道，清华大学以狼爸现象设题面试保送生！”

“据报道，2012年全国公务员模拟试题的重点模拟题之一就是‘狼爸现象’！”

“中国各地电视台全面滚动播出狼爸的报道，狼爸出现的电视栏目往往突破本栏目的历史收视率！”

“全世界的媒体都纷纷到中国采访狼爸！”

“狼爸受到全国的关注，狼爸受到全世界的关心！”

后记：近期，当记者再度打开“中国狼爸”博客时，发现上述文字已被博主删除。我在同名微博上看见了两条适时发布的对话贴：

“一枝独秀–0”：“萧先生您好！成为封面人物之前，怎么样先成为您的学生呢？”

（“中国狼爸”）回复@一枝独秀-0:“你好，本想回你留言，现一并回复。我仍要上班，还未开设百佑私塾。之前是寒暑假与教育机构合作开设‘精英班’。今年暑假在广州家中开‘狼爸家教百佑班’，为期四周。收十名六到十二岁身心智健康的孩子。费用四万元整。全封闭。父母随时探视，其他亲属经孩子父母同意可预约周末探访。”

这一段答非所问的公开回帖，更像是“狼爸”对他后续产业的一段广告词。他曾在媒体上公开披露过这样的心愿：退休后办一所私塾。

不管大众如何评说，“狼爸”萧百佑用黑色幽默剧的方式，演绎了一段当代中国人的“家教野史”！

发动“世界口水战”的美女教授

采访时间：2010年5月……

采访地点：莫斯科红场等。

乍一看她是那种古典型的东方美女：娴静、低调、温文尔雅。但只要她一张口，你就很难继续沉浸在温柔乡里——纯粹的美式英语，说话时喜欢昂起漂亮的头颅，灵动旋转的迷人大眼，还有永远无法闲置的肩膀和热拥全人类的手势……

蔡美儿新书:《虎妈战歌》

蔡美儿，入籍美国的第二代中国移民。与她面对面坐在饭馆里的那个卷发男人叫鲁本菲尔德，美籍犹太人，她的同事兼夫君。两口子均为美国耶鲁大学法学院终身教授，著作颇丰，在业界享有一定知名度。

坐在他们中间的是两位漂亮的混血小公主，姐姐 16 岁，英文名索菲亚。当她拿准你是中国人的时候，会用流利的汉语自我介绍："我叫蔡思慧！"妹妹比她小 3 岁，英文名露露，中文名蔡思珊。小姑娘不会主动向你作自我介绍，除非你有什么引起她好奇的举动，否则决不会朝你看第二眼。姐妹俩虽然皮肤白皙、披一肩棕色卷发，却都长着一张瓜子脸、樱桃口、凤眼秀眉——又回到了东方。遗传就是如此奇异，血液里的品质上帝也改变不了。

一家人正边喝咖啡边聊这一趟俄罗斯的旅游感受，服务员递上一道鱼子酱。

"露露，你尝尝，非常地道的俄罗斯鱼子酱！"蔡美儿说。

露露摇摇头表示不感兴趣。

蔡美儿挑了一勺鱼子酱，笑着说："你真幸运，能吃到这种昂贵的鱼子酱，我小时候家里根本买不起！"

露露皱起眉头："可我不想吃！"

蔡美儿将鱼子酱放进小女儿面前的碟子里："来，亲爱的，就尝一点点……"

谁也没想到，这个小小的举动竟然引发这对母女间的一次"战争"。

"为什么？你为什么这么在意我吃不吃鱼子酱？你不能强迫我吃任何东西！"露露忽然声嘶力竭地喊叫起来，整个饭馆里的食客都将目光投向这家人。

蔡美儿惊愕地看着女儿，正想向她解释什么，露露提高声调更加严厉地喊道："你以为你爱我，可事实并不是这样。你不爱我！你每一秒钟都在让我的自我感觉一落千丈，你会毁了我的生活！"

"宝贝儿，你听妈妈说……"蔡美儿尴尬地靠近女儿一些。她的举动未能浇灭露露的无名火焰，小姑娘狂怒地喊叫着："我无法忍受继续待在你身边，这就是你想要的结果吗？"

"Why？ Why？为什么？"情急之下，蔡美儿总会习惯性地中英文一起上。

露露从桌上抓起一个玻璃杯狠狠砸在地上，水和玻璃片四处飞溅……

"再让我吃鱼子酱，我就打破这里所有的玻璃杯！"

鲁本菲尔德无法制止小女儿的歇斯底里，只好示意妻子暂时回避，自己起身一边道歉，一边帮着服务生收拾地上的玻璃渣子，然后再回到小女儿身边，轻轻拍打着她的肩膀，让她安静下来。

母亲蔡美儿尴尬地闪开众人惊诧的眼光，忍着泪跑出饭馆，冒着小雨绕广场狂奔。

“Why？ Why…”她把刚才抛给女儿的一大堆问号一个个回收后砸向自己，眼泪夺眶而出，随着雨水淌了一脸。

“究竟我做错了什么？我该怎么办？我是不是应该放弃某些东西？如果我不改变，会失去女儿吗？当我跑到头的时候，我又掉头往回跑。我没地方去，无可逃避……”发生在莫斯科红场上的这一幕，半年后被蔡美儿真实地写进了她的回忆录。

听说前两次荷枪实弹的世界大战，起因都是一些无关人类大局的小事儿，结果却让那么多国家和老百姓卷入其中，导致生灵涂炭、死伤无数。不奇怪，其实人类就是些情绪动物。就拿眼前这件事来说，本来再简单不过——因为不愿意放弃小女儿，蔡美儿选择了放弃自己的某些原则或理念。为了告别硝烟弥漫的“莫斯科红场之夜”，为了纪念小女儿露露的 13 岁生日，事后她写作了一部回忆录。可是让蔡美儿始料未及的是：因为她写的那本回忆录，竟然引发一次“世界口水大战”。

2011 年 1 月 11 日，曾出版过哈利·波特系列小说的美国布卢姆斯贝里出版公司推出一部新书——《虎妈战歌》。发行 10 天，发行量在亚马逊畅销书榜排名第 1 位，超过百万大关。

三天后，中信出版社出版了该书的中文版，书名改为《我在美国做妈妈：耶鲁法学院教授的育儿经》。数天后，发行量居中国主流购书网前 3 位。

在其后一年时间中，该书德、法、意大利等 18 种文字的版本相继推出，并屡次打破各种版本同类书籍的发行记录。

在纸质图书发行量日渐低迷的世界格局下，在年产图书近百万种的美国，一个普通人写的一本普通回忆录，何以取得如此骄人的成绩？那个外表温柔可爱、内心坚定执著的蔡美儿，究竟给读者下了什么套儿？使了什么“狠招”？

关于这本书，作者蔡美儿的表述相当平淡——“这是一个母女三人的故事：关于莫扎特和门德尔松，关于钢琴和小提琴，以及我们如何成功地登上卡内基音乐大厅的舞台。”

不幸的是，作者轻松儒雅的表述，被美国报帝《华尔街日报》一票否决。该报评论员文章辛辣地驳斥：“如果只是这样一个优雅的故事，她或许不会成为全美国的焦点。身为华裔的蔡美儿认为严厉的中式家教比宽松的西式教育优越，并以自己为例——为使小女儿露露熟练地弹奏雅克·依伯特的钢琴曲，她要求女儿从傍晚一直弹到夜里，中间不允许喝水，不允许吃饭，不许上洗手间。最终她的女儿在著名的卡内基音乐大厅登台表演……”

不只如此，《华尔街日报》在该书出版头两天，就为之开辟了书摘专栏，醒目的通栏标题——“Why Chinese Mothers Are Superior？（为什么中国妈妈更优秀？）”开篇摘选了《虎妈战歌》的第一章部分内容：

许许多多的美国人，都对中国父母如何能够成功地培养出不同凡响的优秀孩子备感惊讶。他们想知道：“制造”众多的数学精英和音乐奇才，中国父母到底做了什么？他们家庭内部的结构是什么样子？中国父母的成功又能不能被他们所复制？

好吧，让我来揭开这个谜底，因为我就是一个这样的中国妈妈。

不过，在揭开谜底之前，我们最好还是先来看看下面这些我从来就不允许女儿索菲娅和路易莎涉足的事情：

●不准夜不归宿；

●不准参加学校的小组娱乐活动；

●不准参加校园演出；

●不准抱怨没有参加校园演出；

●不准看电视或玩电子游戏；

●不准擅自选择课外活动；

●不准有科目低于A；

●除了体育与话剧外，其他科目不准拿不到第一；

●不准练习钢琴及小提琴以外的乐器；

●不准不练习钢琴及小提琴。

……

或许有人认为美国的“运动妈妈”与中国的“功课妈妈”没什么两样，那他们可就大错特错了。与按照日程表监督孩子参加训练的西方“足球妈妈”相比，中国妈妈相信：

●完成学业总是第一位的；

●考试中的“A－”是不合格的；

●必须要在数学上比同班同学领先两个学年；

●绝不能在公共场合夸奖孩子；

●如果孩子与老师或教练发生冲突，做家长的必须坚定地站在老师或教练一边；

●父母唯一允许孩子参加的课外活动，是那些他们能赢得奖牌的项目；

●而且必须是金牌！

美国式的媒体思维、美国式的道德评判，他们摘编的每一段文字都在给读者某种故事之外的暗示，挑逗大众情绪，引发美国式的群体反应。首期书摘刊出后，很快召来4000多条读者评论，并且在网络上广泛转载，全球最大的社交网站“脸书”随即跟进大约10万份评论。接着，《纽约时报》、《华盛顿邮报》等多家美国主流报纸集体跟进，竞相参与了这本书的传播与讨论，书里面一些育儿故事被揪出来放大，提供给读者口诛笔伐。其中媒体曝光率最高的是所谓“小白驴事件”——

小女儿露露当时大概7岁，还在学两种乐器。她在练一首名叫《小白驴》的钢琴曲。这首曲子很可爱，你可以想象一头小驴和主人不慌不忙地走在乡间小路上。但对初学者来说极难，因为两只手要以不同节奏彼此配合。

露露弹不下来。我们连续练了一星期，两只手分别练了无数遍。但是，只要一合练，一只手就会和另一只手混在一起，弄得乱七八糟。最后，在上课前一天，露露宣布不练了，跺着脚怒气冲冲地离开座位。

“马上坐回到钢琴前面！”我命令她。

“你不能强迫我！”她说。

“我当然能！”

回到钢琴前，露露给了我颜色看。她对着琴又砸又拍，两腿乱踢，还抓起乐谱撕个粉碎。我把谱子重新粘好并做了塑封，这样就再也撕不碎了。然后，我把露露的玩具屋拖到汽车前面告诉她说，如果明天以前练不好《小白驴》，我就把玩具屋拆了，一块一块地捐给救世军。

当露露说："我以为你去救世军了，你怎么还在这儿？"我就威胁她，不许吃午饭、晚饭，不给她圣诞礼物和光明节礼物，两年、三年、四年都不开生日派对。当她还是弹不好，我告诉她说，她是故意让自己发疯，因为她内心害怕自己弹不下来。我让她不要再做懒鬼、懦夫、任性的小孩和可怜虫。

我们没吃晚饭，一直练到夜里，我不让露露站起来，不准喝水，甚至不准上厕所。家成了战场，我喊得嗓子都哑了，但似乎越练越糟，连我自己也开始拿不准了。

突然之间，露露会弹了。她的两只手出其不意地配合起来，右手和左手沉着冷静地各干各的，就是这样。

露露也在同一时刻意识到这一点。我屏住呼吸，她试着弹了一段，然后更自信更迅速地弹了一遍，节奏没乱。片刻，她露出笑容。

"妈妈，看，很简单！"然后她弹了一遍又一遍，坐在钢琴前面不肯走。那天晚上，她跑过来睡在我床上，我俩搂抱在一起，笑个不停。几周后，她在一个小型音乐会上弹奏《小白驴》时，一些家长走过来说："这首曲子露露弹太合适了，那么活泼，完全是她的风格。"

尽管这个事件在我们看来似乎颇有几分历经艰险、终成善果的中国式喜剧结尾，但在那个已进化到将人权当家常便饭的国度，人们毫无疑问被中国妈咪非人性的育儿手段和毫无自责的轻松文字所激怒，成千上万封信件直接发到蔡美儿的邮箱——第二故乡的"美胞"们纷纷谴责她"虐待儿童"，就连与她打断骨头连着筋的美籍华人也指责她"丑化华裔"，还有人送给她"惨无人道的法西斯母亲"称号。

一时间，揭批"中国虎妈"蔡美儿成为美国人茶余饭后乃至社交场合的时髦游戏，一些后来介入者就像当年姗姗来迟的西部淘金客，争先恐后在前人刨挖过的尾矿中寻找下脚料，不放过书里面每一个细节，甚至每一句话——

“蔡美儿经常辱骂未能按照她规定的时间完成音乐训练的女儿是‘废物’、‘垃圾’！”

“蔡美儿勒令在数学竞争中偶尔屈居第二的长女每晚做2000道数学题，直到她重夺第一。”

“蔡美儿决不允许两个女儿学分有一个‘A—’，必须全A，否则不让睡觉。”

“蔡美儿拒绝7岁的女儿为她亲手制作的生日贺卡，理由是：‘我应当得到做得更好的贺卡，所以拒绝这个’！”

“蔡美儿拒绝让拉了5个小时小提琴的女儿休息，理由是第二天还要见老师，得抓紧练习！”

“蔡美儿为女儿星期天训练列的时间表，让她的耶鲁学生看后吓得尖叫！”

“蔡美儿嘲讽美国的教育是现实中失败者的安慰剂，获得奖牌才能得到人生机会和自由。”……

具有讽刺意味的是：随着美国读者的口诛笔伐甚嚣尘上，华裔母亲蔡美儿和她的女儿们却隔三差五登上各大媒体的头条，她的书和她们母女间的故事，不断被传播和转载，就连世界顶级媒体品牌、美国最大的新闻周刊《时代》杂志，也将她们选为封面人物。

在接受媒体采访时，蔡美儿用中国人惯用的论证方式，回答读者对自己教育方式的质疑：

“中国父母有两件事超越了美国的父母：(1)他们在孩子身上寄予了更高的期望、更美的梦想；(2)他们更在意自己的孩子在人生路上到底能走多远、能跳多高。”

“我的两个女儿保持门门功课皆A的全优纪录。索菲娅18个月就认字母表，3岁阅读《小妇人》，开始弹钢琴，14岁就在卡内基音乐大厅弹钢琴。露露练小提琴，12岁成为耶鲁青年管弦乐团首席小提琴手，改打网球后，裁判评价她“是不付出110%的努力决不罢休的小姑娘”。

这种辩解无疑加深了“美国妈妈”们的妒意，“酸葡萄”刺激下的口水战进一步升级，直至蔡美儿的两个女儿——索菲亚和露露都受到了波及，“美娘”

们公开在媒体上辱骂在书里被蔡美儿描述成“乖乖女”的索菲亚是“可怜虫”、“没有灵魂任人摆布的机器人，母亲教育理念下的奴隶……”称蔡美儿是“全世界最邪恶的母亲！”

为了保护女儿，“中国妈妈”蔡美儿不得不与“美娘”们对骂，她愤怒地回应：

“美国家长就是‘软蛋’！明知孩子体重超标，却不敢在他们面前提一个肥字……”

不仅如此，对那些攻击她顺带嘲讽中国人的美国媒体，蔡美儿大声回击：“为什么中国小孩总在世界上扫荡各类数学和音乐大奖？魔鬼式的训练是成功的关键’！”

种族主义的幽灵并没有因为美国政府的高调强调人权而消散，逮住机会马上借尸还魂。面对蔡美儿的反击，美国《新闻周刊》大概忘了生长在美国的蔡美儿早已是美国公民，而且担任美国政府多家机构的顾问、多次获得耶鲁大学法学院颁发的“最佳教学奖”。他们发表文章称：“即便虎妈们教育出来的孩子分数高，也并不意味着这个国家经济更强大、国民更有创造性、社会更胜一筹。中国出不了比尔·盖茨，而且，如果有条件，虎妈们还是会把孩子送到美国读哈佛……”

媒体的挑动更进一步点燃了美国读者心中的怒火，那些当惯了“世界头等公民”的人哪受得了这种气，他们的愤懑已经不能单靠文字来发泄了。一位来自华盛顿的网友在华尔街日报的网站上留言：“我读了这本书其中三章，每一章至少能找到三个例子证明，蔡美儿已经构成虐待儿童罪。我希望儿童保护组织介入此事，调查她的两个孩子身体健康和安全是否有所保障……”这张帖子得到成千上万美国网友的狂顶，有些愤怒的网民甚至直接发出死亡威胁，要让蔡美儿“付出生命代价！”

感谢上帝，美国的法律并不像美国公民那样容易冲动，因书获“罪”的“中国虎妈”蔡美儿才没有被起诉。但这件事远没有结束，由于媒体舆论引导，《虎妈战歌》在亚马逊网站现身后，便吸引了全世界读者的注意，一场由美国主流媒体主导的东西方教育大争论，裹挟着西方人对世界格局变化的焦虑，旋即在全球爆发，取代了“美娘”们对蔡美儿是否犯有虐待儿童罪的纠缠不休。

将蔡美儿选上封面人物的《时代》周刊发表一篇题为《虎妈的咆哮》的评论文章，文中写到："蔡美儿用她剃刀般锋利的笔，让整个美国的父母思考这样一个问题：我们是不是就是她所说的'失败者'？"

《纽约时报》著名专栏作家大卫·布鲁克斯则来得更加直白："如果仅仅是东西方家教观念的差别，'中国虎妈'的话题或许还不足以掀起全美大讨论，蔡美儿勾起的是民众对这个国家衰退的恐惧。想想吧，这是一位在育儿问题上全心投入的母亲，她的身后是成千上万同样雄心勃勃的中国妈妈，她们的孩子将在以后的竞争里打得美国孩子满地找牙！"

"打得美国孩子满地找牙！"多么血腥的预言？布鲁克斯的词藻虽然有些类似西部牛仔片的风格，但绝非空穴来风。

从大背景看，金融危机之后的美国经济长期低迷，失业率居高不下，而中国经济连续多年以7%以上的速度增长，中国与美国的贸易顺差高达2524亿美元，并且是美国政府的头号债主，"中国威胁论"早就成为美国媒体的主旋律。

就事论事，早在《虎妈战歌》出版之前两个月，中美两国学生就有过一次同台较量——据世界经合组织（OECD）公布：2010年12月，在65个国家参赛的国际学生评估项目（PISA）测试中，美国学生的总体成绩排名第17位。而首次参加测评的中国学生包揽了所有单项第一名。这次测评过后，一位曾在北京延庆一中做过交换生的美国女孩发文证实："在任何一次小测验中，中国学生的分数都能把我们给活埋了！"

"难道中国人的教育也超过美国了吗？"两国学生测评成绩很快被美国人将它与《虎妈战歌》并为一谈。《纽约时报》援引里根时代教育部官员切斯特·费恩的话："不管蔡美儿的做法对与不对，这两件事联系在一起，犹如中国人向我们投掷了两颗原子弹！我又有了当年苏联抢先将人造卫星送入太空时的震撼！"

那位前美国教育部官员说的那次"震撼"发生在50年前，当时世界上存在两个超级大国——美国与苏联。1960年，苏联冷不丁发射第一颗名称"东方"号的人造地球卫星，美国朝野一片恐慌，航空科技的失利引发一些精英阶层对中小学教育体系的诟病。不到一年时间，美国国会空前一致地通过了国防教育法案，每年投资数百亿美元用于改善美国的教育体系。五年之内，美国卫星开始围绕地球飞行，十二年后，美国航空员阿姆斯特朗被成功送上月球。时至今日，美国的太空科技已经远超当年的对手。

那位前教育官员的言论进一步加深了美国人的忧患意识：“我们真的要失败了吗？我们的教育存在哪些问题？我们的孩子如何避免成为失败者？”由此，《虎妈战歌》引发的讨论，从人权到中西方教育方法的比较，又迅速升格为对国家命运的举国大讨论，参与讨论的人数越来越多，层次越来越高，就美国总统奥巴马也参入到“反思的美国人”行列之中。

在《虎妈战歌》出版后半个月，奥巴马总统发表国情咨文提到：“美国已处于‘东方号时刻’，应该清醒地认识到，在我们习惯于领先的领域，另一个国家已经开始超越我们……他们已经意识到，只有通过变革，才能在世界上立于不败之地。因此，他们开始尽早着手对孩子进行教育，并延长教育时间，更注重数学和科学……”

很显然，奥巴马在这里所指的“另一个国家”不再是当年“东方号”的主人前苏联，而是满天际唱歌的“东方红号”卫星的主人——中国。

也许我们可以对所有夸张的美式表情付之一笑，因为谁都清楚，依仗民主与科学两条巨腿问鼎天下的美国人，老大的位子坐得越久，心理却越来越脆弱，把皮蛋当炸弹、把路人当恐怖分子的糗事儿也时有发生。但是，同样谁都清楚，正是凭借高度敏锐的观察力和判断力，以及灵活多变的竞争手段和行政效率，才使得美利坚取代了大不列颠，成为名符其实的“日不落帝国”。

全世界的媒体都有着鲨鱼般的嗜血癖，美国人的过度恐慌与冷战思维引起诸多西方媒体的奚落与嘲笑。

英国《金融时报》、《经济学人》等媒体称：“中国的教育强度震惊世界……美国人如此激烈的反应，其实跟中美表现迥异的经济状况密不可分。当美国遭遇大萧条以来最严重的经济颓势时，中国却稳步前进在经济增长的道路上，与其向中国领导人寻求答案，还不如去问问虎妈！”

几家德国媒体分别指出：“现在美国流行着关于中国崛起的种种‘恐慌故事’，把这种教育方式的比较上升到国与国的高度并不合适。”

法国报纸似乎更理性一些：“如果不是因为中国经济奇迹日益受到关注，要不是美国害怕中国崛起，这场争论可能很快就会偃旗息鼓……”

最初的震惊和愤怒之后，美国人又重新回到这本书所引起的争论，开始冷静反思。一家美国报纸担心："这场论战的结果是，美国的母亲们不仅把《虎妈战歌》变成畅销书，也会逐渐接受她的观点。如今，'虎妞'之一（虎妈的大女儿）已获两所常春藤盟校（哈佛大学与耶鲁大学）录取，势必使更多父母接受虎妈的铁腕管教智慧。"

曾将蔡美儿选为封面人物的《时代》周刊评论更为深刻："虎妈现象的出现，一方面是西方人对严厉的东方式教育难以接受；另一方面，蔡美儿提到的美国教育问题，触动了美国人恐惧中国崛起的神经。她所谓'传统华人教养方式'正好击中了美国民众心理上的一个痛点——（中国）小老虎们长大之后有能力征服世界的时候，"意志薄弱"和"宠溺十足"的美国孩子们，却在成长过程中缺乏在激烈的全球市场中竞争的才能！"

一位旅美学者更直接地表述："最酸的葡萄，莫过于谴责'虎妈'的教育方式'摧毁完整人格'，丢掉了精英的经济地位而沦为社会下层后，'完整人格'还顶什么用？"

但是可以肯定的是，无论如何自省，绝大部分美国人对深入他们骨髓的基本价值观不会轻易放弃。至少从场面上讲，独立与人权毕竟是这个国家的文化根本，哪怕是面对一个幼稚的孩子或一样弱小的生命。

哈佛大学一位老校长在和虎妈的辩论时嘲讽道："近 25 年来哪两个哈佛大一新生改变了世界？比尔·盖茨和马克·扎克伯格，他们都没有毕业。如果他们的母亲是虎妈，我想她是不会高兴有这样的孩子的！"

专栏作家布鲁克斯的见解更显示出这个国家的文化自信："美国经济可能不景气，但远非崩溃，美国的初级教育可能存在危机，但高等教育依然为全世界所赞赏，特别是中国。我们从未停止创新和研发，不论是在硅谷还是在底特律。"

与以上两位美国本土精英持相同观点的大有人在，旅美教育学者、迈阿密大学孔子学院院长黄全愈用近乎自嘲的语调说："1979 年，中美两国互相考察对方的基础教育。中国考察团看到美国学生还在掰着指头做算术，于是得出结论：20 年后中国会超过美国；美国考察团看到中国学生那么刻苦，得出的结论是：20 年后美国会落后中国。现在来看双方都判断错了。中国人喜欢看人家的短处，其实那不一定就是短处；美国人善于看人家的长处，但那也不一定就是长处……”

值得注意的是：华裔黄教授的观点代表了相当一部分中国精英们的内心想法。

由《虎妈战歌》引起的“世界口水大战”已接近落幕。看似被“美娘”们连拖带拽撕咬得遍体鳞伤的“中国妈妈”蔡美儿，似乎很想从中国同胞那里寻得一些安慰，频频做客中国媒体。“我渴望中国人能够理解我！”蔡美儿接受采访时，不止一次地如此感叹。不过令她始料未及的是，更正宗、更地道的“国娘”们，似乎不太接纳或者认可她这位自封自应、齐天大圣的“中国虎妈”。

海归学者、《世界都市 iLOOK》杂志主编洪晃率先浇下一盆凉水，她斥责蔡美儿像“地狱老母”，并表示：“我在中国所认识的诸位母亲中，没人会像她那样对待孩子，身为法学教授的蔡女士在自命不凡这方面，可算是孤芳自赏了！”

中国青少年研究中心副主任、教育科学研究专家孙云晓指出：“蔡美儿以中国式教育传统的代言人的形象出现，宣扬一种专制的教育方式，甚至可以侮辱孩子、贬损孩子，让他有抗挫折能力，写不完作业不让吃饭，不许参加活动等等，这些很私人的教育方式如果变成一种学习对象，就很可怕了！”

国家督学、博士生导师罗崇敏教授质疑：“父母高压手段或许能促使孩子在学习知识方面取得一定成绩，但根据现有的报道可以断定，‘中国虎妈’的孩子是绝对成不了大家，哪怕现在成绩（好），或者是钢琴弹得好！”

《纵横周刊》非洲问题研究员陶短房认为：“‘虎妈’的那些铁律，在很多中国家长看来也是不能接受的。‘虎妈’不能代表所有的‘中国妈妈’，‘虎妈教学模式’也远不能和‘中国式教学模式’画等号！”

对于虎妈现象，中国政府官方人士也作出明确表态。教育部官员王定华在联合国教科文组织“推进教育均衡发展·提升教育国际化水平”会议上指出：“‘虎妈’现象不该提倡，中国父母应为下一代营造一个宽松、健康的成长环境……”

有趣的是：任凭上至大国官员、下至黎民百姓、全世界的好事者因为一本书吵得不可开交，我们的女主角——“中国虎妈”蔡美儿，耶鲁大学法学教授蔡美儿，却始终用她那谜一样的笑脸面对世人，包括她的中国同胞和美国同胞的种种非议。她不厌其烦、温文尔雅地告诉人们：

"大家认为我只允许女儿弹钢琴、拉小提琴，学习成绩全部拿A，否则不准上洗手间，不准喝水。这是另一个故事……其实我的两个女儿生活得很幸福，从跨进学校大门的第一个学期开始，她们就保持着门门功课'A'的全优纪录。姐姐索菲娅14岁就把钢琴弹到了世界音乐的圣殿——著名的卡内基音乐大厅，妹妹路易莎12岁就坐上了耶鲁青年管弦乐团首席小提琴手的头把交椅……"

在蔡美儿谜一样的笑容背后——《虎妈战歌》的发行量远远超过她所有学术著作的总和，各种版本均进入过销售排行榜前10名。

在蔡美儿谜一样的笑容背后——她以排名13的票数，当选美国《时代》周刊2011年全球最具影响力人物100强。

在蔡美儿谜一样的笑容背后——她的长女同时被哈佛与耶鲁两所大学录取，索菲亚选择了哈佛大学就读；小女儿学业全优，并且与姐姐一起在布达佩斯的李斯特音乐学院成功演奏，有着良好音乐素养的匈牙利人三次全场起立，把长时间雷鸣般的掌声，送给了这对美国"音乐神童小姐妹"。

"虎妈"母女合影

其实，这一切的一切，将《虎妈战歌》推荐为"时代好书"的《纽约时报》从一开始就有准确定义："这是一本关于父母之道精心包装出的毒辣之风，关于一个自恋者追求幸福之作，表面极具可读性……蔡美儿本人出身背景并不能代表'华人母亲'，全书与其说是谈论中美家教文化区别，不如说是关于蔡美儿本人叙述的流畅故事……"

对，又是一次集编、导、演于一身的真人秀。

青春暴乱之“父母皆祸害！”

“虎妈”也好，“狼爸”也罢，一个震惊世界，一个喧闹中国。但只要大脑没长在屁股上，是人都看得出不过两场工于策划的文字游戏，彰显文化男女的花花肠子罢了，或许合了晋人阮籍于楚汉古战场上发出的那一声感叹：“时无英雄，使竖子成名！”

但是，这样偏激的故事偏偏发生在如此浮躁的时代，如此浮躁的时代偏偏又有那么多脑袋长在屁股上的人，于是就有了那么多雷同或后续的演绎——你当虎妈，我做豹娘。你当狼爸，我做鹰爹。你“三天一顿打，儿子上北大”，我就两天一顿打或天天打……下面几幅照片，便是“虎狼效应”下的悲惨写照。

图 1 的故事发生在南方某地，三名小学生因贪玩游戏机未完成暑期作业，被父母勒令于街头举牌示众。暴晒时间长了，孩子们不得不将高举过头的牌子降低，顺便遮住被汗水模糊的脸面避免灼伤。

图 2 也是发生在盛夏的故事，地点：魔都上海。照片上的小女孩因考试成绩不好，加上没按时完成家庭作业，被父亲罚跪于厂区水泥地上做作业。行人上前搀扶，女孩说：“没有爸爸的同意，不敢起身！”从 8 点跪到 11 点，地表温度高达 50℃。有记者去女孩家为之求情，提醒那位父亲：“再跪下去您女儿会中暑！”那位

图 1. 三小学生因贪玩游戏被罚暴晒街头

父亲竟回答：“她能挺住！”

图 3 的故事发生在寒冬季节，地点：南方某省会城市。照片中裸着上身的小男孩因贪玩没做作业，背部被家长抽打留痕，并遭罚裸跪于零下温度的室外。几个身穿鸭绒衣的路人见状去男孩家中为之求情，被孩子家长斥为“多管闲事！”

图 4 的故事发生在湖北某地，夜晚 11 时许，一位穿着短裤衩的十几岁男孩，被一辆小轿车追赶，沿着偏僻的街道奔跑，不时累得停下来喘气。路过的记者见状赶快打电话向 110 报警，经过询问，原来轿车里坐着的是男孩子的亲生父亲，因为儿子不做作业迷恋网吧，才有了眼前这一出罚“跟车裸跑”的置气之举。

最令人发指的莫过于图 5，照片中那位女孩因学习成绩不好且贪玩，被父母亲用铁链锁在家中做作业长达 12 天，最后经邻居报警才获解救。

“哪里有压迫，哪里就

图 2. 女童被家长罚跪水泥地做作业

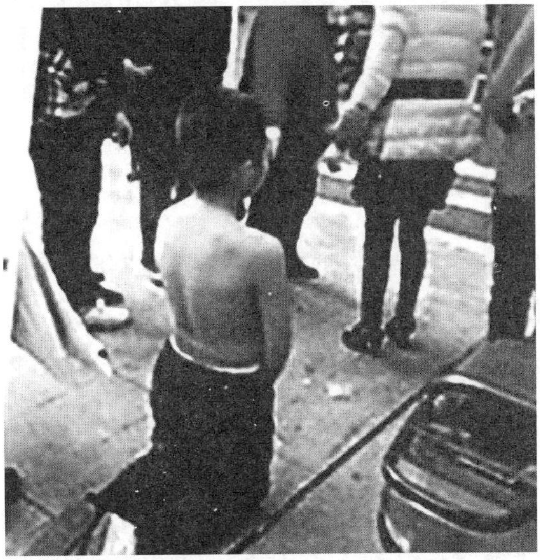

图 3. 因未完成作业男童寒冬被父母罚跪街头

图 4. 因逃课男童遭父亲惩罚，深夜跟小车跑步

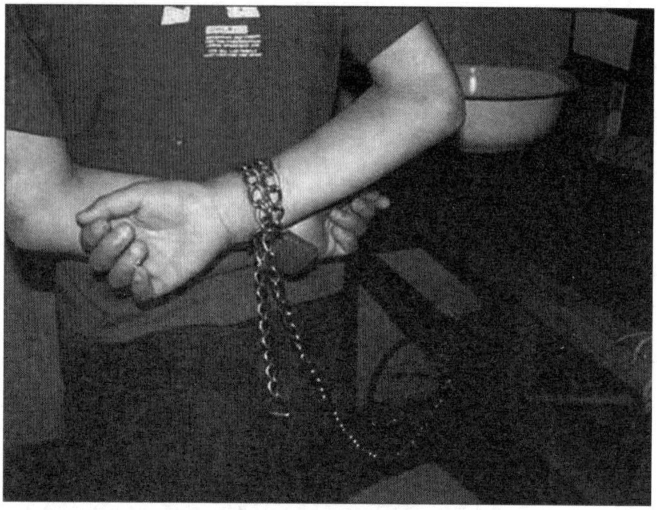

图 5. 女童因考试成绩不好，被父母亲用铁链锁在家里做作业长达 12 天

有反抗。”这句话本来是描述阶级对抗的社会逻辑，可一不小心，却成为当代一些家庭关系中的实况写照。

2008 年，一个名为“父母皆祸害”的小组在豆瓣网论坛宣告成立。其名称之惊世骇俗，参入者之年轻，言论之猛烈，旋即在网络论坛引发强烈“地震”。大批 80 后、90 后和 00 后的苦主们蜂拥而入，其间的怨言恶语让众多为人父母的中老年看客瞠目结舌。图 6、图 7 是两幅网页截图，看起来真有些寒气逼人。

“最烦 XXX 的粉”的网页主题：“姐来告诉你父母皆祸害的真相”。

——“你生孩子是为了爱孩子吗？是怕没人养老、怕离婚！”

——“打着‘不用你养老’来理直气壮地祸害孩子……你说不用就不用了？我们敢不给你养老……法律也不会放过我们！”

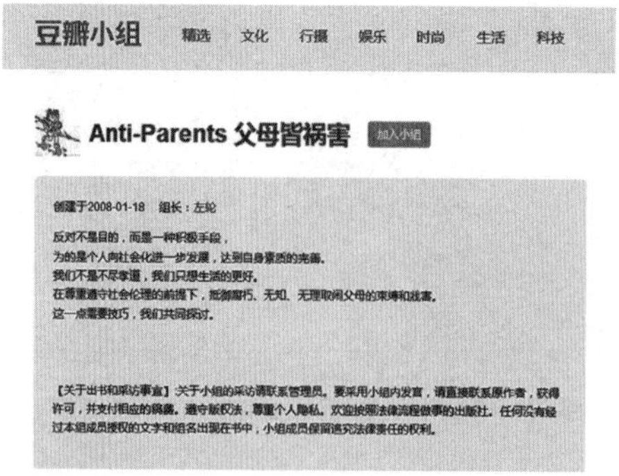
豆瓣小组 精选 文化 行摄 娱乐 时尚 生活 科技

Anti-Parents 父母皆祸害 加入小组

创建于2008-01-18 组长：左轮

反对不是目的，而是一种积极手段，
为的是个人向社会化进一步发展，达到自身素质的完善。
我们不是不尽孝道，我们只想生活的更好。
在尊重遵守社会伦理的前提下，抵御腐朽、无知、无理取闹父母的束缚和戕害。
这一点需要技巧，我们共同探讨。

【关于出书和采访事宜】关于小组的采访请联系管理员。要采用小组内发言，请直接联系原作者，获得许可，并支付相应的稿费。遵守版权法，尊重个人隐私。欢迎按照法律流程做事的出版社。任何没有经过本组成员授权的文字和组名出现在书中，小组成员保留追究法律责任的权利。

图 6.“豆瓣”论坛截图：“父母皆祸害”

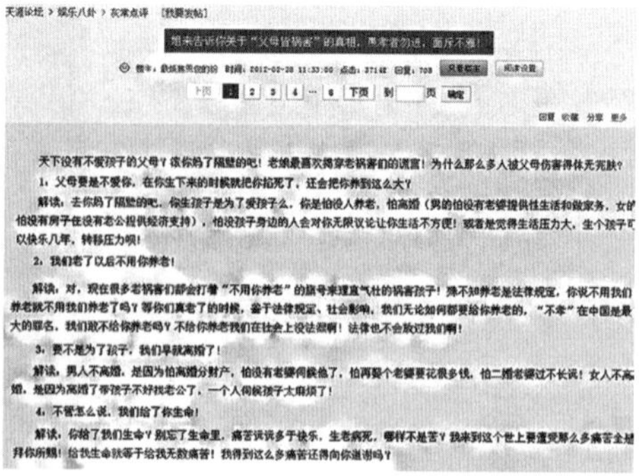
天涯论坛 > 娱乐八卦 > 衣来点评 [我要发帖]

姐来告诉你关于“父母皆祸害”的真相，愚孝者勿进，畜生不准！

天下没有不爱孩子的父母？你你妈了隔壁的吧！老娘最喜欢揭穿老祸害们的谎言！为什么那么多人被父母伤害得体无完肤？

1、父母要是不爱你，在你生下来的时候就把你掐死了，还会把你养到这么大？

解读：去你妈了隔壁的吧，你生孩子是为了爱孩子么，你是怕没人养老，怕离婚（男的怕没有老婆提供性生活和做家务，女的怕没有房子住没有老公提供经济支持），怕没孩子身边的人会对你无限议论让你生活不方便！或者是觉得生活压力大，生个孩子可以快乐几年，转移压力呗！

2、我们老了以后不用你养老！

解读：对，现在很多老祸害们都会打着“不用你养老”的旗号来理直气壮的祸害孩子！殊不知养老是法律规定，你说不用我们养老就不用我们养老了吗？等你们真老了的时候，鉴于法律规定、社会影响，我们无论如何都要给你养老的，“不孝”在中国是最大的罪名，我们敢不给你养老吗？不给你养老我们在社会上没法混啊！法律也不会放过我们啊！

3、要不是为了孩子，我们早就离婚了！

解读：男人不离婚，是因为怕离婚分财产，怕没有老婆伺候他了，怕再娶个老婆要花很多钱，怕二婚老婆过不长说！女人不离婚，是因为离婚了带孩子不好找老公了，一个人伺候孩子太麻烦了！

4、不管怎么说，我们给了你生命！

解读：你给了我们生命？别忘了生命里，痛苦远远多于快乐，生老病死，哪样不是苦？我来到这个世上要遭受那么多痛苦全是拜你所赐！给我生命就等于给我无数痛苦！我得到这么多痛苦还得向你道谢吗？

图 7. 帖：“姐来告诉你父母皆祸害的真相”

——"'不是为了孩子我们早离婚了'？（说穿了）男人不离婚是怕被分财产，女人不离婚是怕带着孩子不好再找老公！"

——"你们给了我生命？别忘了我来到这个世界受了那么多痛苦都是拜你们所赐，还要让我向你们道谢吗？"

图 8 是"猪猪互助"的讨论题："做啥事情能让父母伤心？对子女彻底失望？"底下挂着一大堆出馊主意的回帖：

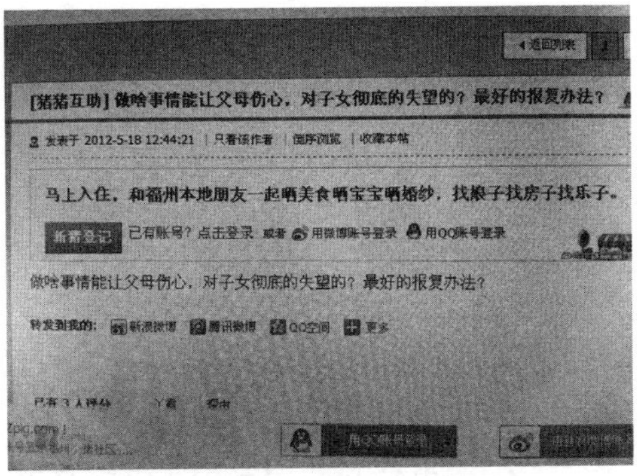

图 8. 帖："做什么能让父母伤心是最好的报复方法"

——"去坐牢！"

——"自宫！"

——"去自杀，然后留遗书说是他们把你害死的！"

——"让你爸爸妈妈看到这个帖子，一定气得半死，你目的就达到了！"

……

如此冷酷，如此绝情，将为人父母者置于何种地步？但是，如果你把这个网络论坛视作一些成绩不好或生活失意的小混混发泄的场所，那就大错特错了——首先，论坛的名称引经据典，原出自英国大作家尼克·霍恩比的小说《自杀俱乐部》。少女杰丝与任教育部长的父亲和患神经质的母亲关系紧张，她在总结自己失败的青春期时如是说："父母皆祸害！"

再者，该网络小组不乏青年才俊，应发起人邀请担纲管理员的张坤，便是英版《自杀俱乐部》的中文翻译者、上海一家英文报文化记者。她来自中国儒教先师孔子的故乡山东，自幼对老家墙壁上反复刷新的"二十四孝"图耳濡目染。张坤在接受记者采访时开宗明义："我不认为这个小组有什么离经叛道，只不过是年轻一代争取话语权的一种方式。"

值得注意的是，10 年过去了，这个小组非但没像网络中司空见惯的昙花一现，反而成员发展至十万之众，活力依旧。尽管话题千变万化，可万变不离其宗，恰如长期置顶首页的那句口号——“anti-parents（反父母）！”可见那些新老苦主们心结未散、积怨至深。

客观看去，这个名为“父母皆祸害”的网络论坛并没有什么大的过错，发起者的初衷原本就是让小苦主们有个吐槽的去处。就连美国白宫都设有“出气”场所不是？将沙袋塑成总统模样，提供给那些对总统咬牙切齿的国会议员与内阁成员们拳打脚踢以泄私愤。但让人犯怵的是，当代中国家庭那些自认为“灾难深重”的小苦主们，并不满足冲着沙袋揍“总统”，他们正在将“anti-parents”的宣言付诸行动。

2013年5月11日深夜，河南周口市荣华小区一栋联排别墅内，漯河中学高三学生高炜晟情绪不安地在自己卧室里来回走动，看看手表——0点30分。他悄悄打开房门，蹑手蹑脚地下楼。

桌上，电脑显示屏的QQ空间还开着，签名栏很醒目：“厌倦了，如果不知被世界欺骗，又怎么会变得沉默不语。”底下对话框里，有他刚刚给网友留下的两行字：“我经常感觉自己在一片海水中一点一点下落，不能呼吸，闷死的感觉。远处的幽黑显得那么的恐怖。未知，黑暗，危险，而我就这样一直下落！”

下楼后，高炜晟先后打开两道防盗门。

一高一矮两个戴着帽子的黑影，各夹一个小包快速闪进屋，随高炜晟进入一间储藏室。高炜晟将一把菜刀和水果刀递给那俩人，自己转身上楼回到自己房间。

电脑提示灯闪烁——是一位网友的回复："装什么无辜？衣来伸手、饭来张口，要什么你当法官的老爹给买什么……"

高炜晟回复："羡慕哥们高富帅是不是？其实老子精神鸭梨山大（网络语：压力很大）有木（没）有？！老头子老妈子就想着我考全国重点大学，我成绩却一般，老姐更是个催命鬼，走哪催哪，出门搓个篮球，都得倒计时回家，啊啊！"

对方玩笑道："看来你是生不如死啊！"

他回应："哥想死，想死得很！"

对方继续寻开心："想死你也得请我搓一顿再走人！"

他回复："唉，没地儿死，买不起坟啊……还是让别人死吧！"

对方还在逗："想杀人了？"

回复："我经常幻想杀人，也喜欢在夜里游荡，我恨这个世界，我对任何人没有特殊感情，没依赖感，包括父母，我也计划过杀人案件。我想把他们杀了然后吃掉，我认为这样就不会被发现……"

客厅里传来脚步声。高炜晟慌忙关上电脑，爸爸推门进来。

"又在聊 QQ 不睡觉？"高天峰责备儿子。

高炜晟低下头不言语，显然他知道一切辩白与掩饰在这位法官老子面前都是白搭。

"离高考还有几天？"高法官问儿子。

"26 天……"高炜晟瞟了一眼姐姐为他挂在电脑旁边墙上的倒计时卡片。其实他不用看也记得住，姐姐早晚都会叨念几遍。

"都准备好了？有多大把握？"

高炜晟还是不吭声。

"你也老大不小了，家里能为你提供的条件，我和你妈妈不遗余力。为了保证你能考上重点大学，你姐姐不就业、不结婚，待在家里给你陪读。她什么时候能结婚就业全看你的了……"

高炜晟还是没说话，脸上热一阵凉一阵。此时，口袋里的手机震动，他悄悄按掉。

高法官瞟了一眼儿子：“早点睡。”转身拉灭卧室顶灯，打了个哈欠回屋睡去了。这位天天与罪案打交道的父亲，却无论如何也想不到他与这个家，此刻已面临灭顶之灾。

父亲走后，高炜晟急忙掏出手机。

短信：“可以上来吗？”

回复：“再等等。”

在一楼储藏室窝着的两个人看完短信，继续悄无声息地在黑暗之中蛰伏待命。高个子名叫张葵，南京籍无业游民，小个子名叫吴强，河南少林寺附近一武校毕业的90后。

约莫1小时后，高炜晟再次打开房门，他侧耳听了一下动静，然后悄声来到父亲卧室门前，里面传出高法官轻微的鼾声。

高炜晟对父亲的鼾声有一种心理性陌生。他是父母政策外的超生儿子，为了不遭受开除公职的厄运，他自幼被父亲寄养在农村一位亲戚家里，不能公开高家儿子的身份。一直读到高中，别人问起，他仍旧回答说父母亲是房地产商或无业人员。

“你是个敢生不敢养的懦夫，害得我从娘肚子里开始，就像一只老鼠东躲西藏，生怕被人瞧见。你好意思道貌岸然地要求我考名校，名曰为我的前途着想，实际上是要为你老高家光宗耀祖，甚至为此不惜牺牲我与无辜姐姐的青春……”这样无声的咒骂，经常会在高炜晟的心里发生。一家人之中，高炜晟最恨的就是爸爸，虽然那个法官父亲除开学习上要求严苛之外，但生活上对他近乎百依百顺，他可以花钱如流水，他可以购买任何一款最新问世的电子产品。

骂完了父亲，高炜晟忽然想起妈妈，那位在鹿邑统战部供职的公务员信佛多年，平常初一十五都要去寺庙烧香拜佛，这一次儿子高考在即，她特地安排时间去为儿子祈福，按计划明天赶回家，与家人一起过母亲节。

“明日妈妈回家我该如何向她交代？”高炜晟暗自思忖。在这个17岁大男孩的心目中，这家人只有妈妈最宠他，虽然也希望他考上名校，但不会像老爹老姐那样天天逼命。

口袋里的手机又震动了一下，他知道准是储藏室里那两只老鼠又在催活儿，便挪步到姐姐房门前探虚实。

姐姐已经熟睡了，房间里面传出均匀的呼吸声。

“她太累了，总是倒头就睡着……”尽管平日里高炜晟对姐姐恨得咬牙切齿，但此刻他想到的多半是姐姐对他的疼爱和苦心。姐姐每天清晨5点钟就得起床，弄好早餐后叫醒他用餐、赶课。中午和晚上，她拎着饭盒去给弟弟送两顿饭，风雨无阻。有时候赶上老师拖堂或别的什么事耽搁下课时间，她得在学校大门口站上一个多小时。

“好好的一个姐姐，大学毕业后不去就业，不去结婚，怎么偏偏那么卖劲地给逼命鬼父亲当帮凶呢？”高炜晟平日里百思不解，此刻却心生怜意。

“为我好！为我好！知道你们都为我好，可有没有考虑过我的感受？不让玩网游，不让看电视，不让打篮球，不让跟同学聚会，不让谈恋爱……天天只能在你们的监督下读书、背单词、做习题，每一次考试后提心吊胆地等待结果，生怕考不好召来你们的谴责与羞辱！有完没完？简直生不如死！”（日记片段）

想到这，片刻的温情戛然而止，这个家又变成他深恶痛绝的牢笼，高炜晟的心重新狂躁起来。他再次确认父亲和姐姐都熟睡后，回到自己的房间，略微整理一下有些纷乱的思绪。

凌晨1点30分左右，他拿起手机，发出最后一条指令。潜伏在一楼的两个恶魔迫不及待地冲上二楼，按照雇主事先提供的内室布局图，先摸到高父门前。

也许是职业警觉，高父从梦中惊醒，问了声：“谁？”话声刚落，门被强行推开，先闯进去的张葵拉亮电灯，在武校练过武术的吴强，用甩棍朝法官脑门上猛力击打。

为了不拖累两个孩子，头破血流的高法官没有选择喊叫，而是默默地奋力抓住吴强的甩棍。张葵操起菜刀上前一通乱砍，法官被砍倒在血泊之中。

听见响动，躲在自己房间里的高炜晟将门打开一条缝看动静。这时，姐姐高炜艺被院子里的藏獒狂吠声和打斗声惊醒，打开房门见爸爸已被砍倒在地，再一看弟弟的房门没掩上，便一个箭步上前拉上弟弟的房门，并大声喊道：“锁上门报警，有杀手！”

吴强赶过来朝姐姐当头一甩棍，接着用水果刀刺进她的腹部。高炜艺最后惨叫一声:“弟弟别出来! 报警……”倒地身亡。

高炜晟锁上房门用双手抓住自己的脸，眼泪无声地奔出，姐姐临死前的喊叫让他撕心裂肺! 他懊悔，懊悔自己怎么做出这等禽兽不如的事? 此刻，他真希望门外发生的一切只是一场噩梦，或是他经常玩的电子游戏《剑网3》里面的一场厮杀。

手机不停地震动，将高炜晟从晕晕沉沉的状态中惊醒，是吴强从客厅里打来的:“快出来付钱!”

高炜晟打开房门——爸爸和姐姐双双躺在客厅底下，血溅高墙。尽管这一切都由自己一手策划，但这个17岁的男孩还是被血淋淋的现场吓呆了。毕竟，此前他只在电子游戏里看到过如此血腥的场面。他盯着死不瞑目的姐姐，肠子都悔青了，甚至宁愿倒在血泊里的不是姐姐而是自己。

“拿钱拿钱!”凶手催促着。

“钱钱钱，你们就知道要钱!”高炜晟愤恨地说。

“不为钱我们帮你杀人?”凶手理直气壮地说。

“王八蛋!”高炜晟心里骂道，但对方所说属实。这年过完春节，高炜晟就开始在网上招募杀手，还被两个冒牌货骗去几千块钱的“预定金”。后来在QQ空间聊天结识了张葵，两人一拍即合，其后张葵又找来会武术的吴强做帮手，共同揽下这笔杀人生意，高炜晟给他们开了3个人的死亡名单——父亲、母亲和姐姐。同时他还允诺：事成之后，按每个人头20万支付杀手酬金。

“快点，你反悔了是不是? 你敢不给钱，我们杀两个是杀，多杀一个也是杀!”俩凶手威胁道。

高炜晟定定神，要求两人按照事先约好的条件，将死者碎尸，并清理干净现场再付钱。此时，隔壁邻居被藏獒不间断的狂吠吵醒，有人打开窗户喊了几声:“高院长、高院长……隔壁家里有人吗?”

“来不及了，我们必须尽快逃走，指定有人报警!”张葵将水果刀架上高炜晟的脖子，高炜晟只好带他们俩打开家里的保险柜，两杀手从中翻出9万元现金和十几件玉器后仓皇逃蹿。

凶手刚离开高家，一阵警笛声由远而近。高炜晟盯着血淋淋的杀人现场，脑袋一片空白。此刻，他觉着自己仿佛是一只被恶魔带离母岸的小舢板，无助地被放逐到恶浪滔天的怒海之中，无论如何挣扎，再也驶不回此前的避风港……

不一会儿，警车在大门口停下。半个小时后，高炜晟被警察带走。

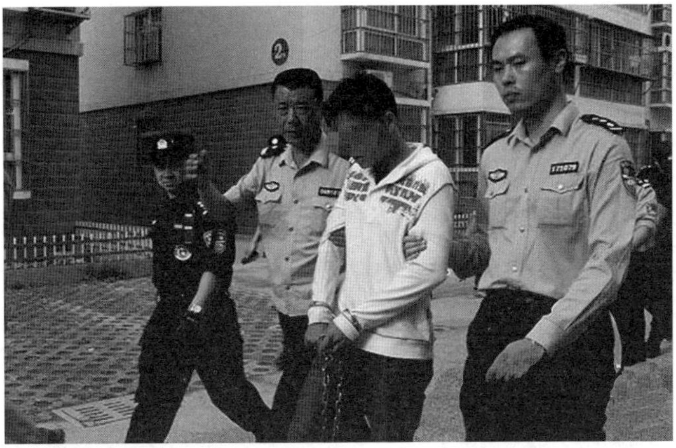

嫌犯吴某被捕后指认作案现场

高炜晟接受审讯（视频截图）

自古以来，“弑父”是文学作品中偏而不冷的题材，每一个此类故事的背后，必然跟着一连串对人性迷乱的恶视、对社会的拷打。莎士比亚、陀思妥耶夫斯基作品里的“弑父”情节，至今被人们记忆至深。但是，文学作品中的“弑父”故事，就像是用作者抽象思维烤制出来的压缩饼干，设计感过于强烈，铺排再巧妙也至多止于某种哲学与文学符号。今天发生在我们身边的那些令人发指的案例，却非常直观地启示我们：那一切不再是文学虚构或哲学箴言，一个变形时代孵化出的畸形之爱，已经锻造出可怕的弑亲之刃。

2000年1月17日中午，浙江省金华市食品厂工人徐凤仙下班回家为儿子做午饭，发现在读高二的儿子徐力正在家里看电视。吴凤仙非常生气，责备儿子最近贪玩耽误了学习，成绩由前十名倒退到十八名，要求他期末考试一定要回到前十名。儿子说："有那么好考？你去试试？"母亲习惯性地抡巴掌就打，并说："从今天起，如果再发现你踢足球，就打断你的腿！"母子俩你来我往地吵了一通后，徐力抄起门后面的木柄榔头朝母亲后脑猛砸，徐母当场毙命。

2003年11月9日，北京市某私立中学17岁学生小军因学习不用功，考试失利，遭单身母亲的暴力管教。盛怒之下，他用刀和剪子疯狂砍刺母亲头、颈、背部，致使母亲急性失血休克死亡。

2004年5月28日晚上，内蒙古通辽市一名高三学生因不满"恨铁不成钢"式的粗暴家教，用残酷的手段将养育自己十数年的父母双双杀死。

2010年11月1日下午放学后，安徽省宿州泗县16岁中学生崔严到学校附近网吧上网，其母随后手持短棍赶到，将他打回家做作业。回家后母子俩继续争吵，又起冲突，崔严一怒之下，用电饭煲的电源线缠住母亲的颈部，将她活活勒死。

2011年3月8日，清远市连南瑶族自治县寨岗镇15岁中学生孟某，放学后抽烟被母亲与妹妹看见，为避免她们传话给父亲遭致毒打，孟某残暴地杀死母亲和妹妹灭口。

湖南省衡阳某校初一男生肖某因父母离异，由姑姑收养在家供他读书。2012年4月13日，姑姑参加家长会，因老师告诉她肖某经常缺课玩网游，姑姑当众打了他一记耳光。肖某怀恨在心，两天后，在家中先后将姑姑和小表弟小表妹全部乱刀捅死。

2012年7月，吉林省延边朝鲜族自治州图们市高三学生小丽（化名），因不满暴力家教，盗取家中存款6万元，雇凶杀害含辛茹苦、单身将她养大成人的父亲。后因杀手是个图财不杀人的骗子，事情得以败露，那个可怜的父亲才有幸逃过一劫……

后记：我们知道，一桩桩惨绝人寰的案例集合，会触痛所有善良的心，甚至会引发质疑。我们也清楚，天下绝大多数父父子子并非悍父逆子，大都在舒心地享受天伦之乐。但是，假如真能够用教科书里的善辞阻止住孩子们的青春叛逆，假若还能用旧时的人伦秩序消除我们自己内心的不安与惶恐，请忘掉作者的无知与冒昧吧！

青春暴动之“子夜裸奔”

采访时间：2012年8月。

采访地点：某省会城市。

受访人：当事人及父母、罗警官等。

采访人：本书作者。

为尊重个人隐私，本文所有当事人的姓名、从业或就读单位均为代号。

《N城晚报》是一份多页面大开张的小报，有人评估，该报的信息传播速度≈100人次/秒，有人骂他们是“标题党”。对于我们这一类“看报看题，读书读皮”的浅学士，“标题党”倒“正合孤意”，至少省去很多浏览无用信息的时间。

我们对这起中学生裸奔事件的调查，就源于《N城晚报》一个标题——“美少女子夜裸奔！”

正文很短：“……今日凌晨，一位少女一丝不挂地沿着环湖公园的林荫道裸奔，路人打110报警，十分钟后警察赶到，但该美女早已钻进一辆粉色mini cooper，飙车离开现场。附近居民告诉记者：那位裸女看上去年龄不大，跟高中生的身段差不多，长得很漂亮。有人还说，在另外地方也看过这位少女和那辆粉色宝马。据说，当地警方已指派专人在那位裸

某市夜间少女裸奔

奔者出没过的地方蹲守……”

这篇报道出笼后，N 市所有平面媒体一哄而上，几乎天天都有关于那位裸奔者的消息，还有人在微博上发出几张于不同地点拍摄的照片，并配上文字：“粉色嫩女裸身与警方捉迷藏！”照片模糊不清、真假莫辨。

如此一来，警方压力增大，加大警力介入此案。

“那个裸奔女孩抓到了！”一周后，我刚起床就接到罗警官的电话。等我赶到派出所，他们正在开碰头会。

“研究怎么处理呢，您先坐会儿。”罗警官说。

我在会客室坐了不到半小时，罗警官进来。

“怎么处理？”我问。

“能怎么处理？ 17 岁，未成年人，联系家长领回去呗！可是她死活不告诉家在哪，家长是谁。你说现在这些孩子，怎么都这德性啊？小姑娘家家的……”罗警官打来一支烟。

“前几天网上发了好几张裸奔照片，其中有一位还是女大学生。有人送衣服给她，她还不爱穿呢！”我说。

“嗨，你当所有送衣服的都是好人？有的就是趁机凑近些看看清楚！”罗警官打了个哈欠，这家伙值班熬夜了，逮谁喷谁。

“小人之心了不是？职业病吧！”

“哎，我还真告诉你，您好心、善良，就把衣服搁在旁边不行啊，非得凑近去帮人家姑娘穿，想干嘛？不言而喻呀！”

“好了好了，带我去见那位吧。”片儿警的嘴碎，陪他耗不起。

“再说您吧，写什么不好，偏对这档子事情感兴趣……”他边走边说。我这位警官朋友人特好，就嘴巴损了点儿。

“抓眼球、猎奇，好了吧，快走快走！”我催他。

“岂是一个猎奇了得哟……”

玩笑间，我随他走进询问室，一个小姑娘候在那里，穿着略显单调的学生装，显得清秀、纯良。

“还纯良？再怜香惜玉，用在一个没羞没臊光着屁股满大街跑的女孩子身上，不觉得浪费词藻吗？”事后，罗警官听我说当场的感受时如此笑谈。

我也不知道第一眼的印象从何而来，后来对话时，她玩世不恭的腔调让我感觉出几分邪恶，并且是那种有知的邪恶。

“小姑娘，我们可以谈谈吗？”

“我可以说不吗？”她回答我，眼睛却盯住警官。

“当然可以。”我说。

罗警官面无表情地：“不过你最好还是谈谈，他对你的帮助或许更能让你接受。”

“威胁？还是诱惑？”丫头倔强地正视着警官。

“有威胁、诱惑吗？”罗警官问我。小伙子毕业于警察学院，眼到嘴到手到，特麻利、特油。

“不是威胁？不是诱惑吗？您还真别那么装酷，这种腔调我听了十几年……”小丫头嘴皮子也挺利索。

“你爸爸妈妈也是警察吗？”罗警官不失时机地“刺探军情”。

“现如今哪个家庭的父母不是警察？我们先谈谈条件？”丫头反攻为守。

“你跟我谈条件？”罗警官笑了。

“嗯呐，有什么好奇怪的，其实您也就是做个顺水人情，迟放早放总归要放我吧？”

“嗬，你就这么有信心？”罗警官回应。

“第一，裸奔并不犯法，全世界每天都有发生，不信您上网查查；第二，本人未成年……”那姑娘朝我们翻白眼。

“我也告诉你，第一，裸奔有伤风化，依据中华人民共和国刑法伤害风化罪第 235 条，可判有期徒刑一年以下；第二，谁能证明你未成年？”

“你休想变着法子打听我爸爸妈妈是谁！”丫头嘴硬。

“你当我着急吗？关你两天，你爸爸妈妈和学校会不会到派出所报案？”

一听这个，那丫头猛地起立，凶巴巴冲着警官喊道：“让爸爸妈妈知道了，我立马死给你们看！”

“为什么那么悲观呢？我们先谈谈好吗？”我好不容易插上一句嘴。

“我可以接受您的采访，但是他必须答应我，完事了放我走！”

“那要看你配不配合咯！”罗警官朝我鬼笑了一下出门接电话。

“您怎么知道我的身份？”我问这个看年龄应该涉世未深的小丫头。

“很简单啊，第一，你文质彬彬的，肯定不跟他一伙；第二，你跟我非亲非故，也不是我的校长和老师，不会平白无故来看我；这剩下的嘛，能进到这种鬼地方赶热闹、看笑话的就只有记者咯！”

“怎么样？她不比您年幼无知吧？”罗警官返回室内，答应她谈完话后，如果我能担保，就放她出去。

我知道那家伙打的啥主意，想帮我取得她的信任，充当临时监护人，然后把她交给家长或学校。

她可怜巴巴地看着我：“叔叔，我再不去学校上课，老师会打电话通知家长的……麻烦您给担个保，星期天我再找您，行吗？”

罗警官见我迟疑，把我叫到门外。

“推卸责任呢？”我说。

“不这样我们能咋办呢？正经案子还忙不过来！您不还兼了本局青少年帮扶辅导员吗？更何况是谁说要写教育方面的书，死乞白赖打电话找局里揽下这活儿的？”那家伙又犯邪性了。怎么办，只有依他呗。

孩子太天真了，以为她不开口，人家就真的不知道她来自哪个星球。不到半天功夫，通过那辆限量版的粉红宝马，派出所就把她的家庭背景和就读学校摸得一清二楚，为了谨慎起见，我决定先做些外围调查后，周末再找她单谈。

校方的介绍让我意外：“米粒儿同学，现年17周岁，本校高三年级学生。她的父母亲均为航空科学家，为祖国航空事业做过重大贡献。米粒儿同学品学兼优，尊敬师长、团结同学、学习刻苦、成绩优良，从初中到高中一直是学校的标兵人物，唯一的缺点就是过分内向，不怎么与人交流，遇事逆来顺受，少了些原则……”

如果说听完校方的介绍，我曾对米粒儿与子夜裸奔的少女是否同为一人产生怀疑，接下来与她家长的交谈，更让我对那位裸奔者是否真实存在过产生质疑。

次日下午，我来到老米家，刚跟他寒暄几句，赶上米太太推着自行车买菜回家。

“大热天的骑单车买菜，太辛苦了！”我说。

“买了车也摊不上给我呀，如今时兴小的坐轿、老的蹬车！”米太太不但漂亮大方，玩笑也开得很出众。

老米一旁憨憨地笑，接过太太手里的菜篮子：“呵，好丰盛啊！海参鲍鱼都领回家了？嗬，还有一瓶陈年老窖！谢谢夫人！”

“没说给你买的，不是有客人吗？”太太笑着说。

老米拿着酒瓶子看看年份：“这种陈年老窖就跟太太一样，越陈越香啊！”学工科的人大多数都这样儿，就算称颂太太“比漂亮的母猪还美丽”，那也是溢美之词啊！

来此之前我对这个家庭做过一些了解，老米40岁那年，妻子因患子宫癌英年早逝，赶上国家航空业突飞猛进，工作没日没夜，他一直顾不上续弦。拖到42岁时，单位里调进一位年轻貌美的海归女博士，被组织上分配给老米当助手。老米同志也算没辜负组织上的美意，一年就搞定了那位比他整整小15岁的女博士，两年后就让她替自己生下一个人见人爱的小娇娃，取名米粒儿。

“要不是学校帮我们挡驾，门槛早被踏破了。其实，孩子是孩子，我们是我们，不敢贪天之功啊！”老米用一次性纸杯给我沏了一杯茶。

“您是说……”他的开场白让我大吃一惊，还以为他知道点什么。

“哦，你们搞新闻的都会抓时机，快高考了，看看我们这些当家长的，怎么为孩子服务，对吧？”

我这才放下心来，顺水推舟：“米粒儿快高考了，你们也跟着精神紧张吧？”

“没什么可紧张的，不就是进完考场就等着拿通知书的事儿！”米太太抢先一步回答。接着取出围裙系上，“您坐会儿，我弄吃的去……”

“您这太太啊，那可是一顶一的‘进得厨房，出得厅堂’啊！”

“风风火火，自打跟我结婚就这样。”

“米粒儿回家吃晚饭吗？”我问。

老米摇摇头：“这学期她们毕业班都住校了，全力以赴备战7月高考！”

“怎么样？真有您太太那么乐观？”

“应当差不多吧，她们学校是全市重点高中，她们班是学校重点，她每次考试都在全班前两名！”

“听米粒儿的老师说，您对米粒儿的要求非常严格？”

“我们对孩子也没什么过分的要求……”老米刚否认，冷不防厨房里传出太太的声音：“一点都不过分……中国狼爸有八不准，美国虎妈十不准，咱们家米爷开明，开出了十个准许！”

“哦，愿闻其详！”我说。

“别听这个，她爱开玩笑……”看样子老米是个不善言谈的“闷葫芦”。

话音刚落，米太太抄着锅铲跨进客厅，一副“揭老底战斗队”模样：“电视只准看新闻联播、周日只准在家做习题、休息只准弹钢琴、考试只准拿前三、上衣只准穿衬衫、裙子只准过膝盖、用餐只准吃营养、出家门只准进校门、出校门只准进家门、交朋友只准是女生……”

“你这说法可不地道啊，你当老好人，我管教孩子，到头来你站着说话不腰疼。你不也希望米粒儿一考进清华，二考进哈佛吗？”老米在外人面前有点架不住太太伶牙俐齿的奚落。

“可希望归希望，路怎么走不还得由孩子自己决定？咱们不能包办代替不是？”

“烧锅了烧锅了！”我怕他们吵认真了，逮着机会将米太太轰进厨房。

“我还真不瞒您，要谈教育孩子啊，我比她境界高。人家受的西方教育，重个人感受，我们还没那样的社会环境不是？我宁可牺牲自己的舔犊之情，去锤打锻造孩子，为国家培养合格人才，这也是中国特色嘛，您说对不对？”看得出，幽默并非老米的特长。

“可您太太说的也没错，您给孩子设置那么多框框，考虑过米粒儿的感受吗？”我努力主导话题，可这位执拗的科学家根本不给我机会。

“现在社会环境糟糕，价值观混乱，米粒儿还小，容易被外力牵引。与其让她听外界反面诱导，倒不如让她听我的，至少我这个当爸爸的不会害她吧？”

“可她将来迟早还要离开您，您能主宰她一辈子吗？”

“您这说的什么话？我怎么会主宰她一辈子？米粒儿从小学到中学都是优秀学生，开家长会时，哪个老师不夸她品学兼优？从高一开始我就放飞了！”

"您是自动化方面的权威，即便放飞，她也会按照您事先设置好的轨道运行，对吗？"我玩笑道。

老米不无得意地笑了："老兄啊，这就对咯！谈论教育大政时，我们都会使用公理，站在国家的高度，个人因素所占比例极低。而一旦落实到儿女大计时，我们都会不由自主地使用大众定律，孩子的未来输不起啊！"

来的时候还想过几种方案给老米提示些什么，可临了全被他的自信和得意一一击退。我有些沮丧，原打算这一次采访在完成调查任务之外，能够尽量为这个优秀家庭出现的窘境提供力所能及的帮助，可这位老兄压根儿不让你有插嘴的机会。

吃饭时，米太太不知从哪里弄来一张昨天的《N城晚报》："听说了没？前些天那个子夜裸奔的女孩找到了……"

老米："应该送去教养所，现在这些孩子怎么堕落到这种地步？来，我们干……"他一仰脖子，又一杯下肚了。"还是原浆酒喝起来带劲儿！"

"现在教育孩子不容易啊，有些家长什么都替孩子做主，觉得是为孩子好，压根儿不去顾及孩子的感受，久而久之孩子会崩溃！"我接过米太太的话茬儿。

"有那么脆弱吗？那要看谁家孩子！咱们家米粒儿从小到大都是顺着我们的设计，一步一个脚印走到今天，再过若干年按部就班成为社会有用人才，能出什么问题？"说到孩子，老米就像是在炫耀自己设计的航空产品，得意间透着冷峻。

对先生的乐观态度，米太太颇不以为然："你还真别吹牛，女儿大了心事你全知道？从小到大，连孩子穿条裙子的长短都得你说了算，我真担心她今后能不能形成自己独立的人格！"

"又来了不是？我们的独立人格是什么？多少中国人有所谓的独立人格？你呀，尽管回国快20年了，还是不了解国情。我跟你讲，中国就是中国，西方就是西方，要想让孩子今后能在这块土地上生存发展，首先就得让她适应这里的生存法则！"

"那也不能啥都由你这个当爸的说了算吧？孩子大了，得给她留出自己的空间，特别是女孩子……"

"错！正因为是女孩子，更不能给她留什么空间。现在社会太过复杂、太多的诱惑，女大十八变，一步之差全盘皆输！我相信只要我们真心为她好，对她将来负责，即便她今天觉着受点委屈，往后也会理解父母的良苦用心！"

看来，这位仁兄在老婆面前啥都可以认怂，唯独在孩子的教育问题上寸步不让。

"算了，不跟你掰扯这个了，你洗碗去吧，我还有两张图纸没弄完！"米太太说完拂袖而去。

老米冲我笑着摇摇头："我太太啥都好，就这脾性改不了……"

米太太离开后，为了完成既定计划，我不得不将话题引向深入。

"最近我看了一篇青少年心理研究机构发布的调查报告，由于家庭教育失当引起的中学生心理疾病越来越多、越来越严重，而且具备很强的隐蔽性与漫长的潜伏期，很多在家长毫不知情的状况下突然发作，有的是自残，有的是向家长或社会实施报复……"

"我明白您想说什么，如果您今天来我们家是做负面采访，事实会告诉你，一定找错了对象！我女儿从小到大，别说家庭暴力，就连侮辱性的语言都没体验过。除开完成科研任务之外，我们两夫妻所有的精力都花在她身上，根据她的智商为她设计未来，还要根据进展适时调整方案。我们付出的是心血，是全部的父爱和母爱，绝不存在什么家庭暴力！"老米借着酒兴越说越激动。"您去学校了解过米粒儿的情况吧？"

"是的……"

"学校怎么说的？"

"如您所知，老师们评价您的女儿是一位品学兼优的好学生。"

"那不就得了……"

再谈下去就会不欢而散，寒暄几句后，我起身告辞。

"知道您去过学校和我家，谢谢您替我保守秘密。您说话算话，我也不能失约，所以就来了！"星期天上午，米粒儿如约来到我家。

"如果我现在告诉您，您在学校和我家里听到的全是画皮，您会相信吗？"她说。

囧！面对裸奔过后，再次自我剥除“画皮”的米粒儿，我素以敏锐见长的采访风格突然露怯。好在她没留意到我的尴尬，继续自说自话：

“从出生开始，我就是父母围网里的一条鱼。学龄前，爸爸妈妈用他们的价值观和处世方略，一左一右拉起两道网，作为我唯一的人生通道。布尔什维克老爸那边是‘事业’和‘荣誉’，基督徒妈妈这边是‘谦卑’与‘悔罪’，各自兜售他们的信仰。尽管两者并不融洽，但是他们对我的管教却总能像围网那样严实与协调。”

尽管事先我已了解到米粒儿课外阅读量巨大，写作水平超过一般大学生，但是她对语言的把控能力之强，仍让我吃惊。

“上幼儿园时，我听得最多的两句话是：‘不听话爸爸揍你！’。‘听话妈妈给你买最新版芭比娃娃！’听话给我带来的好处显而易见，更何况我从妈妈那里知道了人有原罪，唯有听从上帝的意旨才能赎罪。而在家里，爸爸妈妈就是上帝，在学校里老师就是上帝，而实际上，我的上帝是一群狼！”

我震惊了！尽管我从理论上知道“语不惊人死不休”的原始涵义，早已被当代年轻人演绎得十分惊悚。

“先说爸爸吧，他秉承了我爷爷的野蛮血统。从小到大，听他讲得最多的故事不是喜羊羊灰太狼，也不是安徒生童话或《环球旅行 80 天》，而是他小时候遭受过的家庭暴力——因为少考了一次第一名，如何被爷爷揪着耳朵撞墙，差点磕成脑震荡。因为贪玩没按时写作业，被爷爷摁进河里差点呛死。因为开家长会老师说了他坏话，回家后爷爷的铁拳打得他鼻青脸肿——您想想，听着这些故事长大是个啥滋味？毫不夸张地说，每听他重复一次此类故事，我就如同看了一部血淋淋的好莱坞惊悚大片，得做好几天恶梦。但是，爸爸讲起来绘声绘色、眉飞色舞，似乎是在享受这个受虐过程。

“凭心而论，爸爸的故事并没有照搬到我身上重演，毕竟他们都是高级知识分子，不屑抄袭爷爷那种原始野蛮的教育方式。我从小到大很少挨揍，但是我经历过的冷暴力伤害，却远远超过一般人的想象。

“从我记事开始，就觉得自己非常类似妈妈从外婆家领回来的贵妇犬——‘乖乖’，只不过‘乖乖’是委托宠物学校驯养，而我则由爸爸妈妈亲自调教。读幼儿园时，每次没完成钢琴训练课程，爸爸会让我伸出手掌，错一个音符用小树枝抽打一下，哭喊，则双倍惩罚。他还向同事介绍经验，说这种惩罚手段伤皮不伤筋。妈妈责备他不该动粗，爸爸却说：‘知道那些宠物是怎样调教出来的吗？我观察过驯兽师的手段，一只手拿着棍棒或皮鞭，另一只手拿着肉条，完成训练计划的狗狗可以领到好吃的食物，不听话不能完成动作要求的不但得不到食物，还得挨揍！’

“那以后，每次看到他们下班回家，‘乖乖’叼着拖鞋迎上去，然后获得一根鸡肉条时，我躲在房里哭泣。为了训练这种迎合主人的本领，可怜的‘乖乖’在宠物培训班里不知道挨过多少次棍棒与皮鞭！

“就是在这种类似宠物训练方式的调教下，我读完了幼儿园、小学。除开弹钢琴外，我还上过多种‘兴趣班’，美术、音乐、国学……说是兴趣班，其实全是按照爸爸妈妈的兴趣安排的，谁也没问过我愿不愿意学，如同对待家里那只会伺候人、会跟着指挥棒跳舞的‘乖乖’一样。

“那些年，除开渐渐老去的‘乖乖’，我没一个朋友。尽管钢琴考过九级，绘画作品拿过全国少儿美术大赛一等奖，唱歌去过人民大会堂演出。可除开绘画，我似乎没有别的爱好，只是像一个被他们上满发条的机器人，从早晨蹦跶到晚上，机械地完成爸爸妈妈设定的所有程序，然后再疲惫不堪地倒床入睡。

“初二那年，我儿时唯一的伙伴——贵妇犬‘乖乖’为爸爸叼完最后一双拖鞋，老死在门角落里。您知道吗？到现在一想起‘乖乖’，我就仇恨那两个长期使唤它的人，甚至多次做梦给‘乖乖’讨还公道，手执皮鞭，用力抽打爸爸和折磨过‘乖乖’的驯兽师！

“‘乖乖’死后，我完全把自己封闭起来，每天听父母耳提面命，泡在作业堆里，再也没有其他交流对象。除老师布置的作业之外，爸爸还要外加习题，妈妈则给我选读教辅资料。我几乎连发呆的时间都没有，只在睡觉前能空出几分钟，对着‘乖乖’的照片说会儿话、诉诉苦。

“我最害怕的事情是考试，并不是怕考不好，而是每次考试过后，不管考得好不好，他们都有一大堆说辞。考了第一名，爸爸会训诫：‘别以为考个第一名了不起，我小时候门门功课次次考第一！’考了第二名，妈妈会特别慈爱地说：‘宝贝儿没关系。’但接着会拉着我分析半天，为什么只考到第二名？哪些方面丢了分？以后怎么恶补？然后还要总结，哪些题能再提高几分，我就可以拿回第一名。如果是你，会疯掉吗？

“考上重点高中以后，没容我喘气，爸爸有条不紊地为我展示了一张美妙无比的蓝图——考一流大学，然后出国去世界前十名大学读硕、读博。我告诉他们：我想当画家，要报考中央美院，可他们就像没听见，爸爸不由分辩地说，‘你前面只有两扇门——清华或北大！’为保证我能够完成新的历史使命，他又为我制订了新一轮魔鬼训练计划。

“清晨6点起床背英语单词，7点早餐，7点半上学……下午放学回家便有一大堆习题等候在桌上。爸爸妈妈根据历年高考试题的特点，琢磨出一整套专供我应付高考的习题。从高一到现在，晚上我从来没在12点之前睡过觉，那个倦啊、累啊，没经受过那种折磨的人根本无法想象。

“我不得不佩服妈妈的感应力，每次当我想爬在桌上睡会儿的时候，就能听见她恰到好处的敲门声：‘宝贝儿，给你送汤来了！’人参、灵芝、鸽子汤……按照不同的季节和我的身体状况变换补品。我能从那些汤里喝出妈妈的苦心，可我不需要，真的不需要那些，我只想美美睡一觉，睡到自然醒……

“从小到大，我的要求非常低。读小学时，节假日别的同学和爸爸妈妈一起外出旅游，天南海北带回一大堆照片，我却只能泡在没完没了的兴趣班里。即便不能天南海北，我多么希望爸爸妈妈一左一右拉着我的手，去逛一趟公园，让同学们都看看我有当科学家的爸爸妈妈。可没有，一次都没有，反过来倒是我经常成为他们向别人炫耀的好女儿——品学兼优、漂亮温顺。最恶心的是他们还经常宣扬自己的家教方式如何民主，‘连女儿的手指头都舍不得碰一下！’

“还有更恶心的呢！‘我们从来不强迫女儿学什么、干什么，她的事她做主！’特别无耻，这些话竟然当着我的面讲！”

“难道不是吗？感觉你爸爸妈妈就是那样做的呀？”我趁米粒儿喝咖啡时插话。

“这就是你们这些‘高知’的过人之处，杀人不用刀、不见血，还有人跟在一旁喝彩！我的同学和他们的家长，谁不羡慕我生长在这样一个新贵家庭，有多么优秀、多么通情达理的爸爸妈妈？”

“事实呢？”我一面继续往她的话里插楔子，一面谴责自己近乎无耻的逼问。这样谈下去，对孩子，特别是对她的父母亲，不亚于一次法庭调查。

“事实是，那样的父母比简单粗暴的父母可怕得多！他们不露声色地践踏你的人格与天赋，将你的精神打入十八层地狱，永世不得翻身，却做得冠冕堂皇、天衣无缝、无懈可击，让你有苦无处说、有冤无处伸！”

“你太偏激，是不是对爸爸妈妈的误会太深？”我试图化解孩子越来越亢奋的情绪，没想反进一步激怒了她。

“我偏激？您知道吗，上小学时，因为渴望父母亲的亲昵得不到，我错将男老师的猥亵当爱抚。上初中时，为了不让班主任在家长会上说我的坏话导致回家挨埋怨，不得不忍受他的咸猪手，用我的耻辱换取他们在人前的风光！长大后我明白是怎么一回事了，经常在洗澡时强迫自己将被人抚摸过的肌肤搓破皮、抠出血……

“我从小憋了一肚子话，没人听我讲，只有跟‘乖乖’说。在他们眼里，我不是一个有灵有肉的人，而是一具木乃伊，或者他们一个试验品！可糟糕的是，我偏偏是一个大活人，被磨灭了理想还有思想，被毁了自信却残留着自尊！

“小时候我渴望爱，大了渴望尊重，不幸的是，我的父母一样都没给我，反倒成祸害，所以我对他们只有恨！我要报复，一定要报复，我要用我自己的方式去报复，否则不能释放我的恨，我会发疯！您信吗，高中这两年多，我一直在服用治疗精神忧郁症的药……”

“你爸爸妈妈知道吗？”我心里一怔。

她摇摇头，目光呆滞地：“是我小姨瞒着他们从法国带回来的……有时候我都不清楚自己究竟是谁？有时候陷入痛苦不可自拔，有时候好不容易从痛苦中爬出来，又陷入另一个痛苦之中。”

“……你夜里裸奔，就为了报复？”

“我不会去杀人，更不会杀父母，上高一时曾经想过自杀，后来参加了一个叫‘父母皆祸害’的网络小组，就不再跟自己过不去了。每一次裸奔，我都想象爸爸妈妈那个丢脸的样子，我一边跑一边偷着乐……”

“我知道‘父母皆祸害’小组，大家聚在网上控诉父母的罪孽，讨论如何报复父母……”

“其实远不像您说的那么简单，我们除开通过倾诉相互安慰，更重要的是让天下为人父母者明白一个非常古老的道理：种瓜得瓜、种豆得豆！只有让那些以各种方式戕害子女的父母尝受苦果、得到报应，这个世界才有公道可言！”

“你们那样做对父母公平吗？他们的一些做法虽然欠妥当，可主观愿望也是为了你们好……”

“够了！你们全都一样！”米粒儿情绪失控地朝我吼叫。片刻，她控制住自己：“爸爸打我骂我说是为我好，‘不打不骂不成人’！考试没拿第一名，妈妈的唠叨一直跟着我到下一轮考试，这种精神折磨也被她美化为‘苦口婆心、恨铁不成钢’！”

“可怜天下父母心。你以后也终将为人母，就不能站在爸爸妈妈的立场上去想想？他们那样做尽管对你有些伤害，但出发点还是……”

“是的，我曾经无数次说服自己，像白痴一样相信他们是为我好，但是后来我明白了，他们是在塑造一个升级版的自己，一个延续他们生命与所谓事业的载体。所以，他们只需要我的考试分数、学校评语，关心我是不是按照他们铺设的轨道发展，有没有出轨？从不顾及我的感受，压根儿没把我看作一个有独立生命和精神的人，我每一天都生活在他们联手打造的精神监狱里！”

“做一个你爸爸妈妈那样的人不好吗？无论对国家，对……”我话没说完，又被她狂躁地打断：“我不做他们，不做！我现在最大的愿望就是做回我自己！”她打了个冷颤，面部表情在内心的作用下扭曲得很难看。

不知为什么，那一刻，我的心被她眼里流露出的愤懑与怨艾深深刺痛。

一番发泄过后，米粒儿似乎没兴趣再回答我的问题，炯炯目光瞬间散淡，当我太太进来的时候，她已经还原了乖乖女的模样，阿姨长、阿姨短地周旋起来……

“你别神经过敏！我看她挺正常的，多么懂事的孩子！”米粒儿走后，我太太如此感叹。

几天后，尽管知道自己不受欢迎，但还是硬着头皮第二次进入老米家，我瞅准了机会，将米粒儿的自述简单包装和匿名处理后讲给老米夫妇。

“不是您写的小说吧？”听完米粒儿的匿名故事，老米的第一反应是虚构。

当我告诉他故事里的孩子是一位外省朋友的女儿时，富于正义感的老米愤怒了：“你那个朋友是混蛋、暴君、虐待狂，压根儿不配当父亲！”

"恰恰相反，我那位朋友性情温和、温文尔雅，而且非常爱她的女儿。我敢打赌，他像你们一样，随时随地可以为女儿做任何事，而且不惜付出任何代价！"我说。

老米摇摇头："现在中国的家长有一多半不合格，就知道盲目逼着小孩考大学，根本就不懂子女需要什么，适合干什么。"

"您知道米粒儿需要什么、适合干什么吗？"我用开玩笑的口吻问。

"当然知道！我的女儿从小就有远大志向——当一名比她爸爸妈妈飞得更高的航天科学家！"

"那是你的理想吧？女儿可从小就想当一名画家！"米太太适时揭露。

"不相信你去问问米粒儿，她的理想是什么？"老米信心满满。

"她已经被你copy过！"米太太心情复杂地说。看得出，在这个问题上，她站在丈夫一边，但又心疼女儿。

"什么叫被我复制？知子莫如父！以我女儿的天分和素质，当画家那是浪费！她不是我们的私有财产，她将来也会像我们一样，属于这个国家！"

"我那位朋友的想法跟您一样，可她女儿对我说，她并不愿意成为父亲的复制品，只想做回自己。"

"我们家米粒儿不存在这种想法，她对未来的使命感和我们俩高度一致，从未有过怀疑和动摇！"看来这家伙从不缺乏自信。

米太太却有些疑虑地接茬："未见得……"

"什么未见得？即便孩子有不成熟想法，家长的职责是什么？要循循善诱，为孩子选择一条适合他们的成才之路，再为他们保驾护航，不让他们走偏、走邪，更不能让他们脱离目标轨道！"

"可米粒儿毕竟不是你造的卫星啊？她有血有肉有思想。你认真听过她自己的想法吗？"我不得不说。

"她的想法？"老米看了太太一眼，像是突然听到一种奇谈怪论："米粒儿的想法不就是我的想法吗？如果有不同意见，她能那么主动学习、表现优异？"

"在某种特定性格因素作用下，有些表象是可以迫于压力而反本意存在的。我看过一些专门研究青少年心理的学术报告，近年来在当代中学生群体中，出现双重人格甚至多重人格的事例并不在少数，导致的恶果多种多样……"

老米打断我的话："不管怎么说，我坚信一条，只要父母亲真心为子女好，而且给他们选择的道路是正确的，即便孩子年纪小，暂时不懂事，心里受些委屈，但总有一天他们有了好的前程后，会回过头体谅父母亲此时此刻的苦心！"

我感觉得到，老米这番急躁的表述，是因为他在意了我的说法，只是不愿意承认罢了。

离开米家之前，米太太单独问我是不是米粒儿跟我讲过什么，我含糊地摇摇头，轻声说了一句："等高考结束后，好好找她聊聊……"

接下来便是一年一度的高考季，我没去过米家，也没有去学校打扰"十年寒窗在此一搏"的米粒儿。

高考结束后，我分别接到老米父女俩的电话。老米非常兴奋地告诉我："米粒儿正常发挥，估分超过往年清华大学的录取分数线！"米粒儿估分同样乐观，但语调却与她老爸完全相反，平静中显露疲惫不堪。她说趁这段时间不用背书做习题，去南方老家爷爷奶奶那玩几天放松一下。

此后，一直到高校录取结束，我打过几次米粒儿的手机，都处于关机状态。打老米的电话，他似乎兴奋期已过，只是轻描淡写地说了句："按志愿录取了。"便借故在忙，挂了。后来我再打电话过去，他干脆懒得接，去他们家也吃了闭门羹。

一直等到开学，我仍未得到老米家任何消息，隐约感觉到一定是米粒儿出了啥事，便直接赶往学校去找她。学生处负责新生报到的老师告诉我："这个学生自己没来报到，只是她父亲来找我们替她办理了休学半年的病假……"

我又找到老米工作单位，得知老米夫妇请假带女儿去国外治病了。

"能告诉我米粒儿患的什么病吗？"

"听说患的严重精神强迫症和忧郁症，在欧洲生活的小姨接她去那里接受心理治疗……"

回家后我上网查了一下这种病的医学解释："精神强迫症患者有三个特点：①主观上有过受强迫的体验；②主观上感到必须加以有意识的抵抗；③有症状自知力。患者会经常陷入一种自责、自卑的漩涡中难以自拔，进而造成精神上的高度紧张、痛苦和焦虑，尤其是青少年，正处于身体和心理的发育期，加上日益繁重的学习压力和社会压力，很容易患上强迫症，严重时会影响学习、工作与生活……”

一个多月后，老米的电话总算打通了，但他拒绝了我的家访，只是告诉我米粒儿生病了，现在法国她小姨家治病疗养。同时他以工作繁忙为由，谢绝我继续跟他联系。在此期间，我多次给米粒儿发 e-mail，无一例外石沉大海。我又通过 QQ 和微信、微博联系她的好友、粉丝打听她的近况，但全都无济于事，米粒儿就像空气一样消失在我的视野之中。

一晃半年过去了，春节后新学期开始，我又去保留米粒儿学籍的那所大学询问，得到的答复仍然是：“该生因身体原因继续休学一年……”

农历七月，正当我为米粒儿的故事中断而犯愁时，忽然又在《N 城晚报》上读到一则消息：“裸奔少女重现 N 城街头！”放下报纸，我立马给罗警官打电话。他依旧是那样一副稀松语调：“我说大作家，您怎么对裸奔那么感兴趣啊？”

“快告诉我，是不是米粒儿？”

“我可以肯定地回答您，不是！是另外一位读大二的女学生，您是不是又想去帮教帮教？”那家伙到死就这么个德性。

“给您说正事呢，能想办法帮我联系上米粒儿吗？关于她的这一节没法收尾了！”

“结尾我早帮您想好了，1. 米粒儿病好了，离家去巴黎圣母院当修女了；2. 欧洲更文明、更开放，米粒儿留在法国当裸跑运动员了……”

“我说你这家伙能不能有点儿正形？替那个家庭想想？替社会想想？替那个无辜的孩子想想？”

“哟哟，还来劲儿了不是？她父母，咎由自取！至于大社会，小警察想管管不着，不如你们那些动嘴皮子的来得利索能耐大。您要的是一篇文章的结尾，而我关心的是门前二亩三分地的治安秩序，尽职尽责保一方平安……”

又过了大半年，就在本书快要杀青时，我在米粒儿以前所在的 QQ 群里发现了几条有关她的信息。

网友“去 TM 的爹和娘”发帖：“米粒儿去法国后没治好精神强迫症与忧郁症，最后超量服用安眠药自杀……”

网友“可怜天下儿女心”说：“米粒儿自杀后被及时抢救，不久便去教堂当了修女，打算一生侍奉上帝……”

网友“我的青春谁做主”称：“米粒儿没去当修女，还是住在她小姨家里，只是定期去社区教堂当义工……

最让我宽慰的是最后一条发言，说米粒儿“在上帝和心理医师的帮助下治好了心理疾病”，并考上了徐悲鸿、林风眠、潘玉良曾就读过的巴黎国立美术学院，学习她从小就钟爱的油画……

之后，我多次想找老米夫妇求证，但都没联系上。

后记：向孩子施加身体暴力的行为，多发于社会底层家庭，容易被发现，故媒体曝光度较高。但是，频频发生在中产阶级家庭里的精神冷暴力，多半披着各种外人不易察觉的掩护色，不易被公众警觉。而两种暴力叠加，便凸显出当代中国青少年的生存困境，也预示出未来社会的潜在危机。

第三章　中国“超级中学”解密

米粒儿的故事结束了，一年一度的高考仍是高中生们实现光荣与梦想的殊死战场。岂止如此，上至各地各级教育行政首脑，下至校长、教师和家长，参战各方的前途命运莫不在其间沦落与张扬。

随着政治、经济改革的不断深化，中国各种社会元素在集团利益的相互冲撞下快速、多层次裂变、重组，各领风骚三五年，唯有教育领域，由于诸多利益关系在目标与手段上的相对一致，得以塑造出一批相对恒定的模式与神话，其中最为国人津津乐道且进入“封神榜”的角色，莫过于几所被人们谑称“高考牛校”的“超级中学”。

黄冈：应试教育第一神话

1994 年 10 月 5 日，地处湖北大别山南麓的黄冈市锣鼓喧天、人声鼎沸，大街小巷挂满了长短不一的喜庆红幅。从清晨开始，一支由全国七十多家媒体组成的新闻采访团，浩浩荡荡开进当地一所中学。

当晚，央视《新闻联播》打破开播以来的编排惯例，在要闻时段播放了一则消息：“湖北省黄冈中学举行 90 周年校庆活动，中共中央政治局常委李鹏、李瑞环、刘华清、李岚清、宋平，以及前中华人民共和国代主席董必武等多位国家领导为该校题词……”

一所农村中学的校庆活动，惊动如此多的政治局高层领导，招来如此高规格的庞大记者团，已属史无前例，加上央视《新闻联播》要闻的适时播出，更堪称新闻里的新闻！时任校长曹衍清告诉记者：“头天晚上我睡不着觉，去看一位新华社高级记者，他正在写稿子。我问他，‘这会还没有开您就写好了稿子？’他回答说，‘我现在写好，明早8点，要送到总理办公室，你们有总理题词嘛……’”

湖北省黄冈中学

奇怪的是，目睹新闻热炒，无论是当地人还是外地人，并未表现出太多的惊讶，似乎没感觉到如此铺张的场面有什么“出格”之处。正如一位地方台评论员调侃的那样：“当代中国，若有人不知道黄冈中学，除开文盲就是没做过学生家长的人！”

没错，前后30余年，就是这所地处鄂东贫困地区的黄冈中学，创造了中国应试教育的多项奇迹，理所当然地成为中国应试教育的第一神话！

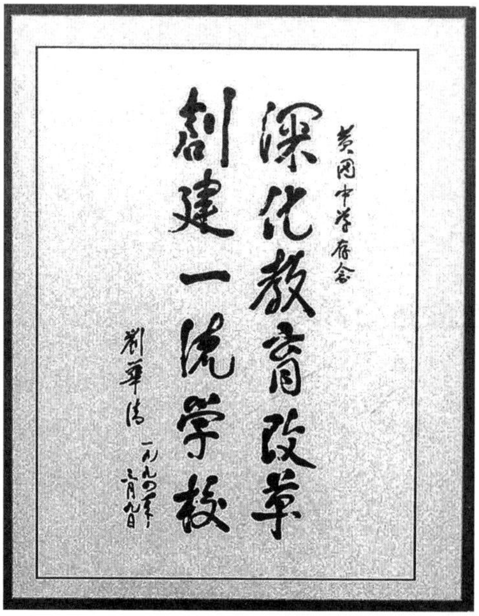

原中央政治局常委、军委副主席刘华清给黄冈中学的题词

1. 首创“重点中学”、“重点班”、“尖子班”等应试建制

1978年，中国恢复高考之初，十年“文革”阴影未散，教育战线的冰河初醒，黄冈地区敢为人先，

以黄冈中学为重点，首创高中“尖子班”，集中优势兵力备战高考。翌年，该班23名考生提前一年（注：高一，当时高中两年制）考大学，包揽湖北省高考总分第一名、第二名、第三名、第五名和第六名。所有学生全部考入重点大学，其中13人进入北大、清华。这一赫赫战绩，不但树立了黄冈中学的“江湖地位”，而且它的应试建制也迅速风靡全国，成为境内中学争相效仿的应试组织模式。此后，“重点学校”、“重点班”等称谓迅速扩散全国，至今仍被沿用。

2. 先声夺人，启动中国“奥赛”教育

20世纪80年代，当大部分国人还没听说过中学生奥林匹克竞赛时，黄高就以“奥运模式”选拔、培养参赛选手。每年中考过后，他们从各县“掐尖”招生，再好中选优，组成一支代号“9班”的“特种兵部队”，冲击奥赛奖牌。1986年，他们首次正式参赛，并旗开得胜，为中国赢得第一枚奥赛铜牌，为此后多年全国中小学的“奥赛热”树立了标杆。近30年，在国际数、理、化奥林匹克竞赛中，黄冈中学先后有15名学生获得18枚奖牌，被誉为“金牌中学”。仅此项获奖，平均每年为黄冈中学入榜保送全国各重点大学的考生30余名。

3. 创编高考秘笈，催生中国教辅书市场

自20世纪80年代起，随着黄冈高考神话的确立，一种应试“法器”火遍大江南北——每年高考结束，在显赫的录取数据感召下，针对下年度内部发行的各种黄冈高考复习资料、模拟试卷，尚未付印就被全国各地教育部门和学校抢订一空。

尔后，随着应试教育初成国策，各种版本的黄冈高考秘笈从内部资料到大批量公开出版发行，并被反复盗版盗印，其数量之大无法统计。直至今日，《黄冈考典》、《黄冈名师学法点拨》、《黄冈课堂》、《黄冈高考模拟试卷》、《黄冈高考经典》、《黄冈高考兵法》等成套、成系列的书籍，仍在图书市场热销。有知情者透露，十年左右的时间，学校每年经济效益超过千万。

有趣的是，据黄高校长公开辟谣，在众多打着黄冈招牌的教辅书籍中，仅有机械工业出版社的《黄冈中学考试卷》和《黄冈中学作业本》是本校编稿，其余均为杂牌货和冒牌货。尽管如此，毋庸置疑的是：自打恢复高考之初就开始大行其道的黄冈高考资料，不愧为催生中国庞大的教辅书市场的原始推手。

热销全国、经久不衰的黄冈高考复习资料

黄冈中学豪华的90年校庆活动历史性地落下帷幕，在此前后20余年，该校当之无愧地站在中国应试教育的制高点上，无论高考布局如何艰难诡谲，升学率始终保持在98%以上，其中重点大学录取率为75%左右，仅保送北大、清华等著名大学的毕业生就有700余名。在它的“龙头效应”下，黄冈地区累计为国家输送大学生60多万人。

值得一提的是，从黄冈中学走出去的毕业生，有10人成为省部级以上领导，9人在部队晋级将军军衔，另有3000人获得各行业的高级职称，300人在海外读完博士学位……

这些响当当、硬邦邦的数字，为黄冈中学带来数不清的荣誉——“全国五一劳动奖状”、“全国文明单位”、“教育系统先进集体”、“全国德育先进学校”、“全国贯彻学校体育工作条例优秀学校”、“全国学校民主管理先进单位”等，仅国家级奖励就多达20多个，省市级荣誉桂冠近百顶。

黄冈中学火了！不仅上央视、上教材，每年“两会”期间，都有学校老师走进人民大会堂。那次校庆过后，占地150亩的老校区几乎成为开放式旅游景点，每天来拍照、取经的人络绎不绝。到了招生季，学校内外更是停满了名牌轿车，其中不乏身份显赫的家长通过各种关系来到学校，期望走后门给备考的子女寻求“编外指标”。还有很多教育工作者怀着朝圣的心情来到这里，他们想弄明白：在这么一个经济相对落后的地区，为什么出现这样的教育奇迹？

就这样，黄冈中学缔造了中国应试教育的第一代“神话”。有人戏说：“黄冈中学让整个中国考起来”！

21世纪元年，对于黄冈中学来说是个转折点。一个偶发事件，启动了一轮对黄冈教育模式乃至中国应试教育的质疑与批判。事件源于《中国青年报》的一篇文章——《解密“黄冈神话”，缘何高考状元辈出》。该文全面介绍黄冈中学高考神话的形成与经验，并将该校的办学方向扭向“素质教育”。此文一出，便遭到京沪广等大城市的中学校长和教育界人士的强烈不满，他们纷纷指出：黄冈中学是应试教育的典型样板。

讨论开始不久，一位化名“西门吹雪”的网友在北京大学网站上发布了一个帖子，题为《黄冈中学，我的地狱生活》帖文以此前热播的电视剧《北京人在纽约》的前言句式作开头，披露了自己在黄冈读书时的“苦役”经历。

“你爱你的孩子，就把他送进黄冈中学。但那里是天堂，也可能是地狱……我从黄冈中学毕业13年了，从没有回母校去看过。为什么？我实在很讨厌这所学校……黄冈中学的教学方法，堪称应试教育一绝！总结一句话：一切以考试为中心！

“黄冈有600多万人口，黄冈中学每年招生都是掐尖挑选各县中考前20名的学生，余下的生源才留给各县一中……从高一起就把各科尖子学生集中到一起，每星期搞一次集训。到了竞赛前的一个暑假，再对秋季参赛的学生进行一个月的强化训练。因为中考拔尖来的学生基础相当好，考大学问题不大，所以有时间和精力专门对付奥赛，而别的中学哪有资本和胆量这样做？

“黄冈中学的高中生活，就像处在一个集中营。哎，毕竟是母校，说是魔鬼集中营，我实在于心不忍！记得我15岁离家几百里，到黄冈中学读书，每天天不亮起床晨跑，上千名学生集中在一起，如同一支军队，在寒风和

黄冈中学学生寝室夜读

夜色里诡秘地奔跑。跑步之后集中训话，然后晨读早餐，紧接着白天上课，晚上考试。天天、月月、年年如此，到了高三，学校干脆取消了星期日休息，仅留给大家一个下午的时间洗澡洗衣服。

“我考上黄高时，成绩在班上大概10来名，高中三年，成绩一年比一年差。究其原因，是因为我体质比较差，加上高强度的学习生活，神经衰弱，经常偏头疼、遗精、失眠，日子过得一塌糊涂，可学习还得应付，因为我家境贫穷，不跳出农门不行啊！好在我智力很好，高考过了本科线，上了一所建筑学院，庆幸走出地狱般的高中生活！

“大学毕业后，我走上了工作岗位，成为一名出色的工程师。我感谢黄冈中学培养了我，但是高中的学生生涯，一直给我留下了灰色的记忆，难以磨灭。今天，我的小女儿已两岁了，望着她的可爱身影，我想，到她读书的时候，中国的教育或许有了很大改变，希望她不再经受我这样的经历，往后的学习生涯欢歌笑语……”

此帖发出后，在网上引发一场由此及彼的教育大讨论，关于黄冈中学、关于中国高考制度……记者通过百度搜索标题，词条竟达30多万，其中不乏历届黄冈中学的毕业生。记者归纳、选择了几条有代表性的帖子，以方便读者管中窥豹。

新浪网友：“我从黄冈中学保送到北大念书，在这方面应该感谢那所中学，可从感情上我真的一点也不留恋，那里的确是一个泯灭个性的地方，是典型的应试教育。在那里三年，除了读书就是读书，我的青春年华在压抑、苦闷中一挥而过，我也看到了一些没考上的同学，最后带着满身的伤痛两手空空离开了学校……对15—18岁的孩子来说，一片广阔的天空和一个美丽的梦想，比日复一日的做题和考试要重要得多，那才是一生的财富。”

新浪网友：我不恨我的母校，因为现实摆在那里，不死读书你不要想考上大学，你没有办法改变你的生活。我不愿意那样，但是只能那样，要参加高考，能够采取的最有效办法就是题海战术。如果让我再一次回到从前，打死我也不干。但是我感激那种教育方式，因为那所中学改变了我的人生。

腾讯网友：我不是黄冈中学的，黄冈题我也做过。我只想说，类似情形到处都是，我们中学校长在大会上明言要把学校建成模范监狱！我有时也怀念那段学生时光，却再也不想重来一次了。

新浪网友：黄高没有错，有错的是现在的考试制度。如果有人觉得自己是现存教育制度的受害者，那么，黄高其实也是一个受害者，而不是一个迫害者，我们没有理由去责备它。毕竟，它为许多人铺了一条通向美好生活的路！

腾讯网友：我相信批评黄冈的人指向的是整个教育体制，而非具体某个学校和教师。我们都在体制之下，不同的是，有人反思，有人服从，但是有多少身在其中的人敢反抗？

对此，在接受记者求证时，黄冈中学校长显得特别淡定："'西门吹雪'的确是我们学校毕业的，我也大概知道他是谁。但我不怪他，也不想说什么，就像受到子女埋怨的父母亲那样……"

一片争议、一地鸡毛，一边挨骂，一面受推崇，一晃又一个十年过去了。2004年10月5日，黄冈中学在毁誉参半的舆论声中迎来了校庆100周年。15000余名海内外嘉宾、校友和在校师生聚集学校礼堂，共庆母校百年华诞。尽管校庆活动的排场越来越大，但有些到场记者敏锐地感觉到：这个十年，尽管黄冈中学的LOGO越来越多被悬挂在外省市的校园门楣之上，但不知不觉之间，似乎笼罩着一层淡淡的落日辉煌。

湖北省黄冈中学百年校庆

这十年，中国教育改革呼声四起，

黄冈中学的治学理念不断受到各种质疑与非议，但由于社会对学历的盲目推崇不止，教育舆论还处于实用主义阶段，使得应试教育的负面效应仍戴着正能量的面具，继续左右大众舆论。故一面是高校招生指标不断扩大，大学生就业形势严峻，中学教育成本凸显负差。另一面却是以高考升学率为标志的“重点中学”、“超级中学”在全国各省市遍地开花，而且花样不断翻新，高考升学率的新纪录层出不穷。

尽管大气候对黄冈中学来说无碍大局，但小气候的不断恶化，却使得这所神校的江湖地位无可奈何地发生动摇，撑起学校的两大支柱——高品质教师队伍和成绩优秀的初中毕业生大量外流，便是其中的致命伤。

我们敬佩恢复高考后在黄冈中学创业的老师们，在工作繁重、条件简陋、工资低微的情况下，他们怀着教书育人的崇高理想，不计得失、同舟共济、为荣誉而战，用智慧与心血联手打造出中国第一超级中学的神话。公平地说，没有他们的无私奉献，就不会有黄冈中学的今天。但随着学校声名鹊起，黄冈的老师们成为全国各地的抢手人才，加上外部舆论的有失公允，教师队伍人心涣散的现象日渐严重。

黄冈教育局王局长接受记者采访时透露：从 20 世纪 90 年代到 2010 年的 20 年间，是黄冈教师流失最严重的时期，每年有 150—320 人调离黄冈。最开始是一些特级老师、奥数竞赛“金牌教练”被经济发达的南方和东部沿海城市的学校高薪挖走，后来随着“大武汉经济圈”的建成，以及高铁、动车的便捷覆盖，部分教师开始选择省城。如数学组 30 多个老师，近一半人调离学校，基本都是骨干教师和特级教师。其后，在武汉、深圳几所奥赛成绩独占鳌头的高中，竞赛教练均不乏黄高教师的身影。

过去，黄冈中学的生源是通过中考从各县中的优等生中拔尖，优秀教师的批量“外逃”，严重动摇了家长们对学校的信心。现在，每年都有几百名成绩优秀的初中毕业生被省城武汉的重点中学招收。

两大基础队伍的涣散，加上全国各地重点中学林立，超级中学后来居上，“徒弟打死老师傅”的现象随之出现——黄冈作为立校根本的“考霸”地位发生了动摇。自 1999 年以后，黄冈中学再也没出过省状元。2007 年以后，黄冈中学再也没有拿过国际奥赛的奖。此后七年高考，黄冈一本上线率低于全省平均水平，文理科 600 分以上的高考学生，仅占全省 12.1%，与人口占比大致持平。2014 年，教育部取消了奥数获奖的考生保送重点大学的资格，这对于黄冈中学来说，无异于又折一翼。

最让黄冈人伤感的应该是 2010 年的北大首次自主招生。几十年来，曾为北大、清华输送 700 多名高分优秀学子的黄冈中学，竟未能出现在北大校长首批推荐的学校名单中。多家媒体发表文章，称道这是中国大学告别应试教育的象征性举动。黄冈中学于无辜中再躺枪，又一次成为批判者的众矢之的。起源于黄冈的重点高中、尖子班、奥赛教学教辅资料，更被作为应试教育的三大支柱反复揪出来示众；在另一条战线，一些后来居上的学校爱拿近几年黄冈中学不景气的高考成绩说事，继续用应试教育的思维批判应试教育的“王牌学校”。

记者注意到，当黄冈中学陷入“树倒猢狲散”、“墙倒众人推”的尴尬境地之际，几年前曾因发文为黄冈中学叫好而受到众人诘难的《中国青年报》，是少有的没有抛弃他们的媒体。2013 年，该报连篇累牍发表系列评论《黄冈中学为何辉煌难续》，用独家视点，全面解析黄冈中学的功过是非，并对近年来高考改革带来的新问题深入思辨：

“一方面高考分省命题后，有出题权的省份省会中学成为得利者，而那些曾经辉煌的地方一中，风头让位于大学附中；另一方面奥赛获奖与高考脱钩，原来的奥赛强校失去了高考优势。以黄冈中学为典型的大量县中、地区中学都从鼎盛期滑落下来。不少人认为它们是这些年高考改革的失意者。

“这不是学校的错，因为在黄冈中学，大部分人除了苦读，没有其他出路……黄冈中学的毕业生在北大清华也很著名，被称作‘出身草根，天资聪颖，又刻苦勤奋’，他们的综合素质也在高等教育中锤炼养成。这些能拼的‘草根’，难道不更令人尊敬？

“任何改革都是建立在以前政策的软肋之上。大学需要什么样的学生自然要由高校说了算……在北大清华，在重点大学，农村孩子的比例都在降低……农村学生越来越难与大城市学生站在同一起跑线上——农村学生占 60% 的黄冈中学，正面临着掉队的危险。

“不可否认的是，当今中国的教育资源正越来越向东南沿海、中心城市聚集，东西部、城乡、贫富分化都在加大。在此大背景下，这种善意、道理充分的改革，客观上减小了农村子弟进入名校的机会。加上非名校的就业率越来越难看，收费却不菲，让不少农村孩子没毕业就扛起行囊去大城市打工……”

赞也好，“砸”也罢，对于外界的说三道四，黄冈中学始终不予正面回应。原奥赛教练、被媒体称作“塔尖上的坚守者”的黄冈中学校长刘祥，自2011年上任以来，一直很低调行事，不在公众面前“发声”。2013年3月，刘校长作为全国人大代表在北京参加两会，拒绝了所有媒体的采访。他私下认为：“当年缘于‘状元情结’，人们把黄冈中学推上神坛，如今人们仍然用状元的多少、升学率的高低把黄冈中学从神话中拉回来……黄高依然是黄高，因为黄高的核心价值和办学目标始终没有变。”

至于什么是黄高的核心价值与办学目标，刘校长未做说明。

几十年的应试教育，黄冈神话更像是一款时尚产品，在不同的历史阶段被人效仿、被人复制、被人质疑、遭人唾弃。不同的是，黄冈中学取得的成就，绝不是某种简单、可以在任何地点、任何时间段轻易被“山寨”的模式。多年来，围绕高考这一中心，他们逐步摸索、积累、形成了符合他们地域文化、经济现状和现行中国教育体制的一整套成功经验，业已成为一种常态化的教学体系在新旧教育理念的零界起落沉浮。尽管这其中的玄机容易成为某种机制的替罪，但正如原黄冈中学校长、后改任深圳中学校长的曹衍清先生所一语道破：“如果说黄冈中学是应试教育的地狱，那中国几乎所有学校无一幸免！”

没错，的确无一幸免！所以，不论中国的教育堡垒如何“城头变幻大王旗”，只要应试教育的本质不变，不管黄冈人愿意不愿意、喜欢不喜欢，他们作为某种教育机制的旗帜，还将“迎风飘扬”。2014年高考分数出炉后，尽管黄高无论从整体还是单科成绩均无缘进入全省前三，但在网络出现的一个新词——“中国高考三大牛校”中，黄冈中学仍然名列前茅。

毛坦厂：亚洲最大的“高考工厂”

采访时间：2014 年。

采访地点：安徽省六安市毛坦厂镇。

受访人：毛中师生、家长等。

采访人：本书作者。

2014 年六一儿童节前夜，中央电视台热播纪录片《舌尖上的中国》第七集——《三餐》。编导可谓用心良苦，将一组组美食镜头、一段段颇为奇葩的解说，展示于这个“高考神校”的奇特场景中。

安徽省毛坦厂中学

“……人口只有1 万人的小镇，高考使这个数字陡增了 3 倍……90 个高考班，每个教室都坐满百余名学生，整个校园充满了如临大敌的紧张和亢奋……每天中午，都有几千个学生在校门口用餐……饭

“陪孩子读书、给孩子做饭，是我一生中最幸福的事！”（视频截图）

菜的质量，关乎着孩子的考试成绩，甚至直接决定孩子们的命运”。

“校园如临大敌”、“饭菜决定命运”？这是一所什么样的学校？这是一群什么样的孩子？与前面几集不同的是，纪录片播出后，人们对片中的小吃未留下什么深刻印象，倒是对那所学校流露出足够的好奇心。

其实对于关心中国高考的人士来说，这所学校并不陌生，甚至是“如雷贯耳”。它就是近几年被网络热炒的“中国三大高考牛校”之一——安徽省毛坦厂中学。该校是一头最让人难以想象的“牛”，地处黄冈中学东部的大别山深处，被人形容为“在地图上找不到的三线工厂”。所谓“三线工厂”，原意指的是20世纪我国出于备战需要，在一些山高路险的边远山区开山炸石，凿建不易被“帝修反”国家侦察机发现的隐蔽山洞，在其中制造和储藏用于战争的秘密武器。大别山区的牛校毛坦厂中学之所以被人戏称“三线工厂”，当然并不是这所学校真的承担了什么国防武器的研发任务，而是他们所处的地理位置与生产流程与前者颇为相近。

准确地说，毛坦厂中学更像一座“高考三线工厂”，刻薄的“南方报系”记者们把它的“产品”比喻成一批批数量巨大的“考试机器”。近十年来，这个“高考工厂”的产品合格率一直保持在90%以上。该校快速增长的毕业生人数，看一眼你就会瞠目咋舌——2010年毕业生6570人，本科以上达线人数6039人；2011年高考人数8725人，本科达线6900人；2012年考生9200人，本科达线人数7626人；2013年11000名考生参加高考，9300人达到本科分数线；2014年99个班的毕业生约12000人，本科达线突破10000人大关（以上历年上线数均不含特招文体生）。

一个人口仅万人的山区小镇，竟容纳着上百个高中班、一两万候考的高中生。这样的规模不只在中国，恐怕放到世界校林中也会是独一无二，难怪有人戏称毛坦厂中学是“亚洲最大的高考工厂”。为什么会有那么多人把子女送去那里？这是记者到达毛坦厂所要求解的第一个问号。

“听说在毛坦厂复读的学生百分之百能考上大学，所以去年把儿子送到这里。”一位路遇的崔姓企业主如是说。他来此地是为了接复读的儿子回原籍参加高考。“儿子去年落榜后，本打算直接把他送去国外读书拉倒，后来听两位朋友说现在去国外读大学也不好找工作，便打消了那个念头。”

经调查，毛坦厂中学的学生大部分都与老崔的儿子情况差不多。另有一部分是在外地初中毕业，或读了一两年高中，就直接上这里来“加油冲刺”。名声越来越大，慕名而来者自然越来越多，有了滚雪球效应，学校就膨胀成巨型“高考基地”了。

“简直是被软禁的感觉！”老崔的儿子见到父亲就发牢骚，小家伙一看就是那类玩世不恭的“富二代”。

“进教室不准带手机、电脑、MP3，不准带食物、饮料。上课不要讨论、不要和老师当堂争辩。下课不许谈恋爱……如果在老家也像这样关起门不要命地做一年习题，我也能上线！”说着，小崔向我们展示了一张学校的作息时间表。

5：30 起床、吃早饭；

6：30 自习；

8：30–11：30 上课；

11：30–14：30 午饭、午休；

14：30–17：30 上课或自习；

17：30–18：00 晚饭；

18：00–22：50 晚自习。

记者在后来的采访中发现，这张毛坦厂中学的作息时间表，安排的几乎是整个毛坦厂镇的作息时间。不但在校学生和老师，还有比本镇常驻人口多出数倍的陪读家长，甚至连同受益于高考经济，在此从事各种服务行业的本镇居民，都不约而同地使用这张作息时间表安排自己的工作与生活。

清晨四点左右，租住在学校附近的陪读家长和做早点卖的本地人就忙碌开了，磨豆浆、蒸馒头包子、炸油条……这一切不声不响、井井有条，尽量不惊动熟睡的学子们。直到学生们醒来吃早餐，小镇才仿佛从睡梦中正式苏醒：锅碗瓢盆交响，有节制的家人对话，持续到早餐过后。

山里的日照偏晚，各家各户的孩子出门去学校上早自习时，天才刚刚放亮。六点半钟左右，可容纳两万人的教学大楼内外，读书声由小到大一片混响，小镇周围几里地都听得见，一直持续到上课时间，方戛然而止，被老师们沙哑高亢的讲课声所取代。

在毛坦厂，一位接受采访的老师这样向我们描述："要说吃苦我们不亚于学生。学校实行'全方位立体式无缝管理'，任何时间只要教室里有学生，老师随时出现。当班主任的更辛苦，早晨比学生早到学校，晚上直到十一点半钟之后，监督学生睡下，自己才能回家睡觉。"

"学生再苦再累只熬两三年，老师长年累月没完没了的扛得住吗？"我问。

"当老师还能怎样？人家大老远把孩子从城市送到我们这个小地方来，每年加上陪读的人工，怎么也得花上几万块吧？图什么？图的是我们学校教学质量好，老师负责任，可以让他们子女考上好大学。再说，咱们还得对得起毛坦厂中学这块响当当的牌子吧？"

中学教师是中国最辛苦的职业之一，越是名校越是如此，老师们把自己与学校的名誉紧紧捆绑在一起，而学校的名誉又多半与升学率休戚相关。那位老师非常坦率地告诉我们："班级总成绩下降了，班主任要向学校领导交代原因。哪一科成绩在年级倒数，该科的授课老师得挨批受罚。学校找老师要成绩，老师再找学生要成绩。"

另一位受访班主任说："大部分学生都是从外地来的复读生，学习潜力在原来的学校基本上都挖掘得差不多了，说良心话，到这里来复读要说我们有什么灵丹妙药是不可能的，靠的也就那么几招。首先端正复读生的学习态度，把他们原有的各种优越感粉碎掉，不管你来自多大的城市，也不管你的父母亲当多大的官儿、有多少钱财，没考上大学就证明你过去那一套行不通！你们的父母为什么把你们送到这个偏僻小镇上来？是因为我们可以保证你考上大学，所以你必须保证百分之百听我的。

"第二，不停地做习题、不停地考试。我们为每一届考生适时搜集全省乃至全国一些重点中学的模拟试卷、复习题。像黄冈的、海淀的，等等。笨鸟先飞，把所有的题目做尽了，只要学生智力正常，还能考不上吗？我们做过统计，在我们这里复读的学生，高考成绩平均比上一年要提高 100 分以上。我前年带的学生，不少人在原籍头次参加高考时，总分只有一百多分，来这里读了一年后，个个都考上了本科线，还有几个上了重点线！"

学校上课时间，是陪读家长们的快乐时光，买菜、聊天、准备午饭。别看这样一个山区小镇，菜价卖得比省会城市还贵。

“猪肉 15 元 / 斤，西红柿 3.5 元 / 斤，牛肉 24 元 / 斤。不光是贵，来晚了还不一定能买到！”从省会合肥来此陪读的商女士说。我数数她的菜篮子，现宰的鸡、西红柿、鸡蛋、鲫鱼……有六种之多。

“人少营养不能少啊！蛋白质、维生素、绿色纤维……”商女士说，光是关于营养烹调方面的参考书，她就买了一大摞，天天边琢磨边实践。

商女士原来是合肥的小学教师，三年前停薪留职来到这里，先后为两个孩子陪读。老大去年考上大学走了，老二今年赶考。她和另外十几位家长一起租住了当地居民的一栋三层小楼，早饭后大家结伴出门买菜，一路聊的尽是些有关孩子学习和高考招生相关的信息。

她对记者说：“我们比孩子的压力还大。买菜、烧饭、洗衣，一切围着孩子转，这些都不算啥，十几平米的房子，一学期下来租金上万元，再加上学费三万，还有生活费，每年的开支至少十万元左右。最难熬的是精神折磨，小考连着大考，没完没了。考完了再去找班主任、任课老师了解分数排队的结果，考得好考不好，都得商讨下一步提高孩子考试成绩的方法。我来这里快两年了，头发白了一大半，去年寒假回合肥，一些同事喊我‘白毛女’！”

商女士只是成千上万名居住在毛坦厂镇上的陪读者之一。在记者的采访中，耳闻目睹这些陪读家长所承受的精神压力，绝不是一句“可怜天下父母心”所能概括。如同一位郭姓陪读妈妈所言：“看着孩子起早贪黑将头埋在习题与考试卷里，当妈妈的能不心疼？我呆在这里陪读，家里的老人、老公没人照顾，心里踏实吗？费尽家庭财力物力来复读，就算考上大学，将来能不能找得到理想工作，还是另外一码事，能不焦虑吗？可考不上大学孩子的前途不就更没有希望吗？”

郭女士话音未落，桌上座钟的定时器响起，她赶忙进入下一程序：从保温锅里盛饭、打菜、装汤、装进一只小保温桶、出门、锁门，动作娴熟麻利，全过程不到三分钟。我们跟着她下完楼看看手表，中午十一点一刻。

出门就是风景——四邻陪读妈妈、陪读爷爷奶奶们各自拎着各种款式、各种颜色的保温桶，不约而同形成一支浩浩荡荡的送饭队伍，见面嘻嘻哈哈地开着各种玩笑，很少有人在这时候提高考、讲孩子成绩的事儿。大家心照不宣，都不愿意影响自己和孩子们的食欲，要挺到高考结束，这一日三餐可是天大的事。

此时，我想起那句“舌尖上的”解说词——“饭菜决定命运”，看来作者是有生活基础的喔。

几分钟后，数千名陪读家长纷纷抵达学校门前，场面十分壮观。我问他们离学校这么近，为什么不让孩子们回家吃饭？他们说午饭、午休一共才一个小时，学生来来去去就没法午睡了。这样就近吃完，还可以随即回教室趴在桌上睡几分钟。

果然，先后不到半小时，瓢盆交响、风卷残云，学生们将饭碗递给家长就快步回教室，家长们则各回住地。毛坦厂镇重新恢复了宁静，几乎听不见大声喊叫或喧哗声，就连汽车喇叭声也很稀少。一位交警同志告诉我们，上课时间，一般都会让过往车辆绕过学校行驶。

这就是毛坦厂，学生、高考，几乎成为这里至高无上的行为准则。一位镇长接受记者采访时说：“教育强镇是我们的第一口号，为考生服务、为高考服务，是我们毛坦厂镇一切工作的重中之重，我们一切工作都围绕着这一中心展开，不离开这个主题！”

这个镇里的原居民也与政府保持高度一致，这在民主意识日渐强烈、官民矛盾突出的今天尤为抢眼，其原因显而易见——利益高度一致。

记者在这里采访时了解到，高考经济改变了毛坦厂人的生存方式，过去世世代代以农立业的生存模式被服务高考的第三产业所取代，具体到商业经营形式，也都与高考休戚相关。记者走遍小镇，没找到一家网吧、电子游戏厅或其他娱乐场所，因为这样会影响学生学习，进而影响高考成绩。高考成绩下滑，意味着生源受影响，进而减少商业服务对象。

另一面，在大城市逐年萎缩、入不敷出的书店，却在毛坦厂大行其道、随处可见，而且收入不菲。一家书店老板告诉记者，一些与学校领导和老师有关系的书店，“一年挣个一二百万轻松得很！”除此之外，镇里最多的是旅店、出租屋、日杂百货、小食店，鳞次栉比，随处可见。

在外围调查了一天后，记者走进校园。眼见为实，这是我们至今见过的规模最大的超级中学，占地400多亩，环境十分优雅舒适。可是，当我们进入教学区域后，却在教书、读书的交响声中觉察出一种与超大校园极不相称的压迫感。

在一栋五层高的教学大楼里，容纳了近两万名复读生，每间教室里密密麻麻塞满了百余张课桌，之间空隙仅有尺余，学生得侧身进出。教室后墙上张贴或涂写了各种励志标语，还有挑战书、决心书、检讨书，使得这里的主人们时时刻刻都在拥挤不堪的空间里嗅出时间的紧迫。

——“知识改变命运，高考成就人生！”

——“我的眼里只有你——大学！”

——“为了大学，拼命吧！”

——“只有埋头苦干，才能出人头地！”

——“下一站是不是天堂？就算失望不能绝望……”

“简直是生活在地狱里的一群疯子……”满腹牢骚的“富二代”小崔忿忿地说。看起来他在这里属于另类。他把我们带进一间教室，黑板上写满了学生们考前留言。有一位学生写道：“XX（老师），打过我、骂过我，但我永远爱你，你是我人生路上的明灯、指路标！”

“和电视报道中那些搞传销的一模一样，喊着叫着表忠心！”小崔又找出一张“薄弱学科学生名单”，他的大名也在上面。名单前面是一行醒目的大字：“请老师多提问、多表扬、多惩罚！”

“多惩罚？简直是变态、自虐！”

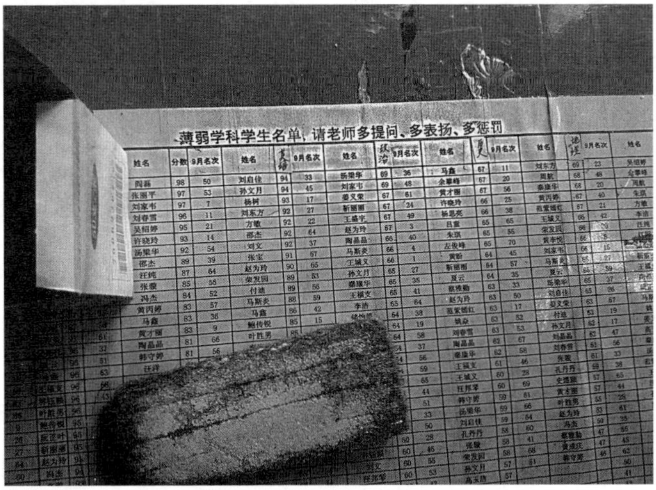

“请老师多提问、多表扬、多惩罚！”

“老师一般用什么方式惩罚你们？”我问。

“罚站，一站一礼拜，上课时间让你站，下课可以坐下。还有的班主任干脆让你直接把板凳送到他的办公室去，上课下课你都别想坐。有时候还挨打，老师手里抄起什么就用什么敲你脑袋！”

儿子义愤填膺，老子却为老师点赞。老崔笑呵呵地说：“好、好啊，对付你这种调皮生，不打不骂不成才！”

小崔可不以为然：“好在明天就要回家参加高考，我有言在先啊老爸，不管考得上考不上，打死我也不到这鬼地方来了！反正你迟早都要送我出国读书的嘛……”

老崔厉声训斥儿子：“你看不清现在的形势？不先在国内考个名牌大学，直接弄去国外读书，人家喊你什么？土豪、富二代，瞧不起你，连老子一起挨骂！”

“您是怎么知道这所中学的？”我问老崔。

“在安徽有谁不知道毛坦厂的？凡是送子女来复读的，起码都能考上个一本大学！”

老崔的话并没多少水分，据记者调查，毛坦厂中学的升学率的确年年居高不下。更令人佩服的是比起湖北黄冈、河北衡水等超级中学，毛坦厂中学的生源并非从各地选拔的尖子生，反而多半是一些高考没考上的复读生，经过他们短时间的调教，基本上都能考上大学，甚至考上重点大学的也不在少数。

一次又一次的高考奇迹，他们是怎么做到的？用该校校长的话来说，很简单，“两横加一竖——‘干’出来的！”至于怎么干的，虽然大家心知肚明，但从上到下讳莫如深，只有童言无忌。在接受记者问话时，学生们说：

“不管你从哪里来，先问你要到哪里去？想上大学是吧，好，你得完完整整、不折不扣地听学校的、听老师的。什么时候起床，什么时候吃饭，什么时候睡觉，甚至什么时候上厕所，上多长的时间，都有老师替你计划安排好，我们就像是机器人！”

“一年做题量远远超过在原来学校三年的总量，做得人连抬头扭脖子的时间都没有。各门功课三天一小考、一周一大考，考完了还要按分数高低排队、发榜，有些班级还不时按照发榜成绩重新调整座位，成绩好的先挑，依次入座。

你要是坐在教室后面，抬不起头直不起腰，人前矮三寸，就得比人家起早贪黑背书做习题，争取下一次考好一点，位子往前挪，再顽皮的人也不愿意老坐在后座，面子上难看啊！”

“排座位、当班干、甚至重读费交多交少，都得看分数说话。分数最低的交4.8万元，按成绩往上，交4万、3万、1.5万、5000元、4500元不等。老师说，只有从各方面、全方位引进竞争机制，这样打拼出来的产品投入市场才有竞争力！”

我在与该校一名不愿透露姓名的领导交谈时，曾问过一个问题：“在你们学校，素质教育是不是压根儿没人提？”

那位领导很坦率：“提呀，怎么会没人提？不过说良心话，学生都上高中了，现在来强调搞素质教育，是不是太晚了？该什么素质就什么素质，木已成舟。放任他们各取所好去玩、去放纵，花父母亲一大堆钱，浪费一大堆社会资源，最后考不上大学，那我们这些当老师的才叫失职，才叫没素质呢！”

被称作“考试机器”的学生们，大部分人对这一明显带有贬义的称谓并不生气，更多表现出一种无奈。一位王姓学生坦然对记者说：“高考工厂也好，高考机器也罢，要说错，是谁的错？现在社会上扫厕所的岗位都恨不能招个硕士！我们不硬着头皮去应试、去拿更高的文凭，今后怎么谋生？”

尽管理论上觉得那位校领导与王学子的话都不中听，可想了半天，我却说不出他们错在哪。中国的教育现状就好像一堆乱了码的电脑文档，虽然看文件名都对，但点开后却难以厘清逻辑所在。

曾有来毛坦厂采访的记者将学校比喻成高考集中营，虽然话说得有些过，但留心学校周围的安全措施，倒真有几分触目惊心：为避免学生在超强压力下寻短见，宿舍楼的窗户都被安装了密密麻麻的铁丝网，教学大楼的每个楼梯口都配有保安值守。校园内全方位装有监控摄像头，无论教室内外，也无论学生们在干些什么，都会被传输到附近山坡上一处30米高的监控中心，一目了然。

在铁丝网外面，还有一道独特的风景线，那就是日日夜夜绕着学校执勤、巡逻、维持秩序的警察。每到吃饭的钟点，几千学生及家长“围吃”在几处校门外面，为防止人多出事，镇上的警察几乎全被派到这里，分兵把守，甚至临时实行交通管制，将过往机动车辆挡在外围。

人生有多少期盼，就会有多少结局，但是所有的结局并非都是终结，因为有些结局只是另一场期盼的开始。这种心态最典型莫过于赌徒们等待揭宝、中国学子们等待高考。

6月4日，从一大早开始，整个毛坦厂镇上上下下各色人众全被压抑在一种忐忑不安的兴奋之中——明天，就是高考日。

《舌尖上的中国》记录了一位班主任在最后一堂课的结束语："我们心中的梦想就要实现了！你们沿着弯弯的山路，进到我们这个大山里面干什么？来学习来了，来静心、来修道了，现在我们要出——关！"

是的，要出关了。陪读妈妈、陪读爷爷奶奶们省略了平日里的唠叨，费尽心机、不计成本、默默无闻地为孩子们做上最可口、最有营养的饭菜；

考生们有节制地做上考前的最后冲刺，偶尔小题大做向家长们要要小孩脾气用以宣泄紧张情绪。

最紧张的莫过于镇派出所，预测明天有可能出现的各种突发情况，周密部署警力……

如果说，白天的表面安静很难真正平抚临考前学子和家长们的紧张情绪，这个夜晚上演的毛坦厂高考三大奇景之一——放飞"高考神灯"，则让大家承受多重压力的心理获得片刻宣泄。

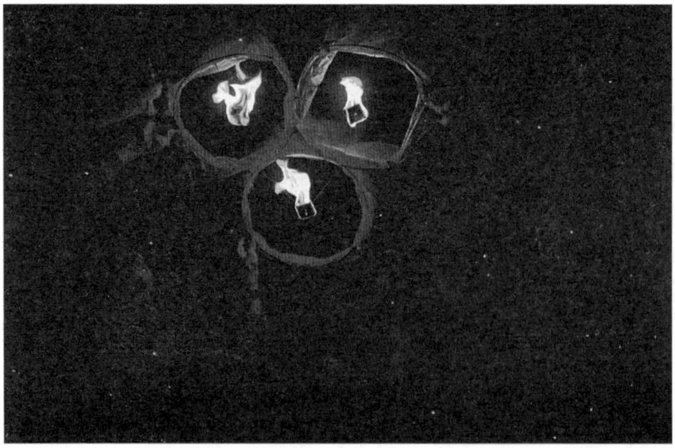

毛坦厂高考三大奇景之一——放飞"高考神灯"

晚8时，上万只承载着考生心愿的孔明灯突然划破夜空，越过大别山天幕冉冉升起，毛坦厂镇笼罩在一片金碧辉煌的灯光之中。上万名考生和家长聚集在学校操场上，仰望着自己亲手放飞的"高考神灯"，许愿、憧憬，不远处的水泥台阶上，几位少女的剪影双手合十、拾级跪拜……如此虔诚的愿景，就连我们这些“别有用心”的来访者，也被圈进强大的气场之中。是啊，只要希望是美好的，任何形式与过程、批判与褒奖，都显得微不足道。

10点左右，在老师们的劝说下，放灯的人群渐渐散去。接近零点，我和另外一位北京来的摄影记者在中学北门外找到了毛坦厂神话中的另一路传说——“高考神树”。

在一棵枝繁叶茂的老槐树下，排着一条长长的队伍，人们手持大把香火，秩序井然地轮番走到树下三跪九叩，然后将早已准备好的红幔和锦旗披挂在树丫或旁边围墙上。锦旗上写着各种感恩和求愿的吉言佳句：

“毛中栽培，神树显灵”！

“任我步入，大学校门”！

“佛光高远，护我重点”……

据说这样的场景从一周前就开始了。我问了很多人，谁也说不清楚这棵老槐树从哪年哪月开始变成了“高考神树”，但是几乎所有人都告诉我：“很灵验，历年来所有诚心诚意来此跪拜过神树的考生，几乎无人落榜，个个考上了大学！”

一位镇干部比较理智：“毛坦厂中学的升学率本来就很高，来拜神树的人90%以上都能考上。拜的人考上了，后面跟着来拜神树的人就更多了，循环效应！”

午夜过后，尽管小镇半数以上的大脑无法入眠，但出于各种理由，不管家里有没有考生，人们自觉地保持绝对安静。街头巷尾，只剩下进入高度“战备状态”的警察在四处巡逻，还有我们这些外地记者，聚在酒店里胡吃海喝一通后，回旅店躺在床上憧憬明日将要上演的最后一幕大戏。

6月5日清晨，毛坦厂高考三大奇观的华彩乐章、被新闻界称之“盛大节日”的“万人送考”进入倒计时。依照惯例，每年送考仪式都定在清晨八点零八分，大概取意“发发”吧。为了抢到好位置，来自全国各地的记者手持“长枪短炮”，有的天没亮就埋伏在毛坦厂中学大门前。十米多宽的道路两旁，站满了送考的家长和围观人群，我身边有几位特地从省会合肥赶来的摄影发烧友，他们说往年在电视节目或网络上看见过毛坦厂一年一度的送考仪式，深受感染，所以今年腾出时间，相约来到现场感受一下，拍些照片。

八点零八分，第一辆红色的大巴缓缓开出校门，人群随之沸腾起来。不一会儿，等候在校园里的近七十辆大巴车鱼贯而出，驶向几十里开外的定点考场。车窗内晃过一张张紧张、兴奋的年轻脸庞，有的用目光搜寻着人群中送考的亲人，有的挥手向送行的陌生人致意，稚嫩的脸上挂着出征者兴奋、忐忑的面容。

一位大巴司机告诉我们，每年送考都有些不成文的规矩：女生必须坐在头一辆车上，并非出于社交礼节，而是男生的谐音是“难生”，预示后面的事情有麻烦。还有属马的考生必须坐在第一辆车上，万一没有属马的学生，就会找属马的司机开第一辆车，寓意“马到成功”。

一位负责联络的宣传干事告诉我，今年人不算多，事先接到上级指示，要低调，不能放鞭炮，去年的规模比今年要高出一倍，天上有直升飞机负责航拍，地下有转播车。《舌尖上的中国》你总看过吧？有一个万人送考的场面就是去年今日在这里拍的！”

“去年何止一万人，带上围观的群众足有两万多，跟在大巴车队后面还有家长的小车送考队，什么路虎、奔驰、宝马、本田……人家笑话是土豪车队。整个毛坦厂都给挤爆了，完成任务过后，我们很多同志嗓子都喊哑了！”旁边一位交警插话。

毛坦厂：万人空巷送考生

记者注意到，尽管学校被授意今年的送考仪式要低调，但本地和外地的家长们却更乐意享受这种抱团宣泄的快感，他们不管不顾地大声喊叫着，跟车队狂奔到精疲力竭，尽情释放着憋了一年的辛苦与压抑……

后记："千人送饭"、"千人拜树"、"万人放灯"、"万人送考"——这一场场类宗教仪式的深层，混杂了多少国人的前世今生？从科举制度的形成到废黜，从恢复高考的三呼万岁到废除高考的呼声四起，我们似乎始终彳亍于一座不断自动更新程序的古老迷宫里，只能按照新老游戏规则寻找命运的出路……

衡水：应试教育的最后神话？

"高考神校"河北省衡水中学

在当代中国"超级中学"的丛林之中，河北省衡水中学现身较晚，却以迅雷不及掩耳之势，每年输送百名左右的学生进入清华北大，令"考界"目瞪口呆。更有甚者，每逢高考季，全国多所著名高校云集衡水打响生源争夺战，单凭这一道风景，衡水中学也足以跻身于应试教育的"封神榜"中。

◆一部央视纪录片引发的论战

2011年的高考前夜，中央电视台在黄金时段播出的新闻专题片——"河北衡水中学393班的普通一天"。该片用全纪录方式，尽显该校一个高考班的学生从早到晚紧张的备考生活，为观众推开了这所传说中的高考神校谜一样的大门。

这部纪录片首播时，由于倾向性不怎么外露，观者各领其意倒还相安无事。但其后央视著名新闻评论员杨禹所作的一番点评，却在网络上掀起一场风波。

“明天就是高考日了，今年全国高考计划录取人数为675万人。在冲刺高考的大军中，河北衡水中学用近似军事化的严苛方式管理学生，在新闻中被采访学生称之为“炼狱”，但学生和老师似乎却乐在其中，因为他们中90%的学生，高考成绩都能超过一类本科。这其实是面对高考独木桥的一种无奈的畸形。

“虽然现在全国的高考总录取比例已经达到72%左右，跟11年前相比有很大的进步。越来越多的高考孩子能不能考上大学已经不是主要矛盾，能考上一个自己想去的理想大学，才是他们拼命的目标。所以高考仍然是独木桥，这样的独木桥带来这种特殊的压力，才会有衡水中学这样的氛围，才会有这些乐在其中、也苦在其中的孩子们。

“全国有很多类似中学，有五花八门、各种各样的军事化管理孩子的办法。虽然孩子们自己愿意，老师们愿意，家长也是愿意的，是“愿者上钩”，但还是要有底线的约束。什么是底线？这些孩子们都是未满18周岁的未成年人，《未成年人保护法》有非常详细的规定，有对孩子们保护的措施，严格禁止危害孩子的人格，保证他们的身心能够健康成长。这些措施、这些法律要求，都不因为孩子自己愿意、老师们愿意、家长们愿意而有任何改变。

“这样的底线约束，我们要从旁观察。除了心疼孩子，还应该为他们去呼吁……什么时候在高考、基础教育和高考教育中，这样的畸形从我们身边消失了，高考的改革就算达到成效了。”

“特种兵”、“炼狱”、“畸形”、“底线”……正是这些听起来与现代教育理念格格不入的词汇，把多年来顺风顺水的衡水中学推上了舆论的风口浪尖。看过这期节目的网友立刻形成两个对立阵营，打起了口水战。

一部分外地学校的师生和教育工作者，坚决支持杨禹的言论，对衡水中学军事化加企业绩效量化的管理模式提出了尖锐的批评，其中不乏专家学者的声音，认为时至今日，衡水中学片面追求高考录取率的做法是与素质教育公开唱对台戏。批评人士中不乏一些高考“过来人”，多半忧患中透着一些无奈。诸如：

“虽然自己也选择了高考，但考上大学又如何，面对如今的大学教育体制，仍然是失望，自己在这样的制度中已经沉沦了，这样的制度到底还要折腾多少中国的孩子，甚感无奈啊！”

“畸形的教育一定会培养出畸形的学生，畸形的孩子人格精神的分裂对未来会怎样？真的不知道中国教育的出路何在？中国的未来何在？”

而来自“批杨”阵营里的发言，却似乎显得义正词严、更接地气。“衡水中学吧”专门开辟了一个名为“衡中，挺住！不要被舆论所击倒！”的专栏，一些力挺衡中的网友，纷纷发帖对杨禹口诛笔伐：

网名“数学魔方”的河北网友：“杨禹老师，我一直都很喜欢听您的评论，但这次，我可以负责任地说，您错了。如果半军事化管理带来的是对人格的危害，那您要怎样解释西点军校的辉煌？希望您不要以自己的臆断误导其他人。”

网友“于飞之乐也”：“屁话！人家考得好你就说底线，考得不好你就说责任，你们这些媒体啊，这社会的思想就是给你们搞乱了！”

网友“宇晓妙”：“说这些没用，拿不到成绩有什么出路，大家来给想一个？高考不是愿不愿意的，是不愿意怎么办的事。”

“新浪网友”：“别以为在美国就没有激烈的考试竞争。如果想上哈佛这样的学校，也得玩命，甚至每天吃兴奋剂，没看过“波士顿法律”么？经历同龄人所经历的，人生的苦才开始。”

网友“粉思”：“畸形的不是高考制度，畸形的是高考考题，畸形的是对成功的粗暴定义，畸形的是有知识没文化！”

“新浪网友”：“高考是中国劳动人民的重大节日，高考选拔人才的合格率最高，比当前公务员考试、研究生授学位、干部提拔、评职称、提工资、评院士制度合理，打击了贪官污吏霸占高教资源的企图，艰难但成功地维护了一片腐败较少的净土！”

网友“温馨”：“如果没有高考，穷人的孩子更难出人头地，难道都期望他们去当什么种菜能手、养殖大户吗？”

清华、北大等 100 多所高校登陆衡水中学招生咨询会

两月后，“杨禹评论”引发的争议尚未结束，2011 年的高考早见分晓，衡水中学以近乎疯狂的战绩雪了这场“杨禹之恨”——除包揽河北省文理科“状元”之外，还有 7 人进入全省文科前十名，6 人进入理科前十名，70 人考取北大、清华。

辉煌的高考战绩，在极短的时间内肃清了“央视评论事件”所造成的负面影响，纪录片中那些学生们如牛负重的负面展示，反倒成了望子成龙的学生家长们得以目睹神校点石成金的路演，本已千金难求的衡中入学指标更加炙手可热。该校一位负责人向记者透露：央视的负面报道变坏事为好事，纪录片播出后，学校陆陆续续接待了一批又一批来自全国各地替孩子报名的家长，有些人还纠缠着要给学校交赞助费。

“可交多少钱也不行啊！一是学校现有学生差不多上万了，容量有限。二是得看孩子的成绩怎么样？有没有提高总分的潜力？”那位负责人说。

这是一种非常诡谲的逻辑循环，尽管教育部和各省市多次严令禁止中学跨地区招收学生，但这些禁令对于类似衡中这样的“超级中学”来讲如同一纸空文，优异的高考成绩吸引更优秀的生源，更优秀的生源又不断刷新这些“牛校”的高考神话。究竟此为良性循环还是恶性循环，谁能说得清？反正后续数年，衡水中学的“牛戏”越唱越大。

2012 年，衡水中学本科一批上线率达 87.8%，向北大、清华输送了 96 名考生（其中清华 63 人，北大 33 人），占这两所大学在河北省录取总人数的 86%。

此外，还有 20 名考生被香港各大名校录取，21 名考生被美、法、澳、加等国外名牌大学录取。

2013 年，当衡水县的 GDP 连续陷身河北末三位的同时，衡水中学高调宣布：该校包揽河北省文科前十名、理科前六名，本科一批上线率达 86.9%，连续 14 年夺得河北省高考魁首，并成为该省首个录取清华、北大学生过百（104 名）的中学。

2014 年，河北省高考成绩揭晓，衡水中学毫无悬念地名列榜首。录取清华、北大的学生 104 名，录取哈佛等国际知名大学的学生 51 名；一本上线率 86.6%，全省第一。二本上线率 99.3%，全省第一（以上数据均不含音、体、美及到外地参考学生）。同时，河北省高考文、理科状元双双花落该校。衡水中学以绝对优势实现河北省高考成绩 15 连冠。

2015 年，衡水中学高考升学率再创新高，以绝对优势蝉联河北省 16 连冠，录取清华、北大的学生增至 119 人。此外，近 4700 人分别被“985”、“211”工程名校录取。

更为重要的是，在高考记录不断被刷新的同时，衡水中学“以素质教育促进高考成绩”的经验，也为全国中学界竞相效仿。事情走到这一步，曾一度因央视纪录片陷入舆论困境的衡水中学反败为胜，包括杨禹在内的众多质疑衡中的阵营似乎不攻自破。

因为，衡水中学的高考成就并非“应试教育”的产物，而是“素质教育”的成果。

◆解密“衡中神话”的真相

衡水中学究竟是应试教育的神话，还是素质教育的标兵？为一探究竟，2014 年高考录取结束后，记者驱车赶往距离北京仅几个小时路程的河北衡水中学，未及进入校门，那条 300 米长的著名“英才街”就呈现在眼前：本年度高考 104 位考入清华北大的学生头像从街口一字排开，延伸到学校大门口，接受一拨又一拨来访者的注目礼。陪同者向我们介绍：“由于这两年考上清华北大的人数太多，英才榜版面有限，就连考上香港大学、新加坡国立大学等国际名校的几十名学生都没地儿露脸，只好屈居幕后。”

衡水中学“英才街”

校园外面，街头巷尾见缝插针停满了各色车辆，人数众多的交通警察忙着疏通道路。他们告诉记者：“每年暑假都这样，以各种名目来这里参观学习的人数以万计，我们得不断补充警力。”陪同的老师说，除去为子女入学找门路，或带子女参观校区受感染的家长之外，还有全国各地教育部门的人来这里开“现场研讨会”或组织教师参观学习。来的人太多，学校没法接待，按照每个人头收取600元“会务费”，就这样也还是遏制不住朝拜者的虔诚与热情。

衡水，一个经济欠发达地区，何以能在教育领域异军突起，领跑全国？

衡水中学，从一所默默无闻的普通县中，何以扶摇直上，一跃成为全国“三大高考牛校”？

1.“得天独厚”的生源

综观全局，我们可以清晰地发现，无论是网络神传的“三大牛校”，还是其他屡创高考升学率记录的重点中学，多半都出在经济欠发达地区。湖北黄冈中学、安徽毛坦厂中学、河北衡水中学、甘肃会宁中学、江西临川中学等，概莫例外。其合成因素无外乎三个方面：一是政治诉求，二是经济诉求，三是大势所趋。

所谓政治诉求，出于当地政府的政绩考量。对于人口密集、经济滞后的贫困地区来说，在教育领域寻找政治与经济双重意义上的突破口，无论从人力资源或启动资金上分析，兴办名校无疑是最佳路径。正如一位市领导受访时所说：“投资一个企业，扶助一项产业，地方政府得付出多少人财物？搞个十年八年还难见效益。而办教育不一样，像衡中这样基础稍微好一点的中学，只要政府给学校充分优惠的政策，他们就可以在最短的时间内出人才、出效益，不但可以扩大地区的政治影响，甚至教育经济可以拉动地方经济，学校可以成为地方政府名副其实的金字招牌。”

从衡水地区看，政府的作为主要体现在“给政策”。我们在政府新闻网站上见过这样一条消息，在衡中扩建阶段，政府发文：“涉及哪个部门、哪个单位，都要尽职尽责，密切配合。要在全市各级的共同努力下，把衡水中学的建设推上一个新台阶，把衡水中学打造成衡水对外开放的亮丽窗口。”短短几行字，足见当地政府办教育的力度。除此之外，衡水中学被市里定为正处级单位，校长与各县的书记县长同授“七品”官员，加大了学校在社会上的话语权。这一做法也被不少外地政府拷贝。

政府对衡中的最大支持要数招生政策上的倾斜。由此，从21世纪初开始，衡水地区、甚至整个河北省的应试教育，一直存在强者愈强、弱者更弱的“马太效应”，受到不少相关人士的吐槽。

“衡中是吃独食撑大的，而且吃的都是掐尖儿菜！所有初中毕业班的尖子生由他们优先挑选，优秀教师由他们优先选聘，这样的条件拿到我们学校，升学率照样高到天上去！”一位毗邻地区的中学校长这样抱怨。

“我在教育局搞了二十多年大学招生。八九年以前，很多学校每年也有考上清华北大的学生，自从衡中发达后，肥水都流到他们田里去了，别说清华北大，就连一般重点大学普通高中也摊不上几个！”一位邻县招生办的领导如是说。

一位不愿透露姓名的河北教育厅官员受访时说：“衡水中学充其量只是一个大学生的加工厂，整个河北省的初中，都是衡水中学的原材料供应商。尽管恶评不断，当地政府也多次出台政策限制跨区域掠夺优秀生源，但衡水中学仍能轻松从全省甚至从北京遴选优秀生源。”

另一位知情人士人士告诉记者，除开校本部之外，衡中还有一个专收复读生的“校中校”，30多个班，每个班至少有100多人，其中60%的学生是外地生源。记者采访衡中几名高考学生时得到证实，他们班上一大半是外地同学。

当地政府借助高考经济、开拓教育产业的想法，同样也适用于贫困地区的普通老百姓。对于致富无门的家长们来说，勒紧裤带供孩子读高中、上大学、“跳龙门”，改变命运后再反哺家庭，是他们在最短的时间内通过自己和孩子的努力，有可能咸鱼翻身的唯一途径。对此，河北教育厅调研员李强先生也有类似思考：“衡水现象与衡水的‘盐碱地文化’有关，衡水什么自然资源都没有，只有盐碱地，考学是唯一一条出路！”

家长们的这种共识，为学校提供了足够的生源和财源。2014 年 8 月 4 日，教育部在其官网上通报五起教育乱收费的典型，其中，衡水中学违规收取 100 余万元择校费被记录在案。

所谓大势所趋，指的是社会对上述现象的容忍与价值认同。直至今天，中国社会在用人制度、收入分配制度等方面，对文凭的过分倚重丝毫未减，这也是为什么“素质教育年年唱，应试教育不能放”的尴尬局面至今犹存的根源所在。

2. 准军事化管理

20 世纪中期还处在全地区教学质量末端的衡水中学，仅用了十年左右的时间，便从一所名不见经传的普通县中，一跃而成省级示范高中、全国示范学校、中国十大名牌中学，如果说这种大跨度的三级跳仅凭当地政府开开小灶就能实现，未免有失公允。衡中的奠基者们熟谙当今中国教育的游戏法则，对外审时度势、上下融通，占尽天时地利。对内博采“超级中学”先行者的众家之长，整合了一套从招生到应试全过程的教育手段和教学方法，并付诸实践，这才是衡中神话得以确立的根本原因。

许多到过衡中的人都有这种感受：一进校门，除开看不到穿正规军装的人，感受到的气氛与军营毫无二致，有些方面的管理甚至比军营更严苛，考生一旦置身其中，犹如被投入一条高速、高质量运转的生产线，一直被加工到最后一道——高考。我们不妨先看一张衡中的作息时间表：

5:30 起床

5:45 早操

6:00–6:30 早读

6:30–7:10 早饭

7:10–7:35 早预备

7:45–8:25 第一节

8:35–9:15 第二节

9:25–10:05 第三节

10:05–10:30 课间操

10:30–11:10 第四节

11:20–12:00 第五节

12:00–12:45 午饭

12:45–13:45 午休

13:45 起床

14:05–14:45 第六节

14:55–15:35 第七节

15:35:15:55 眼保健操

15:55–16:35 第八节

16:45–17:25 第九节

17:35–18:15 第十节

18:15–18:50 晚饭

18:50–19:10 看新闻

19:15–20:00 晚一

20:10–20:55 晚二

21:05–21:50 晚三

21:50–22:10 洗漱

拿到这张密不透风的作息时间表，很容易联想到卓别林“摩登时代”的机器生产线。从每天清晨五点半开始运作，到夜间十点多停工，整整十几个小时，时间都被管理者精确部署，没留给学生们哪怕一分钟的自由支配权。

采访中，记者经常听到的一句话是：“我们学校管理的特点是‘无死角管理’！”的确如此，在这里，前工业时代的流水线被无缝嫁接到后工业时代的校园里。老师们犹如一个个技术娴熟的电焊工，在规定的时间点上，把各门类考试所需要的知识，焊接到这些经过小学、初中两重筛选的优质大脑里。每年六月，再用高考录取线这把卡尺，检验产品是否合格。

所谓“无死角”，就是实行全寄宿封闭式管理。在此期间，学生们从起床到睡觉，大到读书、做卷子，小到穿衣着裳、吃喝拉撒睡，全部被纳入量化考核，一切严格照规矩办事。这里的规矩多到你无法想象，几位在北京读大学的往届毕业生受访时随便凑了几样：

“除牛奶、饼干、苹果、梨、橘子、香蕉之外的食物不得带进校园；手机、MP4、复读机、录音机、收音机、电子词典等产品，卡通画、球类、小说、杂志、画报等与学习无关的物品不得带入校园……”

“异性之间互相陪护去医务室看病、互相追逐打闹、互相请客、互发短信、互赠礼物、一起进餐，等等，均被视作‘男女生非正常接触’，给予警告或严重警告处分，并处罚违纪者回家反省一到两周，全校通报……”

“自习课不能喝水，不能与同桌讲话，不能往教室后门看，不能照镜子，不能大声笑，不能走神，不能咬笔，短裤和裙子不能高过膝盖，不能留怪异发型，女生不能佩戴首饰……”

有违规现象怎么办？他们也各自给记者说了一些段子。

男生：“有一次因为感冒嗓子疼，我在自习课上喝了一口水，班主任要我站在保安室写作业，并让我通知远在邢台老家的母亲来校……”

女生：“有一次开大会，我因为胃疼得厉害，无意识地靠在旁边男同学肩膀上。被班主任视为有损精神风貌，罚我回家反思两天……”

跑操、吃饭、上课下课，书不离手，全方位无死角管理

男生：“有一次老师发现我的课桌抽屉里有半根没吃完的火腿肠，就勒令我回家反省两天……”

女生：“有天晚自习我尿急去上厕所，被工作人员记录下来，第二天通报批评就上了黑板报，班级量化考核被扣掉一分。”

回忆在衡中读书时候的紧张气氛，几位在网上吐槽的校友，更加危言耸听：

“早上五点半起床铃一响必须马上起床，然后穿衣服、叠被子、洗漱、赶往操场，这一系列动作必须在 8 分钟之内完成，不然就会被全校通报批评。动作慢点的，只能省略些步骤，干脆晚上睡觉不脱衣，早晨起床不洗脸、不刷牙，爬起来就跑。到了操场必须大声朗读，因为班主任会时不时凑到你的耳边听有没有发声。大概读 5 分钟左右就开始跑操。跑操的要求也很严，无间距跑步，前后两名同学必须紧紧挨在一起跑步，胸稍大点的女生就会贴到前面男生的背上，只要有一人摔倒，全班都会摔……”

“跑操结束后，所有班级必须跑步上楼早读。早读结束后，全班 80 多个同学拿着勺子冲出教室，争分夺秒奔向食堂，半小时内排队买饭、吃饭、赶回教室。早中晚饭皆是如此，因此饮食的质量早已不再重要，什么能够吃得快而饱才是重点。”

“我们复读班的学生数有一百出头，教室超长超大，学校在教室的前、中、后位置各装一个可作 360 度旋转的摄像头，相互密切配合没有一处死角。每个班主任那里都配备有监控软件，彻底告别了在教室外面隔着玻璃鬼鬼祟祟、探头探脑监视我们的时代，坐在办公室里，悠闲自在地想看谁就拉近放大了看，连我们书上、卷子上的字，都看得一清二楚。自习的时候很安静，摄像头转动的声音清晰入耳，真是毛骨悚然……”

“违纪内容也是多种多样，上自习时只要没有拿着笔低着头写卷子，发呆、抬头、上厕所也算违纪。不幸被干事看到，那么恭喜你，晚上的违纪通告表上一定会有你的大名。”

“每节自习课都会让我们做卷子，要讲的题一律涂卡上交……涂卡真的很恐怖，尤其是大型考试，如果你做错了特别简单的题，大名就会被挂上 PPT，老师睁大眼睛瞪你，很吓人……”

其实，同处“军营”里的老师们，状况也并不比学生好到哪里去。“老师拼命教、学生拼命学，老板张榜公告、奖勤罚懒”。简单一行字，勾画出衡水中学准军事化管理的全景图。

跟学生们一样，衡水中学的老师们也无一例外地被安排在学校里住宿，没有特殊情况不得无故出校园。老师们要接受类似企业 KPI 的量化考核，所带班级的学习成绩、纪律、宿舍卫生状况，全都在校长的“量化”范畴。考核成绩直接关系到班主任、任课老师的绩效评定乃至工资晋级、奖金发放。一位在学校任教多年后调离该校的教师说：“领导充分利用老师们的自尊心和荣誉感，将量化考核细化到每个小时。出于自尊心，也顾及切身利益，我们只能是拼命工作。”

另一位老师说，“衡中教师的工资高出其他学校很多这个不假，但钱并不好拿。都说学生苦，其实老师更苦，铁打的营盘流水的兵，他们三年寒窗毕业走人，永远跟学校说 Bye-bye! 可我们别说 Bye-bye，就是想不走还得如履薄冰。只要量化考核多几次不及格，随时都可能被调离或解聘……”

这些发生在衡中校园里的故事的确让人匪夷所思，难怪一些悲天悯人的观者形容这里是“人间炼狱”。特别是来此采访的记者们，在各自媒体上刷出的标题耸人听闻——“学生遭受魔鬼化训练”、“衡水中学军事化备考被指大学兵工厂”、“衡水模式：好孩子的残酷青春”……如此种种，触目惊心。

可尽管如此，衡水中学神威依旧，招生指标一个难求。

3. 宗教式洗脑

记者在采访时发现，自打商业“传销”模式进入中国后，新加入“超级中学”行列的一些学校，有意无意、或多或少都会用一些“传销”组织的方式，对学生进行洗脑式教育，比如依据某种“教义”宣誓、大声喊口号等等。其中仪式感最强的，除去甘肃会宁中学的千人早读、毛坦厂中学的“万人放灯”、“万人

送考”之外，便要算衡水中学的“跑操”和“高考百日誓师大会”了。

在衡中记者亲见，早上五点半左右和上午十点，伴随着广播里的冲锋号声音，数千学生分班组成若干方阵，整齐划一地绕着操场边跑边喊口号：“衡中有我，有我必胜！”“超越自我，挑战极限……”如此震撼人心的宏大场面，如此气吞山河的励志口号，别说身在其中的孩子该如何热血沸腾，就是一旁观看的成年人，也会被这种强大的气场所感染。听一位校领导说，早些年，北京海淀区一位中学校长来此参观时，曾被这种场面感动得泪洒操场。

说实话，不少记者同仁当场时也曾有那位海淀校长的感觉，可下场后仔细体察，却发现那些煽情口号无处不在，并被赤裸裸地书写到校园每一处角落里时，别有一种被挟持的感觉。

在教学大楼的门厅处矗立着巨幅彩喷：“不到长城非好汉，学不成名誓不休！”往里走，经典的“衡中三问”带着强烈的宗教内观意识扑面而来——“我来衡中做什么？我要做一个什么样的人？我今天做得怎么样？”

继续前行，每一层楼廊上都挂满了红幔，誓言警句赫然醒目：“奋战百天让青春无悔，决战六月为母校争辉”！“紧紧抓住每一个五分钟”！“生活的悲剧不在于输了，而在于差一点赢了！”“万念归一，用虔诚追求梦想！”

进入教室，墙上、黑板报上的标语口号越发直接：“同校同读岂愿甘居人后，同窗同学焉能甘拜下风！”“寻清闲另觅他处，怕吃苦莫入此门！”“脚踏实地，我要争气，不上大学，回家种地！”“高考没有彩排，人生不能重来！”“血狼精神，与我同在！”“今日疯狂，明日辉煌！”“只有地狱磨练，才能拥有创造天堂的力量；只有手指流血，才能拨弹出世间的绝唱”……

愈接近高考季，标语口号的内容愈加激越煽情，到了每年一次的“高考百日誓师大会”，这种奇异的校园文化更加登峰造极、接近疯狂——学生方阵、教师方阵、激情的标语横幅……校园很快在一浪高过一浪的口号声中达到沸点。“高考”！“清华”！“北大”！——两所名牌大学被放大成无上天堂。

在这样一个强大的类宗教气场之中，理想被祭祀，奋斗被功利化，仪式的魔力将誓场异化成一堵悲情无限的青春“哭墙”：

“志在我胸，谁与争锋？夺我河山，笑傲衡中！”

“一心只为高考狂，冲进重点孝爹娘！”

“血拼一百天，杀进重点线！”

“唯一必争，逢冠必夺，见优必取！”

“一本上线，百分之百！”

“目标清华，理想北大！”

“专注、专注、投入、投入！”

“我行！我行！我行！”

……

高考结束后，记者采访过几位回家休息调整身体的学生。他们异口同声地告诉我：从初中毕业考进衡中的第一天起，就感受到校园里有一种说不清的氛围，时时刻刻像被一双看不清是谁的眼睛盯着，无时无刻、一举一动都受到它的监视。开始觉得很假、很虚幻，本能地反抗，可慢慢就像吃了传说中的迷幻药，从不思反抗到言听计从，直至被它彻底控制。

一位女生说：“只要有一分钟思想懈怠或脱轨，就会产生一种负罪感，究竟谁欠了谁的？说不清楚。”

一位来自贫困家庭的男生说：“只要不在读书、做习题，就觉得对不起父母，对不起周围的同学、老师和学校！”

往届毕业生闫某受访时确认：“衡中有一种‘气场’，只要走进去，便会自然而然地融入到跑步前进的学习状态中。连教学楼的台阶上，都贴有动能定理等数理化公式。在这种环境下，想不好好学习都不行。大家已经习惯利用每一分钟来学习，即使是跑步时间，同学们也都在列队间隙看书，上厕所也会背几个单词，这都是我们的生活常态。”

一位毕业于衡中的在读研究生回忆起高中时光，用了“受戒”和“献身”两个词来形容。他说：“初入学校，各种清规戒律让你浑身不舒服，可渐渐地，你会在多重压力下被迫从众就范。到了高二，你就像一位自觉自愿的‘清教徒’，被‘为父母、为家庭、为老师、为学校’等口号反复灌输，生发一种内心的潜意识，强化成‘为高考而献身’的拼劲，‘两眼一睁，开始竞争。两眼一闭，忘却苦累……”

对此，国家教育咨询委员会委员、21 世纪教育研究院院长杨东平在自己的博客里如此评论：“作为应试教育极致化的标本，衡中模式的危害就在于滥用成功学的兴奋剂，控制学生的每一分钟、每一个行为，进而控制学生的意识和思想，使之‘万念归一’，其行为的确与传销组织非常相似。”

4. 填鸭式输入

记者问过多位老师，衡中高考成绩十余年雄踞全国牛校之首有什么绝招？

“哪来的绝招啊？一个字，‘填’！衡中的师资、生源本来就是全省拔尖，再经过军事化意志锻炼，宗教式精神洗脑，最后只剩下一个最简单的想法——考上清华北大！在这个基础上输入、嵌入大量习题，这样的大脑对付高考自然不在话下了。”一位曾在衡中工作过的数学教师说。

另一位语文老师说：“将学生做题的潜力挖掘到极致，让学生在题海中逐渐赢得自信，是衡中一项重要的教学手段。衡中基本上只用两年时间学完高中全部课程，到了高三，学生的全部时间分三轮、分重点全都用于复习和做大量模拟考题。”

同样的问题，我们也向一些在读和毕业了的衡中同学问询过，他们的回答更为直接：

“跑！早操跑，吃饭跑，上厕所跑，从早到晚不停地跑，有时候做梦都在跑，省出时间做习题！”理科生小李如是说。

“背！按照老师指定的内容，出操背、跑步背、吃饭背、上厕所背，有时候睡着了说梦话还在背。背得滚瓜烂熟，应付高考不成问题！”一位文科生如是说。

“做习题，从早到晚不停地做，做完了老师布置的做参考书上的，做完了自己书上的再做别人书上的。题做多了，高考时心里自然踏实！”

一位毕业于衡水中学的女生保存了从高一到高三所做过的卷子，叠高2.41米

“考，小考接中考，中考接大考，高中三年考下来，做过的试卷能有两米多高，几十公斤重！”

网络上疯传过一张照片，一位2011年从衡水中学考入香港大学的女生，保存了从高一到高三所做过的卷子，摞起来有2.41米高。我曾经请几位来访的作家朋友看过这张照片，他们说：“尽管知道是司空见惯的事，但直接看到这么高一摞卷子，脊背还是发凉，想想咱们自家在这条路上走完没走完的孩子，真是不容易啊！”

是啊，真不容易！可我们就不明白，作为学校的领导，怎么就能把这样的场景愣是掰成“素质教育”呢？说到这个，我们倒是敬佩“衡水教育模式”的开创者、立校元勋李金池校长，他退休后接受媒体采访时坦言：“当年搞的是题海战术，拼学生、拼老师，做了不少违背教育规律的事。有些老师甚至体罚学生，采用棍棒教育，学生累得发昏，老师累得吐血……”

说的是当年，现在呢？不得而知。其实，承认自己在强化应试教育又能怎样呢？大部分学生一样会感谢母校让他们考上了名校，大部分家长更会对老师感恩戴德，当地政府一样会褒奖有加，同行一样会佩服得五体投地，老百姓一样会推崇备至……

当然，盛名之下，总避免不了有人说三道四。

在广东电视台播出的一期对话节目中，主持人让五位知名教授和学者各用一词评价衡水中学，嘉宾们分别给出的词语是：“可怜、单一、勇敢、恐怖、极端”。北京大学教育学院教授康健说：“衡中并不是一个好的典型，超级中学的兴起是政绩和利益的共同驱动，于教育、安全、人道都不利……优质资源集中并不是政府的荣耀，政府应该做的，不是锦上添花，而是雪中送炭。”

还有嘉宾认为：“衡水中学这种军事化的自律，与血汗工厂富士康并无二致。这样的教育培养出来的学生，可以说是精致的利己主义者，没有体验到人生的乐趣。”

总之，无论是有意或无意，衡水中学的高调崛起，客观上成功地转移了人们对黄冈等几个老牌“超级中学”的关注，大有后来居上的气势，但同时也将自己置于舆论的烟熏火烤之中。也许这是所有“明星效应”的共有特征吧，究竟是福是祸、是利是弊，利害权衡之下明星们自有分寸。但可以肯定的是，到目前为止，所有的批评对当事人而言，几乎都可以“坏事变好事”，套用影视圈里流行了几十年的一句口头禅：“要想炫，来点儿革命大批判！”

没错，对于外界一年一度（高考）的“革命大批判”，衡中的领导们非常淡定。在央视一档《首席夜话》节目中，一位北大研究生向衡水中学现任校长张文茂提问：“校长，你关心过学生有没有快乐吗？”

校长相当自信地回答：“如果是痛苦的学习，（就）取不得好成绩。他一定是非常快乐地、自愿地、进取地想着自己的奋斗目标，实现自己的梦想而努力。学生是快乐的，学生是幸福的！”

张校长的回答并非谎言。在记者采访过的学生们当中，绝大多数人都认为三年高中生活很苦，有的甚至用“地狱”二字来形容苦的程度。但是，更多人认定吃这三年的苦，值了！有位学生还借用央视名主持白岩松的一本书名调侃：“这三年，痛，并快乐着！”

有意思的是，反观“成批成批的像韭菜一样批发生产状元的学校”衡水中学，白岩松却不认为那些学子们“痛并快乐着”。在2014年6月27日央视《新闻1+1》栏目中，他嘲讽：“全国所有高校，请不要让衡水中学考进你们学校的学生再参加你们学校的军训了，因为人家已经参加了三年，而且非常严格。”

褒也好，贬也罢，批也好，赞也罢，经历过数轮狂轰滥炸过后，尽管创校老校长已经退休，但衡水中学这艘超级“高考战舰”仍能按照既定方针沉稳前行。

后记：结束采访后，高考录取结果也已经放榜。再次路过衡中门口的“英才街”时，“英才榜”上已经“一代新人换旧人”。看着新上榜的小“状元”们清癯满足的笑脸，我心里五味杂陈：他们用青春换高分有错吗？没有。那些为学生考高分而如牛负重的老师们有错吗？也没有。那些处心积虑制造高考神话的学校领导有错吗？如果说有，又错在哪儿呢？

21世纪西部高考风暴

——对话《中国门》导演王杨

采访时间：2015年5月、8月。

采访地点：北京。

受访人：王杨（优秀电影纪录片《中国门》导演）

采访人：本书作者。

就在中国“高考牛校”炒得沸沸扬扬的时候，一位名叫王杨的陕西籍青年电影导演，背着一大包问号，带着几个同伴，来到被联合国教科文组织划定为“最不宜人类居住的区域”之一——甘肃省贫困县会宁，拍摄了一部纪录片——《中国门》。影片在网络试播后，点击率单日破百万，创下中国网络纪录片的最高记录，此后多次入围国内外电影节，先后获得“法国银幕电影节最佳影片奖”、“观众选择奖”等多项荣誉。

于是，一个早已存在，却低调潜伏于考界的“高考状元县”，以独特的视觉传播形式冲击了世界。多家国外教育团体纷纷对电影所描述的场景发表评论，一些欧美国家的家长，强烈要求王杨导演组织他们的孩子到会宁中学体验电影里的学习场景，国内外多家影视机构表达参与拍摄续集的意愿……

这是一部怎样的电影？为什么打动了那么多不同地域、不同文化背景的观众之心？就此，我们两次约访了《中国门》的导演王杨。

记者：王导，前几天在网上看到您导拍的电影纪录片《中国门》，作为曾经的电视人，我为您的成功感到由衷高兴。尤其是您这部片子涉足的领域，与我们正在写作的这部书非常吻合，所以约您来谈谈会宁、谈谈高考、谈谈教育，谈谈您的《中国门》。

王杨：谢谢。这部纪录会宁一中备战高考的影片会引发如此大的社会反响，我始料未及。开始的想法很简单，在报纸上看到一组数字让我吃惊，全国著名的贫困县甘肃会宁自恢复高考以来，58万老百姓不惜粜粮举债，累计向全国各大中专院校输送了11万本专科学生、5500多名硕士和1100多名博士。会宁中学有个“宏志班”，每年高考上线率达100%，其中92%以上的考生被重点大学录取。

作者采访《中国门》导演王杨

记者：听说会宁有个叫阳赵社的“状元村”，全乡最穷，30多户人家，家家都出过“状元郎”，先后出了50多个大学生，就连胡锦涛总书记在视察会宁时也对此赞不绝口？

王杨：是的，刚开始我也是被这些数字所打动，因为我的老家在陕西咸阳，距离会宁不算远，对于西部教育条件的艰苦，我自幼耳闻目睹。会宁取得如此骄人的高考成绩，毫无疑问让我自豪、心动。但最终促使我下决心去拍一部电影纪录片，还是网上有关会宁高考的一些负面报道，有人说会宁是一个高考工厂，生产的是一台台考试机器。有人说会宁的高考热，导致了不少农家因教返贫。

记者：想去为会宁正名？

王杨：不全是。类似有关“超级中学”的公开辩论很多，我想，如果深入其境，拍一部完完全全的纪录片，推开会宁高考——那扇褒贬各半、众说纷纭的神秘之门，再通过这道门去推开一扇解读中国教育的大门，会是一件很有意义的事情。

记者：听说《中国门》播出后，翌日就创下中国网络纪录片点击率单日破百万记录，过后又获得“法国银幕电影节最佳影片奖和观众选择奖”等荣誉？

王杨：是的。

记者：今天约谈您，不全是因为这些荣誉，主要是我们从《中国门》这部几十分钟的电影纪录片中，看到了一部上限数百年甚至更漫长的中国西部人文史。我们相信这也是您拍摄这部影片的目标之一吧？

王杨：会宁是被联合国教科文组织划定为最不宜人类居住的区域之一，自然生态之恶劣可想而知。正因为这样，能够生存在那块土地上的人们具有超强的坚忍、负重精神，无论是大人还是小孩，那种不甘宿命，渴望新生的躁动，你随时随处都能见到。

记者：于是通过上大学走出绝境，“用知识改变命运”，成了他们力所能及的最佳路径。自20世纪末开始延续至今，以会宁为风口的中国西部高考风暴日渐强劲。看您的纪录片，我感受到一种有如蚂蚁过河般的悲壮！

王杨：对于经济极度贫困的西部农民来说，要想走出贫困，就只有让孩子读书这一条路。所以为了供孩子上大学，很多人愿意倾家荡产。我们影片中反复出现的孩子们的家庭生活，多半在会宁中学旁边一座叫“陪读山”的小山上拍摄。

记者：“陪读山”？

王杨：那里早年都是县城边缘老百姓自己的住房，自20世纪末西部高考风暴起势后，来县城读书、陪读的人越来越多，房主们顺势将老房子改成出租屋，自己去城镇买新房，“陪读山”上的新居民便是一拨又一拨的外来陪读者。

我在“陪读山”采访过一位名叫杨辉彬的孩子，他的父母荒废了农村的承包地，双双来到县城给孩子陪读，全家租住在一间不足十平米的小房子里，吃喝拉撒睡都在里面，生活过得很窘迫。

那孩子早熟，很体恤父母望子成龙的心情，学习很努力，生活很节省。他告诉我，离开老家之前，妈妈对他说，“娃呀，家里过日子有多难你都看到了，只要考上大学就不用再回来受苦了，去外面过好生活。俺给你商量一下，如果你愿意吃苦读书，咱家就豁出去了，陪你去县城，妈给你做饭照顾你生活，你爸打工挣钱供你交学费。”孩子答应妈妈：一定好好读书，考个好大学。于是，一家人卷起铺盖、锁上大门出发了。

记者：听得我很感动，有点“风萧萧兮易水寒，壮士一去兮不复还”的悲壮味道！

王杨：我们跟访了孩子的爸爸妈妈。爸爸在县城干的都是最苦最累最脏的活儿，每天工作十七八个小时。妈妈天天考虑怎样在有限的财力条件下给孩子做一顿既可口又有营养的饭菜，还要干一些手工活儿贴补家用。在一家人相互关爱的温情之外，我更感受到这家人巨大的精神压力。我曾问孩子父亲，花这么大的代价，万一孩子考不上大学咋办？他沉默了半天后有些无奈地回答：“既然做了决定，我们不会放弃。我跟孩子说，一年不行两年，两年不行三年，咱们全家人都豁出去拼了，赌一把！”

记者：在“陪读山”，这种“豁出去”、“赌一把”的心态是不是很普遍？

王杨：“陪读山”成百上千的陪读人家，大部分人的想法都差不多，过着一样的日子。当地教育部门和学校向我们推荐了一个采访对象，名叫姚絮娜，成绩非常优秀。在学校接触她时，似乎没有我们在城里遇到的优秀生那么自信和开朗，相反很自闭、自卑，不愿回答问题，而且说话还结巴。

姚絮娜住在学校里，一日三餐吃的都是锅盔（当地一种烙饼）就着一点咸菜。拍摄时我们想请她随我们去酒店吃点好些的东西，被学校老师制止。老师说：“孩子常年吃的都是没有油的锅盔，突然吃大鱼大肉，肠胃受不了会闹肚子，影响复习。”

为了进一步了解孩子的家庭情况，我们利用星期天去了她家。她的家乡土地沙化非常严重，自然环境十分恶劣。去过那里的人都说：“别讲吃饱饭，连讨口水喝都很难！”

到的那天中午，姚絮娜的父亲给我们做了一顿客饭——每人一碗面条。对于这个家庭而言，油盐煮面条已经是一种奢侈了。老姚说，靠种地无法改善家庭生活，孩子是他们家脱离困境的唯一希望，所以不管吃多少苦，也要把他们供出来，让他们考上大学。姚絮娜是老大，很关键，她要是考上了大学，身后三个弟弟妹妹就有希望。

记者：父亲是指着她大学毕业后供养弟弟妹妹读书，还

“陪读山”上，家长陪儿子读书到深夜

是说给他们做出榜样？

王杨：应该两个目的都有吧。让我们感到奇怪的是，从翻过几道山坡，看到自己家乡开始，姚絮娜像是变了一个人，问她什么说什么，有时候还主动向我们介绍她的家乡、她的家庭，说话也不结巴了，甚至在镜头面前也能自信地说出这番话："也许我没法和城里的同学比出身，我们不平等。但是我有信心、有决心与他们比未来！"

姚絮娜这番话对我们触动很大，在这样一个贫瘠的地方，这么一个看似自卑的柔弱农家女孩，内心却充满了强烈的追求平等、追求高质量生存的愿望。我有一种在沙漠里看到一株绿色植物那种感觉。

记者：您眼里的姚絮娜是一株沙漠绿植，可我从你的记录片中看到的她，不管在学校还是在农村，在读书还是在拉粪车，眼神与表情都酷似一个人——罗中立的成名作油画《父亲》中的那位掏粪老农。记得当时我曾被油画里那位老农死牛羊般的眼神所震撼，写了同名电影和电视剧。几十年后，我又从你们的镜头里看到了如出一辙的麻木与无奈，我落泪了。但这一次当我拿起笔的时候，却有些惶惑：三十年过去了，那种眼神为什么就像一道镶嵌在贫困地区人们眼里的阴影散不去呢？生活在中国农村的孩子们，真的仅凭一次高考，就能够改变祖辈遗传的宿命吗？

王杨：我觉得，尽管两代人的表象一样，但他们内心所追求的生命品质已经发生了很大变化。今天这些黄土地上的孩子们非常自觉地将自己和家庭、亲人的命运捆绑在一起，多了几分对社会公平、公正的追求，并萌生了老辈们不敢奢望的使命感，这些都是他们的前辈无法想象的。尽管那些追求和使命感不可能一夜之间整体实现，但只要坚持不懈，总有

仪式感很强的操场读书

一天会改变那种命运的恶性循环。这种镜像在我们拍摄过程中时常会碰上。

记者：注意到您纪录片里的这一组镜头，仪式感很强——黄昏的学校大操场上，夕阳西下，千余名学生在余晖中争分夺秒地背书。有的坐在草地上，有的趴在地下做习题，有的拿着书或笔记本不停地走来走去——你们有摆拍吗？

王杨：没有，我们上外景回来路过操场随机抓拍的镜头。开始我以为学生一定都在背英语单词、课文，后来发现语文、数学啥都背。有个孩子说，大部分课文他都能整本整本地背下来。我说，有些课程只要理解不需要死记硬背的呀。他们说，全都背下来，考试更有把握。

记者：你知道我看片时的感受吗？千余名学生聚集在一起疯狂地读着、背着、摇晃着，那场景有点类似宗教活动，他们不像是背诵普通的课本，更像是一种可以解脱他们和家庭困境的经文或神谕。

王杨：没错，操场上那个趴在地下用树枝做习题的学生叫马晓军，父亲是开黑车的司机，工作没日没夜，还得提心吊胆。母亲在一个小作坊里面打工，给人纺织羊毛地毯，每天工作十三四个小时，劳动强度之大超出我们想象。

记者：父亲、母亲超常的体力劳动，儿子整本书整本书地背，超常的脑力劳动。您觉得这家人的行为动力在哪一块？

王杨：我觉得这家人最大的动力是一种恐惧，一种考不上大学就没有未来的恐惧。有意思的是，后期我们在北京上海拍片子的时候，发现这种恐惧甚至超越了社会阶层。一些城市居民对日益深化的社会竞争，就业、财富等等，都没了安全感，有一种惶惶不可终日的感觉。

记者：这种惶恐也会嫁接到他们对后代命运的忧虑上，只不过城乡家长们所采取的应对策略不一样而已。

王杨：是这样，我在上海采访一位中产阶级家长，问他为什么让两三岁的孩子就上全美教育学前班。他回答说，在中国，孩子面临的竞争压力越来越大，倒不如早些接受欧美教育，让他长大后出国上大学、谋发展。

记者：在观看《中国门》最后一个场景——考场门外的时候，我的心更加沉重。天上下着小雨，隔着考场的大铁门，外面站着黑压压一大片家长，有的打着伞，有的穿着雨衣，有的裸着头站在雨地里，焦急地张望着。我截了很多脸部大特写图，尽管性别不同、看上去职业不同、年龄不同，但是面部表情是那样的一致——焦灼、凝重、期盼……让人看得很揪心、很压抑。

王杨：是的，也正是拍到这里，我觉得这部纪录片成功了。我们用长焦镜头去凝视一个个心急如焚却表情迷茫的家长，透过镜头里的表情去发掘家长们复杂的心理维度，他们对“一考定终生”的残酷事实有多大的承受力。

记者：看着这一幕，我在想啊，对于考场里面的孩子来说，只有两个结果：考上大学或者没考上大学。而这两种结果对于家长们来说，又意味着什么呢？

王杨：考上了肯定是皆大欢喜，没考上大部分人还会让孩子重读。这里面既有对改变命运的渴望，也有部分虚荣心。您知道会宁人在一起聊天时最喜欢说的两件事是什么？一是天什么时候下雨，二是谁家的孩子考上了大学。

记者：黄土地里的庄稼靠天收，所以盼下雨。家庭脱贫靠后代上大学……可是客观而言，不管考上或没考上大学，在您看来，这两种结果会不会有某种恒定的结局？

王杨：有的。不管考上没考上大学，绝大部分孩子都还是要出去的。考上了读大学在城市里找工作，没考上再复读，实在不行去城市里打工。为什么我们这部记录片叫《中国门》？不仅仅是学校门、高考门、教育门，更包含有黄土地上这些孩子们的命运之门。考上考不上，这一两代人要过的门太多。作为个体而言，他们各自能够推开几重门，是未知数。

记者：多年来，不管是历史重教的传承，还是地域生存条件促成，会宁已经形成了一种独特的高考文化，进而派生出一种高考经济。您对此有过思考吗？

王杨：会宁人的确有重教的传统，但是如果把这些年会宁在高考中所取得成绩都归功于此，恐怕也偏颇。上面说过，会宁是著名贫困县，与别的地区去比政绩、比经济、比GDP，肯定没有任何优势。顺应老百姓对子女考大学的迫切需求，借助本地区在教育方面的天时、地利、人和，以高考作为提高知名度的切入点，无疑是快出成果的极佳手段。

记者：是啊，我们在黄冈、毛坦厂、衡水采访时，也意识到这一点。换种说法，从某种层面上讲，会宁高考文化是一种普遍存在于中国贫困地区的生存自救？

王杨：是的。在这一点上我敢说，从地方政府到平民百姓的认识高度一致。

会宁的财政收入很少，赶不上东南地区的一个乡镇，但政府将每年近60%的财政支出投入中小学的各项投资，甚至不惜以政府举债、干部职工捐资、集资等手段为学校筹措建设资金。据国家有关部门审计查明，会宁基础教育累计负债亿元以上，其他开支全部停止也得还上五年。

记者：这些举措让人在敬慕会宁地方官员办教育的魄力和勇气之外，未免还会产生一些担心与疑虑。都知道会宁是个穷地方，想要改善地域经济非几年之功，再加上政府投资倾向性过大，大到足以挤占工农业生产的资金投入，导致县域经济陷入死角。如此恶性循环，欠下一屁股债，最后由谁买单呢？

王杨：岂止是政府，很多老百姓为了供儿女考大学、上大学，同样欠下一屁股债，甚至不惜去借一辈子也无法还清的高利贷。从政府到老百姓，他们究竟对此怎么想、怎么看？不得而知。但是我们拍摄期间在会宁能听得最多的一句话是："除了教育，会宁没有别的出路！"

记者：假如说得精确点，他们所说的教育，可能就是高考的代名词吧？

王杨：是那样。我不知道其他贫困地区会是何种景象，在会宁，高考那是天大的事。高考那几天，县城几乎完全瘫痪，所有部门、所有单位，优先为高考服务，其他事情可以延后的就延后处理。有个考生出了交通事故影响到考试，随时都可能引发公愤，司机会受到路人的围攻。

记者：因为那里的人们都清楚，每一个家庭为考生付出的是什么？

王杨：没错。如果影响到高考，往小里讲，是毁了一个家庭的希望，往大里讲，会影响到一个县域的名誉，而这种名誉又可以给地方政府换来强有力的经济援助。多年来，会宁由于高考方面的优势，作为西部教育的一个样板，享受到更多国家专项投资。

记者：这比单纯享受国家特困县补助要好听、实惠得多。作为地方官员来说，出门开会什么的，腰杆也挺得比别人直。

王杨：是的，找到一种尊严。在会宁拍片时，当地官员一谈到教育就眉飞色舞，常挂在最边上的一句话就是"我们虽然不能产生多少税收，但是我们出产很多人才！"

记者：政府官员如此，当地教育部门、学校、校长、老师，在整个高考文化的链条当中，他们各自的角色是怎样的？

王杨：在会宁，高中教师的社会地位很高，受到社会普遍尊重。举个简单例子吧，他们去市场买菜，假如被卖菜的家长认出来，死活都不会收钱。从经济角度讲，他们的工资在县城里面是最高的，比公务员还高，另外学生高考取得好成绩，还会给相关老师发奖金。待遇高，相应责任、压力也特别大，倒不完全是奖金问题，用他们自己的话讲，“全县人民都看着呢！”

记者：从某种意义上讲，会宁中学的老师们从政治、经济上都分享了“高考红利”，但出于知识分子的良知，作为一线教育工作者，他们对会宁“一切围着高考转”的教育模式，有没有不同看法？

王杨：当然。有些老师私下跟我说，他们并不赞成现在这种只抓高考成绩，不抓学生素质教育的做法。他们说，学生压力太大，精神上会出现各种各样的问题，考上没考上的学生都出现过自杀等极端事件。但已经是这种局面了，县里的荣誉、学校荣誉、家长的期盼，全都寄予一身，谁也不敢冒险去搞什么素质教育，一旦孩子没考上，咋办？

纪录片《中国门》

记者：您刚才说有考上大学的学生自杀，为什么？不适应新的学习环境？

王杨：前后学习环境的确悬殊很大，还有学习方法、老师教学方法、周围人群，等等，都不能适应，加上在高中学习时基本上都是被填鸭，突然什么都得自主了，有些适应能力差的孩子就会想不通，会绝望。

记者：坚持下去有困难，退回去，又无颜见江东父老，所以导致悲剧产生。

王杨：还有的孩子坚持到毕业了，去找工作，由于怀有自卑感，又不善与人沟通，四处碰壁，加上心里面承受家庭、甚至整个家族的期望值过高，最后终于坚持不下去，自暴自弃。这些情况老师们不是不知道，也不是没思考，但无法逾越业已形成的习俗去离经叛道。所以，很多老师自己也患有精神焦虑症，我采访过的两位年轻老师，得空就拼命打乒乓球，通过体力消耗来自我放松、减压。

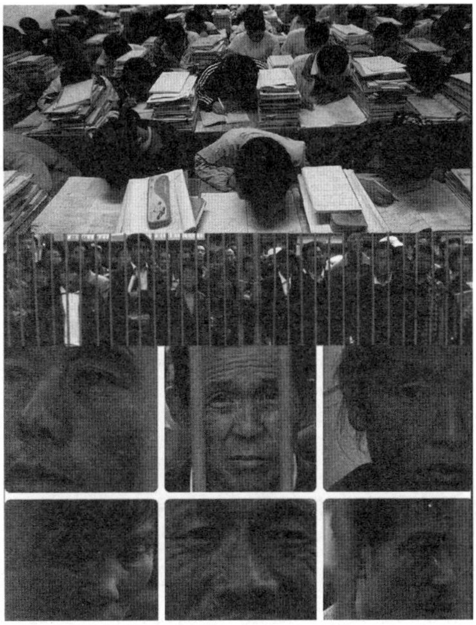

高考：大门内外

记者：看完您的纪录片《中国门》，想了很久，觉得那是一个多重“门”。您为观众推开了会宁这道“小门”，让我们看到了中国教育这道“中门”，透过中国教育之门，我在思考中国社会这道“大门”。作为这部纪录片的导演，对此您有什么思考吗？

王杨：从会宁那道“小门”里面看，作为贫困地区的孩子们来讲，高考改变了他们中间部分人的命运，让他们有资格对自己的人生做出更远大、更有尊严的设计。事实证明从会宁中学那道“小门”里面已经走出了不少优秀人才，有的在国内，有的在国外，有的成为科学家，有的成为大学教授或工程技术骨干。

记者：在政界当官的也不少呢！前国务院总理温家宝的秘书、国务院政策研究室副主任田XX就是会宁中学毕业生。

王杨：不只是出人才，在采访中我还了解到，会宁在外地工作的毕业生寄回家的钱达到每年一亿多，是全县财政总收入的两倍多。会宁县的教育支出占财政支出近60%，总量约为1000万元左右。从经济角度看，这种投入成本也还是合算的。

记者：可是我这里还有另一组数字——2009年，农业部一项抽样调查结果表明，在甘肃省，重返贫困线以下的农民中，因教育支出返贫的占50%。您是否在那道“小门”里面见到这种现象呢？

王杨：我也看过、听过这种批判声音，说会宁人才外流、因教返贫，可能我更关注这一代会宁年轻人的个体命运。从人类大格局上看，任何一次社会变更或生存革命，很难避免会以短痛结束长痛的方式进行。

记者：好的，我们就从社会大格局来看小门外面的中门、大门，即便前面有我们提到的成功者事例，但从整体上看，您认为从目前高考小门里出来的“人才”，他们的思维格局真有质的飞跃？真的就有能力成为当代社会的创新型人才，承担起振兴民族的大业吗？

王杨：客观讲，很难。不止是会宁，通过中国“高考门”出来的学生，能成为真正意义上的创新型人才，恐怕为数不多。作为一部电影纪录片，我们能做到的就是推开小门，让大家去看、去思考“中门”和“大门”内外更深层次的问题。

后记：对王杨的采访结束不久，2015年高考分数揭晓。记者自会宁获悉：该县今年高考成绩更上一层楼，全省文、理科高考“状元”再次双双花落会宁一中。尽管如此，会宁县的领导却处于一种前所未有的焦虑之中——如果说前几年显现的大学生就业难，已不断给会宁人“豪赌”教育的狂热浇了凉水，但并没能让会宁应试教育的战车减速，因为身边成功者的范例还有，政府对应试教育的热情未减。然而，自2014年启动的高考改革，似乎正一步步动摇应试教育的根基。一旦高校“自主招生”，一旦高考分数不能决定考生命运，一旦大学生就业率持续下滑，建立在“学生苦学、教师苦教、家长苦供”基础上的会宁教育优势还能挺多久、走多远？

而在与会宁政府层面的人士交谈时，记者听到最多的一句话是：“万一废弃高考，会宁的孩子还能通过什么途径去改变命运？”

第四章　高考，再说爱你不容易

一人高考，全家动员。一届高考，举国沸腾。你批你的应试教育，转过身来谁敢让自家的孩子疏离书山题海半步？苦也、甜也、喜也、悲也、笑也、哭也，每个考生被上帝绑定一只潘多拉魔盒，疲惫不堪地等待着谜底与宿命。中国的孩子苦啊，苦就苦在只要拼不赢爹娘，就只有自己上考场拼命。而在这一场命运之战中，我们的孩子付出了什么？家长又付出了什么呢？

寄往天堂的大学录取通知书

采访时间：2015 年 10 月。
采访地点：江西。
受访人：何老师。（退休小学教师）
采访人：本书作者。

在那个乡，甚至在那个县级市的教育界，很少有人不知道何老师，但同样很少有人说得全他的大名。他只是一个普通乡村小学的教师，况且熬到退休也没被列进国家正式编制，“文革”前他是“顶编代课老师”，“文革”当中被降格为“赤脚老师”，“文革”之后落实政策，又恢复了“顶编代课老师”的待遇。

作者采访何老师

何老师出名了，绝对与这份单调到三句话讲完一辈子的简历无关，更与他任教多年、桃李满天下的辉煌扯不上。

他17岁初中毕业，与同座一位女孩约好双双报考县中，偏偏此时村小一位老师患肺病死亡，他爹花了半边猪肉贿赂大队长，报经公社同意让他回村当顶编代课老师。他当然不乐意，为此父子俩吵得人仰马翻，最后儿子不得不眼泪汪汪地屈从了文盲父亲那一声吼："老子不出路费学费，你去县城读个卵书？"

此后43年时间，他那位同窗初恋早已大学毕业远嫁上海结婚生子，而何老师一直没挪过窝，如同先圣孔夫子那般，少说也教过两三千个学生，"贤士七十二"还不止，考上大学后留在外省，甚至去外国工作的弟子有多少他也记不全，因为"出息的孩子难得见面"——说这话时，何老师脸上挂着掩饰不住的惆怅——能让他经常挂在嘴上如数家珍的便是"二等弟子"了，有县里面的文教副县长、文教局长，有乡长、村长、校长……

最让何老师名声远播的不是弟子三千，也不是贤士七十二，而是另外一件让他痛不欲生的不幸之事。

20世纪80年代，尽管计划生育抓得紧，但在农村仍有不少"超生游击队"，生两三个甚至五六个娃是常事，哪怕被揭瓦拆房，一些基层干部甚至冒着被开除工作的危险也在所不惜。可何老师打死也不敢，他很在乎头上那顶"代课老师"的帽子，因为只有那玩意儿至少能让他在课堂上找到一丝做人的尊严。

生下老大后，何师母偷偷怀过第二胎，肚子出怀后躲回娘家去生崽，不知怎地被哪个透出风去，公社教育干事找何老师谈话，一句话就击中他的软肋：

“你还想不想转正？”就像当初屈从文盲老爹一声吼那样，何老师立马服软，回家动员老婆去流产结扎。可何师母说啥也不听从，他只好让公社派人从老丈人家将老婆绑架到公社医院，先流产、后结扎，弄了个死去活来。

几天后，何师母回家骂了声：“你这个怂蛋，剩下个‘独卵子’，往后万一有个闪失，看谁给你何家续后！”伤了心的何师母从此宁可偷人养汉，也不肯再跟何老师同房。半年后，满心伤疤的何师母随一位外乡弹棉花匠私奔了，从此音讯全无。此后很多人要帮何老师介绍对象，可他非常认真地说：“我还没办离婚手续哩，再结婚属于重婚罪，那是要犯法的！”

不幸的是，何师母离家出走前那句伤心绝情的话语，竟然成为一句可怕的咒语显灵了。十几年后，厄运果真降落到何老师的头上。他的独生儿子何水旺连续参加八次高考后，在公布分数线的当天晚上跳下后山悬崖……更令人唏嘘不已的是：就在孩子跳崖过后三天，他报考的一个二本大学降低分数线，给他寄发了录取通知书。

独生子的自杀使得何老师一夜白头，并迅速成为多家媒体的追逐对象，报道焦点多半在水旺之死的细节及高考制度的是非论道上。有人将何水旺之死归结为当代青少年压力大但缺少抗压能力，有人认为是家长“望子成龙”之心过切，将孩子逼上死路，更多人将此归罪于“一考定终身”的中国教育制度。

我与何老师是半个乡亲，早年有事回乡，我经常去看看他，毕竟在老辈人当中，他是文化人，与我更有共同语言。自打水旺去世后，我去得少了，偶尔碰上，也就说几句面儿上的话安慰安慰，他的沉默寡言就更加可想而知了。去年三月，我突然接到他打给我的长途电话，问我清明节是否回老家，说有很多话要对我讲。我答应了他。

他又苍老了许多，头发几乎全都白透了，一只眼睛长了白内障，看人隔着一层雾。不同寻常的是，此次见面从一开始何老师就打破了素有的沉默。

“我从报纸上看到你正写作反映教育问题的书籍，想了几个晚上，憋了一肚子话要对你讲！”

说实话，这两年一直在做教育领域的事件调查，但唯独忌讳发生在窝边的这宗案例。每年回乡见到何老师都想详细问问水旺的事，但确实不忍心触碰他心头那块难以愈合的伤疤，没想到这回他要主动“竹筒倒豆子”。

“你是知道水旺的，虽说比我多读几年书，骨子里还是跟我一样，没什么远大志向。先后考了七八年大学，开始是他自愿复读，后来是我逼他。原本也不是想图个啥出人头地，我只想他能有份稳定的职业。

“第一次高考，旺儿的成绩离专科分数线只差3分，主动回家跟我商量：‘爹，班上几个分数差不多的同学都打算重读一年，明年再考，我也想。’其实打分数线下达后，我也是这样想的，父子俩不谋而合。

“重读了，孩子很努力，说他起五更、睡半夜一点都不为过。发狠了一年，第二次高考分数超过大学专科录取线，距离二本差两分。我挑了两所师范专科学校让他填志愿，可孩子不乐意，憋了两天少吃少喝，我以为他生病了，让他去合作医疗找医生瞧瞧去，他说自己没病。

“拖到交高考志愿的最后一天，孩子才磨磨蹭蹭地给对我说：‘爹，想跟你商量件事……’

“咱家孩子怂，你知道的，打小没娘惯着，一句话切断几截说：‘我知道咱们家穷，你一个人又做爹又做娘，一月就那么点工资，拉扯我这么大不容易……’

“我让孩子有啥说啥，别有顾虑。水旺这才吞吞吐吐地说：‘爹，跟我一起重考的几个同学都上了本科分数线，我想再重读考一次，读上本科以后工作好找些，工资也拿得高些。我想这事吧还由爹做主，您要是不乐意，我明天就照你的意思填报师专交志愿去。’

“话说到这份上，我想任何一位家长都无法拒绝孩子的请求，我只是提醒水旺一句：‘明年要是连专科都没考上，你可别后悔啊？’

“水旺说，‘爹你放心，我会尽全力复习考试，万一再落榜，我去外地打工！’

“团转百来里，只要是熟人，谁不夸咱水旺是个忠厚老实、听话的孩子，说一是一，从不撒谎食言，可是命苦哇！第三次高考还真的失利了，连大专线都还差几分。他二话没说，买了一张去深圳的汽车票，卷起自己床上的铺盖，问我要了300块钱生活费就离开家。”

“那不挺好的吗？为什么又回来了？”我说。

“说句实在话，就我本意，并非真正同意让水旺出去打工，只是正好赶上暑假，花几百块钱让他去外边见见世面，打打工经些磨砺，回头复读更努力一些。没想到他去深圳打工的第三天，一个同班女生打来电话，问我可不可以让水旺再重读一年，‘其实他平时成绩比我们都好，只是心理压力太大，想考所好大学报答您！’那姑娘说。

“后来别的同学告诉我，那个考上广州暨南大学的女生喜欢水旺，此前俩人有约定一起考大学、考研究生……

“万事由命啊！在感情问题上孩子又走回到我的老路了……”何老师长长地叹了一口气，像是要吐出对自己父子俩命运重合的郁结。

“当天晚上，我就打电话让水旺回家复读，可孩子说啥也不肯回头，直到我骂完一十八块八毛八分钱的长途电话费，才答应遂了我的愿。”

“你也有错！”我说。

“现在看来全是我的错，不该跟命斗着来……这以后，一口气又重读了三年，高考成绩总是距离录取分数线差那么一两分，不上不下，这让我和旺儿都陷入一种非常尴尬的地步，欲上不能，欲罢不忍。假如干脆分数差得多了，我们兴许早就作罢！

“第六次考试落榜后，那姑娘大学毕业去英国读研究生，旺儿说咱不能再耽搁别人了，便主动提出和她分手。此后他更加沉默寡言，除开背书就是背书，有时做习题通宵达旦，眼见身体一天天垮下去。

“哪个父亲不心疼儿子？更何况是我这种情况，父子俩相依为命这么多年。可我还能咋办？也劝过水旺不考了，甚至瞒着他偷偷委托我的一些有个一官半职的学生帮他找工作，但大多答应下来后就没下文，或有下文也是推三走四解决不了问题。我只好尽最大努力隔三差五给孩子买点肉，熬点汤让他补补身子，别的什么忙也帮不上。

“就这样，我们父子俩强撑到参加第七次高考，真是精疲力尽啊！高考前，水旺患了急性肺炎，顶着39度高烧进考场，坚持考完三门课以后，他晕倒在考场上，被送到医院急救……”

听着何老师越来越趋近平静的叙述，我不禁诧异：“都那样了，你还让他接着复读接着考？”

“你觉得就我这能量和孩子当时的身体状况，还有别的选择吗？连出去打工的本钱都没有了。”何老师痛苦地摇摇头：“那次生病误考后，正好赶上乡政府招聘两个在编公务员，我让水旺报了名，文化考试成绩排第一，加上乡党委书记、乡长都是我的学生，我想这一次水旺的工作总该铁板钉钉了吧？

“没戏，还是没戏，结果录取了两个没参加考试的外地小孩。我斗胆去乡政府问书记和乡长，他们回答我：‘真对不住老师，录取的那两个人都是市领导亲自打过招呼的。还是让水旺好好复读准备高考，万一没考上往后我们再鼎力帮忙！’

“走到这一步，除开咬着牙继续参加高考，我们几乎无路可走。事后社会上有人奚落水旺高考八年赶上‘八年抗战’了，不那样又能如何？其实平常全市统考也好、学区统考也好，水旺每一次的总分都名列前茅，就是见不得高考，心理压力一年比一年大。现在跟你说不怕笑话，考到最后，孩子身体考垮了，自信心考没了，除开上课就呆在家里做习题、背答案，四门不出。有时候你跟他说生活上的事情，他回答你的是解题答案……说句实在话，到最后他那种精神状态，除开考试我真没有把握他还能干什么，几乎考成了废人！”

“听说水旺最后一次高考上线了？”

“第一次公布分数线他离专科线还差两分，学校发榜后他没回家就直接奔后山跳崖了……三天后，录取线普遍下调了，招生办的同志也知道我们家的情况，特地打电话告诉我，水旺的总分够上二本了……”

说到这里，何老师倒是显得异常平静，应是哀莫大于心死吧。我懂，对于这种悲剧性结局，任何捶胸顿足式的惋惜，都不足以表达一位父亲被碾碎了的心。

“在我印象中，水旺小时候尽管有些内向，但还算得上是个性格开朗的孩子。记得他刚上高中那会儿，我回乡办事，他告诉我拿下全市中学生演讲第二名、全校乒乓球冠军呢！我还买了一对红双喜牌球拍送给他，他说下一季比赛争取打下全市少年组冠军呢！怎么后来就变成那样了呢？”我问。

“这几年一个人闲着没事的时候，我也总是在不停地想啊想，我们父子俩的遭遇究竟问题出在哪？”

“找到答案了？”

他摇摇头。

"就事论事，我倒是觉得你不该让孩子一根筋考大学，考了两年考不上，他去外地打工了也是一条路啊？为什么把他弄回来？而且除开考大学就非得求神拜佛替他找正式工作。"

"我那样做不也是为孩子好吗？我不想他再像我一样，一辈子囚困在这块穷乡僻壤里，更不想他为了一个正式编制一生忍气吞声、寄人篱下！"

"别怪我埋怨你，都什么年代了？那个正式编制对你来说就真的还那么重要吗？埋汰了自己，又赔上了儿子！"

"你体会不到……"他摇摇头。"你的起点不一样，回乡当知青没两年，你就转作国家正式老师了。如果没转正，后面你能调去县文教局、市电视台？你现在每月工资是多少？最低几千上万吧？你病了有公费医疗，住的有几乎是公家白送的房改房，我呢？每月一千刚出头，治一次感冒就没饭钱了。这还不算，只要国家搞精兵简政，首先被裁员的一定是我们这些代课老师。"

"为了这你就让孩子没完没了地高考八年、受尽摧残？这不是亲手把孩子往绝路上逼吗？"由于气愤，我完全顾不上眼前这位孤独者的感受。

"我把孩子逼上绝路？"何老师愤懑地抬起头看看我——仅仅只有两秒钟——又低下头："是啊，大多数媒体都是这么报道的，连你也这么看……"

"当然，水旺，包括你自己的悲剧，你也可以把责任推给社会，推给你个人所遭受过的不公正待遇……我想，你之所以愿意跟我讨论这件痛苦的事，就是因为希望从我这里求证自己的答案是对的吧？"

没听见回答。我回头看了一眼何老师，他眼睑低垂，似乎孱弱到不堪一击，以至于过后每想起那个场景，我都会在心里痛哭一场。

"对不起，我不该那样说你……"我向他道歉。

"你说的也没错。这几年我自己一直后悔，要是第二次高考录取师专坚持让水旺去读了，要是他去深圳打工我没把他弄回来，也许下场不会这样……可是越往后越不甘心啊，就像是一场赌博，赌注越下越大，直到把儿子的性命赔进去了……"

他抬起头不再言语，眼睛直愣愣地盯着对门刚集资翻新过的祖祠堂，那里摆着他们何姓家族历代祖先的牌位，无论外面的阳光有多灿烂，里面幽深黑暗，走进去还能闻得到几个世纪前的霉味儿。

旋即，我们不约而同将目光从祖祠堂移向左侧的田野。油菜花全开了，一直金灿灿地延伸到对面那座古老的祖坟山上。可怜的考生何水旺就安葬在那里，记得他上山之初，坟头上只是简单地砌了几块砖，因为按照当地习俗，不允许给自杀凶死的未婚人正式立碑，否则不利本族后人。今天上午我给父母上坟路过时，看见那“考死”的孩子坟头上新立了一块石碑，上面刻着一行字——“我儿水旺”，旁边还粘着用塑料袋封严实的大学录取通知书复印件，何老师说，原件在孩子的“头七”就烧给他了。

我猜想：这次违反族规，可能是一生逆来顺受的何老师头一次抗命吧？

后记：何老师两代人的悲剧，先后发生在中国新旧交替的两个时期。2014年，折磨了何老师一辈子的“代课老师”制度彻底退出历史舞台，他终于随着全中国所有代课老师一起“转正”了，但他儿子水旺式的悲剧事件却仍在上演，那位“终身考生”的悲剧基因深深扎根在广袤的本土之下，只要这种土壤还存在，它就可以潜移默化地主导寄生于此的芸芸众生。

【链接】

近20年，高考生自杀事件年年都有，具体数据无法、也没必要去统计。仅以2013年为例，高考后不到半年时间，经多家媒体披露的高考复读生自杀案例，便足以令人触目惊心。

2013年6月22日21时，在拉萨打工的四川籍农民工王某，下班后紧张地守候在公共电话前，等候一个让他期待又担心的电话——远在四川老家崇庆中学复读的女儿王丫（化名）上午就通知他：“只等今晚公布高考成绩，马上来电告诉爸爸！”

22时30分，电话总算响了，王某抓起刚响过一声的话筒，但电话里传来的不是女儿报喜的消息，而是妻子悲痛欲绝的哭喊声：“女儿的总分距离本科录取分数线差6分，喝药自杀，正在医院抢救……”王某当即晕倒在电话机旁。

23日凌晨两点，王丫经抢救无效，死在母亲怀里，留下一封简短的遗书：“爸妈，今年又没考上，女儿愧对你们，愧对因为供我读书而一贫如洗的、我所钟爱的温暖的家，希望我走后能减轻你们生活上的重负……”

王丫走了，本年度高考生们的悲剧却继续上演。

6月12日，东北考区高考分数尚未揭晓，第三次复读的考生杨某估分后用手机给父亲发了一条短信息：“我跳楼自杀了！”随即从自家15楼的窗台上纵身跳下，结束了年仅20岁的生命。亲人们在他的垫脚凳上发现一张便签，上面写着：“我憎恨父亲，憎恨母亲，也憎恨这个社会。”

6月23日上午，得知自己高考成绩距本科线差4分后，复读于内江某中学的郑某走近四楼教室窗边，抓出一把纸鹤扔向空中，然后退几步助跑跃上窗台，背着书包跳下，经抢救无效死亡。郑生自杀前也给父亲发了一条短信：“爱我的人和我爱的人，让我自私一次。我活着是一个累赘，我走了，来世再报答你们……”

6天后，陕西省三原县一位分数超过理科一本线的复读生刘某也选择了结束生命。刘某今年是第三次参加高考，头一年考上了专科分数线没去，第二年考上了二本分数线，但由于填报志愿过高未被录取。今年的分数虽然超过一本线两分，但那种上不上、下不下的感觉让他厌倦。他把填报志愿的任务委托给姐姐，没等待录取结果，便只身离家跳湖自杀。临死前给两个同学发了同样的短信：“我离家出走了，你有空帮我多安慰一下我妈妈……我真的太累，再也不想读书了……”

3天后，东北考区的标准答案揭晓当晚，辽宁营口市复读生李某默默将家里的钥匙挂上房门，手机留在桌上，悄悄离家出走。次日凌晨，母亲发现桌上有儿子的留言：“儿子对不起父母了……”几天后，家人接到警方电话，孩子在鞍山郊区投河自杀，还随身带着准考证。

悲痛欲绝的李某父母向记者哭诉：“儿子去年就考上了二本分数线，但他最大的理想是考上一本重点大学，所以决定复读……”

2016年2月，被史学家称作“奇才”的西安中学高三学生林嘉文，在紧张的备考期间，出版了自己第二部“具有学术分量的历史著作”（摘自书评），并受到两所大学的报考邀请。然而不幸的是，该生于23日晚跳楼自杀，留下“遗问”：“两年多来每一次对压抑和恐惧的感受，都沉淀着我对生死的深思熟虑……未来对我太没有吸引力……我越发不明白自己这么拼是为什么？”林嘉文未弄明白的“遗问”同样留给社会一个大问号，究竟是什么原因让一个少年奇才对命运如此迷茫？

近年来频发于高考前后的考生自杀事件让中国社会震惊，从上上下下、大大小小的教育机构，到专门研究心理学的各路神仙，都在关注这个群体的心理状况和生存窘境。有从教育大政入手呼吁“改革高考制度”的，有从方法论入手建议高校“自主招生”的，有从心理介入角度主张帮助考生树立正确人生观的。

我们不懂心理学的逻辑方式，也不太关心种种高深的理论或玄机，最关注的还是当事者的声音。如林嘉文那般有完整意识能力的自杀者毕竟是少数，大多数考生则是把自己甚至是一家人的前途命运都押在高考的成败上。

一位与“八年抗战”的何水旺有过类似经历的老资格复读生受访时说：“我们这些复读生、补习生都在赌博，多考一年心理压力就大一截，考到最后，就彻底崩溃了！即便后来侥幸考上了，也只是‘考上了’，早就失去了创造新生活的锐气……”

另一位落榜生家境贫寒，父亲常年在外打工，母亲在县城边做小时工为他陪读。交完第二年补习班费用后，他神情疲惫地冲记者叹了一口气：“真不知道明年此时我是哭还是笑……”

“你这样不自信，为什么非要再赌一把？”我们问他。

“父母亲为我考上大学付出的艰辛比我还多，除去为他们圆梦，我别无选择……”那位懂事的孩子如此作答。

也许，对于一部分考生而言，“另有选择”是一条更好的路，但是对大部分考生来说，“别无选择”却成为他们一次又一次“背水一战”的宿命与理由，正如一位复读生受访时所说的那样：“我考大学的目的与父母高度一致，就是要改变家庭现状。假若弃考外出打工，我不又得重复父母的命运？我们全家人十几年所吃的苦、所付出的努力不就白费了吗？”

25 封来自天堂的家书

采访时间：2015 年

采访地点：湖北、北京

受访人：贺老师一家

采访人：本书作者

我无缘目睹这个家庭曾有的幸福与快乐，却不幸地选择了他们最悲苦的时间节点切入他们的生活。

老贺、老程夫妇是华中某省一所“状元中学”的老师。三年前，妻子老程不幸患上直肠癌，为了不影响刚考进重点高中的儿子，她请求医生向她的丈夫和儿子隐瞒了病情，留在县医院保守治疗，直到第二年癌细胞转移到肝脏，医院不得不向她丈夫贺老师实述了病情，才被强制性送至离居住地一百多公里的省城肿瘤医院手术治疗，此时已是癌症晚期。于是，老贺只好办了停薪留职手续，让儿子强强在学校里寄宿，自己专职在省城照顾病入膏肓的妻子。

不久，妻子的病情加重，儿子这边也出了状况。班主任打电话告诉老贺夫妇，他们的儿子迷上了打电子游戏，经常旷课泡网吧。妻子一听急火攻心，顿时昏厥过去，经抢救苏醒后说什么也要丈夫赶快回家看管上高二的儿子。

湖北某女教师身患癌症不久人世，为了不影响儿子高考秘而不告

老贺拗不过妻子，只好从此唱起“双城记”，开始了两地奔命的日子，一面照顾重病的妻子，一面监督染上网瘾的儿子。这样辛苦一年，妻子的病情不断恶化，为了给儿子攒足上大学的钱，只要是公费医疗不能报销的好药，她都拒绝使用，很快走近死亡边缘。偏偏此时由于来往奔波极度劳累，丈夫老贺又患上了胃癌，为了圆妻子要亲眼看见儿子上大学的梦，老贺也隐瞒了病情，让大夫开一些便宜的中药维持体力，打算坚持到儿子高考结束后再考虑手术。

我在老贺夫妇所在的“状元中学”采访时听说了这件事，最初决定去采写他们的目的只是想写篇稿子引起社会关注，以期多些人去帮助这个祸不单行的特困教师家庭，没想到近距离接触他们后，却发现这个教师之家的不幸，原本是一场可以避免的悲剧——俩夫妻都是早期发现癌症，只要及时手术，完全可以存活下去，只因为一个不理智的“圆梦行动”，他们一再错失了挽救自己的生命、挽救这个幸福之家的机会。

诚然，这样的结论仅仅出自一名造访者的武断。生命的体验原本只属于自我。

“……自从儿子出生后，我的整个生活就只剩下一个梦——培养儿子考重点中学、重点大学，将来有好的前程。我们夫妇俩都是搞教育的，知道这样做很愚蠢，苦了自己也苦了孩子，可整个大形势就这样，孩子读不了重点大学，将来何以走向社会？如何在这个竞争社会立足？”

程老师再次手术后的第三天，我在病房采访了她。这位在大学时代成绩优秀且能歌善舞的校园之花，虽经长时间的恶疾消耗显得形销骨立，却思维清晰、言辞凿凿，与她交谈片刻，竟让我忘却了是面对一个可能随时关闭生命之门的羸弱女子。

记者：“床上这些英语卡片都是您为儿子制作的？”

程老师：“是。儿子升高三了，我按照历年的英语考试出题规律与逻辑，摘抄了一些常用的单词和词组制成卡片，让他随身带读方便，节约一点抄写时间。”

记者：“您每天抄写、制作几张卡片？”

程老师：“去年每天能做几十张，今年两次手术，治疗时间长一些，摊到每天大概只做得了上十张，供得上他学习节奏就好，再有一周就可以全部完工了。”

记者：“医生说您现在的体质情况只适宜静养，不可以受累。”

程老师：“箭在弦上……高三是关键，多活一天，就多陪孩子冲刺一天……”

记者：“孩子的学习情况怎样？”

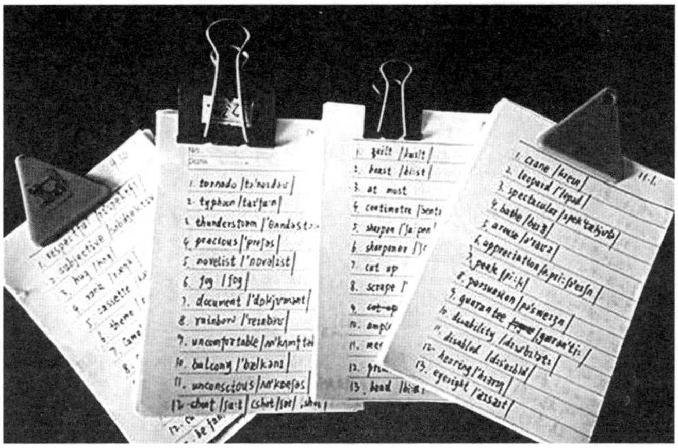
女教师临死前为儿子抄完高中英语单词活页卡片，方便儿子复习

程老师：“儿子考上高一时，我检查出了癌变进院，他爸爸全职照顾我，他那学期情况糟糕极了，天天打游戏机，成绩直线下滑……自己的儿子，我懂他，刚开始只知道妈妈得的重病，到底是什么病大人都瞒着他，他很苦恼，去网吧排忧。后来，他爸爸干脆直接告诉他，‘你妈妈得的是癌症，最放心不下的人就是你，她想早点看到你的大学录取通知书’……到了高二，孩子像是突然长大了、变了个人似的，戒了网瘾，用功读书，成绩很快赶上重点班前十名。”

记者：“孩子来医院看过您吗？”

程老师：“没让他来……（眼里闪现泪花）他看到妈妈这样子，一定会非常伤心，又没心思读书备考，那样不就功亏一篑？”

记者：“老不让他见你，他会怎么想？不是更加担心吗？”

程老师：“为了让孩子放心，我每半个月会手写一封信寄给他，告诉他妈妈很好，只是因为治疗时间长一些，不能回去见他，刚好也省得见面了，打扰他的复习……”

记者：“您坚持用手写信，是为了让孩子相信您还活着？”

程老师：“再给您看一样东西……也是半月一张，随信寄出。”

她让丈夫帮着从床边柜的抽屉里拿出一叠照片——照片的背景多半是病房外面的院子，季节有所变化，照片上的她衣着整洁、发型时尚，面容虽说清瘦一点，但肤色红润、精神饱满。

程老师见我诧异，笑道："看不出破绽吧？头发化疗掉了大半，戴的假发。脸上化妆了，最关键的是我有一个高级摄影师，任何时候他总是可以找到我最美的角度。"

我当然猜得到她的摄影师是谁了。

一阵强烈的呛咳没阻止住程老师对身边那位"专职摄影师"的自豪："他上大学时就是摄影高手，多次获全国大学生摄影大赛一、二等奖。那些获奖照片很多都是我给他当模特……"

一旁的贺老师从另一格抽屉里取出一本相册，里面都是他在大学校园里给程老师拍的"玉照"，这位看上去不言不语的老男生，当年的确身手不凡，每一张照片里的女生都是那样光彩照人。

程老师："那时我们俩都刚 20 岁出头……女同学背地里叫他美男子，我儿子也是个帅哥，简直就是他爸爸的年轻版。"

贺老师："儿子更像你……"

我愉悦地欣赏着眼前这一对沉浸在回忆中的幸福男女，想起他们的病情立刻又心生悲戚。这时，护士进来将贺老师招出去。

程老师："指定又是找他去商议下一步我的治疗方案，其实全是多余的，浪费钱。"

记者："您不是有公费医疗吗？"

程老师："自己还得掏百分之三十，有些进口药不能报销，全款自掏腰包……"

记者："您别多想，治病最重要。"

程老师："明年孩子就要高考了，现在大学各项收费加起来贵得出奇。从我得病开始，老贺停薪留职，全家人的开支就依靠我的基本工资。这几个月，单位见我们实在困难，便恢复了老贺的基本工资……可怎么说，我们还得从牙缝里省点开支，留给孩子上大学呀。"

程老师全然不知丈夫恢复基本工资是因为他自己也患了癌症，她更不知道，护士招丈夫去医师办公室不是商量她的治疗方案，而是研究怎样布局丈夫的化疗时间，更不容易让她察觉，避免造成心理压力过大加速死亡。

"其实两位老师如果在发现癌症的第一时间果断做手术，存活几率还是很高的。”主治医师接受采访时这样告诉我。

“孩子上大学真的比父母性命更重要吗？”主治医师扔给我一个简单得不可以再简单却也复杂得不可以再复杂的问题。我后来把这个问题原封不动地抛给了两位当老师的父母。

妻子程老师毫不犹豫地回答：“当然是孩子的事更重要。考不上大学，他一生就无法起步。”

丈夫贺老师显得有些犹豫：“怎么说呢？我们学校本身就是个高考状元校，老师的孩子考不上重点大学，不好向社会交代呀……”

记者：“你们学校老师们的子女都考上了重点大学吗？”

贺老师：“差不多是这样吧，一年不行考两年，两年不行考三年，一定是考上了为止……”

离开医院两周后，贺老师发微信告诉我程老师去世的消息：“昏迷三天咽不下气，偶尔清醒也只会说一句话：‘考上了吗？’最后我只好在她耳边喊：‘儿子的录取通知书收到了，北京大学！你放心吧’——跟她结婚后第一次对她撒谎——她听懂了，最后睁开眼笑了一下，离我而去……”

第三天，贺老师来电告诉我，妻子的遗体已火化，等儿子考试结束后再下葬。他已听从医师劝告，决定马上接受手术，并请求我在贺强强 18 岁生日那天去一趟学校，代他给儿子办一个简单的成人礼，顺便做些考前动员。

按照贺老师指定的时间，我买了生日蛋糕和一大堆营养品去到贺强强所在学校。

“叔叔，我妈妈好些吗？”孩子见面就问。

“很好很好，本来你爸爸妈妈都想回来陪你过生日，大夫不批准没办法离开，就让我代表他们来看你。祝强强生日快乐！”

“天哪！这么多礼物得花多少钱啊！叔叔，我们一起吃掉蛋糕，其他营养品麻烦您带回医院给我妈妈吃吧，她比我更需要。”

我极力控制住自己的情绪，强笑道：“那怎么行？那样做妈妈会伤心的！尽量多吃点，好好复习考试，拿张大学录取通知书送给爸爸妈妈，他们比吃什么都开心！”

复习、考试、录取通知书，绕不开的话题。可是除开这样交代孩子，还有什么辞令可供选择呢？那一刻，我突然理解了这个孩子的父母身为教书育人者，为什么会成为陈腐教育观念的“套中人”——当某种语境演变为普世价值时，适者生存也就顺理成章成了众生的宿命。

那个晚上，我作为强强 18 岁成人礼的唯一见证人，在当地最豪华的“状元楼”为他庆贺生日。看着一桌山珍海味，强强显得很不自在，说自己长这么大没吃过这么好的东西。为了避开尴尬，孩子掏出当天收到的一封家书给我看，照例是妈妈清秀的字迹，照例还夹着一张妈妈清癯美丽的照片。

强强，我的苕：（苕，红薯，常为南方人口语中的“傻瓜”。此处为母亲对儿子的昵称，意同“我的小傻瓜”——作者注）

今天是你的 18 岁生日，我和爸爸都很想回家为你操持一场盛大的成人家宴，可是大夫不同意妈妈中断治疗，只好照旧写信给你，祝贺我的儿子从今天开始，成为一名真正的男子汉！从此后，你应该有比天空更广阔的胸怀，无论前面的道路还有多长、有多远、有多少意想不到的事情发生，你都要用男子汉的气概义无反顾地往前走。

早晨爸爸给妈妈拍的照片，怎么样，还漂亮吧？

永远爱你的妈妈……

我知道，这封信发出时，程老师已经去了天堂。我还知道，直到高考结束，强强会继续收到若干封来自天堂的家书。同时，我也注意到，越是高考临近，程老师在信里故意连“高考”二字都不提，是怕给儿子造成精神压力。

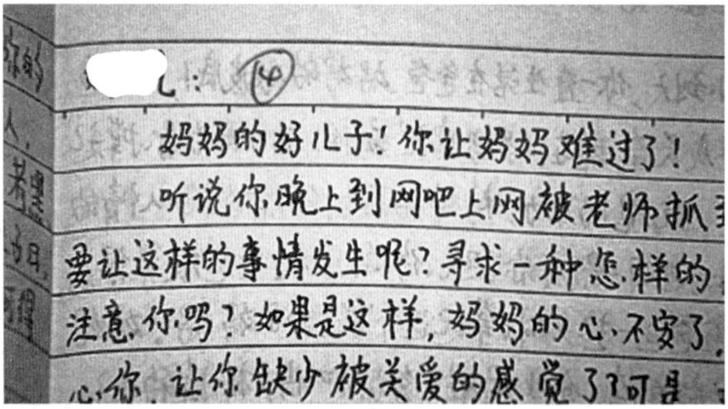
妈妈的好儿子！你让妈妈难过了！
听说你晚上到网吧上网被老师抓
要让这样的事情发生呢？寻求一种怎样的
注意你吗？如果是这样，妈妈的心不安了
你，让你缺少被关爱的感觉了？可是

女教师去世后，儿子仍定期收到妈妈亲笔写的家书

瞻仰照片上那位

天生丽质的妈妈，感受她生前苦心设计的骗局，早已身为人父的我，真的分不清心里是在流泪还是淌血……

离开强强后，我回到北京，刚开始每个星期都给他打一次电话。过后感觉到他情绪稳定忙于复习，便改为半月一次电话，陪他神侃瞎聊几分钟，有时候感觉到他担心妈妈的健康，便胡编一些关于他爸爸妈妈的笑话逗他开心。值得庆幸的是贺老师胃癌开刀后，病情有所好转，但需要留在医院治疗观察。

好歹熬过了半学期，一年一度的高考开始了。我与贺老师约定，等强强考完了一起去告诉孩子真相。

6 月 8 日下午 5 时，强强交完最后一张高考试卷走出考场，跑着迎向等候在高考警戒线外面的贺老师和我。孩子很兴奋，见面就滔滔不绝地汇报考试情况。

“英语卷子不算难，题多，特别是选择题一大堆，只能凭着感觉打勾。好在内容基本上都没超越妈妈给我做的英语复习卡片……”强强非常兴奋，滔滔不绝地向爸爸汇报考试情况。

我注意到，儿子提到妈妈时，老贺的下颌猛烈抽搐了几下，随即借着吞咽的力量控制住显然被强烈刺激过的泪腺。

我却没控制住，转过身，装着去观看擦身而过的考生与家长，借机抹去夺眶而出的泪水。

多少年了，一直这样，每逢六七月，考试的、陪考的人群如同一股股从考场里释放出来的炽热气体，随处涌动着，各自寻找理想或不理想的出口。可回回找到出口的又顶多十里挑一，剩下的毕竟无法全部蒸发掉，便又重新积蓄能量，待到来年汛期，再去冲击那座横亘在彼此命运之间的坚堤。

“我妈呢？她说过等我考完最后一门课，就和您一起到考场来接我的。”

贺老师语哽了。这个平日就少言寡语的男人，此刻更不知如何面对情绪失控的儿子。

“叔叔，我妈妈怎么啦？”强强转头问我。

我知道，其实强强已经从他爸爸的表情里得出了答案，只是不甘心，要从我这里进一步证实。接着，他下意识地用目光急促地将熙熙攘攘的人群搜索一遍，然后绝望地哭喊起来：“妈妈、妈妈……”

8月中旬，我收到贺老师一封电子邮件。

吴老师：您好！

强强的大学录取通知书下来了，没够上北大的分数线，被录取北京另一所全国重点大学。程老师的骨灰送回老家安葬了，强强的情绪也慢慢稳定下来。感谢您此前为强强、为我们这个家所做的一切。

这几年，我与妻反复做着同一个梦：等儿子考上大学了，我们要奢侈地花费一个暑假的时间，带着强强去游历祖国的名山大川，然后好好调养身体，重新回到我们久违的二人世界……

直至今晨梦醒病榻，医生将本该由家属签字的第三次手术通知单送给我自己签字，我才从心里接受了爱妻已然一去不返、儿子也将逐渐淡出我的生活的残酷现实，从身体到心理都有一种失重感。一些此前想也不去想的问题，突然一股脑全冒出来：

除开上名牌大学，孩子就真的没有更好的人生吗？如果答案是悖论，我们以生命为赌注为孩子所做的一切，值吗？

孩子知道全部真相后会怎么想？他能理解父母亲的苦心吗？

我们这样做除开为孩子，还有没有别的因素？自己的面子？社会舆论……一系列问号，让我不得不重新审视这几年所走过的路是一条怎样的路。难道我们真的做错了？最后我不得不主动放弃答案……

祝好。老贺

9月，强强入学了。我几次打电话约他谈谈，无论提出我去学校还是他来家里，都遭到孩子婉言拒绝，不是说学习忙就是同学有约。一直到国庆将近，孩子才发给我发来一条微信。

“……我知道妈妈为什么会英年早逝，也知道爸爸的癌症已经两次转移到肝脏，而且是晚期。我还知道爸爸妈妈觉得自己所做的一切都是为我好，您会为他们的牺牲精神大唱赞歌。我可以成全你们，可你们想过我的真实感受吗？包括父母在内，谁想过我需要什么？我只需要一个父母健在、完完整整的家，与这个相比，什么名牌大学都是狗屁！

“坦诚地讲，知道真相后，我恨过父母，恨他们给我留下一生无法治愈的痛！我相信这种折磨一点都不比他们对抗癌症时所受的肉体折磨轻松。事实摆在这，妈妈痛苦几年解脱了，爸爸很快也会离我而去，我即将孤家寡人一个！我宁可去扫大街，去做搬运工，也不愿独自享受所谓名牌大学生的虚荣，去承受年少丧母失父的痛苦。我每天只要睁开眼，就在谴责自己是杀死父母亲的刽子手。

“我已经设计好这出悲剧的最后情节，向学校请假休学一年，回老家去陪爸爸过国庆节。接下去的日子，你们会看到一个健康、快乐、孝顺的儿子，为报答父母亲的养育之恩，无怨无悔地中断学业，陪老爸度过生命的最后时光……”

与强强再见面，已是一年后的事了，在贺老师伉俪的骨灰合葬仪式上。我到场时，他双膝跪地，正在点火燃烧妈妈生前给他写好、死后由爸爸分批寄给他的15封家书，正是靠了那些家书的支撑，强强才得以坚持读完高中并考上大学。

强强见到我，突然失声痛哭，哭到声嘶力竭。逝者的一位同事告诉我：这一年多，从未见强强哭过，一直默默守在爸爸身边倒屎倒尿、洗衣买饭。老师们轮番劝他，甚至贺老师以拒绝治疗驱他回北京完成学业也没用。

“唉，好好的一家人，父慈子孝、母顺儿从，不知道搭错了哪根筋，结局竟成了这样！”强强的高中班主任在两位同事的墓前如此感叹。

失踪的高考“状元”

采访时间：2014年。

采访地点：甘肃、北京。

受访人：麦麦一家、班主任。

采访人：本书作者。

麦麦我儿：

最后一封信你说要去国外留学，转眼两年了，你音信全无。娃啊，你知不知道家里现在有多难？

你大学毕业后，银行助学贷款到期了，开始是发函催还款，后来上门讨债。昨天法院通知你爹，如不按合同还款，就要强迫执行。不止银行，你上高中、考大学时，娘瞒着你向堂叔借了几万元高利贷，现在利滚利变成十二万了。前天你堂叔差人来家里撂下狠话，要是再不还他利息，一个礼拜后就要卖掉我们的房屋。真要那样，我和你的瘫子爹、弟弟妹妹住哪儿去？你爹杵着拐杖去你堂叔家求情，可他说："你娃去北京上大学，毕业一年多了，咋一分钱都挣不回来？鬼都不相信！真那样大学还有人读？"

你爹回家后气得心脏病发作，医生上门打了两针抢救过来，他再也不肯去医院了，说不只是没钱看病，更没脸见人……

万不得已请老师帮着写了这封信发到你经常登录的论坛上，就算你不一定看到，也希望认识你的人看见后尽快帮忙联系到你。

娘

我在网上看到这封公开信时，已距发帖的第一时间有数月之久了。因与手头上写作的题材有关，我试着在该论坛联系那位帮助母亲寻子的老师。运气不错，对方在线。

"能告诉我那封信是怎么回事吗？"

"一言难尽！"

"儿子找到了吗？"

"没有，您认识他？"

"不认识，只是好奇……我想找那位妈妈谈谈可以吗？"

"媒体的？"

"差不多吧！"

"想帮她找儿子，还是猎奇挣稿费？"

"哈哈，应该是前者吧？"

"那我替您问问当事人。"

"谢谢……"

见面后我才知道，写寻子帖的人是那位失踪者麦麦的高中班主任唐老师，谢顶的脑袋上戴一顶老式深蓝鸭舌呢制帽，上身中山装、下身牛仔裤，虽说才40出头，却已满脸绽放“兰花花”。

与网上文字交流时表现出来的刻薄不一样，现实生活中的唐老师是个和蔼可亲的中年人，言语不多，透着些冷幽默。在去麦麦家乡的路上，我们边走边谈。

“看您喜眉喜眼的，学生们都很黏你吧？”我玩笑道。

“错！娃们可怕我呢。因为啥，师道尊严还是需要一点的嘛，教师不端着点，娃们不听话。娃们不听话，成绩搞不上去。成绩搞不上去，就考不上大学。娃考不上大学，家长就全惨了嘛！”这位语文老师说话有点绕，但语言逻辑绝对严谨。

“怎么叫‘全惨了’？”

“说说您听啊，打娃们开始上中学，一个家庭的政治、经济、文化中心就全是娃。”

“哦，怎么讲？”

“您想嘛，在俺们这里，出风头、吃香的不是谁家出了个村长、科长，甚至是县长啥的啊，而是谁家的娃考上重点大学，考上了硕士、博士，那就相当于最大的政治嘛。经济中心那是肯定的嘛，全家人甚至几家人、几代人省吃俭用，所有花销都集中在读书娃身上。文化中心就不用俺讲了嘛！”

我由衷敬佩唐老师的语言能力，不管事大事小，经他嘴里出来就像听高亢、滑溜的老秦腔，舒筋活血、经嚼。

“听说你们学校的升学率很高，在全县排名第一位？”

“咋只全县？你讲低了，全省也是的嘛！就说麦麦那一届，46个人，重点、非重点、专科全都算上，一个都不拉，全考上了呢！”

“太厉害了！你们怎么做到的？”

“除开一个苦字还能咋样？娃苦读，老师苦教，家长苦供。起得比鸡早，睡得比狗晚，累得比驴惨。前两句说俺们老师和娃，后一句挖苦家长……其实呢，读书、考大学，供出大学生，可以兴一个家，但也可以败一个家嘛！”

“这话又怎么讲？”

“就拿麦麦家来说吧，头些年他们家经济条件很好，在当地起码也够中上游水平，这几年供三个孩子读书，给读穷了！”

“有这么严重？”

“等下到了麦麦家您就清楚了，典型的因教返贫户呢！”

麦麦老家是大西北一个有名的贫困地区，沿途秃山沙海，用唐老师的话讲，那是个“鸟不生毛地不长草的苦地方”！

“你认识俺娃的吧？俺娃好着吧？”我们刚进门，麦麦他娘迎面就问。

唐老师赶紧给她解释：“大娘，这位先生专门打北京来看你，了解麦娃的情况，好去帮咱找娃呢！”

“那太感谢了，太感谢了啊。俺愁啊，愁得头发都白了呢……”

“您为什么不去公安局报案？”

“去了派出所，那里同志说，‘你娃去外国读洋博士是好事、是喜事，高兴都来不及，还报个啥案呢？公安出面找人对娃影响不好，娃一定是学业繁忙没空写信呢，您就把心搁进裤兜兜里笑吧！’俺去乡里请干部帮忙，他们开玩笑说俺娃是光荣失踪，说是还盼着自己的娃也能去美国失踪咧……”

趁大娘嘟嘟囔囔端茶送水的功夫，我打量了一下这间屋子：准确说这应当是一处仓库，靠里沿隔开一间房住人，外面堆着乱七八糟的油毛毡等建筑材料。

“他们原来住在村子那边，因为供麦麦读书欠了一屁股债没法还，老屋被放高利贷的人给占了。”唐老师告诉我。

麦麦老家是远近闻名的贫困村

“说来话长啊，唐老师不说，俺没好意思讲！”麦麦他娘结束待客程序后，正式与我交谈起来。

“自打娃考上县城重点高中后，俺就进城陪娃，俺们这大部分家庭都一样。除开烧饭洗衣，俺还兼着给人做些针线活，赚点小钱补贴生活费。他爹去了广东打工，家里还有两个娃随奶奶，一个读初中，一个念小学。麦娃念高三的时候，他爹在广东出了工伤，虽然靠公家补助保住一条命，可瘸了一条腿，别说再外出打工，就连地里的活也干不动，家里吃的用的都靠那点工伤补助。可到了前年，那家工厂破产倒闭了，工伤补助也要不到了。

“好在俺娃争气，一年就考上了北京重点大学！娃懂事着呢，接到录取通知书说什么也不肯去上学，要去省城打工供弟妹读书。不可能的事嘛，咱农村人哪家没点难处？真要那样，俺们全家老老少少辛辛苦苦白费了呢！”

说着，麦麦他爹搬了条凳子靠拢过来。他身体孱弱，挪动身子得倚着板凳。

“后来，唐老师和学校帮俺们联系了银行助学贷款，钱还是不够用啊，麦麦的弟弟妹妹也很懂事，都说不读书，回家帮着我干农活。可麦麦不答应，娃说要是弟弟妹妹不能继续上学，他就不读大学了。”麦麦娘继续讲述。

“所以只好借了高利贷？”我插问。

“有啥办法呢？俺们这边有娃上大学的家庭有几家没借债的嘛？借完了亲戚借朋友，借完了朋友借银行，借不着银行借高利贷。想法都很简单，只要娃能考上大学，借的钱就可以还上，用利息换娃的前途，怎么算都是值的嘛！”

“麦麦上大学，您家一共借了多少高利贷？”我问。

“从麦娃上高中，连同他弟弟妹妹，每年吃的、穿的、用的，加上学杂费书本费总共得花上一两万。他爹受伤前每年打工能余万把块钱，剩下的靠亲戚朋友接济一点，再借一点凑，全家人吃差一点、穿破一点勉强能过下去。

“他爹受伤后，家庭收入每年不到一万块钱，学校方面的费用减免一点，加上银行助学贷款，也还不够花的嘛。麦娃考上大学以后，就完全靠借高利贷供他读四年书。利滚利算起来，一共差欠别人十二万呢。

“前不久债主将我住的两间老房给卖了，只抵上六万块钱债，还差一半钱没还上，利息还得往上涨。人家天天上门要债，讲的话可不中听呢！

“人活一口气，树活一层皮。两个孩子可不爱听这话，不管俺同不同意，麦娃他弟初中没毕业就辍学去南方打工，头两个月那边清点童工，被送回来，跟着我下地干农活。他妹妹也不去学校念书了，在镇上一家电线厂打零工。就这样，还是赶不上还利息钱！”

“讲那些事有啥意思嘛？”麦麦爹阻止妻子继续往下讲。这时，门外进来一个人，狐疑地朝众人扫视了一圈，问：“听说麦娃回来了？”

麦麦爹见了那人，赶快起身让座：“没有没有，这是麦娃的中学老师和他的北京朋友，顺道来家里看看……”

“快给叔上茶、上茶！”麦麦爹一边吩咐老婆，一边从口袋里摸出一包“雄狮”香烟，打亮火机凑上去。

那人斜着眼瞟了一眼烟盒，推开：“这种雄狮牌子也涨价了吧？”

“是，去年五块，今年最低得六块一包！”

“你不是不抽烟的吗？”堂叔自顾抽出一支“真龙盛世”——碰巧我知道，这是十大最贵国产香烟之一，两百元钱一包。

“是，不是，那个，最近银行的同志也经常上门……”麦麦爹踮起伤残的下肢替债主点着香烟。那位爱面子的汉子，回头看看我们，又可怜巴巴地盯着堂弟，低声哀求道：“娃他三叔，这不……等麦娃寄回来钱，俺一定送去你家还上。”

“算了，别今天推明天，明天推后天喔！哥，俺知道你难，麦娃那小子没良心着呢，读完大学去留洋了还不给家里寄钱，白眼狼哩！俺也是没办法，大有大的难处，厂子不景气，工人的工资也等着你还钱给我去开着呢！”

“娃他叔啊，你是看着娃长大的，打小就懂事理，顾家着呢。这不还在留学，没参加工作嘛……”看得出，直到此时，麦麦爹还在小心翼翼地维护着儿子的名誉。看着眼前这个“虎落平阳”的西北汉子，我心里忍不住浮起一阵悲凉。

“麦娃他爹，你看这样啊，我先带客人去乡里住下……”唐老师见状想带我离开。

“别别，好歹帮俺陪客人吃顿饭啊，那么大老远来……”麦麦爹眼巴巴地看着唐老师和我。我理解，他是想以待客的名义暂时支走债主，拖一时算一时。

唐老师也领会了麦麦爹的意图，止步转向债主：“他叔，您看这……”

横蛮的债主不屑地瞥了我一眼，起身拍拍屁股丢下一句话走了：“哥，拖过了今天明天还会天亮哩，请客别花多了钱，省着点还债吧……”

堂弟走了好一阵，麦麦爹的脑袋还埋在膝盖上。

“走到今天这一步，你们后悔过吗？”我问两位被羞辱突袭的落难夫妇。

麦麦爹还是没抬头，麦麦娘倒是大大方方地回答我：“后悔？为啥呢？俺不后悔，只是担心俺娃在外边受苦！不过书读出来了，娃在外面再苦也赶不上在家里苦，不是吗？俺跟你说啊，等高利贷还完了，家里情况好点，俺还要继续供老二、老三念高中、考大学！”

“这一关还没过完呢，再往下走你们可就苦海无边了！”我愕然，眼前这个小个子农妇哪来这么大的勇气？

“没啥，不是这样难就是那样难，不吃这种苦就得吃那样苦。自打活到这个世上，俺还真记不起有过不为难的时辰呢！”

“万一他们考不上呢？”

“一年不行两年，两年不行三年，考上为止！”麦麦娘不假思索地回答。

她的坚定让我吃惊，如果不是亲临现场，很难相信世上存在这种样式的乐观主义。即便亲临现场，我仍旧无法猜透麦麦娘心里究竟藏着一种什么样的力量。

“假如孩子们都考上大学，将来去城里工作了，你们也会离开老家吗？”

“不会，俺们不去城面里生活。”

“为什么？”

“城里有啥好？吃的、住的不习惯，水没俺窖里的甜，空气没俺头上的新鲜。走个路都得左看看又看看，一不小心就撞车了嘛！”

“说得这么邪乎，那您为什么要这样拼死拼活将儿女往城里送呢？”我忍不住笑了。

“他们要过那样的日子。”

“您怎么那样肯定？孩子们说过想去城里过您说的那种生活吗？”

“……是俺的愿望。”麦麦娘迟疑了一下，改口了。

“如果哪一天，麦麦回来告诉您和他爸，他愿意回到这里过你们一样的生活，您会怎么想？”

"那不可能！"麦麦娘斩钉截铁地说。

"您凭什么那么肯定？问过麦麦吗？"

"还用问？人往高处走，水往低处流嘛！这些年那么多考大学出去的娃，有几个回来的？一个也没有！只要考出去了，娃不能回头，往后娃的娃，娃的娃的娃，就都是城里人了！"

"真那样了，你们一生的辛苦不就白费了？"

"怎么白费了？俺娘跟俺说，生下来的儿女都是讨债鬼，是爹娘前世亏欠的债主！一代一代人，都是还债来的。"麦麦娘毫无怨色地复述着上辈人的"家训"，活脱脱如同一位用3D打印机复制出来的遗传物。

看着自己没心没肺的女人，一直蹲在角落里闷心思的麦麦爹也忍不住苦笑。

离开村子后，唐老师见我沉默无语，安慰道："啥样的牲口吃啥样的草，什么样的人过什么样的日子，全是命中注定的呢！别看当爹娘的怨声载道，心里踏实着呢。因为啥？只要娃考出去不回来，就好。再往后，他们的后代就不会再跟这片黄土地有任何瓜葛了！"

"含辛茹苦、忍辱负重，就为这？"

"不为这为哪？"唐老师朝我苦笑。他非常肯定地说："俺没虚讲呢，这里为人父母者都是这样想的，辛辛苦苦折腾一辈子，能将后代送出家乡，就算是对得起先人了。我们这些当老师的，就像经纪人啊，将一批又一批好娃苦娃送去城里头……"

回京后，我去了麦麦就读过的那所大学，据校方介绍：麦麦是该校上两届毕业生，在校期间考过托福，申请过一所美国大学，至于毕业后去没去、现在情况怎样学校不清楚。

"麦麦是个学习成绩优秀、精神发育不全的学生。"麦麦的大学班主任这样向我形容自己的学生。他很年轻，说话不带拐弯。

"麦麦同学最大的优点是学习刻苦，只要书上有的、实验课做过的内容，他都熟记于心。所以每一门功课、每一次考试，他的成绩都在全班前三名。考托福更不在话下，除开口语差些，动笔的差不多全满分。

"正因为如此，他在任课老师圈内印象分很高，加上是来自老区的学生，曾多次当选学生会干部。但凭良心讲，假如从综合能力考评，在全班四十几个学生中，麦麦在智商、情商上都远远落后大部分同学，知识面狭窄、思路狭隘、人际关系闭塞。就凭这几点，我对他的前途预判从一开始就不乐观，尽管用现行教育模式衡量，该生是无可争辩的好学生范畴。”

“您知道他毕业后的去向吗？”

“不确切。”班主任摇摇头。“毕业时，考虑他是西部来的特困生，学校重点向几家用人单位推荐，但都没成功，原因是他的应变能力和动手能力无法适应岗位要求……”

在班主任的帮助下，我找到了一位在校期间与麦麦关系不错的女同学。

麦麦的女同学是北京本地人，毕业后在几个单位都争抢的情况下挑了一家知名外企工作，已经当上部门主管。

“命运就这么奇怪，仅用‘不公’二字很难全部概括。麦麦毕业后，本来没想考硕考博，打算先找份工作挣钱，帮家里还清债务。可是说来也怪，几个月下来，我们大部分在校期间各方面都不如他的同学，全找到了工作，唯独他那个高材生不停地被面试、被刷下。后来正好美国一所知名大学愿意给他提供全额奖学金，他就出国了。

“刚到美国那一段他情绪还比较高昂，说导师对他很器重，似乎又找回了在国内上大学时的自信。可不到半年，我感觉到他的自信渐渐消失，字里行间透露出精神压抑，无论学习和生活上都不适应。再往后，我们的联系越来越少，最后他连邮件也不回复，失联了。”

离开时，我把麦麦家里发生的事告诉那位女同学，她听了很难过，表示要发动几个有经济能力的同学给麦麦家捐款。她还留下我的电话，答应尽量帮我继续打听麦麦的近况。过后很长时间，那位女同学没联系我，但我没放弃寻找，只要网络上有类似消息，我就会想办法打听是不是与麦麦有关。殊不知这一关注，竟带出不少类似故事。

网载：一位大学毕业生两年没找到合适工作，每天沉湎于网吧，晚上在西南交大九里堤校区的长椅上过夜，记者委托成都的朋友去核实其身份，结果他不是麦麦，但经历极为相似。八年前，这位高考理科状元以650分的高分考入中国科技大学，进大学之后，渐渐发现自己在高中时代的“天才和聪慧”，在大学一无用处。毕业 4 年后，他还是没找到理想的工作，便沉迷网络，四处流浪。

报载：南昌市筷子巷派出所接到报警，有一名行乞大学生躺倒人行道上奄奄一息。经电话联系该所，被告知该同学也非麦麦，而是本季毕业于中国政法大学的高材生 XX，因在北京找不到合适工作决定回老家，中途上错了火车误入南昌，几天后身上钱花光了，又不知道如何向有关部门求助，便流落街头行乞，误食别人给的霉变食品中毒倒下。

2015 年 4 月中旬，本书的写作进入尾声。有一天早晨我突然在微信朋友圈里看到一条消息——“留美博士后精神分裂被遣返回国”，帖子还透露被遣返的博士是西北人，当年高考曾是该省“高考状元”，被北京某知名大学录取。会不会是麦麦？我迅速赶往机场边检遣返审查所，却被告知：那位患有精神分裂症的博士是位女生，已经被家人接回老家去了……

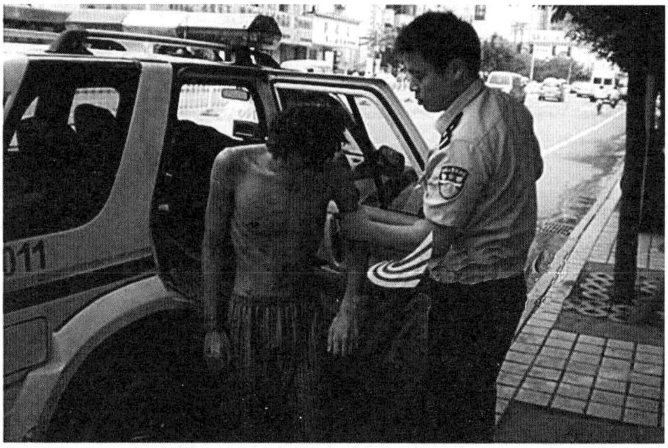

妈妈说他只会读书不会与人交流

随着类似情况的叠加，我越来越替失踪的麦麦担心，他是死是活？会不会还在美国的哪个城市流浪呢？几天前，这部书脱稿了，因无法联系到麦麦，我打算将这一节内容拿下。不料情况突然发生转机，我接到那位女同学电话告知：麦麦从美国回来了！

我喜出望外，连夜赶到麦麦的住处。

跟家庭成员相比较，麦麦显得格格不入——戴一副深度近视眼镜，身体单薄、皮肤苍白，唯独夹杂在普通话里的“西北风”，还十分顽固地表现出他与那片黄土地有着某种撕扯不断的瓜葛。

“在美国毕业了？”我问他。

“没有。读不下去了。”

“为什么？经济原因吗？”

他摇摇头：“打打工，加上奖学金，经济上没问题。是适应不了。”

“您是指学业还是外部环境？”

“都适应不了。”

“能详细说说吗？”

可能是没倒够时差的缘故吧，他抬起头，愣愣地瞅了我几秒钟，神色疲惫。于是，我请他去附近的东来顺，边涮羊肉边聊。

“打小学开始，在老家读了十二年书，那里所有的价值体系似乎全是为我的优势所设定，成绩至上、分数第一、考试为王！只要吃苦背书、做习题，考出好分数，老师的表扬、家长的鼓励、同学们的尊重都属于你。您看过电影纪录片《中国门》吗？”

“看过，还跟导演王杨就这部片子的内容做过交流。”

“其中有几个镜头，比如，大清早学校操场上几千人早读背书的场面您肯定有印象吧？”

“是的，很震撼！你也身在其中吧？”

“我比那早两届，情形是一样的。每天蒙蒙亮，还有黄昏时分，操场上人头攒动、乌泱泱的一片，我们这些来自贫困地区的男孩女孩在同一个平台上喊着、叫着，竞相吞噬着头天老师布置的书本段子和笔记。回想起来，那时候的竞争真简单，谁的嗓门儿大、谁背书时间长，加上记忆力好一点、理解能力强一点，谁就是那里的佼佼者，谁就可能通过高考跳龙门，成为光宗耀祖、为家乡增光的天之骄子。”

我注意到：麦麦在回忆中学时代的光景时，眼里闪现出一种刚毅、自信的光泽，大约这也算是人生镜头的一段华彩“回放”吧。

“后来呢？”我接着问。

“拿了大学通知书，我带着骄傲、怀着理想与雄心壮志来到北京……”

“等等……我想问一下，你第一次上北京时，究竟怀着怎样的理想和雄心壮志？能说得具体点吗？”

麦麦略微一怔，想了想，笑了：“很抽象，也很具体，笼统一点说，就是父母亲从小灌输的两句话，‘有出息你考出去享福，没出息你回家种地！’说到这，我讲个笑话给您听吧……”那小子不胜酒力，才喝几杯生啤就兴奋起来。

“有一回在我们宿舍，大家讨论‘假若我当上国务院总理早餐吃什么？’只有两种意见，您猜猜是什么？”

“不知道。”

“一南方同学说，假若将来他当上国务院总理，每天早餐让秘书准备一碗豆浆、两根油条；您猜我怎么说？豆浆不经饿，要一碗羊肉汤泡馍！哈哈……”

“你那时候的想法就这些吗？”

“啊，您以为呢？我们这些从老少边穷地区来的学生，除开生活上，具体说就是吃什么馍、穿什么胶鞋，有一点自己的小小追求，别的方面习惯了被家长、老师安排。上大学以后，上课、背书、应付考试，其他大大小小的事突然一下都得自己做主，很难适应。大学生活、社会活动、社交场所，城里同学得心应手、风头十足，而我们乡下来的同学则显得老土，处处像傻瓜，只有当陪衬人的份儿。

“所以大学四年，我基本上没迈出几次学校门，早晨泡操场背书、上下午泡教室听课做作业、晚上泡图书馆查资料，继续发挥考试优势，以时间换取新的生存空间，用分数延续自己的人格与尊严。

“如果说大学期间由于教育体制的连贯性，让我这个高考状元的生存优势勉强延续了四年，随着毕业考试的结束，我的辉煌年代就不得不彻底完蛋。大四时我成功申请了美国常青藤一家名校读研，由于家庭经济困难，我想先找份工作，赚些钱帮助家里还完借款再去留学，谁知道接下来所发生的事，让我对自己的生存能力打上了第一个问号。

“先是学校出于对我们这些来自老少边穷地区学生的关爱，推荐了几家用人单位，没想到第一轮面试就被淘汰。后来，我自己向十几家专业对口单位投递了简历，结果惊人地一致——看完简历后我迅速被约谈，见面后我又迅速被告知不适合。就有一家私人律师事务所让我试用两个月，可刚满一个月就付完实习工资让我卷铺盖走人。同为西北老乡的老板说，根据我的实际情况更适合搞理论研究，建议我去研究单位或对口出版社试试。

“于是，我又按照老乡的建议跑了十几家相关单位，结果研究单位需要博士学历，出版单位要硕士以上学历。折腾了两三个月，我还是没找到工作。后来有一所美国大学向我提供全额奖学金，我就出国了。”

“你出国后为什么不跟家里联系？你了解家里的困境吗？”

“怎么会不知道？想也想得到。我妈妈让唐老师发的帖子我见着了，天天做噩梦。可我要是跟家里有联系，那些债主更加不会放过我的父母，因为在老家，人们早已形成一个十分顽固的共识：哪一家的娃大学毕业了，哪一家的投资就有回报了，那家人就可以脱贫致富了，更何况我还去了美国留洋？

“早些年大学毕业不愁找不到工作，而且收入比在老家工作的公务员要高得多。可是现在世道变了，人们对此的认识却停留在惯性思维上，加上老家生存环境恶劣，所以即便大家知道现在大学生就业困难，也还是愿意赌一把，碰碰运气，因为读完大学拿到文凭，去外面打拼的机会毕竟比老家多得多……”

“去美国以后又遇上什么情况？”我问。

“怎么说呢……毫无准备去到一个完全陌生的环境，文化、语言、生活习惯都不一样。一切更得由自己做主，再也没人为你设计，没人给你提供任何实质性的帮助。而我呢，什么长进也没有，除开读书和考试，啥都不会。

“更要命的是，到了那边，我渐渐发现自己连读书的优势也没了。在美国读了一年书，有两门功课通过补考才勉强及格，因为那边对大学生的知识结构要求很宽泛，要想取得好成绩，单凭死记硬背书本知识远远不够，必须加大阅读量，对专业知识的理解能力和动手操作能力，才能通过综合素质考核。

“我意识到就那样坚持下去，到头来我可能连毕业证都拿不到。那段时间好绝望啊，夜里躺在公路上自杀过，心想哪怕得到一笔死亡赔款，也算给父母、给我那个穷家最后做点贡献。可是没成功，反而被弄进警察局关了几天。说来也巧，在警察局碰上一位华裔警员，他劝我坚持不下去就回国，拿出死的勇气去打拼，总会有出头的一天。我办好休学手续后，他还掏钱帮我买了一张回北京的机票。”

“回来了，有什么想法？”

麦麦平静地说：“说来也怪，就在做出回国决定的那一刹那间，我感觉自己重拾了自信。”

“哦？”

“可能还得归功于那一年多的经历吧。我所见过的美国年轻人，似乎没人把上大学当做很大一回事，爱上上，不爱上不上。跟我同班的一个男同学头天上课好好的，第二天突发奇想要去做一笔生意，几天后就退学开公司了；还有一位女同学在网上看到一张非洲孩子在战火中失学的照片，第二天就休学去非洲支教了……美国同学的做派让我懂得了一样道理，只要你有足够的自信，就可以创造新的生活。”

我用微笑表达了对麦麦的赞许。瞬间，我为那个远在西北的贫苦家庭的忧虑度迅速降低。

“……接下来有什么打算吗？”我问。

“休学一年，先回老家帮父母亲还债，以后的事以后再说……”

有些故事看似简单，发展下去却变得异常复杂。有些故事听开头非常复杂，但结局却异常简单，并无多少峰回路转的情节。与我见面两天后，麦麦离开北京回了老家。刚才我给他的中学班主任——那位幽默可爱的唐老师打电话询问麦麦近况时，他告诉我：“放心吧，麦麦好着呢！前几天他通过美国一位同学家长为堂叔引进一大笔投资，成立一家以外贸为主营的西部土特产合资公司，堂叔将他们家欠下的高利贷一笔勾销，还答应让麦麦给他当主管外贸方面的副总经理！”

唐老师还告诉我，麦麦不打算再回美国读研了，但父母亲坚决不答应。麦麦娘还说：“一年后，不但要撵麦娃继续去美国完成学业，还要让他的弟弟妹妹也回中学读书，直到考上大学，哪怕再借高利贷……”

第五章　走调的青春之歌

一面是状元及第、光宗耀祖，一面是无望翰林者的自暴自弃。一份来自中国青少年犯罪研究会的统计资料表明：近年来，青少年犯罪总数已占全国刑事犯罪总数的70%以上，其中十五六岁少年犯罪案件又占青少年犯罪案件总数的70%以上，14岁少年犯罪率为20%以上，仍有上升趋势。

记者调查发现：这些失足青少年当中，多数由于学习成绩不好，在学校受到老师与同学们的歧视，在家里饱受家长埋怨甚至体罚，在邻里遭受冷眼，他们不幸地生活在被人遗忘的角落里，自嘲为“灰太狼一族”。

校园江湖

学校，古称学堂，身价与社稷庙堂等高，受到国人抬爱。历朝历代，进学堂者“文官落轿，武官下马”，无人造次。至于书墙之内的读书人，更被视作“两耳不闻窗外事，一心只读圣贤书”的斯文学子。也许因了这种固有观念，长期以来，学堂远离社会纷争，宛若世外桃源，即便校园失火，往往也只会用自家水缸里的水悄悄浇灭，绝不兴师动众，以免有辱斯文。

21世纪初，中国的互联网迅速普及、繁荣，打破了传统媒体对新闻的垄断，将触角毫无顾忌地伸向一些官方禁区。自2007年开始，几则与校园有关的突发事件，被人制作视频上传网上，猝不及防地将我国中小学生的生态环境推向舆论的风口浪尖，将庄重、圣洁的书香之地凿开了若干耻辱之门。

◆“扒衣门”

据《羊城晚报》报道：2003年9月25日中午，深圳宝安一所“贵族学校”内，14岁初二女生小L在宿舍遭同室另外三名同龄女生围攻。施暴者不顾小L苦苦哀求，强行扒光她的衣裤，并强迫她把两腿分开，做出一些很下流的动作，不做就暴打，甚至要将木棍插进她的肛门。过后，四名女生又将防蚊水、防晒油涂在她身上，并用“这些东西的味道与精液一样”的污言秽语恶心她。最后用口红将L的嘴唇抹成异样，将她的头发弄成怪型，并要她就那样走进教室，羞辱过程长达1个小时左右。后经讯问，这些未成年女孩施暴的原由，竟然因为嫉妒受害人成绩好，被老师选定上台演讲；

据广东卫视报道：2007年7月中旬的一个夜晚，广东开平初二女生S因为得罪了校园里的拜把子“七姐妹”，在一家网吧遭到她们的绑架，被强行带到附近一家酒店，剥去她的衣裤，肆意凌辱、毒打，最后还找来四个未成年男生，将她轮奸。令人发指的是，“七姐妹”还将施虐过程录像，传至网络取乐。

此视频在网上流传一年后才惊动警方，将“七姐妹”中的主犯和四名轮奸嫌犯抓捕归案。受害女孩和家人不仅不敢报警，反而东躲西藏，不敢露面。记者采访时听一些学生与市民反映：这种轮奸少女且拍成录像的案件，在当地不止一两起。一位家长接受记者采访时披露，她的16岁女儿也遭遇过类似遭遇，被男生强奸并拍成视频上网，后被删除；

据《华商报》报道：2009年9月8日晚9时左右，西安旅游职业中专新生小美下晚自习后，在回宿舍途中被同班同学芳芳（化名）叫住，问她为啥在教室瞪她，让她说对不起。小美说自己根本就没瞪她，干吗要道歉？然后跑回楼上宿舍。几分钟后，芳芳带着表妹跑到宿舍，要小美给自己跪下并说对不起。小美见状沉默不语，后来见对方人多不可罢休，为了息事宁人，就站起来对芳芳说了句对不起。

几分钟后，令小美想象不到的噩梦紧随而来。小美带了七八个外班的女孩再次闯进宿舍，拽着小美的头发，将她从床上拉倒在地，一顿拳打脚踢，又用皮带往她身上抽打。

小美事后陈述：“她们把我打了二十多分钟，然后让我把衣服脱了。我死活不脱，她们就上前撕我的衣服，强行把我的上衣和内衣全脱光，又脱了我的裤子。我蹲在地上，全身被脱得一丝不挂，我从她们手里夺过裤子，挡住自己的身体。她们中的一个拿起舍友的睫毛膏吓唬我，说要塞进我的下身。另外一个女孩上来在我身上乱摸，有人拿出手机拍我的裸照……她们把我折腾半天后，芳芳才让我把衣服穿上，去她们宿舍。到了她们宿舍后，里面还有很多人，芳芳和莉莉让我跪在地上跟她们说对不起，我实在受不了，就跪在她们面前，说了对不起，她们才放我走，让我不能把这件事给任何人说，如果说了，明天还要打我，只要我还在学校，就叫我没好日子过……”

小美的家长知道此事后，向当地警方报案。

2010 年 3 月 31 日，“南海网”爆料：广东东莞近日再次爆出一起类似的事件：3 名女学生在光天化日之下对另一位女生进行围殴，并强行把她的衣服扒光。记者从视频上可以看到，打人的三个女学生，两个染黄头发，一个染白头发，其中还有一个手拿长棍朝被围殴的女生身上敲打。在殴打过程中，三个女生撕掉被打女孩的上衣，将她推倒在地。被打的女孩赤裸着上身坐在地上，边哭边用手遮挡着胸部。她的哭喊丝毫没能让三位打人者手软，在“脱光她”的叫喊声中，两人摁住了被打女生的手，另外一个开始脱她的紧身裤，最后甚至开始扒她的内裤。被打的女生拼命挣扎着，一面死死地抓住内裤，一面苦苦哀求、大声惨叫，但这一切似乎让施虐者感觉更加刺激，一位男生站在旁边嬉皮笑脸地拍下女生被围殴的视频……

2013 年，有媒体曝光 4 年前发生在广东紫金某职业学校的一段视频：有 8 到 9 名身着校服的女生，把一女同学带到校外的出租屋里脱光衣裤暴打施虐，然后强行脱光其衣服裤子，裸体接受羞辱和再次殴打，还抓住受害女生进厕所，把头按下喝厕水。受害人痛哭求饶，施暴者更加变本加厉，逼其跪下剪头发，用睫毛膏在其身上涂鸦，并不时在镜头前摆出 V 字胜利手势欢呼。该帖一经流出，便引起强烈的社会舆论谴责。紫金警方已初步确定肖某等 7 名嫌疑人的身份，全力开展追捕。

2015 年 2 月 28 日，云南省文山州富宁县一中学女生，因与另一 16 岁李姓

此类案件时有发生，被媒体称为“扒衣门”

女生闹矛盾，遂带领多名同学来到李某宿舍，强迫她剥光衣裤进行围殴，并威胁在场的8名女生谁声张就用同样手段对她。令人发指的是，这些施暴者还强迫李某站在她们中间，赤裸裸地正面对着镜头合影，事后并将多张受害女生的裸照传至QQ空间，其中一张照片上，女生们个个表情愉快，甚至还有人竖起剪刀手开怀大笑。

◆ “夺命门”

据《贵州时报》报道：2005年8月19日晚9时许，贵州省息烽县江湖镇初中生小佳、小波、小方、小青在清镇市“三角花园”附近玩耍时，绑架了年仅12岁的小勇。按照小佳在法庭上的供述，因为小勇的哥哥曾经打过小佳，所以要将他弟弟作为报复对象。

他们把小勇带到一处偏僻的工地后，先是让小勇站立人群中间当“沙包”，拳脚交加，并打爆一根竹棍子，接着又施加连成年人都难以想象的酷刑——用板凳捶打、用蜡烛液烧灼小勇的背部。轮流将小勇拦腰抱起，然后砸在抱他的人的膝盖上。在小勇苦苦哀求下，几个孩子逼迫他去偷钱。小勇走进一家小店企图逃跑，不幸被重新抓住。接下去的折磨更是惨绝人寰，施暴者先是将小勇头朝下反复吊进水井淹至半死，最后捞出来用砖头连续击打头部，直至七孔流血死亡。最后，施暴者将小勇丢进工地的一个坑内，用砖头、泥土埋掉，整个过程长达7个小时。

据新华网载文：2010年11月20日，河南省确山县任店镇王庄村两名初中生失踪，经寻找，次日在北山树林里发现了两孩子的尸体，上面覆盖有玉米秆和树枝。警方调查后很快锁定嫌疑人是两名死者的同村同学——初三学生方某，及时抓捕归案。

在审讯过程中，方某承认是自己投毒杀人，杀人动机是因学习成绩不及同村两名同学，受到父亲的责骂与嘲讽，心生嫉妒，怀恨在心，决计要让那两个同学“从地球上消失”。于是在案发半个月前，小方在任店镇集市上两次购买“毒狗药”。11 月 20 日，小明、小亮到他家喊他一起玩儿，他将毒药投入一个塑料杯内的啤酒中，装入口袋，三人一起到本村蒋庄村民组的北山坡玩耍，方某哄骗二人喝下掺毒饮料后死亡。

据新华网广西频道报道：2012 年 4 月 10 日傍晚，广西南丹县仁广小学 6 年级学生周某，将同班同学覃某约到家中玩耍、看电视，乘周某低头玩手机之际，覃某用木凳猛砸周某头部致其晕倒，然后找出家里的菜刀、啤酒瓶、割纸刀、剪刀等凶器刺死周某，并将周某的头颅、手臂砍断，装进塑料袋，然后清理案发现场，企图毁尸灭迹。案发后周某交代，她与覃某是邻居，平时关系很好，杀人动机因为同学们喜欢与周某玩耍，还议论她长得胖、不及周某漂亮，导致自己由嫉妒转恨，萌生杀机。

据大江网报道：2013 年 9 月 14 日，江西临川二中高三班学生雷某因课间玩手机被班主任收走而怀恨在心，趁班主任在办公室埋头备课之机，冷不防用准备好的水果刀割破老师的颈动脉，导致该名教师当场死亡。

2015 年 10 月 18 日，湖南邵阳邵东县初中生刘某、赵某、孙某三人预谋抢劫，将新廉小学将女教师李某叫出宿舍，先持木棒进行殴打逼问钱财，后拖至卫生间用布堵住李的嘴巴，致使被害人窒息死亡。三人劫走被害人的手机及 2000 余元现金后逃跑，直至

临川弑师惨案现场

被逮捕归案。

◆ “暴力门”

《中国青年报》2009年8月报道：近日，一段被称为“布鞋门”的视频在互联网上被传得沸沸扬扬，视频中有十多个中学生模样的女生把一个女孩围起来侮辱、殴打。被打的女孩脚上穿一双黑色布鞋，于是网友称她为“布鞋妹妹”。这段长3分43秒的视频一开始传出“开始，快点儿”的叫喊声，随后五六个女生马上对“布鞋妹妹”推搡起来。整段视频中，不断有人拿小木棍戳她，用脚踹她，甚至还有人打她耳光。

视频开始1分钟后，有人说：“如果不是你拿的，你跪在那里发个誓吧！”

“布鞋妹妹”低声回了一句：“我没拿。”然后准备举起右手发誓。

见她不跪，有人立刻喊了一声“谁该打就赶快给我打”！于是马上有人走到了“布鞋妹妹”面前，扇了她一个耳光。

一个女生命令她“笑一个”，见她没反应，有人就上前拧住了她的脸，一边拧还一边戏谑似地说“笑一个”。在哄堂大笑中，视频结束了。

看过这段视频的网友评论：“单纯的眼神，不知所措的两只手，红红的脸，晶莹的泪珠在眼里打转。看到女孩始终没有跪下，你有什么感受？你是否心痛？假设她是你妹妹，假设女孩的父母看到了，会是怎样的心情？”

于是，愤怒的网友们自发组织起人肉搜索。搜索结果显示，事情发生在河南郑州新郑市龙湖镇龙湖一中，参与打人的女生都是十四五岁的青少年。随后，打人女生的姓名、QQ号、电话等信息也被逐一曝光。

后经校方调查，这几个孩子殴打、侮辱“布鞋妹妹”的起因是有人丢失了一件衣服和几十元钱，怀疑是被打同学偷盗。事实澄清后，早先爱笑爱唱的“布鞋妹妹”变得沉默寡言，不想继续上学。

《中国青年报》调查记者发问：“谁该为‘布鞋门’事件负责？”

据《京华时报》报道：2009年5月18日傍晚，云南孟连县一中15岁的初二女生小艳（化名），被该县主管教育的副县长之女、该校初三女生小思（化名）带领7名同校女生拖进厕所，打耳光、高跟鞋砸头、拳打脚踢，其间小艳嘴被强塞入从厕所里捡起的脏卫生巾，外衣被脱下丢进粪坑，整个过程长达10

分钟。施暴者还用手机拍下照片和视频。据小艳家人介绍，此事由早恋引发。小思喜欢上小艳的前男友，看小艳不顺眼，决定教训她。后因打人学生均未满 18 岁，又是初犯，公安部门对为首者行政拘留 19 天，其他人分别罚款 700–1300 元。

2009 年 10 月 23 日，有网友在上海本土论坛“宽带山”转发一段长达 5 分 20 秒的视频，视频显示：在一个弄堂里，一名身穿紫色 T 恤的女生正在痛殴另一名女生，手段极其暴力，谩骂、侮辱、扯头发、扇耳光、踢飞腿……被打女生毫无招架之力，任由侮辱。视频里的旁观者非但不加劝阻，反而给被称作“熊姐”的打人女生敬烟献媚。被打女生从头至尾无还手之力，最后被“熊姐”一个飞腿踢中头部，摔倒在地。

有记者从网上看到视频帖子后，调查到行凶打人者“熊姐”是某职业学校高二学生，便致电该校教务处。一名不愿透露姓名的老师称熊某确实是本校学生，声称“暴力事件”校方已知情，具体处理意见不愿意透露，并称“教务处只抓教学，学生暴力行为不属于教学范畴”。记者随后致电该校校长办公室和学生处，电话均无人接听。

“熊姐”的暴力行为、学校的暧昧态度引发了众怒，一些网友发出“屠熊帖”，号召大家于 26 号下午 1 时 30 分在虹口区邯郸路 53 号集结，此帖引发上海市民和多家媒体关注。10 月 26 日 14 时，上海市南湖职校二分校对面的高架下，聚集了数百名抗议群众，他们在该校大门口的校牌上贴上了黄色的“愤怒脸”图标，高声喊道：“校长出来道歉！这是上海的耻辱，教育界的耻辱！”

事情越闹越大，数辆警车开到现场，几十名警察拉起警戒线维持秩序，另有一辆警车驶入学校。被堵在警戒线外面的群众有人套用儿童名歌《春天在哪里》的调子，唱起自编的歌谣：

“熊姐在哪里呀，熊姐在哪里，
熊姐请快出来教我们拳击。
这里有观众啊，这里有沙袋，
请快快使出你的必杀技。
嘿嘿嘿嘿嘿嘿嘿，飞腿功使出来。
嘿嘿嘿嘿嘿嘿嘿，铁扇功使出来……”

“熊姐”施暴视频截图

这是中国发生的首起群众自发聚会抗议校园暴力的事件，被中外多家媒体标题为“屠熊门”。记者注意到，此事件前后，类似报道林林总总、五花八门，记者以“校园门事件”为主题上“百度”搜索，竟有相关文字报道2,150,000条、图片12,600张、视频245条。尤其是视频直观展示出的色情、凶杀镜头，几乎每一条都成为网络热点，几十万、几百万次地疯传数年，不少甚至成为黑客埋置木马病毒的载体。

因为一句话、一个眼神，或是一句听不顺耳的话语，就强行扒光同窗学友的尊严，甚至用暴打、强奸等极端手段施加残害；因为成绩不如别人好、因为长相比别人差，所以无端剥夺同窗的宝贵生命；因为好奇、因为追求刺激，将同学被欺凌、受侮辱的画面传至网上……

不管教育界人士愿不愿意，“校园暴力”——这个国人听起来非常新鲜、扎眼、刺耳的词汇，一夜之间，被愤怒的网友们贴上五花八门的“XX门”标签，无法掩饰地挂上中小学的门楣之上，严重地挑战了国民所能容忍的道德底线。民众震惊了！社会傻眼了！网民愤怒了！接下来一些教育界的专家学者所做的调查，更让中国两亿之众的中小学生家长们没有理由不为自家孩子的学习环境感到忧虑与恐慌。

湖南司法警官职业学院教授陈雨亭所做的一项问卷显示：在受访学校中，曾受到过校园暴力迫害的学生约为32.5%（包括被索要钱财、恐吓），参加过校园暴力的学生约为36%。

北京市有关部门对1万余名中小学学生进行调查，有40%的学生在校内外遭遇过同学和社会青年索要钱物。

华东政法大学教授姚建龙的随机调查更令人吃惊，他一连几年给大学一年级新生上课时，都问到同一个问题：“从小到大在学校里，受到过同学的欺负或者欺负过同学的人请举手”，一般会举手的同学超过七八成。接着再问：“包括目睹别的同学之间殴打、欺负行为的人也一起举手！”每次的结果，几乎都是100%。

为什么一夜之间校园暴力竟如山洪暴发？

是谁在隐瞒真相？

校园失火谁之过？

谁该为我国中小学生生存环境恶化埋单？

一连串问号，早已摆进各种社会论坛之上，回答与解决这些问题，已成为我国中小学教育不容拖沓推诿、刻不容缓的大事。

什么是校园暴力？世界各个国家有各自的定义。如美国预防校园暴力中心的定义是：“任何破坏了教育的使命、教学的气氛，以及危害到校方预防学生人身、财产、毒品、枪械犯罪的努力，破坏学校治安秩序的行为。”

欧洲一些主流教育学家进一步定义：“校园暴力不仅指身体的暴力或性暴力，还包括由于强行控制导致的情绪和心理痛苦，种族、性别和阶层歧视导致的人际关系伤害，以及集权引起的冲突。”

据记者了解，“校园暴力”这个概念，早就在西方各国的法律法规上有所体现。很多国家还建立了校园暴力早期识别系统，当学校管理人员发现学生的异常情况时，会将这些信息加以汇总和分析，以预防暴力事件的发生。

然而，在我国，“校园暴力”的概念至今还未直接见诸于相关法律法规条文。近年来，中央综治委、教育部、公安部下发了一系列文件，其中没有明确“校园暴力”的提法。若不是大量无可置疑的暴力视频在网上传播，校园暴力事件发生得再多，往往很难被家长与社会大众知晓，更不谈被国家层面上的教育机构所知晓。

记者有闻：在讨论2006年7月17日提请审议《中华人民共和国未成年人保护法（修订草案）》时，全国人大内务司法委员会曾建议第22条第一款规定中加入“学校应当建立校园安全制度，预防和制止校园暴力以及其他侵害未成年人合法权益的行为，保障未成年人的安全”的表述，其中明确使用了“校园暴力”一词，但在当年12月正式通过的新修订《未成年人保护法》中，“校园暴力”这一术语被删除，在法律界和公知界引发恶评。

著名法学专家、青少年犯罪研究者姚建龙教授在接受记者采访时坦言：“校园暴力在中小学中普遍存在，只是我们过去不愿正视它！”

有一位大学教授对记者说：“为什么不愿正视它？善言之，不忍心揭开一个文明古国不便示人的隐痛。恶言之，鸵鸟主义、自欺欺人！”

善言也好，恶语也罢，总之我们不得不面对一个个被污水浸淫的校园，不得不面对一个个被人遗忘的角落、一群群满身伤痕却无处疗伤的孩子。

“灰太狼”变形记

前年，记者着“马甲”进入一个名为“灰太狼一族”的聊天群，“头狼”的个性签名是：“没有过去 没有未来 只有现在”。群内有成员近百人，所有成员的网名和15个等级头衔均与动画片《喜羊羊与灰太狼》有关——“头狼”是发起人、群主，网名“灰太狼”。接下去按等级排座次：黑太郎、武大狼、刀疤狼、白眼狼、狼表哥、狼二叔、双刀狼、巫师狼、拳击狼、贝壳汉狼、小白狼、红太狼、香太狼、黄太狼……

这些披上“狼皮”的孩子们，时而发帖倾泻对自己处境的愤懑，时而传播一些即时发生的校园新闻与江湖传闻，时而炫耀“逼男老师吃狗屎，骗女同学抓死蛇”之类的恶作剧，时而将他们在厕所里挖洞偷拍的女生“走光”照片，或者干脆就是“狼女”们自拍的一些不雅裸照传至网上聊天取乐……总而言之一句话，怎么吸引眼球就怎么做。2012年，一起在校学生伙同几名辍学青年强暴一位女同学的视频，就是最先从这个群内发出，几个小时被上百家网站传播，导致受害者多次自杀（未遂）。更有甚者，这些“跟帖狼”们字里行间显露出的冷血，即便是一些饱经风霜的成年人看了也会不寒而栗。

“瞧你土成那样，有人上你该自豪啊！”

“被人X了去寻死，有骨气！”

“别真死啊妹妹，哥还没上呢……”

如此种种，不堪入目。这究竟是一群什么样的“狼崽子”？记者费尽心机，也只能从他们发在群里的文字窥探一二。直到半年后，一个偶发事件，才让我们有机会接近群主“灰太狼”，并通过他了解到几位主要“狼爵”的遭遇。

我们是从“狼吧”的聊天室得知“灰太狼”被抓的消息，经过一番折腾，在某工读学校见到了他。那位在网上呼风唤雨、大言不惭的“头狼”竟然是一个名叫小龙的“屁孩儿”！

小龙出身于干部家庭，父亲是政府办公室秘书，母亲是区教育局干部，家教严厉。小龙读小学时成绩优秀、聪明过人，屡获学校嘉奖。考入重点初中后，开始两年成绩仍在班级前五，初三时因早恋受到家长阻止心情郁闷，上课分心成绩下滑，未能考上重点高中。经父母走后门，那所重点高中同意缴纳两万元赞助费留读，但遭到小龙的坚决拒绝，因为那位女同学被录取到区普通高中。

上了普通高中，小龙的成绩下滑更快，赶上父亲由于仕途生变未能如愿升职，心情郁闷，经常借故迁怒于儿子，只要小龙考试成绩不理想，或班主任打电话告状，便轻则对他挖苦嘲讽，重则大打出手。母亲虽说惜夫怜子，但苦于为儿子前途担忧，不得不把所有的精神压力转嫁给小龙，对儿子的学习盯得更紧。同时，她还动员那位女同学的家长替女儿办了转校手续离开小龙。在失恋、失爱、失意的多重压力下，小龙迷恋上网络，结交了一帮年龄、经历差不多的问题少年，注册了一个 QQ 群，取名“灰太狼一族”，自封“头狼”，除上课时间之外，几乎所有时间都泡在网吧，于虚拟世界中抱团取暖、排解心愁。

一次单元测验过后，老师当着全班人的面，辱骂考分偏低的小龙“是中看不中吃的窝囊废！”并扬言要请他那个在市政府当领导的爸爸到校参加“差生家长座谈会”。自尊心极强的小龙忍无可忍，一怒之下夺过老师的茶杯，将一杯热茶泼到老师的脸上。后来，学校看在他父母的面子上，没开除他的学籍，只给了一个记大过处分。

没想到“泼茶事件”过后，小龙却成了同学们心目中的“英雄”，不知不觉地扮演起校园侠客的角色，动辄调动 QQ 群里的各位“狼兄狼弟”，用拳头为同学打抱不平、讨公道。渐渐地，网上网下，“灰太狼”的名望越来越高，事情越管越多，直至成为收费打群架为人摆平事端、向低年级学友索要保护费的校

工读学校

园黑社会头目。在一次恶性斗殴事件中，小龙因致人重伤被抓，后因未达负法律责任的年龄被送进工读学校。

受访时，小龙始终保持沉默，很少回答问话，只是反复问了我们同一个问题："会不会因为我犯错影响爸爸提拔？"

"灰太狼一族"中的二号人物"黑太郎"本名小武，比小龙年长两岁，出生于一个贫困工人家庭，父亲因酗酒闹事多次被行政拘留，母亲因吸毒也曾"二进宫"。小武从小在父母亲打打闹闹的"全武行"里长大，能体会到的成功全是以暴治暴取得的胜利。自小学开始，他就成为用拳头说话的"孩子王"。上初中时，还因抢劫、敲诈小同学的钱财买烟买酒，被"劳教"半年（当时"劳教"制度尚未取消）。

初中毕业后，在居委会热心帮助下，小武被小龙所在的高中破格录取，两人成为莫逆之交，一起打拼江湖、聚众斗殴，用他自己的话说是"过命兄弟"，由于在此次"战役"中致人伤残而获刑 5 年。

我们采访小武时，他对自己的行为没有丝毫悔恨，反而无所谓地说："这就是个弱肉强食的社会，我不灭了别人就要被别人灭掉。再说，我在家里跟蹲监狱没什么区别，在里面呆着起码吃喝不愁，不用挨爸爸妈妈的打，也不用看左邻右舍的白眼，不用天天受老师的训斥和人格侮辱……"

在"灰太狼一族"中，还有几只"母狼"，群内人称"四大美女"。为首的女孩网名"香太狼"，出身于一个普通职员家庭，父亲原是一家大型国企的会计师，由于实名检举单位领导挪用公款，被栽赃陷害为"贪污分子"判刑三年。念初三时，"香太郎"的母亲改嫁外地，街道委员会安排她寄居在一位好心的退休工人家里。

“香太郎”从小学到初中一路成绩优秀、品德优良，尽管遭此家庭变故，在中考时成绩仍居全市第5名，远远超过该市重点中学的录取分数线。可是放榜后，女孩没被录取，原因是学校不录取有直系亲属被“杀关管”的学生，理由是保证在校学生的安全系数。后来，在街道主任和派出所所长的热心帮助下，女孩才被一家职业高中勉强录取。

事情至此，女孩仍旧努力学习，成绩一直在班级名列前茅。读高二时，女孩的爸爸被释放回家，他不甘心自己的三年冤狱，开始了顽强的上访之路，半年后却被检举对象指使黑社会打断一条腿。“香太郎”去市公安局为父伸冤未果，反遭黑社会打手的猥亵。

一连串发生在父亲和自己身上的冤屈与不幸，使得涉世未深的女孩对社会正义彻底失望。从高二下学期开始，她与四个境遇相近的女同学相邀成伙，加盟“灰太狼一族”，开始用自己的方式为父亲伸冤——砸陷害她父亲的贪官轿车、打伤贪官的儿子，并向他索要“精神损失费”。不出半年，“香太郎”被学校开除。此后，“四大美女”干脆学着蒙面侠“佐罗”，潜入贪官家里，将其打至半死，抢走全部现金，不久被抓入狱。

据中国青少年研究中心对2418名未成年犯的调查研究发现，他们大部分人都经历了从受害到施害的过程。记者见到“香太郎”时，虽然身陷囹圄，孩子举止言谈彬彬有礼，且逻辑清晰、不失分寸：“我爸爸忠诚老实遵纪守法、坚持原则，凭什么被关进大牢？为什么屡遭黑手残害而无处喊冤？那个贪赃枉法的害人者为什么得不到法律制裁，至今逍遥法外？我们替社会除暴安良有什么错？”

诚然，我们无法认同她用“私刑”以暴治暴，却无法不同情这个本该有着美好前程的女孩因为社会过失而自毁前程，无法不同情她那位为正义而下了地狱的父亲，更无法不去面对与她命运相同的孩子们。是谁遮蔽了他们上空的阳光？谁来拯救“灰太狼”？

我们很欣赏台湾一位青少年教育工作者说过的一句话：“青少年暴力行为是一个征兆，首先传达的信息是这个年轻人不快乐！”这句话最简单、最直接地为我们递上了一把开门钥匙。

“你快乐吗？”记者在多所中小学调查采访时，对数十名小学、初中、高中学生进行过口头询问。统计表明，有5成以上的小学生回答“不快乐！”7成以上的初中生回答“不快乐！”9成以上的高中生回答“不快乐！”问其原由，小学生的回答是“作业太多做不完，没时间玩”；初中生的回答除开学习负担过重以外，还分别受到父母亲“逼债”（考试高分）和校园暴力的伤害；回答“不快乐”的高中生当中，几无例外因为高考压力太大，害怕万一落榜没法面对父母和老师。

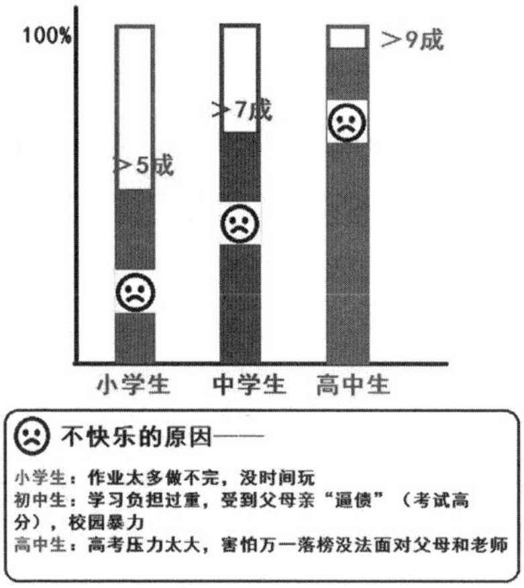

学生不快乐

虽然孩子们的回答，可以帮助我们绕开一些未经调查而妄作结论的误导，但只要有起码道德感和责任心的成年人，绝不会因为孩子们的回答而放弃寻找更深层次的问题所在。我们对自己调查的案例进行分析时，在孩子们“不快乐”的逻辑上位发现一条悖论——学习压力大与“校园暴力”并没有必然联系，更不是未成年人犯罪现象的主导因素。我们对不同省份、不同经济区域十几所中小学的调查显示，在那些被公认学习压力最大的重点中学，发生严重“校园暴力”的案例几乎为零，而在相同地区的普通中学以及中专、职校，“校园暴力”频频发生，有些学校甚至被当地公安部门列为重点治安整治对象。这种情形是如何发生的呢？

1. “重点学校”制度导致部分学生被社会边缘化

近三十年，在文凭至上的人事制度传导下，重点大学成为国人竞相哄抢的稀缺资源。出于高考“跳龙门”的需要，孩子们从幼儿园开始，上小学、升初中、升高中，只要能考上重点学校，便可以从各方面享受到优质的社会资源，一步步登上人生“金字塔”。反之，在小升初、初升高的一轮轮考试中被淘汰下来的孩子，则会被当作“次品”甚至是“废品”，堆放到那些师资力量差、设备简陋、学风颓废的“仓库”（学校）里自生自灭。

在对重点中学的调查中，我们感受最深的是尽管学生们的学习压力的确很大，但每个人都怀揣理想，对前途充满自信。尤其是农村中学，在“知识改变命运”的口号激励下，学生与家长、教师齐心合力、背水一战应付高考，根本没时间与精力去干与学习无关的事。他们的苦恼与忧虑，多半属于“高层次”问题，诸如能不能考上最好的大学，录取自己心仪的专业，等等。

在对问题学校的调查时，我们非常明确地感受到，那里的素质教育多半挂在嘴上，学校管理者很少关心学生的心理引导与品德教育。一些接受记者访谈的校长和老师流露：“从理论上谁都认同素质教育的重要性，但实际操作起来各有各的苦衷。尽管我们是普通中学，既然你收下别人的子女，就得要向家长们负责，还得‘死马当作活马医’吧？升学率是硬指标，老师们的政治待遇、经济待遇与此休戚相关。抓德育、抓素质教育怎么去体现？就算学生思想好、身体好、遵纪守法，如果考不上大学，学校、老师统统劳而无功，一切归零！”

而那些学校里经过多轮淘汰的学生们，则普遍充满着“大学无望，前途渺茫”的悲观情绪，有些学生自我定义为“社会边缘人”，干脆“破罐子破摔”，或逃避现实，去虚拟世界里寻找刺激，或在学习以外能够出风头的领域，不惜冒险博出位，如打架斗殴、行为另类等等。

上海市长宁区检察院未成年人刑事犯罪检察科科长、法学研究者顾小琼研究系列案例后表述：“当这些学生因为考试成绩的分层，来到所谓差学校，他们突然发现自己身边都是类似的人，互相之间的认同感会非常强，一旦受到别人的鼓动，就有可能失去理性而参与暴力。”

有鉴于此，青年政治学院研究青少年教育的宋雁慧博士建言：“如果教育资源能够实现真正的公平，根本上取消‘重点校’制度，应该可以减少校园暴力的发生”。

2. 功利化的家庭教育淡化了亲情

“望子成龙，盼女成凤”，这一根深蒂固的教育思想在中国传承千年，时至今日更为具象与功利。凡为人父母者，无论有没有文化、有多高的文化，大部分人对孩子的教育不外乎两句话：你若考上大学，将来就怎样怎样飞黄腾达；你若考不上大学，将来就如何如何不堪。

为人父母对子女寄予厚望，无论是否切合实际，倒也可以理解，但问题就出在接踵而来的第三句话——“恨铁不成钢”。当孩子成绩不好，或表现未能如家长所愿时，家长不计后果地随意吐槽，或不理不睬上“冷暴力”，有些甚至拳脚相加，全然不顾孩子的感受，导致他们感觉在学校受老师歧视，在家里亲情不再，不少人就此丧失自信，放弃自我，走上歧途。

“妈妈怀里一个宝，考了几轮变烂草”——这是采访“灰太狼一族”时，一位在工读学校就读的“狼女”发出的感叹。她与“头狼”小龙的遭遇相似，自幼被父母亲当作掌上明珠，寄予厚望，花钱让她上各种学前班，参加幼儿比赛，成为远近闻名的“神童”，五岁就被一所实验小学提前录取。没料想进入初中后，“狼女”的成绩每况愈下。初二那年，父母亲为了让她打好基础考高中，走后门央求学校允许她留级重读，可是初三毕业考试，“狼女”的成绩仍旧平平，未能考上父母所期待的市重点高中，倒是此前被父母不看好的双胞胎弟弟反倒被重点高中录取。自此，姐弟俩的命运发生逆转，父母亲将关注重点转向弟弟，整个家庭围绕“新宠”运转。“狼女”不但失去了赞美与各方面的呵护，还不得不领受父母的冷脸与指责。“顿时感觉到冰火两重天，原来亲情也这样势利？”孩子受访时悲戚地说。

“我们这样做有错吗？不让孩子适应优胜劣汰的竞争机制，他们如何明白要获得成功需要付出什么？孩子都是我们的亲生骨肉，这样做也实出无奈，国情如此！”采访“狼女”的母亲时，她如是说。也许这位有着高学历的母亲思维逻辑并没有错，错在绝大多数中国父母的共同误区——“成功学”被高度误解与世俗化。

3. 失控的网络文化袭扰少年心智

日渐发达的互联网文化，以其海量信息、丰富多样的视听效果，将当代青年“一网打尽”——有事搜网、无事逛网，高兴事儿上网与人分享，不开心了上网向朋友倾诉。把今天的青少年人形容成互联网一代，似乎并不夸张。由地球人构建的网络世界，不可避免地显现出人类的某些秉性与特征——美丑同体、善恶并行——无法管控地经过多层次渲染放大，成为终端青少年的精神养料。因为这种过程的私密性，其中的正负能量只能依靠受众本人去识别。

我们的调查数据显示，最容易吸引孩子们注意力的网络信息，往往是一些本应该贴上“少儿不宜”标签的内容——在18岁以下的小网民中，有80%以上的人点击过黄色网站和相关视频，有90%以上的人点击观看过“校园暴力”的视频和图片，其中有60%左右的人对以上内容做过转发与传播。几位此类受访者非常天真地说：“凡是政府不让看的东西一定好看！”不管在大人们看来这种逻辑有多么荒谬，但它却牢牢地嵌入众多青少年的脑子里，成为他们认知世界的不二法则，说教取之不出，法律“锈”它不住。

另一个客观存在的事实是互联网缺乏有效管理。为了追求点击率获得广告收入，包括门户网站在内的大大小小网站，还有网吧，对有关方面的管制多半采取“敌进我退、敌退我进”的游击战术，对一些用色情、暴力招揽点击数或直接赚钱的网络视频、游戏、图片，上面查得紧了，就突击删除一批，检查过后，一切照旧。这样反反复复，禁而不止，导致心智不成熟的中小学生误以为那些触犯法律的行为不会受惩罚，变本加厉地去照学照做。

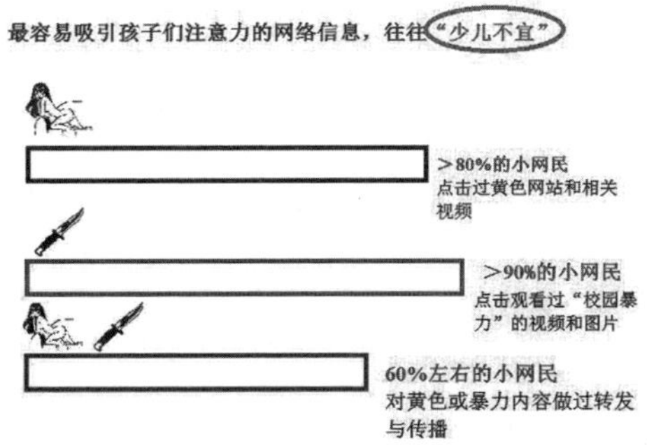

小网民爱看“少儿不宜”

随着“头狼”们被控制，校园黑社会“灰太狼一族”已经在茫茫网海中消失。只有动画片《喜羊羊与灰太狼》里的“灰太狼”经典语录，带着某种象征性的感伤，至今仍在网络上热传。

灰太狼：“被火烧，被水煮，被撞头，被夹脚，被流星炸飞，谁能比我惨？”
灰太狼：“思想极度空虚，精神非常无聊。”
灰太狼：“我又失败了！”
灰太狼：“狼也是有尊严的。”
灰太狼：“我不想解释什么，只希望你们再给我一次机会……”

后记：我们笃信，近些年来流行于中小学校园里的暴力事件，多半出自异化的力量。这种滋长在青少年身上的力量绝非单细胞裂变，而是一种社会价值观的聚合与植入。诚如人类学家玛格丽特·米德所言："在这个世界中，成年人已经不能扮演年轻人的导师角色了……"我们无意替任何罪恶本身做辩护，但求为解脱发生在校园里的罪恶而寻找深层次的罪因与病源。

"援交门"："初夜"之痛

采访地点：广州、上海、北京。

采访时间：2013年–2014年。

受访人：有过援交行动的中学女生。

采访人：本书作者

第二现场讨论者：本书作者

◆你从哪里来?

她终究还是来了，带着东邻那个经济大国的胎记，引领冥冥之中某种无可抗拒的人性恶惑，幽灵一般闪入一个古老文明的礼仪之邦。由此，共和国不得不分担她的初夜之痛。

2011年11月，上海闸北区检察院对一起中学女生卖淫案提出公诉，该案涉案人员多达20人，年龄均在18岁以下，最小的两位为未满14周岁的幼女。经检察机关调查，这些未成年少女都是上海本地人，家庭条件都不错，她们彼此的关系错综复杂，多数为在校中学生，涉及上海市共9所职业学校和普通高中。

检方认为，这起少女卖淫的案件呈现出日本"援助交际"的雏形，一些参与卖淫的女孩家境并不差，而是因为手头缺少零花钱，才去主动"约会"嫖客。检方在相关报道中公布了一个案例：

小文与娜娜（皆为化名）是从小玩到大的邻居，而萍萍则是小文的同学。

闸北检察院对20多名在校中学生卖淫案提起公诉

从2009年底开始，这3名均未满18周岁的少女，通过QQ、电话等联系方式，相互介绍或介绍其他少女与多名嫖客发生性关系，并收取嫖资和介绍费。

2010年初，萍萍曾两次介绍小文和她的好友小敏卖淫，每次收取300元介绍费。此后，小文开始自己或和朋友一起介绍其他少女卖淫，并收取介绍费。

去年12月的一天晚上，小文和小敏帮助女孩小蒋，用网名“雯雯”的化名，上网向“好友”发布消息，问“需不需要介绍小姑娘玩玩”。她们用这种方式联系嫖客，并约好碰头旅店。小蒋当晚找到嫖客的房间卖淫，而小文和萍萍则收取400元的介绍费。2010年11月至2011年1月，小文曾3次单独介绍、一次与萍萍共同介绍一名姓费的女孩卖淫，共计获得介绍费2000余元。2010年10月，她与娜娜、萍萍一起多次介绍女孩小华卖淫，获得介绍费逾千元。

这一案件涉及的人数之多、涉案人年龄之小，均创下新中国成立以来同类案件的最高纪录，敏感的媒体记者当然不会放过。我们在查阅资料时，注意到上海受众最多、媒体转载率最高的《新民晚报》最先报道了这起案件，其中透露了一次检察官与小文的对话，让旁观者得以直观这一案件别于传统案例的复杂背景。

检察官：你小小年纪，自己卖淫，又介绍熟人或者同学从事性交易，你的家庭条件困难吗？

小文：不困难。我的父母是国有企业、公司的工人，虽然不是很富裕，但是每个月收入稳定，也会定期给我零用钱，和一般家庭的条件差不多。

检察官：你怎么会走上这条路呢？

小文：我比较贪图享乐，希望不用依靠自己的努力就能谋取利益。好好读书，上大学，再找到好工作的途径，在我看来，来钱慢，既不实惠又不现实。因为我的成绩不好，读的又是职业高中，将来毕业后也就是到一般的公司、企业做工人，就像我的父母一样，我吃不了这个苦。

检察官：你为什么要介绍你的同学、好友一起做这种事？

小文：并不是我故意要拖她们下水。因为我们都是通过朋友互相介绍认识的，有职业学校的同学，有以前的邻居朋友，其中有一些人早就不上学，（瞒着父母）在社会上游荡。我们在外面玩，买衣服、首饰，吃喝玩乐、寻求刺激都需要钱。久而久之，父母给的零用钱根本不够开销，大家都有卖淫赚钱的想法，并不是有谁逼迫谁……

上海媒体对少女卖淫事件的报道，迅速在全国范围内发酵，一时间成为众多媒体用以吸引眼球的热门题材。可是奇怪的是，就在各类记者纷纷赴上海搜刮此案件的大道消息乃至花边新闻时，上海本地媒体的发声却戛然而止。我们就此事询问了一些同行，他们都说，因为此案涉及未成年人犯罪，所以上面发通知不让报道。

外界有人猜测：以纸包火的真正原因是这个案件让爱面子的上海人觉得“坍台”（跌面子）。

不管上海媒体究竟因何种原因停止对此起案件的后续报道，也未及等待法学专家和青少年犯罪研究学者对此种现象的研究结果出炉，众多外地媒体蜂拥沪上，在学校、在司法部门、在弄堂、在市民家庭掘地三尺，寻求究竟。

2011年11月18日，中新社旗下的《中国新闻周刊》在封面位置以“少女援交谁之痛”为题标刊发提要：“她们在很多城市的夜幕中暗自转换角色。她们身边，盛行着攀比之风，充满了叛逆与猎奇，被消费主义浸染的她们为此行走在边缘地带。穿上校服，她们被认作是稚气未脱的孩子；脱去校服，她们就变成陌生男人怀中的伴侣。她们越过一条线，从中学生变成‘援交妹’……”

由此，“上海援交妹”、“上海援交女”的称谓浮出水面，不管爱面子的上海人乐不乐意，这些国人感觉陌生、中国法典上从未使用过的刺耳词汇，一夜之间不约而同、铺天盖地出现在众多媒体的报道中。时隔数日，经过一番深挖细找，记者们纷纷发现：“援交妹”远不止活跃于沪上校园，东北、广东、四川等地早有出现。于是，大家迅速撤离上海，去外地开辟新战场。不日，在“援交”系列报道中，“上海”的冠名被拿下，仅存“援交”字样。

尽管改革开放几十年来，国人天天面对大量舶来语，早已练就“见怪不怪”的定力，但对于“援交”这样的新词儿还是表现出极高的兴趣，我们以此为主题词搜索百度，相关标题竟多达三千余万条。学术界自是更加敏锐深刻，“援交女”与“卖淫女”有何区别？援交现象的起源……已成为专家们的关注话题。

记者有闻：“援交”一词为“援助交际”的简称，最早出现于20世纪40年代的日本。泛指第二次世界大战后日本一些贫苦女性以与男性交往为代价，获取对方经济帮助的行为。这种交往并不一定伴有性行为，最单纯的只陪对方聊天、吃饭，然后各自回家。

随着日本战后的经济飞跃，经历了20世纪60年代的性解放运动，“援交”现象得以蔓延，并越来越多地伴有性交易。1982年，日本甚至出现了“爱人银行”风潮，即由公司收取巨额中介费用，为男性提供援交中介服务。

由于援交已然成为公开卖淫，1984年，日本政府不得不出台《卖春防止法》，取缔了此类援交中介公司，却未能阻止住援交现象的发展，“援助交际”反而向着低龄化的趋势蔓延，许多中学甚至小学女生也纷纷加入了援交队伍。与此同时，援交文化开始向亚洲其他地区输出。

2001年，台湾励馨基金会进行了一次全台湾最大规模调查，结果显示，援助交际在台湾有年轻化、普及化和大众化的趋势，甚至出现了由男性学生提供的援交服务。台湾“内政部警政署刑事警察局”将援交定义为“一种特殊双向互动的色情交易，即少女（特别是尚未走向社会的女中学生）接受成年男子的援助，包括金钱、服装、饰品和食物等物质享受；成年男子接受少女的援助——性的奉献。”

记者调查发现，其实在中国大陆，援交现象的出现也并非今时今日，上海也并非首例。早在2005年，辽宁沈阳就出现过学生援交组织，一个名为“援助交际区”的网站以俱乐部的方式通过互联网公开招募会员，并公开昭示：“我们都有一种需要，大家为了一个共同的目标走到一起来！在这里，我们可以找到快乐与金钱，非诚勿扰！”后经辽宁警方调查证实，这个交际区共有成员100多名，其中多数是在校女生。

总之，中学生援交行为起源于日本，已经成为亚洲地区普遍存在的性文化现象，仅以2009年为例，日本有关研究机构的一项调查显示：有超过三分之一的日本女高中生承认自己有援助交际行为；在香港的一项调查中，3000名平均15岁的学生，32%的人参入过有性行为的援交活动；复旦大学公共卫生学院、上海市计划生育科学研究所对6023名15–24岁的青少年做了调查，结果发现有12.7%的人有过性行为，其中有4.3%的人有过商业性性行为。有国外媒体与援交现象研究者预言：“创造下一波援交人数记录的，将是中国大陆。”

为了验证外媒耸人听闻的预言，我们对援交现象比较活跃的几个城市做了有限调查，以各种方式访谈了部分援交女生。

◆第一个“她”

【第二现场——作者对话】

蒋：自从上海中学生援交案被曝光后，想找到她们非常困难。我通过中间人介绍找到第一个“她”。她敲门进来时，我以为是住酒店的人敲错了门。

吴：为什么？

蒋：她给我留下的第一印象，18岁的美丽与阳光，衣着、谈吐从容得体。

吴：我记得你开始调查之前对援交女生的评价是“校园卖淫者”。会不会你第一眼看到的只是表面现象？

蒋：她的故事从开头就很另类。

吴：“不幸的人各有各的不幸”？

蒋：你要是见着她，就不想谈文学和哲学了。言谈举止，显得是那样有教养、有气质，真不知道由何教化。

吴：有些人的气质是通过教育熏陶出来的，有些人的气质属于天生那种。

蒋：见面后，她微微一笑，很平静、迷人，然后娓娓道来……

中学女生网上求包养

【第一现场——采访当事人】

她：开始很简单，没钱买颜料、画布、参考书……哦，我从小就爱画画，初学时使用铅笔、蜡笔，随便一张白纸就行。上高中喜欢上了油画，您知道吧？油画开销很大，我的家庭很贫困，父亲在这个城市卖苦力打工，我就读于打工子弟中学。为了满足我的绘画爱好，父亲省吃俭用，给我在少年宫报名上油画班，光是学费每年就要一万多，还有买材料的钱，而他一个月的工钱才4000元左右，老家还有妈妈、两个弟妹和常年卧病在床的爷爷。

蒋：你多大开始干这个？

她：高一，16岁。我们寝室里有个女生，从13岁初中一年级开始就去校外炒更了。

蒋：炒更？

她：我们都管干这种活儿叫"炒更"，据说外省叫兼职。网络上叫什么"援交"，太难听，感觉像是卖淫女。

蒋：您觉得这二者之间有什么区别？

她：当然有啊，我们是在校学生，偶尔做兼职，不是一天到晚都去固定场所干那种事，并且以此为职业。

蒋：能告诉我"第一次"是怎么发生的吗？

她：那位同寝室的学妹有个男朋友，是开黑出租的司机，他有很多男人的电话，每一次别人有要求，他就按照对方开的条件联系女孩子，听学妹说，接这种活儿的大部分都是中学生。

此前我只知道学妹手头比较宽裕，还以为她是“富二代”。平常买点画画用品钱不就手，我会向学妹借一点，等爸爸给钱了，我再还给她。那一次暑假，油画老师组织同学们去瑞士、意大利看展写生，路费加上买工具箱等用品，紧着算总共也得花上小两万。开始我没打算去，学妹说我要报考美术学院，这种机会太难得了，主动说让男友借给我两万块钱。我说借这么多钱我怎么还得起啊？她说不要紧，等我回国后，带我去勤工俭学。我说再怎么勤工俭学，要还清两万块钱那得等上猴年马月？她说保证我至多一年时间就能还上。

蒋：你没问她干什么活儿能赚那么多钱？

她：问了，她说利用周六周日或夜晚出去炒更。

蒋：她没告诉你是去炒什么更？

她：她说就只是陪一些男人喝喝酒、聊聊天、唱唱卡拉OK，顶多让别人摸摸手、抱一抱。

蒋：你信了？

她：信，但是没打算去干。

蒋：后来呢？

她：临到要办出国护照的头两天，老师问我到底去不去，并且说真要学习油画，去欧洲看展、写生是少不了的必修之课。

蒋：动摇了？

她：没法不动摇，因为成为一名画家，是我打小立下的志向。老师的一番话让我觉得，假若这一趟去不了欧洲，我就没实力考上美术学院，我这么多年的努力，还有父亲为我付出的所有辛苦都将付之一炬。

蒋：考不上美术学院你还可以报考别的大学呀？

她：没这种可能。我所在的高中只是一个打工学校，每年考上大学的人凤毛麟角，而我的成绩在班上又只是中游水平，如果不能凭借一技之长考上美术学院，别的大学梦都别梦。万一考不上大学，我一家人的未来由谁担当？

蒋：后来呢？

她：我想了一夜睡不着觉，好处和坏处轮流在脑海里打仗。一会儿想象会去陪什么样的男人？被别人搂搂抱抱是什么感觉？假如他们有非分的举动我该怎么应对？一会儿又憧憬风景如画的瑞士和意大利博物馆里的名画，空隙之间还会浮现辛苦打工的爸爸、在老家艰难度日的家人……

蒋：我能猜出您最后的选择了……咱们接着往下聊。

她：去了，回了。还没等我从欧洲之旅的梦境中完全醒过来，学妹的男友就通知我接第一单。

蒋：去了？

她：去了。学妹的男友开车把我送到一家五星级饭店门口，给了我一个KTV包厢的号码。进入大厅，服务生把我带到那个包厢。在此之前我没进过歌厅，里面光线昏暗，可以看得出包厢很大、很豪华。服务生关上房门后，沙发上站起一个男人，迎上来拉住我的手，抓得很紧，我抽了两次没能开脱，被他带到沙发上落座。当时我的心差点跳出胸膛，不知道往下会发生什么事，甚至想到万一那男的要我干那种事，我是冲出去跑掉还是报警。

蒋：您当时一定忘了自己是来挣钱还债的吧？

她：没错，当时只想到如何能脱身。好在那男人见我挣扎，落座后便松开我的手说："像你这样的学生妹，头一回干这事都很紧张，慢慢就适应了。"他这么一说我更紧张了，问他想干什么事？他说，"你的介绍人没告诉？"我慌乱地说，"唱歌，就唱歌，还有陪你聊天！"他笑着说，"瞧你紧张成那样子，我又不会吃掉你，想干什么也要你同意，我从来不会强迫别人。那我们就先聊聊吧。"

蒋：那男人干什么的？

她：四十几岁，外地人，身材矮小了些，有点胖，反正长相还没到让人一看就晕倒的那种。他向我介绍自己是做外贸生意的，老婆死了三年，一个人常年在外奔波，非常寂寞，所以找个人聊聊天、唱唱歌，排解一下孤独。

蒋：他真的没强迫您干什么吗？

她：那一次真的没有，唱歌、聊天，摸了手，抱了抱，额头上亲了亲。将近三个小时，我说要回学校，他就打的把我送到学校门口，说了句下次再点我，就自己随车走了。

蒋：这次交往支付了多少钱？

她：都不会直接支付，他们交给中间人，中间人从中提成后再分给我们一部分。这一次中间人分给我800块钱，记的账，作为我的还款。

蒋：您打听过像这种中间人能从中有多少抽成吗？

她：没打听过，后来听一些同学说，一般最少要抽成一半。

蒋：您后来还跟那个男人有来往吗？

她：有。

蒋：不用再通过中间人了吧？

她：也有人干过一次后把中间人甩了，直接与客人交往，但我不会。

蒋：因为欠中间人的钱？

她：不全是这个原因，有中间人更安全，他会在周围候着收钱分钱，完事后如果你需要还开车送你回学校。

蒋：您是说干这个也有危险？

她：有。听说去年春节期间，X中一个女生就差点被几个客人轮奸致死，那些男人吓跑了，要不是中间人掐好时间来找人，流血都会流死。

蒋：中间人怎么知道你们的具体位置？

她：从按客人的条件找人到安排见面地点、带女生去与客人见面，再到处理后事，全部都由中间人一条龙安排周全，会面男女双方都不用过问，只要按照安排做就好。

蒋：除开人身安全还应当有别的问题吧？比方说，公安部门会不会管？

她：什么时间、什么地点，以及时间地段的安全系数，都在中间人考量之中。我们与客人见面没有固定时间、没有固定地点，还准备了预防万一的应变措施。比方说如何应对警察或保安人员的询问，等等。

蒋：您与客人见面时遇到过治安人员查店吗？

她：一次也没有。我想中间人一定与酒店有着特殊关系，公安突然袭击查店的很少，而且也要看对象，有些酒店查得多，有些酒店查得少，有些酒店几乎不去。

蒋：您与那位男士后来发展到什么程度？

她：……他是与我有那种关系的男人中间最有耐心的一个。我们交往了两个月，他替我还清了将近三万块钱的欠债和利息，从来没有勉强我干什么……真的。

蒋：看起来您对他动情了？

她：我不知道那时候的心理是感恩还是动情，或叫爱，反正就像一部爱情电影，一步一步地往下发展。直到有一天晚上，他先是抱着我聊天，后来突然把我抱起来丢上床……

蒋：第一次？

她：……（点头）

蒋：什么感觉？

她（苦笑）痛，钻心的疼痛……不知为什么，在那个男人进入我身体的时候，我唯一想到的是，嫁给他，给他当女人。完事过后，听他嘟囔了一句，“还真是第一次”，便倒头睡着了……那天晚上我没回学校，就住在酒店，半夜还睡不着觉，看着那个将近大我30岁的男人，我自言自语地告诉他，“往后你可以经常拥有我，不用再付钱……”

蒋：……后来，他辜负了您？

她：第二天早晨，我睁开眼，发现他已经离开酒店，枕头上留下10,000元钱。我懂，这笔钱是我付出“第一次”的额外补偿。

蒋：……

她：后来，那个男人彻底消失了，就像从来没有在我的生活里出现过。但我却忘不了他，很长时间没再外出炒更，还经常让学妹向她男朋友打听那人的消息，但得到的回答都是不知所踪。直到几周后，我出现强烈的妊娠反应，哭着让学妹帮忙找那个男人，学妹无奈之下才告诉我，那个男人不愿再见我，留下两万元钱，让他们交给我去医院做手术，再买些营养品。

听到这个消息我简直发疯了，不相信这是真的，就直接找到学妹的男朋友，问他为什么是这样，我跟那个男人相处几个月，每次见面他都说非常爱我。无奈之下，中间人不得不说实话，“说爱你只是男女交往的口头禅，妹子啊，往后千万别当真。”他还告诉我，那男人有一样性癖好，只喜欢女生的‘第一次’，为此很舍得花钱。光是他就给介绍过不下七八个女生，最小的只有14岁。

蒋：那后来……

她：把孩子做了，那一年我才16岁。学妹陪我去的医院，不需要出示任何证明，中间人跟那家医院的妇产科很熟，经常会带像我这种情况的女孩子去做人流……做完人流后一个礼拜，在学妹的鼓动下，我又开始接着炒更了，而且越来越主动，钱越挣越多，维持自己的生活、学习开支之外，还经常寄一些钱回老家贴补家用。爸爸问我哪来那么多钱，我说是自己给几家艺术品公司画行画挣的工钱。的确我也画行画，画一张给几十块钱。

现在，村里人个个都知道我高中没毕业就成了画家，出过国留过洋见过大世面，画一张画就够家里人吃一年伙食。

蒋：……快高考了吧？还是报的美术学院？

她：嗯。

蒋：还出去炒更吗？

她：暂停两个月应付高考。

蒋：有过停下来不干这个，过两年找个靠得住的男人成个家的打算吗？

她：等我大学毕业，生活能自理了，我会洗手不干。至于成家……（果断地摇摇头）

【第二现场——作者对话】

吴：后来她考上美院了吗？

蒋：高考结束后她来过一次电话，考上了二本艺术专科。

吴：她对今后的生活有什么新的想法和安排吗？

蒋：那次电话过后，我给她打过十几次电话，手机语音显示那个号码是空号。

吴：我在想，她今后会如何面对婚姻、融入社会？

蒋：是啊，对于大多数女人来说，初夜毕竟是很难抹去的记忆……

◆第二个“她”

【第二现场——作者对话】

吴：你在哪里找到她的？

蒋：“陌陌”。

吴：听说网上有很多招募援交对象的帖子？

蒋：前些时候在广东、辽宁等地还有专门的援交网站。

吴：公开吗？

蒋：原来是公开的，现在被“扫黄打非”了，转入地下，微信朋友圈里还有。

吴：对话时谈好价格？

蒋：是的。还有的问得很仔细，年龄、三围、陪聊、陪客还是陪睡？是否初夜……

吴：是不是初夜，价格区别大吗？

蒋：不是初夜的一般每次几百元到一千元左右，初夜每次最高收费过万，年龄越小越贵。

吴：倒是符合我们的性文化传统，恋童癖、处女情结。

【第一现场——采访当事人】

蒋：您好！我们通过“陌陌”认识很久了。

她：Do you smoke？（您抽烟吗？）

蒋（笑）：NO，中学生抽烟有害身体健康啊。

她：没劲！我看电视上邓小平邓大人不停地抽烟，会见撒切尔夫人都让他抽烟，人家享年93岁，姐姐未必能活那么长。

蒋（笑）：您这嘴够损的啊，好吧，请便，再不让您抽烟还不知道冒出什么幺蛾子呢！

她：（从一只新款LOUIS VUITTON手袋里取出一包洋烟）来一支吗？其实尼古丁并没那么可怕，人不是在这地方少活几年，就是在那地方少活几年（笑）。这种烟，欧盟安全认证！

蒋：哦，欧盟还给香烟做安全认证？

她：都这么说的。

蒋：谢谢，我真的不会。我们可以开始了吗？

她：随便，这两小时是您的时间，您说了算。

蒋：您给我的印象似乎对邀约者的性别、年龄、服务方式全部开绿灯？

她：那个谁，鲁迅先生不是说，做了婊子就不用花钱立牌坊了！

蒋：您喜欢鲁迅？

她：喜欢不喜欢没想过，不过读初中的时候，我的成绩并不差，特别是语文、英语都在前几名，作文还经常被老师当做范文在班上讲评！

蒋：后来呢？

她：成绩偏科，数理化分数跟不上，没考上重点高中，“啊，从此，厄运就像乌云一般，盘旋在俺的头顶！”

蒋：被改装的普希金？看来您读的书还不少。

她：当然，小学五六年级读完中国“四大名著”，念初中时沉迷世界名著，米兰·昆德拉、加西亚·马尔克斯都看完了，还有那位酷酷的忧郁派诗人普希金，等等。上课看、下课看、放学回家看……

蒋：别的课程给耽误了，所以没考上重点高中，可是您还是有机会考大学的呀！

她：我从小在家人和老师、邻居们的赞扬声长大，好强、叛逆。自打没考上重点高中，一切都翻了个个儿。自己就是中学老师的妈妈到处送礼走后门，给我搞到一个重点高中名额，但是我坚决不干，理由就是您刚才说的那句话，到哪里读高中还不一样考大学？

蒋：对，您没错！

她：可妈妈不这样看，在她眼里上不了重点高中就意味着以后考不上重点大学，接下去就找不到好工作，就会成为爸爸经常挂在嘴边的“社会垃圾”！

蒋：你爸爸怎么会那样讲话？

她：他是个警察……不过事实证明，他说的没错，我这不就成为垃圾了。（一脸的坏笑）

蒋：您是怎么干上这个的？

她：上了一所普通中学，个子高分数低，被安排到最后一排最旁边的一个座位。您知道吗？从小学到中学，班级排座位也是有讲究的，成绩好的、家里有钱有权的同学坐前面，依次往后排。我是近视眼，上课压根儿看不清楚黑板上的字，就向老师要求把座位朝前面挪挪，老师白了我一眼。

第一次开家长会，爸爸说单位上很忙，妈妈说丢不起那个人，没人愿意去，我被班主任没脸没皮地修理了一通，嘲讽我是没爹没娘的孙悟空。打那以后，我才意识到自己再也不是少女时代那只无忧无虑的白天鹅了，连黑天鹅都不是，真变成一堆没人管、没人要的臭垃圾。

后来，在学校结识了一些处境差不多的姐妹，大家经常一块儿玩、一块儿闹、一块儿发泄，有时候还一起跟男同学打群架。因此，进校不到三个月就被学校给了个记过处分。妈妈见面就唠叨、埋怨，说自己工作忙，让爸爸多管管我。爸爸永远是那句话，“我说什么来着？你女儿天生就是个社会垃圾、垃圾！”

为了我的事，俩人三天两头吵得山摇地动，有段时间我给吵得不敢进家门，就去别的姐妹家过夜，第二天回家就被爸爸一顿暴打，妈妈在一旁没完没了地说教，整个儿挽救失足青少年的全文武行！感谢他们啊，再往后，我就真正成了名副其实的“失足少年”！

蒋：那时候，多大？

她：17岁。

蒋：发生了什么？

她：“我们四个要好的姐妹因为打架同时被学校记过处分，被人嘲讽为“四大金刚”、“四大美女”，叫什么的都有，在家里更看不见父母亲有好脸色，一夜之间，我们似乎成了人人喊打的过街老鼠。我想，那个时候，无论学校还是家庭，哪怕有一个人愿意听听我们的倾诉，也许后来的事也不会发生。可惜，没有。

后来我才知道，我们姐妹当中，一个年龄稍长点的女生已经有过兼职的经历，就在我们陷入苦闷的时候，她给我们介绍了一种排遣郁闷的方式——“找人聊天，还可以挣点零食钱！”她说。她是那种半夜睡醒了都得找东西吃、不吃零食就没命了的主，家里每个月给她两三百元零花钱，她全部用于买零食还不够花。

蒋：准确地说，应该是人家找你们聊天，而不是你们找别人吧？

她：没多大区别，别的人可不都是像您这样聊的，您问，我答。那些男的，不管是多大的官、多有钱的主，见面就得听我们的，我们爱听什么他们就说什么。

蒋：您说的当官的，是指一些企业的小老板吗？

她：小老板？您当我们是洗脚屋、路边店里的洗脚妹呢？不是中间人介绍的男人我都会去见，他们开他们的条件，我有我的条件，看不中的人，见面聊一阵我就撤！

蒋：您的条件是什么？

她：1. 长相看得过去，别让我反胃。2. 有一定的文化素质，最好是作家艺术家，至少是文艺爱好者，聊天有共同语言。3. 当官的要是儒官，经商的要是儒商。

蒋：冲您开出的这条件都够招一位乘龙快婿了！

她：不要以为干兼职的都缺钱花，其实不是，至少我不是。钱多钱少我都能心平气和地活着，我缺的是有人理解我、平等地对待我。

蒋：我理解。能告诉我您总共接待过，或者说有多少人陪您聊过天？

她：从第一次到现在，总共8次，拒绝了十几次。

蒋：为什么拒绝？

她：不为什么，谈得来、看得顺眼的就来往，相反钱再给得多也不行。

蒋：被你看上的都是些什么人？

她：有一位自称是副局级行政官员，硕士研究生学历。他有一个非常完美的家庭，太太是大学同学，也在政府部门工作，有一个女儿刚考上重点大学。他说自己家庭幸福、仕途顺利，可生活像一潭死水，他想活出些波澜来。我说您位高权重，周围肯定不乏美女如云。他说兔子不吃窝边草，容易遭人要挟。

蒋：您相信他的身份是真实的？

她：他当我面接过几次电话，口气居高临下，可以说明问题。

蒋：他在您身上找到了什么？

她：拿他的话讲他找到了做下级的感觉。我们在一起的时候，他喊我上级，聊天的话题、吃东西的口味，全都顺着我，甚至干那种事的时候……您不在意说那个吧？

蒋：您随便说就好。

她：每次干那种事的时候，他都变着法子满足我，像一个很疯狂的男孩子，趴在我身上舔来舔去，整得我死去活来……他很棒，真的很棒！

蒋：除开肉体上的满足，精神上有收获吗？

她：满足啊，最大的满足感还是在精神上。在他那里，我所有的一切都是对的，我所有的委屈、愤懑，他都能为我排解。比如他说：“我要是教育局长，就让你的班主任自扇耳光”。“我要是公安局长，就让你那个当警察的爸爸天天去倒垃圾！”我知道他是哄我开心，但是跟他在一起，我的确找回了自尊，也找到了真真切切的快乐！

蒋：他给你钱吗？

她：除去付给中间人的协议经费之外，我从来不另外要他的钱。

蒋：我看你开支也不小，名牌包、名牌香烟……

她：那是另外一个人送的，初夜。

蒋：土豪？

她：准确一点说，土豪他儿子——富二代，掌管一个很大的家族企业。

蒋：多大年龄？

她：比当官的小一点，40多岁吧。

蒋：有家庭吗？

她：第一次跟我见面他就告诉我，他是一个独身主义者，不想成家。

蒋：第一次收钱或别的贵重礼物时，有什么感觉？

她：都忘了，想想……准确一点说，很害怕。

蒋：为什么害怕？因为要付出初夜？

她：那只是一个方面，主要是我知道，收了别人的钱，这种事情的性质就变了。毕竟我的父亲是一名警察。

蒋：性质就怎么变了？

她：收了钱，就是交易了呗。不过收了一次后，往后就没什么了，给的越多我就付出越多。

蒋：付出？除开那种事，还有什么付出吗？

她：有啊，给他好脸色，干活儿的时候更卖力，让他感觉更好……

蒋：同时跟两个男人交往，还要应付学习、考试，您是怎么做到的？

她：没什么难的，男人嘛，跟谁、什么时间、在哪里见面都由我说了算，有特殊情况说取消就取消。学校里吧不迟到、不早退、考试过得去就行。我做兼职后吧，精神痛快了，学习成绩也提高了，老师偶然还会表扬我“后进变先进”呢！

蒋：您背名牌包、抽名贵进口烟，爸妈知道吗？

她：给他们发现不要了我的小命才怪！他们现在放心多了，因为班主任告诉妈妈我进步很快，这样下去考个专科大学问题不大，运气好还有可能撞上个二本。

蒋：对于今后，您自己有什么想法？

她：考上了大学管它专科本科先去读，算是给父母有所交代。考不上也不愁，富二代让我给他当秘书，月薪多少由我自己定。

蒋：您愿意吗？

她：除非混到"山穷水尽疑无路"。那个当官的也想包养我，让我给价，条件是不能与其他男人有这种关系，我不同意，他还故意冷淡我。他以为自己是谁呢，男人都那样，自己到处拈花惹草，要女人为他守身如玉！

蒋：说实话，从您的遣词造句看，您的语文成绩应当不错！

她：有什么用？语文成绩再好，综合成绩上不去还是考不上大学。

蒋：看样子您对考大学还挺在意？

她：说实话我并不在意，给家里逼的，好像考不上大学，天就塌了，一切都完了！

蒋：算起来您今年也有18岁了，考虑过以后的生活吗？譬如结婚成家？

她：您觉得我现在这样，与你们所谓正常人处对象、同居、分手、再处，结婚、离婚、再结婚有区别吗？您不觉得只是一个观念问题吗？有一位与我来往过几次的影视演员说得直白，婚姻就是一场电视连续剧，里面的角儿进进出出、悲欢离合全是演戏，远不如我们这些人，有缘碰上一单，各自获得简单的满足就够了。缘起再聚，缘去就分，彼此都没有多余的承诺与牵挂。

蒋：我怎么听那位演员的这一段话，也很像戏文里的台词，藏着那么多哲理？

她：姐姐别多想了，这都是大实话，我们见面也是缘分，你能在茫茫网海里发现我、找到我，分手后你仍旧不知道我叫什么名字、明天会在哪里……

蒋：如果明天，或者后天您不想干这个了，能停得下来吗？

她：有什么停不下来的？卸了"陌陌"，丢掉老的手机卡，我不就人间蒸发了吗？

蒋：那好，我希望明年能在哪所大学校园里找到您！

她：姐姐您也还没有脱俗……好了，时间到。如果您不需要延时，我该走了。

【第二现场——作者对话】

吴：走了？

蒋：走了。虽然走出房间时她没有回头看我，但我隐约听到她故意念了一段普希金的《致黑暗》——“我被囚禁在黑暗里，岁月静静地流逝，没有神灵，没有灵感，没有眼泪和爱情……”

吴：现在的高中生喜欢普希金的人还真不多。

蒋：其实她很聪明，也很坚强，假如高考换一种考法，假如她的家长多一点耐心，假如学校少一点势利……

吴：对于这个孩子来说，已经没有假如了，青春只有一次。

蒋：读这首诗的时候，她的声音颤抖了两次，不知道她的眼睛里有没有流泪，但我感觉得到，她心里一定流着血。

吴：你是想说，更愿意相信女孩的灵魂没有死亡？

蒋：什么是灵魂？究竟谁堕落了谁的灵魂？您还记得果戈里的那部长篇名著吗？

吴：《死魂灵》？一桩买卖亡魂的交易。

蒋：孩子们是无辜的，主宰她们命运的是一个猥琐、堕落的成年人世界。

吴：在学校、在家庭、在主流媒体，大人们每天都在滔滔不绝、口是心非地说教着。而那些出卖灵魂、出卖肉体、出卖自由与尊严换取名利的“私活儿”，又经常是一览无余地暴露于孩子们的视野之中。在“假大空话”与“利欲世界”的夹击之下，孩子们又如何洁身自好？

◆她、她、她……

结束对援交生现象调查后，我们将46位有过援交行为的学生所处城市、家庭条件、个人处境等基本状况进行了梳理，结论与我们调查之前的推测，以及与其他国家或地区同类现象的对比大相径庭。

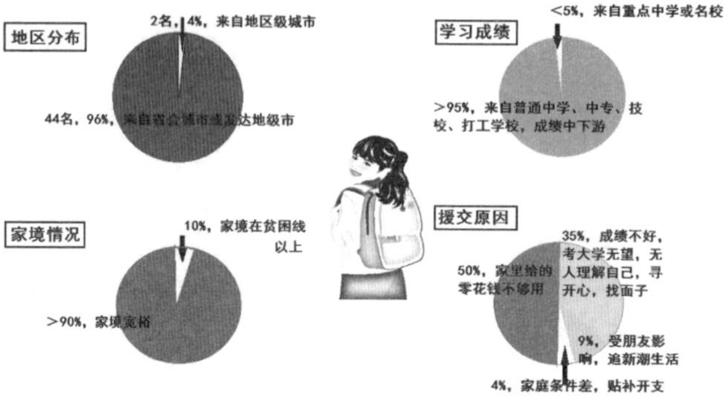

中学女生援交调查数据

1.46 位援交生除两名在地级市中心城市之外，其余全部居住、就学于省会级大城市，或经济比较发达的地市级城市，而过去从事卖淫活动的年轻女孩多半来自经济落后的贫困农村地区。

2. 90% 以上有援交行为的孩子家境宽裕，经济条件尚好，剩下 10% 的家庭也在贫困线之上，极少见到因为生活窘迫而通过援交手段赚钱的。

3. 有过援交行为的学生中，95% 以上来自普通中学、中专、技校、打工学校，她们的成绩普遍处于所在班级的中下游，自认为考大学无望而玩世不恭。只有不到 5% 的女孩来自重点中学或名校，是老师同学公认的好学生，多半出自赶时髦或好奇心而偷食禁果。

当问及她们从事援交活动的原因时，一半人回答：家里给的零花钱不够用；35% 的人回答：成绩不好，考大学无望，家里家外无人理解自己，随便找个人聊聊天，寻点开心，找回点面子自我安慰；9% 的人回答：受朋友影响，追新潮生活；仅两人回答家庭经济条件差，自己挣点钱贴补学费等开支。

当问及她们对援交行为的看法时，大家几乎一致认为“援交”不等于“卖淫”，理由有三：

一是没去洗脚屋、夜总会等场所（她们认为上述场所是固定卖淫地点）；

二是对要求接触自己的对象有选择权，完全出于自愿，不受他人控制；

三是与对方单聊还是发生性关系由自己决定，不由钱或对方决定。

在讨论援交活动是否违法时，除两名女生回答“有些不合传统观念”之外，其余均理直气壮地说：“我们又不是按摩女、站街妹，跟谁交往、怎样交往，是我们的自由，爱怎样怎样，怎么可能违法？”有位女生甚至反问记者：“我今天接待您，陪您聊天，不也是属于援交行为吗？收取您几百元的功夫钱，算卖淫吗？”

当记者请她们客观谈谈从事援交活动后的真实感受时，绝大多数人回答我们：“爽多于痛！”还有人反问记者：“你们没干过那种事吗？那种感觉应该是一样的呀！”

如同她们用简单、自堕（用她们自己的话叫“自娱自乐”）的方式对抗或消费这个商品社会一样，孩子们过低估计了自己幼稚的冲动所引发的地震级别。上海援交女团体被定罪为“少女卖淫案”送上法庭不公开审判后，风波并未随之消停，一场更大、更深刻的全国性大辩论围绕此案拉开大幕。

在各种类型的青少年教育工作者当中，他们对“援交”现象的评判大不相同：有人站在人性的高度审视，觉得造成这种未成年人援交行为的社会因素非常复杂，而且从形式上看，“援交”与“卖淫”不完全是一码事，理由与孩子们的自我辩护相差无几：一是参加援交的女孩子不认为自己在卖淫，是在玩，又玩又有钱赚；二是这帮女孩子始终把命运掌握在自己手里，不似原始的卖淫女，没有其他人可以左右她们。他们甚至揶揄：“如果光从道德层面让那些孩子获罪，那么如同上帝所言，世界上没有无罪之人。”

曾对“援交”现象做过专题调查的中国青年政治学院社会工作学院副院长童小军博士，在网络专题讨论时持强硬态度：“（援交）这种性交易无疑是对未成年少女的性剥削，实施者应该受到法律的制裁……我们这个社会对类似行为应该是零容忍！”

中国青少年研究会副会长、被国务院表彰为有突出贡献的教育科学研究专家孙云晓代表“担心一族”。他说：“我担心的事终于发生了……日本在20世纪90年代末已发生了这样的‘援交’事件。上海的‘援交’案件发生后，我觉得在中国有可能蔓延，最可怕的是它具有可复制性。实际上，我认为中国已经完全具备了日本当时‘援交’蔓延的客观条件。”

究竟什么是自己所言的“客观条件”？孙先生未做解释。此案最先引起争论的倒是法律层面上的是是非非。有法理研究者站在法律的角度审视此案，吃惊地发现：从技术细节上看，此案超出传统意义上的卖淫范畴，仅是有伤风化的援交行为，无法依据现有法律为其定罪。

著名社会学家、中国社会科学院社会学所研究员、博士生导师李银河教授认为："从法律层面来看，援交的性质与得到长期包养的二奶及得到金钱礼物馈赠的小三差不多。既然刑法难以制裁二奶和小三，刑法也无法制裁援交。其次，从道德层面来看，如果援助一方有婚姻关系，属于婚外恋性质，违背了婚姻道德和忠诚承诺，应当受到谴责，（可是）受援一方一般是单身。"

著名性学家、北京林业大学性与性别研究所所长方刚认为："青少年也有性权利。青少年同样有权利自主地决定自己的身体使用权。任何打着保护青少年的名义对青少年性权利的剥夺，都是对他们的性人权的粗暴侵犯。将援交行为简单地指责为'只是为了钱'，是我们社会一种习惯的道德谴责，与事实可能是有差距的。对于青少年行使身体权时所受到的伤害，社会应该承担很大部分的责任，而不应该只是谴责和惩罚青少年，因为他们同样是受害者，是缺少真正有益的性教育的受害者。"

知名网络女性维权人士叶海燕（网名"流氓燕"）认为："援交并非卖淫，像情人、二奶、小三一样，可以规避法律的纠责。"

一些法律工作者则站在法律与道德底线上发出警告：如若援交现象不定罪予以惩戒，势必在极短时间内星火燎原，一发而不可收，后果不堪设想。

北京律师王雪生说："作为一名专业律师，首先我认为'少女援交'这一提法是不恰当的。从目前的公开报道来看，所谓的'少女援交'，其实就是未成年人卖淫问题。"他主张：对于未成年援交少女本身重在教育，而对于参入、介绍援交的其他人必须依法惩治。

一位不愿透露身份的警方人士对记者说："叫'援交'也好、卖淫也罢，这种现象越来越多，越来越趋向低龄化。如果不适度惩戒那些低龄卖淫少女，这个势头很难遏制！"

那么，在专家学者之外，芸芸社会众生又是如何定义"援交"现象的呢？

2010 年初，童小军博士曾带领她的研究生，在大学生中做过一次关于"援助交际"认知状况的问卷调查，结果显示：近 1800 份有效问卷中，72% 认为援助交际与卖淫不同。

在广东省类似调查数据中，持容忍意见的人数比例更高。两位参加援交调查课题的女大学生在调查时，甚至被对方反唇相讥："为什么你们能忍到 20 岁还没有性行为？""我真不明白，你们 20 岁还用家里的钱，不觉得羞耻吗？"

在与童小军教授的网络对话中，网友玄清 Letitia 坦率直言：“我是当代大学生，不觉得他们援交怎么了，现在性行为可以不以结婚为目的，因为结婚成本太高了。同样的，性行为都是自己控制的，属于自己的权利，以前的传统思维已经不再受用，所以也不应该对这些援交有任何歧视。”

我们针对中学生群体的调查结果有所不同，与日本、港台地区调查数据不一样的是，在内地，无论是男女中学生，绝大部分人对“援交”现象并不认可，只有低于 20% 的中学生会说一些模棱两可的话，诸如：“最好是不要”、“各人有各人的想法和自由”……在一些重点中学，很多学生甚至没听说“援交”这个词，听说这种事更觉得不可理喻，差不多 100% 的学生毫不犹豫地选择了对“援交”行为的排斥和否定。

在对社会成年人群体的调查中，我们惊讶地发现，90% 以上的被访问对象，均对“援交”现象表现出义愤填膺的否定态度。已有生育的父母级别的男女公民们更是对此大加讨伐，视之与卖淫毫无二致，并疾呼政府要加大打击力度，杜绝此类丑恶现象的蔓延。

这些数据曾令我们疑惑：几乎在所有机构或个人的相关调查中，那些购买成年、未成年女学生“援交”的男人，其中不乏“事业有成”的官员、企业家、教授、明星大腕，而且大部分人都有家有室、有儿有女。是我们的调查有误，还是受访者在说假话？试想：若站在父母亲的立场上，无论是被调查对象还是那些主张宽容“援交”，甚至为其寻求合法借口的理论家们，谁会容忍和姑息自己的儿女去从事“援交”活动呢？而换一种场合，为了满足自己的肉欲，他们中间有多少人会放过别人家的花季少女？

就在大陆专家学者打口水仗的同时，台湾地区对此前颁布的《儿童及少年性交易防制条例》进行了修订，加大了对受害少年儿童之外的相关责任人的处罚力度。条例规定：

禁止 18 岁以下儿童青少年在网上散播交友信息，否则将被拘留，警方视具体情形给予惩罚。

卖淫的儿童青少年不会被追究刑责，但是必须要接受两年的特殊教育，“买春者”跟 16 至 18 岁的少女发生性行为会被追究刑责。

岛内中小学每学年应办理少年儿童性交易防制教育课程。

儿童或少年从事性交易，当地主管单位得令其父母、监护人或其他实际照顾的人接受8小时以上、50小时以下的教育辅导，违反规定者处新台币3000元以上、15000元以下罚款……”

后记：上海少女援交案已过去数年，除去百度搜索的相关词条仍不断增加、不断被点击，赚足了眼球的媒体早已热情散尽、悄然离场，诸多研究者的较真文字空留于获奖论文里。法律管控有限，教育莫衷一是，只有那些人数越来越多的花季魅影，频繁地出没于城市灯红酒绿的夜幕之下……

第六章　中国小留学生“西游记”

国内名牌大学资源紧缺，中小学生学习环境不断恶化，引起不少国人对子女教育感到悲观。于是，紧随中国GDP跃居全球第一之后，去境外留学的人数也急剧上升至世界第一。大批低龄小留学生加速向欧美发达国家涌动，引起世人关注。是中国家长主动上演一出新版“西游记”，还是中国的孩子们命中注定要经历一次“飞越疯人院”？

出国！出国！

十年前已婚男人们见面，最爱说的一句玩笑话是“你离了吗？”这十年全改口了，为人父母者问得最多的是：“孩子出去了吗？欧洲还是美国？”

留学，对国人来说并不是一个陌生词语，最早出现于晚清，多半属个人行为，拿现在的话来说就叫“自费留学”。也有少量“公费”资助，如最早留学美国的维新变法、辛亥革命的参与者容闳曾力促曾国藩成立“幼童出洋”团队，那些小留学生学成回国后担纲包括总理、清华大学校长在内的重要政府、文化要职，也是晚清—民国间第二次“西学东渐”运动的主力军。

新中国成立后，中国政府曾向前苏联为盟主的“社会主义阵营”派遣过少量公费留学生，自费留学几乎绝迹。随着文化大革命发生和国际社会主义阵营大解体，中国再一次闭关锁国，“留学”一词基本消失于国人的视野之中。直至

20世纪70年代末，为尽快消除“文革”后遗症，快速培养有国际视野的建设人才，在邓小平先生的倡导下，中国政府恢复了对外派遣公费留学生制度，出台了“支持留学，鼓励回国，来去自由”的留学工作方针。留学生学成后，无论滞留西方还是返回祖国，都对国家的政体开放和经济改革战略实施，提供了重要的技术支撑，留学生的个人价值也在国家复兴过程中得到充分体现，被誉为“天之骄子”。这一段存在于特殊国情、特殊历史背景下的“留学生辉煌”，为后期中国青少年出国大潮埋下了重要伏笔。

与此同时，改革开放初期急就型学历教育，也导致了中国社会人才观盲目向高学历偏移，直接刺激了高等教育迅速从社会化向产业化转型。以“学历”为目标、以“高考”为核心的教育体制逐渐形成，使得国内教育资源严重失衡、竞争惨烈，深受就业之扰的中小学生在家长们的鞭策下疲于备考、不堪负重。为了逃避这种病态教育体制带来的个体损失，让子女留学国外名校，便顺理成章地成为中国中产阶级以上家庭的不二选择。于是，自20世纪末，中国史上罕见的“留洋热”悄然掀起，到21世纪初愈演愈烈、高潮迭起。

根据教育部最新统计：截至2013年，中国去海外留学人数达300万左右，平均以每年20%以上的速度递增，成为全球最大的留学生输出国。其中去国外留学的中小学生人数已达到总人数的23%，仅次于本科生。另据追踪中国富人数据指标的胡润研究院称，中国亿元资产以上的高净值人群中打算送子女出国留学者高达90%。该机构在深圳的一次相关问卷调查显示，有86.6%的中学生希望出国留学，比大学生高出10%。以上数据，还可以通过中国教育部另一项调查得到支撑——“2009年高考，全国弃考人数达84万，2010年弃考人数接近100万，其中因出国留学而选择弃考者的比例达21.1%。”

这么多小留学生意欲何往？

据胡润研究院最新发布的《2014至尚优品——中国千万富豪品牌倾向报告》显示：去国外接受高中及以下教育的富豪子女中，28.7%偏爱留学英国，26%偏爱去美国，12%的人青睐到加拿大，9.4%的人喜欢澳大利亚，7.5%的人喜欢瑞士，3.6%的人到新西兰，3.4%的人选择新加坡，2.8%的人选择法国，2.3%的人选择德国，另有2.1%的人选择去中国香港特区。

根据此项调查，越是有钱的中国富豪越是青睐子女从小接受西方教育，千万富豪送孩子出国留学的平均年龄为 18 岁，亿万富豪送孩子出国留学的平均年龄为 16 岁。为了方便子女留学，约 80% 的中国富人已经或正打算在洛杉矶、旧金山和温哥华等海外城市购买别墅和学区房。

中国“富二代”的“留洋热”，不但悄悄改变着中国的基础教育业态，也迅速更改了一些西方国家的留学生结构。

美国国土安全局的一项统计数字显示：2005 至 2006 学年，持因私护照去美国读中学的中国中学生仅 65 名，到了 2012 至 2013 学年，这个数字就升至 23795 人，七年期间增长了 365 倍。

据加拿大统计局 2012—2013 年统计，在加拿大的留学生人数逐年增长，中国已经是加拿大留学生的主要来源国。2012 年，加拿大共接收了 104,810 名海外留学生，其中有四分之一（25,346 人）来自中国大陆。在温哥华，中国小留学生所占比例高达 60%。

同年，在澳大利亚年龄低于 18 岁的中小留学生中，有 37% 的人来自中国，达到 5083 人。

在中国小留学生的 100 多个留学目标国当中，去英国的生源增长最为迅速。据英国私立学校委员会的资料显示，2010 年，英国私立中学 10030 名海外学生中，有 1/3 来自中国大陆和香港。另据英国《金融时报》报道，中国低龄留英学生数在过去 3 年内，增长了近 4 倍，2013 年已接近万人，2014 年的人数还会以 10% 的速度增长，带火了英国留学监护业。

众所周知，过去在英国读私校一直是一种“身份”的象征，如果拿不到顶级

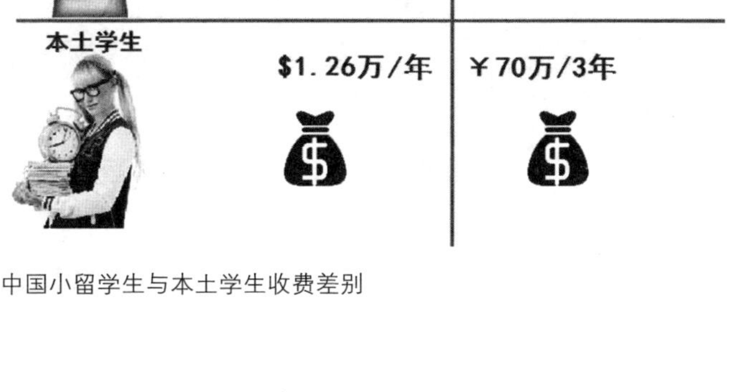

中国小留学生与本土学生收费差别

奖学金，只有中产及以上的家庭才能负担得起昂贵的私校费用，但对于今天的中国学生来说，金钱障碍似乎是小菜一碟。近年来，不少英国媒体惊呼：“蜂拥而至的中国小留学生，不仅推高了英国私校的价格，挤占了英国本地学生的名额，也挑战了英国传统的教育方式，严重抢占了英国本土绅士们的教育资源。”在那些媒体公布的资料里，有一个最极端的事例，在一所公学（贵族学校）的 38 名寄宿生中，只有 2 名非中国学生。

又是买房，又要择校，还要陪读或请人监护，以美国几个大城市为例，据知情者透露，不算陪读消耗，中国留学生每年需缴交 4.96 万元学费，远高于本地学生的 1.26 万元。一个学生读 5—6 年中学，基本消费得花上一百多万人民币；另据英国私立学校委员会计算，“小留学生”到英国就读，学费支出大约为本地及欧联盟学生的三倍，而且以每年 10% 的速度增长，三年中学费用约合人民币 200 万左右。如果寄宿学校，仅宿舍管理员的年工资就需花上 2000 英镑。平均计算，去欧美国家读中学的小留学生的消费要超出国内中学几十倍。

根据中国国家统计局发布的《2013 年国民经济和社会发展统计公报》，2013 年中国居民人均可支配收入 18311 元（人民币），这意味着中国普通家庭父母双方 10 年的收入才够孩子在美欧国家留学一年的费用。对大部分中国家庭来说，这笔昂贵的留学费用都是一个天文数字。如此高昂的留学成本，为什么仍让中国的家长们趋之若鹜呢？

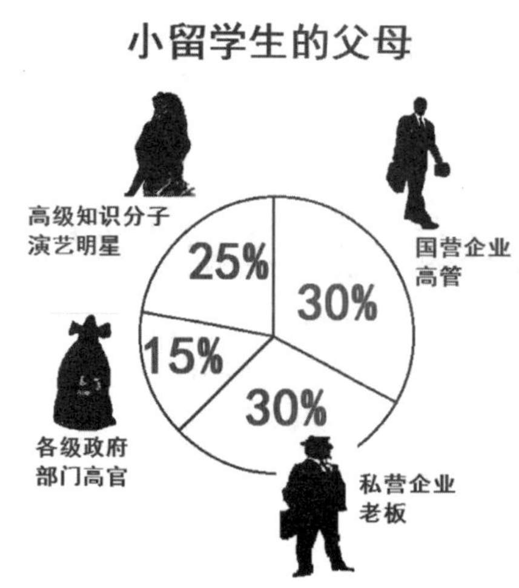

小留学生父母阶层结构

据记者调查，一般送低龄孩子出国留学的家长，不外乎有三点考虑：第一，看好国外的教育质量，希望孩子在可塑性较强的年龄段出国开拓国际视野，增强往后的就职竞争能力；第二，绕过国内竞争激烈的高考，解放孩子，一竿子插到底直奔国外考名校；第三，本来就打算举家移民，通过留学让孩子先行。除开这些，还有少数经济宽裕的家庭出于与周围人攀比的目的，也会将子女送去国外。

这些家长又有什么样的经济背景与社会背景？

记者对近 50 名在海外就读的中小学生家庭调查表明，这些家庭普遍呈现高学历、高职位、高收入的“三高”特点。15% 的学生家长为各级政府部门高官，30% 的学生家长为国营企业高管，30% 的学生家长为私营企业老板，25% 的学生家长为高级知识分子和演艺明星等。在他们当中，65% 的家庭年收入超过 40 万人民币。为详细了解分布在世界各地的小留学生的背景与现状，我们分门别类采访了一些当事人。

一个被移民美国的北京男孩

采访时间：2015 年 7 月。

采访地点：美国，曼哈顿。

受访人：戴女士，彤彤的母亲；彤彤（化名），小留学生。

采访人：周女士，访美学者。

撰稿人：本书作者。

彤彤悄悄告诉我：“妈妈很漂亮，但是不温和，脾气很大！”

没错！就因为彤彤读小学三年级时不爱背书，受到语文老师的多次罚站而产生厌学情绪，年薪百万的北京某知名网站高级白领戴女士一气之下弃夫离家，领着儿子移民美国。

“现在想起来有点后怕，就那样稀里糊涂地带着儿子跑到一个陌生的国度。可当时顾不上那么多呀！再在国内泡上几年，孩子将来顶多成为他爸爸的完整复制品！”

“子承父业，那不是多数人梦寐以求的境界吗？”据我所知，彤彤爸爸先后毕业于清华大学和哈佛大学，现在是国家某重点学科的带头人。

“一个人的开局在很大程度上可以决定他的结局。我和彤彤爸爸都是

本书作者在上海橘子酒店补访回国探亲的戴女士

应试教育的产物，即便运气不错碰上一些好机遇，但格局都不会太大！”

“所以，您想让彤彤从小就脱胎换骨，改造‘元气’？”

“可以那么说吧。‘元气’决定气质，气质决定人生成败！”

“到了美国，您的计划实施顺利吗？”

“其实也没什么很深远的计划，多半是走一步看一步，因为有些事是你无法预料的。比方说，彤彤刚去学校报到，他的美国老师看了他从中国带去的四年级课本，笑着对我说：‘我可以负责任地告诉您，六年级以前，你儿子的数学课不用上！’

“我请求老师是否可以‘因材施教’，让彤彤多学点更高层次的知识。老师奇怪地看着我，就像打量一个外星球来的怪物：‘why？’他问道。

“是这样，您看啊，这是彤彤在北京重点小学的成绩单，尽管不是门门一百分，但毕竟学习进度比贵校快出一大截。麻烦您……

“看得出，老师出于礼貌耐心听完我的叙述，然后果断地拒绝了我的要求：‘为什么非得要跟别的孩子不一样呢？那样不利于他的成长。学习轻松是好事，可以腾出时间学一点课本以外的知识。’他说。

“Oh my god！（哦，我的老天爷！）让我儿子陪着一群学识比他低两班的同学一起上课，这不是浪费孩子的生命吗？我是不是干了一件大蠢事？

“彤彤的新任教师看出我心存疑虑，启发我说，‘您肯定知道，人口只有8200万的德国，分享了一半诺贝尔奖，他们成功的原因之一，就是不过早、过度开发儿童智力。

“接下来发生的事情更匪夷所思——彤彤在国内从一年级开始，就背着沉甸甸的书包上学，尔后每升一次级，书包就加重一次，最后只好改用拉杆包装书。来美国上学，书包突然变得轻飘飘、空荡荡，他每天几乎是两手空空地蹦着跳着去学校。我一下子又觉得精神失重了，普天之下哪里有没重量的知识？

“一年后，彤彤升五年级了，除开英语、棒球，没见他有别的什么进步。我忍不住问儿子：‘你对这里的生活有什么感觉？’彤彤回答：‘More freedom（更自由）！’

“我又问：‘你觉得在这里读书和在北京读书有什么区别？’彤彤回答：‘More happiness（更快乐）！’

“连我自己也说不明白，放弃事业，千里迢迢、离乡背井把孩子带到大洋彼岸来，究竟是不是就奔着这两个抽象的英语单词？说实在话，那时候每天看着儿子背着轻飘飘的空书包去上学，我的心反倒沉甸甸的。在美国，他能学到什么呢？论功课他都可以当其他同学的老师了……”

“我刚来那会儿并不像妈妈讲得那样优秀。跟班上同学相比，除开数学比他们早学了两年，别的我啥都不行！”已经年满12岁，面临小学毕业的彤彤放学回家，全副“戎装”地站在我面前——黑色的棒球衣帽、白色的运动裤、深咖啡色的手套。

“嗬真棒！击球手呢？”我笑着说。

“什么呀，一直打替补，去年才当上主力队员！”

“彤彤为什么觉得妈妈说得不对呢？初来那会儿你在学习上的优势非常明显呀？”我问。

“才不是呢！您以为在中国呢？在这里学习内容很多，课本知识学得好不好不是主要的。考试没考分，不排名，只给ABC！就算你门门功课得A，又能怎样？人家篮球足球棒球橄榄球都会，还能滚轴、滑雪、溜冰、表演杂技。会玩才有朋友！初来那会儿，在同学们眼里，我就是个土包子、小傻瓜！”

小家伙说完进自己的卧室换衣服去了。戴女士微笑地看着儿子的背影，那神情有如欣赏自己最为得意的力作。“原来在北京，什么事都得我帮着做。现在非常独立，洗衣服、做饭、整理自己的卧室，啥都会干！”

“彤彤描述的学校状况在美国是个例还是普遍现象？”我问。

“普遍。”

“作为科技大国的美国，小学教育目标就那么低？”

“刚开始我也有您一样的疑虑，甚至一度想打马还朝算了。但彤彤后来的变化打消了我回国的想法……有一天，他放学后回来晚了，背了一大包书籍。我问他干嘛去了，他说去图书馆借书了。我翻翻书目，都是一些有关中国历史和现状的书籍，还拷了一堆影像和电子图文资料。

“我问儿子，一下借这么多书，而且都是有关中国的，你想干什么？儿子回答得很简单，‘做作业’。一边说，一边在电脑上打了一行英文标题——‘China: yesterday, today and tomorrow’（中国：昨天、今天和明天）。

“我一看标题吓一跳：‘这是你的作业吗？标题也是你自己拟的？’儿子头也不抬地边写提纲便回答：‘是的……’‘我不信，这样大的题目，就算让你那个当博导的爸爸来写，也不是件从容的事！’

“彤彤这才转过身子，不耐烦地打发我：‘求求您，以后别那么大惊小怪好不好？老师说，美国是个移民国家，让每个同学都自拟标题，写一篇文章介绍自己祖先生活的国度，分析它与美国的地理、历史、文化有什么不同。这有什么不对吗？

“‘好是好……’我拿不准该怎样回答儿子。说实话，我一方面不得不佩服美国人大气的教育理念，可又不得不担心儿子是否经受得住美国式拔苗助长。

“过了四五天，儿子的作业完成了，打印出来厚厚的二十多页纸。从长江、黄河到丝绸之路，从象形文字到五星红旗，还有对信息化革命完成后的国貌假想，潇潇洒洒、洋洋万言。除去文字稚拙些，倒也言之成理，而且从主题词到章节划分、加圈注释、参考书目，无一不是与我三十岁时写硕士论文时的格式如出一辙。

“彤彤的这篇作文获得 A 级评分，老师的评语是：‘值得为你的祖国自豪、期待！’彤彤说，老师让他在班上朗读这篇作文的片段——对于这里的学生而言，当众朗读自己的作文，那是最高奖赏了，比几个 A 更重要——全班同学都为彤彤鼓掌！

“不久，彤彤的第二篇‘大作’开篇了，标题是《我怎么看人类文化》。这个五年级的小男孩，越来越不着调了，动笔之前问我：‘妈咪，您说什么是文化？咱们北京烤鸭、天津狗不理包子都算是文化吗？’对于儿子的问题，我越发不敢信口雌黄，同他一起查了半天权威工具书，从广义到狭义、从抽象到具象，反复讨论了半天，直到他得出自己的答案。

“看着孩子信心满满的神态，我尽管高兴但还是有些担心：毕竟是一个小学五年级的小学生，他会怎样去阐述‘文化’这个内涵极其丰富、外延难以界定的哲学概念呢？我甚至料定他会大谈‘吃文化’，将京味儿大餐和风味小吃全都搬上桌。无拘无束的美国文化，真是让人欢喜让人忧啊！

“几天后，儿子又递给我厚厚一沓纸的文章，这一回除开大部头论文必须的格式之外，还多了一张他自己设计的封面，黑白主色调略微有些泛黄，再叠印几个简单的素色块，倒还显得古色古香。彤彤不无自得地对我说：‘大家天天把文化挂在嘴上，可您知道什么是文化吗？’

“我不知道，等着你来告诉妈妈呢——我说。彤彤认真地回答我：‘其实超简单——人类创造出来供自己享用的一切劳动成果都是文化！’瞧他那副自得的神态，仿佛刚完成一部具有重大学术意义的巨著！

“过后，老师让彤彤带回她的批语：‘我安排本次作业的初衷，是让孩子们开阔眼界、活跃思维。读他们作业的结果，倒让我进入了孩子们五彩缤纷的思想境界！’

“我问儿子：老师这批语什么意思？儿子说：‘这一回老师没说为我骄傲，但是她为我感到震惊了！是不是，妈咪？’

“我只是笑着投过去鼓励的眼光，像他的老师们那样——这里的老师从不用考试把学生分成三六九等，而是竭尽全力去肯定孩子们一切努力，去赞扬孩子们自己思考的一切结论，去保护和激励孩子们所有的创作欲望和尝试！

“短短一年多时间，从国内语文课的游记类命题记叙文，到如今挥洒自如的文化思考，尽管用成年人的眼光审视，其中不无稚嫩和不成熟的地方，但是我却从儿子身上看到了一种特别令人欣慰的气质——自信与独立！”

“对于孩子们来说，小学是个打基础的阶段，过早地强调自学与独立，您是否担心孩子会少了一些必要的基础知识，真到将来该自立的时候，会头重脚轻根底浅，站不稳？”我知道自己的思维也许不合符美式教育逻辑，但还是想知道答案。

“这个问题我曾与彤彤的老师探讨过，她说，之所以不在课堂上进行大量的知识灌输，是要把孩子的目光引向校外更加广阔的知识海洋，让孩子知道生活中一切时间和空间都是他们学习的课堂。他们没有让孩子去死记硬背大量的公式和定理，却煞费苦心地告诉孩子怎样去思考问题，并且教给孩子们面对陌生领域寻找答案的方法。

“我从儿子的进步，看到这种教学理念的高明。这才来了不到两年，彤彤已经可以非常熟练地利用图书馆的电脑和微缩胶片系统，查找他所需要的各种文字和图像资料，用于完成作业或满足自己某些方面的兴趣，这要呆在国内很难想象。比方说，有一次我们俩为狮子和豹的觅食习性发生争议，第二天，他就从图书馆借来了介绍这种动物的录像带，拉着我一边看，一边讨论……”

我与戴女士正说着，彤彤从卧室里走出来，手里拿着历史作业本，要与妈妈讨论他写的答案。戴女士看了看，笑笑，见怪不怪地将作业本递给我：“您看看，这就是美国人的习题模式！”

我接过来才看了几行，就有些犯嘀咕。这是一份关于“第二次世界大战”方面的习题：

“你认为谁对这场战争负有责任？”

“你认为纳粹德国失败的原因是什么？”

“如果你是杜鲁门总统的高级顾问，你会对美国投原子弹持什么态度？”

“你是否认为当时只有投放原子弹一个办法去结束战争？”

“你认为今天避免战争的最好办法是什么？”

我大致浏览了一下彤彤的答案，不乏“我认为……”“我以为……”“我的看法是……”之类。“这些问题，老师会公布标准答案吗？”我问彤彤。

彤彤摇摇头：“没有标准答案，但是老师会挑选我们之间不同的观点和答案在班上宣读，让大家集体讨论、点评。每一次讨论可热闹呢，就像电视里面美国国会讨论某项提案一样，老师也参入其中……”

“老师的发言就是标准答案了吧？”我问。

“才不是，我们可以反驳老师的观点，老师还经常表扬我们的观点比她的观点更好、更有创意！”

“最后老师会不会告诉你们正确答案？”

“一般不会。”彤彤摇摇头：“老师说，只要言之成理，都是正确答案，都可以评 A 或 B。”

戴女士说:“对他们老师的这种理念，我思考了很久才认可，毕竟距离我们原有的教育理念差距太大。后来想明白了，正是在一个个设问之中，老师要向孩子们传输一种人道主义的价值观，引导孩子们去关注人类的命运，让孩子们学习思考重大问题的方法。大部分思考题在课堂上都不设标准答案，美国人不喜欢重复别人的观点，注重新的答案，尽管有些答案可能需要孩子们用一生去寻求！”

“是啊，我们中学读二战史，老师的考题多半是时间、地点、事件和教科书上对二战的性质、影响所作的评判，等等。一些会背书的同学都可以拿高分，往往一些有自己想法的同学，只要答案与教科书相违背，就会被老师打叉，给不及格的分数。”我感叹道。

“没错，要是凭课堂上的学习成绩拿奖学金，美国孩子常常不是中国孩子的对手，可是一到实践领域，搞点研究性题目，中国学生往往没有美国学生那么机灵，那么富于创造力！”戴女士说。

彤彤接过妈妈的话茬，参入了我们的讨论:“那也不一定，经过一段时间转变一下就行。四年级转学到这边的时候，一些书本知识我在班上绝对占优势，可是只要离开书本，我就像傻子一样，不知道自己该说什么，该做什么。可现在我不但成绩比他们好，课外活动，还有各项全美小学生知识竞赛，我都是最好！”

我留意到，此时的戴女士满心愉悦地向儿子投去欣赏的目光。没有说教、只有比照，母亲随儿子一起脱胎换骨，大概这就是大洋彼岸那个自由国度的文化魅力吧！从这一对母子身上，我似乎为寻找中国人“留洋热”的真相找到了一些概念之外的答案。

“彤彤我问你，如果将你现在就读的美国学校和原来在北京读的学校做个比较，你的答案是什么？”我问。

也许有人这样问过或他早就想过这事，彤彤随口就答:“在这边上学更快乐，没有压力，考多少分不重要。连妈妈都有这种感觉，是不是，妈妈？另外，只要你有想法，老师会帮助你去实现，或者告诉你怎么去实现。老师说，只有美国的制度，才能让每一个有天分的人真正成为天才！”

“在这边上学更快乐，没有压力！”（摄影 唐彩斌）

“咱们中国做不到吗？”我问。

彤彤坚定地摇摇头。此时，我发现戴女士的眼神里流露出一丝不安，过后她对我说：“孩子越来越有‘断根’的倾向，对中国文化越来越排斥，真不知道是好事还是坏事，或者喜忧参半？不管怎么说，孩子这方面的变化绝对不是我带他出来时的初衷……”

神秘的龙凤胎

采访时间：2015 年 11 月。

采访地点：北京，桔子水晶酒店。

受访人：鞠先生。美籍华人，美国洛杉矶某中学教师。

采访人：本书作者。

他是我的一位朋友，12 年前去美国上大学，后拿绿卡移民，在洛杉矶一所中学任教。向他作小留学生调查时，他给我讲述了一个真实的故事。

“美国的中学分为公立中学和私立中学两种。按照美国的法律规定：公立中学只允许接受短期的外国交换学生，最长时限为一年，且不得接收外国申请者以独立的学生身份长期就读；私立中学依法可以根据本校规定接收外国留学生，允许其持学生签证长期就读，直至高中毕业考入大学。

“刚到美国，秦家兄妹都是通过 SAT 考试，被 Y-D 高中录取。借用国人惯用的说法，亚凯迪亚高中是美国洛杉矶市一所‘名校’或称‘重点中学’。其实美国并没有‘重点中学’这一说，只是比较而言，一些私立学校的师资力量比较突出一点，学生入学考试的 SAT 成绩普遍高一些。

美国亚凯迪亚高中

“由于近些年洛杉矶的亚裔移民越来越多，Y–D 高中的亚裔学生也越来越多，我 2005 年大学毕业去该校任教时，那里的亚裔学生已占半数以上。在亚裔学生当中，分属大陆和港澳台的中国学生又占一大半。

“三年前，秦家兄妹被分配到我管理的两个班级。说是兄妹，其实他们是双胞胎，哥哥比妹妹从娘肚子里就早出世那么一小会儿。

“我是他们的辅导员和导师，这个职务有点像国内学校里的班主任，但工作方式和内容完全两样。我辅导三个班的学生将近 90 人，主要忙于自己教授的课程，学生都认不全，他们如果有什么事情需要咨询就会主动找我为他们解答。

“秦家兄妹进校后似乎与其他从中国去那里就读的学生不一样，其他学生大多都是国内称之为‘富二代’的那一类，开豪车、住别墅、吃吃喝喝交朋结友，甚至还有赌博、吸毒的。秦家兄妹似乎家境不怎么样，租住在学校附近一处旧公寓的一间‘蜗居’里，每月租金七八百美元。俩孩子平常省吃俭用，早晚餐都自己做。有时候跟同学们外出旅游或参观，妹妹会跟着哥哥去蹭同学们的车。

“俩孩子很聪明，学习也很努力，上进心很强，受到老师们一致好评。特别是哥哥秦虎，为人仗义，好打抱不平。有一次回北京探亲，我在中学时代的校园里拍了一些小学弟们的学习、生活录像，回到美国以后在课堂上播放——美国的课堂教学很灵活，二三十人围着老师席地而坐，可以传授课本知识，也可以插科打诨讲些生活常识或相互交流些最新见闻，不似国内那样五六十人一大班，上起课来照本宣科——放到一半，一位本地男生站起来大声喊叫：‘stop!stop!’（停！）

“秦虎可能怕我尴尬，立即阻止那位男生的无理取闹：‘谁不看谁出去，我们愿意看！那里是北京，中国的首都！’我初到美国时，同秦虎一样爱打抱不平。后来渐渐发现，看上去爱伸张正义的美国人，并不是像我们在电影上看到的那样‘路见不平拔刀相助’，他们出刀的机会多半在觉得自己的利益受到威胁或侵害的时候。

“用北京话说，向我发难的那个孩子平常就是个‘刺儿头’，在班上经常是一句话相骂、两句话出拳头的厉害角儿。一看居然有人敢跟他对着干，火冒三丈，指着秦虎破口大骂：‘你TMD在说什么？我不愿看见那些北京人，他们和你一样全都是垃圾！’

“个子比对手矮一个头的秦虎毫无惧色，义正言辞地要求对方道歉。那挑事的孩子自恃身高马大，而且身后还跟着几位随他起哄的美国孩子，朝秦虎扬扬拳头说：‘如果你是李小龙，打得过我的拳头，我可以考虑向你道歉。如果打不过我，你就要像这个烂片子中那些垃圾孩子一样，给我滚蛋！’

“我还没来得及阻止，秦虎就迅速出手，一个勾拳跟着一个扫荡腿，就把那个挑衅的学生打倒在地，引来一片喝彩。那孩子不服输，爬起来又继续打，没几下又被秦虎制服。旁边起哄的学生喊着：‘李小龙！中国功夫！李小龙！中国功夫……’

“我知道事情不妙，赶快制止了秦虎，扶起那个被打得鼻青脸肿的美国孩子，要求秦虎向他赔礼道歉。秦虎坚决不干。

“第二天，那孩子的父亲——当地一名负责周边安全的警察来到学校，要求校长开除秦虎，理由是指责秦虎用暴力侵害他的儿子，并且用‘美国佬、煤球’这样的字眼宣扬种族歧视、羞辱美国公民。

“国内很多人不了解美国的社会细节，以为那块土地生产出来的果实都浸染着阳光，其实不然。就拿中学生打架斗殴来说吧，本来就是时有发生的小事，但要看发生在谁身上。虽然我知道秦虎会因为这次斗殴事件受到学校处罚，但万万没想到校方竟然同意了那位警察的要求，做出开除秦虎的决定，要求我让秦虎立即离校。

“听罢校方决定的秦虎似乎没把开除当做一回事，收拾好东西就走，大有‘此处不留爷自有留爷处’的架势。跟我告别时，他板着脸说：‘老师，您太窝囊了！大不了咱回北京去呗！’从孩子的眼神里，我看到了一丝蔑视。我的确愧对秦虎，他这一次打架的原因是因我而起。

“像秦虎这个年龄在国内读书时，我曾十分仰慕美国的民主自由，到这里生活多年以后，才觉察到许多事情并不似隔岸观灯那么灿烂。尽管代表着普世价值观的美国宪法精神和法律原则，无处不在宣示保障每一位公民的民主、自由、公正，但是，深植于美国人心灵深处的种族歧视，同样无时无刻不在人们的社会生活中找到宣泄的出口。‘二等公民’的感受不止是存在于华裔族群，几乎大部分有色人种多多少少都有微词怨言。

“尽管如此，对于我来说，‘回去’的念头也不下上千次，但都被自己否决。因为对比之下，这个国家对我的诱惑还是更大一些……还是说秦虎吧，他的事儿还没完。

“几天后，学校通知我，秦虎可以复课了，理由是那位警察撤消了申诉，不主张处罚秦虎了。这个决定让所有知道这件事的老师都感到意外。后来听一位校董说起，秦家兄妹似乎有些政府背景，至于什么来头，没人知道。

“总之呢，被学校开除了的中国留学生秦虎来学校复课了。因为教训了警察的儿子，还有一身李小龙一样的‘中国功夫’，他成为知名度很高的‘校园明星’，就连那位警察的儿子，也拜倒在他的拳脚之下。美国人有时候看问题很幼稚，至今为止，一些未曾到过中国的人，对中国人的正面印象还停留在20世纪六七十年代的武打明星李小龙的银幕形象上。

“秦虎的双胞胎妹妹秦玉，是一位很漂亮、很有教养的女孩，用中国人的习惯描述，就是很淑女的那种，琴棋诗画不敢说样样精通，起码也样样懂得一些，在学校里她的名气不输给哥哥。班级专门为她开办了中国书法和水墨画展示课，不少男孩女孩让家长从中文书店里购买了毛笔、宣纸、墨汁，跟着秦玉学习中国书画。在学校举办的音乐比赛活动中，秦玉的竹箫独奏经常获得第一名，她吹奏的《杠凝眉》，还有英国人奥德维作曲、中国人李叔同改词的《送别》，几乎成了学校每一次晚会上的保留曲目。

“有时候，命运如同一只会正反两面旋转的陀螺，在上帝的鞭策下变化无常。在秦家兄妹来美国留学的第三年，情况急转而下。那年的‘十一’国庆节刚过，秦虎对我说，他妈妈邀请我去家里一趟。接过秦虎给我的地址，我再次感觉到这对双胞胎的家世有着不为人知的神秘之处。

“‘你的学籍卡填写的住址不就在学校附近的公寓租房里吗？’我问秦虎。他告诉我，那里只是妈妈为他和妹妹就近上学临时租住的房子。

“周末，我按照秦虎给我的地址，从洛杉矶中心我的公寓出发，驱车向东，约30分钟后，来到圣加布里埃尔谷的圣马力诺市。记得早些年那里是一处白人中产阶级的住宅区，后来由于慕名于这里优质的中学教育资源和百分之百的大学升学率，来自中国大陆的富豪移民大量涌入，加上原集中于唐人街的老移民也有人迁居此地，华裔占居圣马力诺总人口的40%。

“按照字条上的宅号，我摁响了一处豪华别墅的门铃。这里距离市中心稍远，几栋南欧风格的房屋藏在高大繁茂的树冠底下若隐若现，显得非常幽静。一会儿，秦家兄妹和她们年轻的妈妈开门迎我。

“尽管事先有些精神准备，进入院子后，我还是不停地发生精神痉挛。记得我那位在某省任省政府办公厅主任的大学同学向我介绍秦家兄妹时，只是轻描淡写地告诉我，秦家兄妹的父亲是他的朋友，一位有些眼光的艺术品投资人。可眼前这座装潢讲究的精品别墅，在我的经验中即便是金融危机后的折扣价，最低也价值2000万左右。

“‘方老师，能请您到家里做客，我们很荣幸！’秦太太简直就是放大了的秦玉姑娘，相貌出众，言谈举止落落大方。她告诉我，省政府办公厅骆主任是她与先生的好朋友，感谢我此前为秦虎、秦玉入学提供的帮助。客套一番后，秦太太把我单独请到二楼客厅。

“‘非常冒昧，今天请方老师到家里，是有事想得到您的帮助。’秦太太问我喝茶还是喝咖啡，我要了一杯茶。她接着说：‘骆秘书把我们家的情况告诉过您吧？’

“我回答她，此前只字未提，昨晚接过我那位同学的电话，只说你们家发生了一些变故，电话里不方便说，让我听您的，尽量提供一些帮助。

“沉吟片刻，秦太太有些踌躇地说：‘最近我先生出了一点事，被双规——

就是 Under house arrest’。我点点头，示意她我懂得双规是什么意思。但是我很纳闷，一个艺术品投资人，怎么会被当局软禁呢?

“‘具体出了什么事我不是太清楚，只是接到省纪委通知，让我回去协助先生核实一些问题。骆秘书担任我先生的秘书多年，他应当比我知道的更多一些?’她试探着问。我这才明白秦家兄妹的父亲并不是什么艺术品投资人——尽管这栋别墅的墙上挂着齐白石、张大千等国画大师的名作——他的地位起码比我那个省委办公厅主任的同学要高。

“秦太太告诉我，再过几天她要回国了，什么时候返回美国自己心里没数，想请我暂时担当秦虎秦玉的监护人，直到她回家。‘我只是告诉他们兄妹，妈妈回国探亲’，秦太太说。我应允了她的请求，并答应向秦虎秦玉保密，她给了我一张支票，作为预付的报酬。

“在后来的交谈中我还得知，秦太太居然与我是中学校友，比我高两班，而且后来我们考上的是同一所国内重点大学，我学的是中文，她在哲学系。

“她告诉我，大学毕业后本来就考上了美国一所知名大学，因为未婚先孕，只好嫁给了当时的系主任，现在的丈夫秦先生，第二年便生下一对龙凤胎，直到他们初中毕业，自己才来美国边为孩子们陪读，边考上一所大学读硕。

“没想到的是，秦太太回国后不久，情况急转直下。尽管在我严格的监护之下，两个孩子没出什么大事情，但是性格发生了一些微妙的变化。先是秦虎变得脾气暴躁，动不动就和同学打架。接着我又发现秦玉不再如从前那样活泼开朗，渐渐琴也不弹了，箫也不吹了，还经常一个人站在树阴底下发呆。

“接下去，两个孩子的学习成绩也一落千丈，我试图了解他们是否知道父母亲一些不好的消息，但是他们全都回避跟我谈及这一类话题。好在两个月后，秦太太返回美国了，我把监护权交还给她，并告诉她孩子们的近况。她显得非常疲惫，面部瘦弱许多，精神有些恍惚，只是反复向我道谢，其他情况一概没说。

“再往后，情况变得更糟糕了。秦玉得了精神抑郁症，秦虎与那个警察的儿子一起吸毒、贩毒被抓，放出来后即被学校开除。我代表秦太太向校方求情并对秦虎今后的表现做出相应保证，校长态度坚决地予以回绝。他还告诉我：‘秦虎的父亲，不再是中共高级官员了！’

“我这才清楚上次秦虎打架被开除后为什么能迅速得以复课，谁说美国人不势利？其实原来也听人说过，美国相关当局非常欢迎中国政府高级官员的子女，就是国内所说的‘官二代’来美国留学，网上还有人开玩笑说，美国人把改变红色中国的希望寄托在经过美国核心价值观培训的中国‘官二代’、‘官三代’身上。我听一位有亲戚在白宫工作的同事讲，相关部门对中国官员子女在美就学都有详细记录，尤其是那些在哈佛等名校就读的高官子女，他们的一举一动、一言一行，实际上都在美国情报部门的监控之中。

“除此之外，出于经济方面的考虑，近年来，美国一些名牌大学让中国‘富二代’挤占亚裔学生入学名额的做法，也几乎成为公开的秘密。原因是中国学生可以自付学费，而别的亚裔学生需要申请助学金。

“秦虎被开除后，秦玉也因抑郁症加重离校治疗。很长一段时间，我都没有秦家兄妹的任何消息。三个月后的一个星期天，我忍不住开车又去了他们在圣马力诺的别墅，想去看看孩子的近况。没想到出来开门的是一对中年夫妇，那男的很眼熟，回去后我才想起他是一位知名度很高的中国电影演员。

“那对夫妇告诉我，这栋别墅的产权现在已经归属他们。我打听秦家母子的去向，他们摇摇头，只告诉我，这栋别墅原来的男主人是个级别很高的大贪官，猜想他的家属暂时是不会回国去的。至于去哪里了，他们也不知道，只是听秦太太曾经透露过在另一座城市还有一处房产。

“半年后，我碰上跟秦虎打过架的那个警察儿子，他告诉我，秦虎出狱后又被抓过一次，后来就失去联系了，出事前曾听秦虎说，妈妈打算带他回中国戒毒……”

莎拉的莎士比亚

采访时间：2014 年 7 月。

采访地点：英国伯明翰地区。

受访人：凯瑟琳，教育心理学博士，英国伯明翰地区某小学志愿者、助教。

Sarah（莎拉），12 岁，六年级华裔女生。

杜先生，莎拉之父，国内一家知名家族企业董事长。

杜太太，莎拉之母。

采访人：本书作者。

“第一，您不可以在任何场合下拍有她形象的照片，即便拍集体照也一样；第二，您不可以单独向她提任何问题；第三，即便我在场，同样的问题，您不可以向她连续追问三个‘为什么’；第四，您不可以向她赠送任何礼物；第五……”采访莎拉之前，凯瑟琳向我下达“指令”。

“这些要求，是校方针对访问莎拉的特定规矩，还是对访问所有学生所设的统一规定？”我问凯瑟琳。

“大部分要求是通用的，因为莎拉有些特殊情况，所以外加了几条规定，这些都以协议的方式写进学校和家长双方共同签署的文件里。‘每一个孩子都重要’，是英国各届政府的竞选纲领和教育主张。从入校那天起，学生的各项权利都会受到校方和教师们的充分尊重和保护。”

我同意凯瑟琳告知的十个注意事项后，终于开始对莎拉进行两天跟访。

凯瑟琳，一位 30 岁上下的金发女郎，教育心理学博士，兼职中学助教的社会志愿者。多年前，她跟我在上海复旦大学做过两年校友，得知我写作这部书，向我推荐了一个采访对象——她的中国籍学生杜娇娇，英文名 Sarah（莎拉）。莎拉 10 岁时，被父母送到英国伯明翰地区的一所小学五年级插班就读，成为数以万计的中国小留学生大军中的一员。

“你不是在研究所工作吗，怎么跑到这里来了？”我好奇。

“说来很复杂，也很简单，因为认识了莎拉，所以我来这所学校当了志愿者。”凯瑟琳话语还是不多，

凯瑟琳：“您不可以拍有她形象的照片！”

谈起话来就像做选择题——Yes or no！

“一个普通的中国小女孩，怎么会让你如此上心呢？据我所知，似乎超出了英国人的好奇心？”我问她。

“莎拉是这所小学六年级学生，因为不适应环境变化导致抑郁症。”凯瑟琳博士的语言永远精练得像不穿衣服的赤膊兔子。

“所以你选她作为课题研究对象？”

“不单如此，她是个忧郁的小姑娘，跟我小时候有几分相像，我愿意帮助她。”

“怎么知道她的？”

“一年前我在Face book（脸书网站）公用留言板上发现一张照片和一行简短的文字，‘我走了，谁也别来拯救我，除非你是上帝！’照片上的小女孩网名The ugly duckling（丑小鸭）。其实她很漂亮，长得像中国动画片那个谁——‘花木兰’！

“我有种不祥的感觉，许多有精神障碍的孩子，出事前往往会以这种方式在网上寻求帮助。情况紧急，‘丑小鸭’又很依赖上帝，我便不假思索地给她留言：‘亲爱的，我是上帝的使者，可以成为你的朋友，会讲你爱听的故事，会唱你爱听的歌……’

“‘丑小鸭’的反应让我吃惊，小姑娘在视频上红着脸结结巴巴蹦出九个字——‘你，不是、上帝、使者，你是、魔鬼！’看得出她很愤怒，用你们汉语形容，叫‘怒－发－冲冠’？没错，怒发冲冠！她说完关掉视频，任凭我怎么留言，她不再露面。

“我不肯定‘丑小鸭’为什么生气，是不满意我冒充上帝使者，还是不喜欢我为她唱歌？她为什么说‘走了’？她会不会出事？我马上跟警方取得联系，请他们设法找到那个女孩的区域位置施以援助。

“次日临晨，警方来电回复，他们已经查明：网名‘丑小鸭’的女孩真名叫莎拉，11岁。家住伯明翰，是当地一所小学六年级的华裔学生。昨晚上网后就离家出走，警察局正在协助家长找人。

“我很快找到失踪女孩莎拉的家，向她的父母亲复述了昨天晚上我与莎拉在脸书网站上的对话，并请求他们原谅我可能对莎拉造成的刺激或伤害。他们很宽容，说‘这件事不怪您，莎拉离家出走并不是第一次。’

“我问他们，莎拉是不是患有抑郁症？他们说是的，三年前来英国时，孩子一切都正常。我又问他们，莎拉的抑郁症是不是与口吃有关？他们很奇怪，问我怎么知道那么多。我告诉他们，我是教育心理学博士，并说，如果他们同意，我愿意试试帮助莎拉治疗抑郁症。他们很高兴地答应了我的请求。

“当天下午，警察在一处公园里找到了坐在湖边‘照镜子’的莎拉，将她带回家。此后，经学校和家长双方同意，我作为志愿者担任了莎拉的助教。”

到英国后的第二天，在凯瑟琳的安排下，我在伯明翰市郊的一处豪华别墅里，拜会了莎拉的母亲杜太太。

杜太太居住在英国第二大城市伯明翰的郊区，早在莎拉到英国之前，她丈夫就花了 1520 万美金购买了这处形状像一把吉他的私家庄园，共占地约十亩。主体建筑是两栋体现欧式建筑风格的粉色别墅。别墅前面有一大片嫩绿草坪，屋后是一处五彩缤纷的杂色灌木林。在国内，我经常听同僚们说中国富豪如何去国外置办产业，今天可算是开了眼界。

“与贵国富豪们不一样，能在乡下拥有一座庄园，是英国人最理想的生活方式。你的同胞，似乎轻而易举在这里买下了英国梦！”凯瑟琳不无妒意地耸耸肩膀。

“这些年到这里投资房地产正是时候，价格比国内还便宜。我们在国内卖掉一栋不大的商品楼，就买下了这处私家庄园。”娇小可人的杜太太看上去很年轻，二十岁出头的样子，爱说爱笑，是那种自来熟的美少妇。她告诉我，自己 18 岁就从宁波老家到天津做楼盘销售，后来碰上了籍贯黑龙江的房地产老板杜先生，与他同居，20 岁生下娇娇。

谈到女儿娇娇（莎拉）时，杜太太那一脸的灿烂立马晴转多云：“在国内读初小时，娇娇（莎拉的中文昵称）的成绩一直是班上前三名。正因为如此，她爸爸看到一些朋友们送子女到国外留学，就回家跟我商量，‘人家孩子成绩还不如娇娇都送去国外读书，我们也送吧？咱们过去家里穷，自己没读什么书，现在可得把孩子培养好！’

“我说好呀，往哪里送呢？我老公说，就送英国吧，那里的特产就是贵族。你先陪着女儿过去，过几年我们干脆在那边办绿卡，你再给我生个儿子，弄个接班人。大家都说培养一个贵族需要经过三代人，我们争取让第二代就做了贵族完事！

“女儿随我，从小性情活泼，学习成绩好，在国内读书时，老师同学都喜欢她，围着她转。可自打来英国以后，一切都变了。初来时这所私立学校没有入学名额（英国私立学校很少，而且收费昂贵，教学质量普遍高过公立学校，听说有些孩子打一岁起家长就给报名排队——作者注），我们只好另外找了一所普通公立学校，边读边等名额。

“娇娇从小就有些口吃的毛病，说英语特别费劲，这里课内课外全是用英语交流，她只要一开口就会被本地孩子嘲笑。她在国内读书每次考试名列前茅，在这边，课程、作业、考试内容全都不一样。比方说，还有这样的考试题：‘酸乳酪、肥皂、食用油三种物品中，哪一种是使用了细菌才生产出来的？’就是大人也没几个答得上来呀是不是？课堂练习更奇怪啦，让孩子比赛看谁在最短的时间内查出教室里的电线短路、看谁烤的汉堡包味道最好……还有历史作业更奇葩，带孩子们参观博物馆以后，让他们照着博物馆里的墓穴样子，动手用纸板做一个，荒唐不啦？

“在人家屋檐底下，就得按照别人的标准来呀是不是？在那所公校一年读下来，娇娇口吃越来越严重，性格越来越孤僻，刚开始还跟我闹着要回国去，可是我老公不同意，他说撇开有这么多投资在这边不说，就算按照娇娇现在的情况，回去也不一定能考上重点中学，以后也进不了清华、北大。不进清华北大，其他大学白读，不如在这边坚持一下，小学毕业接着读中学，这所贵族学校90%的学生都能考上牛津或剑桥的啦。

“娇娇是个听话的孩子，不再提什么要求。究竟她在学校怎么样我也搞不太清楚，这边的老师从不做家访。到后来她干脆连话都不说，带她去看医生，医生说她得了精神抑郁症。好在五年级的时候，这所贵族学校有人退学让出名额，娇娇转学到这边续读，这里校风好多了，都是富家子弟，素质更高，加上碰到这位凯瑟琳小姐，对娇娇帮助很大。”

回住地的路上凯瑟琳告诉我：“在英国，有一些像莎拉这样有着某种精神障碍的孩子，父母亲不愿意将他们送到特殊学校，希望他们能与正常孩子一起上学，改善心理环境。学校会针对这些学生不同的情况，采取配备助教的方式给予他们特殊帮助。我与班主任、莎拉的父母亲一起，为莎拉制订了一个完整的心理援助计划，除去我每天一对一辅导她朗读，还动员了几个性格温和而且很有爱心的女同学，经常约莎拉一起做作业、一起玩要，消除莎拉与人交往时的紧张情绪。"

"你真棒！士别三日，刮目相看哪！"我说。

凯瑟琳摇摇头："事情并不如我想象得那么简单，面对突如其来的心理介入，莎拉有些茫然，对所有主动帮助她的人表现出严重的不信任情绪。上课不专心听讲，任何一个投向她的眼神或微笑都令她面红耳赤、心慌意乱。下课拒绝与同学一起玩要，甚至所有人的邀请和攀谈都会让她惊慌失措。回到家里也极少与父母亲沟通，与母亲说得最多的一句话是：'别让我上学好吗，妈妈……'感谢上帝，担任莎拉的助教近两个月后，我终于找到了莎拉的一个兴趣点——莎士比亚！"

"莎拉与莎士比亚？"我感到吃惊。一个由于口吃引起精神抑郁症的小女孩，居然对需要非常强大的语言表达能力去感受的莎士比亚戏剧感兴趣？我简直怀疑凯瑟琳博士一厢情愿地幻想在她的心理实验游戏中。当然我更知道，她是一位非常务实的教育心理学研究者。

"事情是从一节语文课开始的，您知道在英国，从小学到大学，莎士比亚戏剧始终伴随学生们成长的全过程，不同年级的学生通过学习莎剧，能获得不同的语文技能。小学一、二年级学生，通过角色扮演和表演莎士比亚戏剧中的一些故事或场景，让孩子们了解人物身份和历史背景；三、四年级则通过阅读或观看莎剧的精选片段，熟悉莎士比亚生活的时代特点；到了五、六年级则通过组织学生排练莎剧小品，加深理解其中的人物关系、语言特色和戏剧张力。

"那是五年级下学期的一堂语文课，我陪莎拉观看莎士比亚四大悲剧之一——《哈姆雷特》。当录像放至第三幕第一场，哈姆雷特怀念被叔父害死篡位的父王时，有一段感人至深的内心独白：

"To die- to sleep-No more; and by a sleep to say we end the heartache, and the thousand natural shocks That flesh is heir to. This a consummation devoutly to be

凯瑟琳："她跟着剧中人朗读台词，竟然不怎么口吃了！"

wish's. To die- to sleep…（死了，睡着了，一切都结束了。若是在睡眠之中，我们心头的创痛和血肉之躯不能承受的打击都可以消失，那正是求之不得的结局。去死、去睡……）

"听完这一段内心独白后，我突然发现莎拉的眼睛里闪烁着泪光。我悄悄要求任课老师将这一段独白重放了几遍，莎拉一遍比一遍投入，渐渐进入了剧情，我听她不止一次跟着剧中人一起轻声朗读起台词，竟然不怎么口吃！"

讲到这，凯瑟琳自己的眼睛也里浮现泪花。我第一次察觉这位其貌不扬的老同学，竟是如此美丽。

"从那一刻起，我确认莎拉有着正常孩子同样的潜能，她的英语水平已经跟上了，只要克服言语障碍引起的自卑心理，或许能够正常生活与学习。我暂时搁下前面制订的那个大而全的援助方案，决定以她喜欢的莎士比亚戏剧为突破口，用兴趣启动她自我救助的潜能。

"接下来，我建议莎拉的父母抽空陪莎拉一起去剧院、电影院观看莎士比亚戏剧。除此之外，我购买了很多莎士比亚的歌剧影碟，征得她父母亲的同意后，不定期邀请莎拉到我的住地一起观看，还大声朗诵或歌唱，强化她的艺术灵感和激情。就这样，我取得了莎拉的信任，只要跟我在一起，她不忌讳说话，有时候还会跟着我学唱歌剧段子、练习对白。

"一段时间后，莎拉的父母告诉我，莎拉在家里与他们的交流也渐渐多起来，离家出走的事再也没发生过。可是，只要走进教室，面对其他老师和同学，莎拉照样还是沉默无语、郁郁寡欢。我知道，这是莎拉最后一道人际交往的关卡，只有闯过去，她才能真正获得心灵上的救赎与解放。

"为了拉近莎拉与同学们之间的距离，我跟班主任商量后，在班上组织了一场童话剧演出，男生布莱顿担任导演。美男子布莱顿天生就是个表演天才，不到两个礼拜，由他自编、自导、自演的童话剧《猎人》在班级表演课上出台了。受导演邀请、助教凯瑟琳的动员，莎拉在剧中饰演一棵小松鼠喜爱躲藏的树。尽管'松鼠树'没一句台词，但第一次与同学们一起登台表演的莎拉仍一丝不苟地按照导演要求站位、晃动。

"演出结束了，莎拉与其他几个小演员褪下装束和道具向观众谢幕。看着笑容满面、激动不已的莎拉，我和班主任由衷为她高兴。可是这样的好心情仅仅持续了几秒钟，当导演布莱顿逐个介绍演员来到莎拉面前时，一个平常就爱搞恶作剧的孩子突然喊叫：'莎拉是棵不会说话的松鼠树！'接着，几个男生有节奏地跟着起哄：'莎拉——树！莎拉——树！'

"好好的局面就这样急转直下，莎拉满面涨红地跑出教室，我赶快追上她，将她送回家。一连几天，莎拉说什么都不肯上学。后来，班主任让为首捣蛋的小男生到莎拉家为自己不礼貌的行为道歉。

"那段时间，我千方百计给莎拉灌输一个道理：不管大人小孩，每个人都是有缺陷的，比如那些调皮生的多动症和撒野、不尊重别人，还有我自己的人际关系焦虑症，等等。我们都需要拿出勇气去面对、去修正。我还告诉她，20世纪全世界有四五个国家的外交部长都患有口吃的毛病，但身体缺陷非但没有成为他们事业上的障碍，反而成为他们在与对手谈判时麻痹对方的武器。

"莎拉笑了，将近一年时间的相处，我们有了很深的感情。几天后，莎拉终于答应重新去上学。又过了一周，莎拉与我恢复了《哈姆雷特》的对白训练。那段时间我欣喜地发现，由于疾病原因对人冷漠戒备的莎拉终于显露出善良的本性。自打知道我患有焦虑症后，她在练习对白时格外用功，怕我会因为她进步太慢而焦虑。

"感谢莎士比亚！经过近一年的训练，莎拉的心理困境有所改善，尽管她平常与人说话还有些结巴，但在练习戏剧对白时却语言顺畅，几乎听不出口吃的毛病。更令人高兴的是，莎拉不再刻意疏远老师和同学，上课精神集中，下课愿意与别的小姑娘一起阅读与游戏。我知道，阳光驱散阴影的日子已距离我们不远了！"

凯瑟琳与我的谈话在校门口暂停。进校后她将我领进一间教室，里面已经坐了 20 多个大人和小孩，其中有这所学校的正副校长和莎拉的班主任，另外还有两位重要客人——莎拉的父母亲。杜先生是特地从天津赶过来看女儿演出的，凯瑟琳将我介绍给他，然后自己去隔壁教室等候在别处化妆的莎拉。我有点犯晕，到这时候仍不知道凯瑟琳的葫芦里要卖什么药，她只是告诉我：今天下午的行动成败与否，对于她和莎拉来说，都有着非常不寻常的意义。

早就听说英国小学规模小、人数少，每班的学生一般不超过 30 名，可这里的教室看上去比中国小学教室大很多，而且显得有些花里胡哨——从外墙到内墙，甚至是门背后、天花板上，都贴满了五花八门的装饰图片和文字资料，连数学公式也被用彩笔画成图案悬挂在房顶上，咋一看去，我简直把这里当做北京“798 艺术区”的创意广场。

班主任阿伦不无骄傲地告诉我：教室的设计与装置都由他的学生们参与讨论、制作完成。这些“教室艺术”还会随孩子们的想象力经常颠覆、翻新，凸显各种风格。可不是，我注意到连教室里庄严的课桌凳都是可以随意组合的那种，方便孩子们分组讨论时可以玩出新花样，避免产生视觉疲劳。

阿伦看上去年龄只有四十出头，却颇具老派英伦绅士的做派，腰板挺直，行吻手礼。他负责教授莎拉班上的所有课程，在英美国家，很多小学都是这样，班主任与课任老师全由一人担纲。

乐队排练（摄影 唐彩斌）

教室的窗帘被拉上，阿伦请求大家保持安静，他神秘地告诉我：“好戏就要开台了！”

我怎么也没想到，一所普通英国小学，为了一位因口吃而导致心理疾病的小姑娘，竟然如此费尽心机、劳师动众，上至校长，下至老师同学，都陪着她的父母亲，埋伏在紧闭窗帘的教室里，一声不响地盯着墙上的屏幕。

屏幕亮了，很显然，今天这出戏的主演莎拉并不知道隔墙有耳，所以看上去尽管有些紧张，但还算镇定。凯瑟琳充当报幕员，与莎拉对白的是小导演布莱顿。刚开始就出了小故障，由于跟男同学对戏，莎拉有些害羞，第一句台词便卡住，重复了五六遍，还是不能继续。有着丰富舞台经验的布莱顿过去安慰莎拉，耐心对她进行指导，似乎也没能够让莎拉镇定下来。

我扫视了一遍这边的观众，个个表情凝重，看上去比莎拉还更紧张。两三分钟后，莎拉的妈妈由于过度紧张，将脑袋埋在丈夫的肩膀上不敢往台上看。

杜先生毕竟是见过大些世面的人，心理承受能力比妻子大很多，他用了一句建筑“行话”安慰妻子：“天花板还没塌下来，慌什么？”

屏幕显现：凯瑟琳上前无言地抱住莎拉，抚摸着她的肩膀。忽然，莎拉抬起头，问道：“凯、瑟琳，我让您，很、失望？”

“不会，亲爱的……”凯瑟琳摇摇头，尽管她极力掩盖，脸上仍遏制不住有些失望的情绪。

“凯瑟琳，我们一定不会让您失望！你说对吗，莎拉？”突然，布莱顿大声喊着向莎拉举起右手，显露出一脸的阳光！

谁也料想不到奇迹会这样发生——莎拉先是一怔，将目光从凯瑟琳的脸上移向布莱顿，两个孩子纯真地对视片刻，莎拉紧绷的面部瞬间变得轻松、柔和。只见她果断地伸出右手与布莱顿手掌相击，俩人同时发出一声：“Yeah!”

彩排开始！（以下现场为英语对白）

报幕员（凯瑟琳）：“请欣赏毕业典礼的重场戏——《罗密欧与朱丽叶》第五场。时间：半夜。地点：朱丽叶卧室；罗密欧扮演者：布莱顿！朱丽叶扮演者：来自中国的小公主——莎拉！”（热烈鼓掌）

朱丽叶（莎拉）：“……你要走了吗，亲爱的？天还没亮，那刺进你惊恐的耳膜中的不是云雀的啼啭，是夜莺的声音，它每天都在那株石榴树上歌唱！”

罗密欧（布莱顿）：“那是报晓的云雀，不是夜莺。瞧，爱人，不作美的晨曦已经在东方天空的云朵上镶起了金线，昨夜的星光已经烧成灰烬，愉快的白昼悄悄踏上了迷雾的山巅。”

朱丽叶：“那光亮不是晨曦，那是从太阳中吐射出来的流星，要在今夜替你举起火炬，照亮你的行程。”

罗密欧：“我愿意说，那片灰白色的云彩，不是黎明睁开的睡眼，不过是从月亮的眉宇之间反射出来的微光。那响彻云霄的歌声，也不是出自云雀的歌喉。朱丽叶，我永远不想离你而去！”

朱丽叶：“天已经亮了……有人说，云雀会发出千变万化的甜蜜歌声。错了，因为它正在催促我们分离。有人说，云雀曾经和丑陋的蟾蜍交换眼睛。啊！我宁愿他们交换的是声音，因为那声音使你离开我的怀抱，用催醒的晨曲带走你踏上归程。”

罗密欧：“亲爱的，天越来越亮，我们悲哀的心，却越来越陷入黑暗……”

莎拉惊呆了，她从小到大的梦里也不曾有过这样激动人心的时刻——当她念完最后一句台词，被凯瑟琳抱起来的时候，隔壁教室里的人全都手持鲜花冲进排练场。老师的拥抱、父母的亲吻、同学们的祝贺……这一切在顷刻之间突然从天上掉下来，砸在她的脑袋上。她懵了，伏在凯瑟琳的肩膀上失声痛哭。

我习惯地举起相机，想拍下这个令人情不自禁的时刻，却被凯瑟琳用眼神制止。我方记起刚进校她就提示过我，在英国学校里，除非经过家长同意，否则学生不能随便被拍照。

校长发表热情洋溢的讲话

两位校长先生分别向两位小演员献花，并祝贺莎拉和布莱顿演出成功。

班主任阿伦宣告：“今天，我们在

这里为莎拉、还有全体本届毕业的同学，举办了一场特殊毕业典礼！将近6年的小学生活，莎拉同学付出了比常人加倍的努力与艰辛。今天，她成功了，我们一起用掌声祝贺莎拉！（掌声）同时也冒昧地请大家给我一点掌声，为我有幸拥有你们这些出类拔萃的好学生！（掌声）谢谢，谢谢！”

校长用简洁、激情的发言为这场毕业典礼挂幕：“孩子们，这个下午虽然美好，但不必将你们的时光滞留在这所小学、这间狭小的教室里，因为明天、后天，还有后天的后天，还有许多新的生命高度在等着你们去体验。飞翔吧，我的小天使们！这所学校所有的老师，永远会因为有过你们而骄傲！”

后记：此篇文稿完结时，我们的心情很复杂：从娇娇到莎拉，因为父母亲的一个决定，这个孩子经历了多么大的精神磨难？假如不出国，或许这段噩梦般的经历就不会出现在她这个年龄段。然而我又想，在我们国家，那些如同莎莎这样有某种精神疾病的孩子，多少人能幸遇凯瑟琳那样的老师？去哪里就读类似那所充满人文关怀的学校？

前几日，我们接到凯瑟琳的电话，告知莎拉虽然未被英国最好的文法学校（条件很好的公立学校）录取，但已经顺利通过11+考试进入一所公学（私立学校，又称贵族学校）续读中学课程。

小留学生：明天的早餐在哪里？

1. 外媒："行走的钱袋子！"

近十年以来，金融危机的阴云盘旋于欧美国家的上空，成千上万的中国小留学生腰缠万贯、暴走世界，虽不好夸口为西方经济救市，却也成为欧美各国私立中学竞相巴结的金主，因此还被一些西方媒体讥讽为“行走的钱袋子”。有关中国小留学生们的诸多话题，更成为他们乐此不疲的热点。鼓动、热捧者有之，多见于一些留学代理机构的自媒体。冷嘲热讽、得了便宜又卖乖者有之，多是一些有影响的公众媒体。总体看，舆论倾向贬多于褒，下面摘要链接部分留学热门国家的主流媒体，借助那些“蓝眼睛”的视野，换个角度去窥察中国低龄儿童留学热的方方面面。

无论是大学还是中小学，接纳中国留学生最多的国家，自然是曾经被称作中国人民“头号敌人”的美国。尽管这些年美国教育业在国际留学生部分吸金最多的国家是中国，但仍然堵不住美国媒体的嘴巴。

美国《世界日报》发文指出：“不管是不是为了寻求更好的国际教育，或是望子成龙、盼一纸留洋文凭，越来越多的中国家长把尚未成年的孩子送到美国上小学或中学，希望以此为踏板将孩子送入美国名校的大门。对年纪尚轻的中国孩子来说，独自一人住校、或者寄宿在接待家庭的生活并不轻松。陌生的环境、文化、语言等因素让原本想象中会很精彩的‘外面世界’，充满了彷徨、无奈和孤独。难辨是非的孩子因缺失家庭的温暖和引导而误入歧途，最后成为家长一意孤行的牺牲品。”

比起《世界日报》貌似和善的劝告，《华盛顿邮报》略显刻薄：“或许一些父母想改变孩子的命运而把孩子送往西方社会，以为孩子一到文明国度就会变得文明起来。但是，当一个孩子已经沾染了攀比、享乐的坏习气，已经变成了小皇帝、小公主，就不是一朝一夕能改变得了，需要经过一个矫枉过正的修正过程。而这样的修正，在追求自由的西方社会是很难实现的。”话虽刻薄，却不无道理。

在中国低龄生的留学目标国中，澳大利亚后来居上，已经位列世界第二，仅次于美国。但从对中国小留学生的恶评数量上统计，似乎超过了美国。

由于国际留学生过多，导致澳洲一些中学教育资源紧张，特别是教室紧张，有些地区甚至连本地学生也不得不在拥挤不堪的、临时搭建的活动课室里上课，引起了当地家长们不满与投诉。在澳大利亚的国际留学生中，中国生源占据一大半，理所当然成为媒体捕风捉影的目标。

澳洲新快网发文披露：“一项极具权威性的调查结果表明，很多在澳洲的中国留学生格外有赌瘾，他们带着用于学业和住宿的大笔金钱来到澳洲，孤单寂寞之际被赌场的特殊魔力和强大的宣传攻势所吸引，常常三五成群整天整夜地泡在赌场，有的小留学生甚至死在了赌场 VIP（贵宾）的包间里。”

另据《澳大利亚人报》报道：“根据政府的数据显示，从 2001 年起，大约有 2646 名国际留学生被羁押，其中大多数人来自中国，其余来自印度和巴基斯坦。澳洲移民局称，被羁押的国际留学生对于澳洲社会带来了巨大的风险，他们反反复复违反签证规定，学生签证可以随时被取消。”

这些负面消息得到官方证实，中国驻悉尼总领事馆教育组组长李建民领事称：“报读高中的年纪偏小的留学生比较容易出问题。”

英国一家著名教育期刊发表调查文章，从教育学、社会学、经济学三方面入手，观察、分析留英中国儿童的现状后，得出这样的结论：“这几年，中国人有钱了，很多人争先恐后地把孩子往国外送。他们认为中国的教育体制太压抑孩子的天性，西方教育更注重培养孩子的创造精神。这个想法很现实，但是，认为‘海是龙的世界’，就无论大船小船都一味地往海里送，结果会是怎样呢？大船将会乘风破浪，小船则经受不住海浪的冲击，是会被倾覆的！”

加拿大《公共卫生杂志》则称：“在加拿大，本来就缺乏自制力的中国小留学生成了三不管的人——父母不在身边管不了，学校只管上课而不管课外的事，政府也没有专门机构来管理。在很多人都认可的好中学里，小留学生成堆，就像一群感冒患者在一起相互交叉感染。这样新的环境不但不利于孩子的转变，还容易使孩子放任自流。”

该文爆料：“在BC省，居住在寄宿家庭内的国际中学生，相比本地同龄人，在身心健康方面面临更大风险。这些小留学生吸烟、吸毒、早期性行为和遭受性虐待等的比例均高于本地学生。有调查报告显示，来自中国、韩国、日本等东亚国家的小留学生，吸烟比例为20%（加国同龄人仅9%），使用可卡因比例高出加国同龄人2—6倍，发生性行比例比本地学生高两倍，而女生遭性虐比例高达23%（加国同龄人仅约9%）。不久前，温哥华还发生中国小留学生偷窃被抓事件。还有留学生变成‘流血生’、‘溜学生’等等事件令人触目惊心。”

既然被媒体盯上了，发生在中国小留学生群体中的一些丑闻糗事自然会被毫不留情地寻挖与放大。

2012年，加拿大多家媒体竞相转载同一则消息：有一个中国小留学生一次性付清买下温哥华西海滨豪华别墅的全部房款，令经纪人当场受惊晕倒；另一个中国小留学生，为了和同学比富，一次性买了12辆豪华轿车，放在自家门口，一字形摆开，供路人观赏；还有一个小留生因违章驾驶造成一死三伤而被刑拘，他父母交出 200 万加元（相当于 1200 多万人民币）将他保释出狱。

另一家加拿大媒体爆出：2013 年 8 月 31 日，下班高峰时段，来自中国的 20 余名富二代小留学生分别驾驶 13 辆价值逾 200 万加元的豪车——林宝坚尼、法拉利、玛莎拉蒂等，使用“后排堵车前排飙”的惯技，以 200 公里的时速在大温哥华 99 号公路集体飙车，还有人公然对抗警察，即便豪车被罚没也满不在乎，引起社会哗然。

这方面爆料最多的是美国媒体。

2013 年 10 月 23 日报载：就读于美国洛杉矶名校的中国小留学生 XX，购买超级豪宅一栋，开车进入庭院到豪宅大门前，得用足足 3 分钟时间……CNW 市场研究公司称：“在美中国留学生约 23 万人，他们 2013 年在美购买世界顶级跑车和豪华轿车的金额达 155 亿美元。”

2014 年 6 月报载：来自中国的“富二代”高中生，为女朋友买下一个超市，此前他和同样来自中国的同学分别买下一个餐馆和 KTV 俱乐部。“这些炫富的举动，颇招当地人的非议，也为小留学生自己的生命财产安全留下后患。”

2014 年 8 月报载：15 岁的江苏籍李某在纽约皇后区一所高中留学，之前母子每周都会通过网络视频聊天数次，通报近期情况。近一个月，儿子的手机电话一直处于无人接听和停机状态。其母心急火燎飞来纽约寻找儿子，发现儿子已经搬家，学校老师告诉她该生连续几周都没有上学。李母只好报警找儿子，自己每天守着电脑，通过 QQ 发消息期待儿子的回复。4 天后，母亲终于在儿子的视频回复中看见，他精神萎靡地躺在床上，不停地打着哈欠。母子见面后，李母才知道儿子来美国不到一年，就和同班同学一起吸食大麻，最后发展到用生活费和学费吸食可卡因。事已至此，李女士不得不带着儿子一起返回江苏。临行前她向朋友感叹：“可能是美国的生活太自由，才把不懂事的儿子给毁了！”

尽管那位母亲将儿子的堕落归咎于美式自由不无偏颇，但凡此种种，足以让一些海外华侨感到脸上无光。去年，一份新西兰华文报纸的编辑便发出这样的慨叹：“过去人们对留学海外的中国学生很佩服，他们勤奋好学让人尊重，可现在却不同了，在许多当地人眼中，一些中国留学生成为‘行走的钱袋子’，靠着父母供养，穿名牌、开好车，到周边国家旅游，甚至赌博、吸毒……”

翟云瑶出庭受审

2015年3月30日，在美国南加州私立高中读书的中国留学生翟云瑶带领十数名女孩，将另一名留学生刘怡然引诱至一公园并进行长达5个小时的围殴，包括扒光受害者的衣服、用烟头烫伤她的乳头、试图用打火机烧她的头发、用高跟鞋踢她的头部、强迫她趴在地上吃沙子及剃掉她的头发逼她吃掉等。在殴打过程中，还有人用手机拍照留念。案发后，有六人被逮捕，其中三人满18周岁。2016年2月17日，加州波莫纳最高法庭正式宣判，三名主要涉案成年人以绑架、殴打罪名分别获刑6年、10年以及13年。三人刑期结束后将被驱逐出美国。

一位侨居加拿大的中国同胞在接受记者采访时感叹：“当今世界各国都有不同的特产啊！德国能出产高档轿车，日本能制造出优质电器，美国能发明尖端武器，而我们中国却滋生出这些令人痛心、揪心的‘富二代’！谁的错？”

2. 家长：“亏了？赢了？”

负面、负面，还是负面。除开在一些留学中介的网站和相关报纸上偶尔读到几篇正面报道之外，很难见到几家为中国小留学生说好话的媒体。暂且抛开西方媒体惯有的文化歧视和他们政府惯用的同化战略，就事论事而言，我们的小留学生和他们的家长究竟在21世纪初这一波留学大潮中经历了什么？记者通过一定数量的实例调查，得出的结论同样不尽人意。

毫无疑问，不管送孩子走出国门的家庭境况怎样、家长们所受教育如何，绝大多数都是冲着国外先进的教育资源而去。尤其是位列“世界名校”榜单上的大学，除寥寥几所在亚洲地区之外，其余均在欧美国家。如美国的哈佛、加州理工、斯坦福、麻省理工，英国的牛津、剑桥，加拿大的多伦多大学，等等。这些名校在中国早已是妇孺皆知、如雷贯耳。且以其中两所被诸多留学中介反复‘爆炒’的大学为例：据福布斯杂志盘点，截至2012年，从美国哈佛大学走出了亿万富豪62位，英国牛津大学培养了6位英国国王、25位英国首相，还培养了来自7个国家的11位国王、19个国家的53位总统和首相，外加47位诺贝尔奖获得者。

这样的数据，为人父母者，谁看了会无动于衷？别说官富二代，就是平民百姓，只要砸锅卖铁凑得起钱，也愿意为儿女倾力一搏。可是，且不说有多少人能够去做亿万富豪梦、元首梦、诺贝尔奖梦，对于大批小留学生而言，读完中学后能否顺利考上名牌大学？即便考上了名牌大学，毕业后是否能如愿找一份称心如意的工作？全都是问号。

近两年，记者专题调查了京、沪、广三个城市的近40个相关家庭，结果表明：仅1个孩子在美国读完高中后，直接升入上述“世界名牌大学”之一的哈佛大学，毕业后留在华盛顿一家科研机构任研究员。另有8人考上了普通大学，其中6人已毕业，2人于所在国就业，领了绿卡，其余的人均已踏上归乡路。未考上大学的31人中，1人在留学期间被抢劫致死，3人被学校勒令退学，7人换了学校，延长签证重读高中备考，其他20人均已回国。

潘先生是上海一家金融单位高管，在接受采访时告诉我们，他女儿在国内读初中时成绩一直稳定在班上前三名，如果按部就班在国内读完高中，考上海同济或上海财经大学应当没什么问题，毕业后再去考欧美国家好一点的大学读硕读博，也问题不大。女儿初中毕业后，他和妻子一商量，与其让她在国内读完大学再出国，不如干脆让她早点去美国读高中，从语言到文化经过几年适应，以后考上美国本土名牌大学的把握性更大。

于是潘先生的太太王女士从单位辞职，陪同15岁的女儿去英国读高中。七年后，女儿从美国某知名大学本科毕业，不巧赶上金融危机，华尔街大裁员，别说找一份可心的工作，连专业对口的工作都难找。加上孩子本身心气高，在那边晃悠了大半年，高不成低不就，签证到期后，只好回到上海，去一家银行应聘了一个初级岗位，月薪3800元。

潘先生给记者算了一笔账：妻子辞职7年，按辞职前月薪9000计算，工资损失75万元，回国后由于年龄偏大处在失业状态，离拿退休工资的年限还差6年，又得损失近65万元。再加上在英国期间，支付女儿7年学费和母女俩生活费共折合人民币 650 万元，总的留学成本达 790 万元。即便考虑女儿往后加薪的因素，按照现有月薪 3800 元的两倍计算，收回留学成本也得 70 年左右。

“我倒不是说非得让女儿留在美国脸上有光，只是觉得他们母女俩出去这六七年吧，无论从时间、人力、资金成本上都很不值！”潘先生如是说。

在我们的调查中，像潘先生这样从希望到失望的不在少数。除去经济方面得不偿失，还有些极端的事例，更令人唏嘘不已。一些没家长伴读、独漂海外的低龄中国留学生，由于精神缺失，或独自流连于赌场与吸毒场所，或男女同居、抱团取暖，出了问题只好找人私下做人流，被骗从事色情行业的现象也有发生。结果有的被遣返回国，有的则于所在国接受法律惩戒。

在我们的调查对象中，有两名分别在美国和加拿大留学的中学生，皆因吸食大麻导致精神崩溃，被家长接回国强制戒毒；还有两名在澳大利亚读书的小留学生由于沉迷赌博，一名沦为小偷被开除学籍遣返回国，另一名由于多次请枪手代考被开除学籍，不得不由家长接回国重读；另有一位留学澳大利亚的中学女生，在与同学同居后怀孕，吃药堕胎失败后无奈回国。在医院接受记者采访时，那位回国堕胎的小女生如是倾诉：“我们十几个到澳洲留学的同学，大部分都是因为初中毕业没考上重点高中而被送出国的，在那里人生地不熟，很想家，干什么都没劲，家境富裕的去赌场混，像我们这种没多少钱的人就只有谈谈恋爱找到一点快乐的感觉。”

“像你这种情况多吗？”记者追问。

“多。我们十几个从中国大陆去的女生全都在谈恋爱，而且大多数都在校外租屋同居。”孩子最后拜托记者：“您得在报纸上多说一句话，奉劝天下父母，不要为了自己的面子，拿子女一生幸福去赌博！”

功名未成身回国，在小留学生的群体内一般被认为是不光彩的结局。而那些暂时留在国外的小留学生是否就意味着光鲜无限、前途辉煌呢？根据我们的调查并不尽然。

小季（化名）16 岁去美国读高中，后来考上格林威治大学。毕业后，她一心一意想凭借自己的努力留在美国，于是从纽约、华盛顿开始，逐步降低对城市的选择标准，四处找工作。先后当过保险公司推销员、酒店服务员、按摩女。在签证只剩下两个月的时候，她绝望了，随便找了一位黑人出租司机结婚，获得长期居住权。

在接受记者采访时，小季的妈妈抱怨说："孩子从小成绩就很好，在国内考上重点大学根本不是问题。都怨她爸爸心比天高，女儿初中毕业后就被送去美国。早知道这样，我还不如让女儿在国内完成学业。"

住在圣地亚哥附近一个小镇上的南加州大学毕业生小张（化名），失去合法身份3年多，在一家餐馆里打工，虽然每月可以拿到5000多美元的现金收入，但由于身份问题经常做噩梦。他向记者透露，等攒下一笔钱以后，就去墨西哥另寻出路，也好摆脱没有合法身份的境遇。记者问他为什么不回国工作，他回答："不混出个人样儿，无颜见江东父老！"

当然，在我们的调查对象中，并非所有去国外留学的低龄生全都高兴而去、扫兴而归，但他们的成长过程，的确普遍要比在国内读完高中后再考去国外大学的学生们艰难、复杂得多。其中一些人即便能在西方社会站住脚，由于落差过大，要想扎下根、安下心，也还不是那么容易。

采访对象中有一位穆先生（化名），25岁时从美国一所知名大学硕士毕业，正赶上美国高举反恐大旗，没本地人愿意出面为他担保办常住手续。后来几经周折才在朋友的帮助下与一当地女子"假结婚"，保住了身份。3年之后，他获得正式的美国绿卡便办了离婚手续，开办了自己的公司。现在，虽然父母也获得了美国绿卡，与他一起定居洛杉矶，满心高兴，但小穆告诉我们，自己的内心经常失衡："说句实话，如果不折腾这一趟，我在国内读书、工作，也未见得比在美国混得差，至少不会有二等公民的感觉！"

3. 华裔学者："别来了，当心陷阱！"

客观地说，这些年毕业后定居西方的中国留学生也不全是"二等公民"，有不少人经过多年苦心打拼与自我经营，成为迁入国"一等公民"，公平地享受到西方社会的精神文明与物质文明。但不可否认的是，穆先生这番话道出了一种普遍深植于海外学子内心的隐痛，在遇到人生各种挫折时，这种隐痛就会显露出来。尤其对于低龄留学人群，由于他们在一个需要亲情呵护的年龄段，离乡背井进入陌生的国度，受到的磨难自是比成年人更多。

在进行小留学生现象专项调查时，我们注意到一个特殊群体的声音，他们在西方发达国家居住多年，且深谙中国国情，可谓知己知彼。在此，我们编录了这个群体的部分言论，作为我们观察低龄留学生的一个新支点。

澳中经济文化交流发展中心董事长、澳大利亚浙江侨民联合会副会长陈静，从2000年起，针对澳洲小留学生的生存状况作过大量调查，走访了近百名13岁到18岁的小留学生，完成了8集电视纪录片《少年留学走天涯》的制作。在接受记者采访时，她说："很多家庭对孩子过度保护，孩子在家里说一不二、'门里大'，突然让孩子进入一个完全陌生的外部世界，来到异国他乡过起孤独求学的生活，这些孩子承受不起，会去寻求外在刺激，容易误入歧途。"

纽约市政府儿童福利局资深社工督导师罗淑华也发表过类似看法："在一个陌生的环境，缺少父母的疼爱和小伙伴之间的嬉闹，很多小留学生感到寂寞、空虚和无助。小留学生的心智成长更是缺少一个有序的引导，导致正处青春发育期的小留学生可能随波逐流。"她建议："家长除非有一个周全和详细的通盘计划，在对子女的心理承受能力、性格等多方面通盘考量后，再决定是否送子女出国留学。"

长期从事教育工作的纽约市华人学生家长联合会会长周燕霞，接触过很多小留学生，多数时候鼓励已出境的孩子们们返回中国继续学业。她告诉记者："很多大陆家长认为美国教育'人性化'，重视孩子动手能力，课程简单，其实不然。美国的教育课业繁重，留学生必须通过纽约州州考，各门功课达到65分以上，才能报考大学。很多留学生来美后在历史、地理等学科上压力很大，尽管他们并没有放松学习，仍是把目标定在成绩上，但不可能在短时期内完全摆脱中国式教育方法，适应全新的学习套路，导致近几年常常爆出这样的案例——托福105分、SAT2250分被前20名大学拒绝，而托福100分，SAT1900多却成功申请到斯坦福大学。"

旅美二十余年，颇多了解美国教育深层内涵、熟知美国大学录取要求和申请技巧的职业规划师高燕定说："现在有一种潮流，以为越早出去留学今后越能申请到好的大学，这是非常错误的。现在申请美国名校竞争越来越激烈，有四个因素是必须考虑的——在校成绩、标准化考试成绩、课外活动和申请材料。就这几个方面而言，中学即在美国就读的‘海外军团’并不具有优势，相反可能处于劣势，从而酿成早出国反而上不到好大学这样有违初衷的结果。”

全美中华留学生权益保护协会理事长邓洪律师，原为《世界日报》记者，因有志于帮助华人青少年提供法律支持而改行，成为一名擅长刑事犯罪案的律师，曾被美国《洛杉矶时报》专题报道，并受到美国总统奥巴马的接见。他十分关注在美中国小留学生的生存状况，不少留学生和家长得到过他的帮助。在接受记者采访时，邓洪律师说：

“20 世纪八九十年代的留学生超过一半是本科生，现在很多是低龄小留学生，在国内习惯了靠父母和爷爷奶奶照顾，所以独立能力差，来到美国后水土不服，结果产生很多问题。每到周末，有些无人投靠、自理能力差的孩子们容易成群结队聚在一起喝酒、吸烟、赌博。有个女孩子刚刚十六七岁便怀孕了，根本没有处理经验，最后给律师所打电话问怎么办。还有的小留学生，只要家长不给钱就玩失踪，长期不与家里联系。有的被帮派招募，被招募去 KTV 玩、抽大麻，有问题兄弟帮忙，在这种情况下加入帮派，然后参与贩毒。

“很多时候家长们应该权衡一下，不要只看一些留学生出国赚了多少钱，要看自己的小孩子有没有独立能力和抗压能力，家庭有没有经济基础，强扭的瓜不甜。留学生学业跟不上，可以晚点毕业，没学会做人就麻烦了。所以出国留学不但要做学术规划，人生总体规划更重要。”

华盛顿州西雅图《华声报》、《西华报》专栏作家杨虹在接受记者采访时说：“美国有 5% 至 10% 的中国留学生，因为无法完成学业，辍学后为了不让父母知道，只好‘黑’在美国，有的在餐馆或者赌场打黑工，有的女生出入声色场所，有的投靠盗窃集团，走向犯罪道路；有的幻想用结婚拿绿卡，导致被骗等等。媒体形容他们‘过着老鼠般的生活’！”。

ILF 全美教育委员会主席，加州亚太裔事务委员会委员秘书长马振翼在接受记者采访时尖锐地指出：“高中留学这一块，我觉得忽悠成分更大。美国有四千多所高校，高中有三万五千所，私立高中一万五千所，目前为止没有任何一个很有公信力的机构来给这些学校排名，或者做出一个总体性的评估。很多中国的留学中介机构跟几个美国高中签协议，负责召集中国学生过去读，这是非常危险的事情，因为信息强烈不对称，不要说中国人，美国的父母对美国的高中也不了解。我希望家长可以带孩子去美国走一趟，选几个学校去踩点。这样就不会光看一个网页，或者光听中介的一面之词，就把孩子送出去了，否则不是说花钱了事，而是耽误了孩子的一生。”

如何考察美国高中？马振翼先生给出几点具体建议：“几个基本的考察指数供大家参考。第一，看看你的目的高中的国际生比例有多少？超过20%，就有问题了；第二，看看平均SAT成绩，基本上每个高中都会在网站上公布，通常只公布阅读、数学的成绩，一般在1600分左右，如果在1100分以下，也不是什么特别好的高中；第三，看看这个高中过去5年毕业生上什么样的大学，这三条去了解清楚，就不会做出太偏差的选择。”

4. 国内学者：“低龄留学于国于民利少弊多！”

2013年高考前夕，记者在京调查时获知：人大附中校本部700名高中毕业生中有近百人选择“弃考留学”。分校高三毕业生800多人中，有200人选择出国留学；首都师大附中中美高中实验课程项目60名毕业生，全部申请国外大学就读，不参加国内高考；北京四中弃考留学的人数约占该校毕业生总数的两成；北京师范大学附属实验中学国际部有90多人，已全部被国外大学录取；海淀区某示范高中有近四成考生放弃高考选择出国读书，该校负责人透露，“弃考留学”的学生学习成绩大多比较优秀，不少被杜克大学、康奈尔大学等常春藤名校录取。

另据有关留学研究部门预测，到2015年，中国18岁以下的低龄儿童出国留学人数将达到20万左右，约占同期在校中小学生总数千分之一。这一组数字在普通民众眼里也许不以为意，但走出国门的中国低龄留学生人数爆发式增长，却引起了国内一些教育人士的恐慌。与国外那些关注小留学生的华裔群体不同的是，国内一些教育界知名人士对于低龄留学群体的关注，更多聚焦在它的产生根源与社会影响。

北京大学招生办公室主任秦先生在接受记者采访时表示：“目前我国一流高校在选拔人才方面受到了严峻挑战，顶尖中学的好学生很多去世界上最好的大学读本科，国内的一流学校只能接收‘只会考高分、没有创造力的二流生源’。”

中国教育科学研究院研究员储朝晖认为：“优秀生源的流失，从表面上看影响的是国内一流高校，但事实上它影响的是整个高等教育体系的发展，最终可能导致高职院校的萎缩。”

中国科学院院士、清华大学博士生导师潘际銮先生早年曾就读于西南联大，现兼任欧美多所大学客座教授，对近现代中式教育和西方教育模式有着深刻了解。在接受记者采访时，潘教授将低龄留学潮的出现归罪于中国教育制度的失败：“教育是培养人的，根据不同的人给予不同的宽松环境让他们自由成长。现在从招生到分配，包括学校管理方式，都被教育体制给限死了！高考成了独木桥，人家挤不过去，怎么办？只有往外跑，逃避这个教育制度呀，我认为可以理解！”

中国民主促进会中央委员会副主席、第十二届全国政协常委、国内新教育实验发起人朱永新教授将低龄留学潮的产生，归咎于“义务教育的不均衡”，“升学竞争恶性化、学校招生权贵化（‘条子生’、‘票子生’）、职业教育边缘化”。

中国人民大学法律社会学研究所所长周孝正从另外一个角度，指出留学潮中存在的政治腐败：“所谓贪官三步曲，第一步子女留学，第二步亲属外迁，第三步自己卷包外逃。近日有媒体称大型国企去年一年损失了3500多个亿，这其中有相当比例的钱被转移到国外去了，给自己的子女在国外挥霍。所以说，这些贪官在国外的子女是腐败链条的一个环节。”

教育学者、21世纪教育研究院副院长熊丙奇认为，低龄学生出国潮是当代部分国人与国家制度在教育理念上的冲突所导致。他说：“在现有的评价体系之下，学校的空间非常狭窄，即便国人想实现自己的教育理想，但在这种环境下，最后都可能落不了地，怎么办？出国留学是一个多元化的选择，是学生的另一条出路！如果教育多元发展，每所大学都按自身的定位，办出个性和特色，那么，大家就不会有所谓的名校情结，也不会只要家庭经济条件允许，就去选择‘洋高考’。”

专家学者们谈及“小留学生现象”对国家带来的不利因素时，都显得忧心忡忡。他们指出：目前，世界各国基本上不支持、不赞成义务教育阶段的中、小学生出国留学。显而易见的是，出去的留学生绝大多数是抱着学成之后“能留则留，留不下来再回国找出路”的就业思路。这种趋势如果蔓延下去，且不说本来仍旧紧张的国内中小学教育资源被浪费，更重要的是，大批高端人才会被欧美发达国家“近水楼台先得月”。

对此，潘际銮教授明确指出：“这牵扯到人才储备问题，西方发达国家凭什么帮你培养留学生？经济上的主张在次，人家是用全球眼光选拔为他们未来所用的人才！为什么中国几十年不缺能上岗的人，却没有培养出几个具有世界竞争力的突出人才？不是没有可供培养的创新人才，而是现有的教育制度与背后的体制埋没人才！如果不进行根本性的改革，人才流失很难避免。别看现时出国留学的人多，归国的人也多，我们要清醒地看到，选择回国的，大多并非出国留学中的精英层次啊！”

潘际銮教授的观点得到相关国家调查数据证实。美国国家科学院的“博士学位获得者调查”显示：2011 年，中国籍被调查者中有 82% 的人希望留在美国工作；另据中国教育部统计：2012 年，归国留学人员中，获硕士学位的申请者占总量的 60.3%，获博士学位的申请者仅占 5.8%。

著名学者钱锺书的夫人杨绛先生从另一个角度谈了自己的担忧：“出国留学深造我不反对，但是如果一个孩子没有任何文化根基就出国，出国后就变成外国人了。我不赞成很小就把孩子送出国。中国已有几千年的文化传统，中国文化不比任何西方文化差。出国固然可以学习人家的技术，但也不能丢了自己的文化根基。”

熊丙奇讲而指出：“推动教育改革的力量来自社会各个层面，尤其是企业家、掌权者有更多的主导权和话语权。如果这些人把自己的孩子都送到国外去念书，接受较好的教育，那么，他们在这场改革中实际上就‘只享受权力、不承担风险’，这种局面令人担忧！从根本上讲，中国的教育改革势在必行，晚一年会影响一批学生，晚十年就会影响一代学生！”

对此，一位将自己两个子女都送去国外留学的巨额资产拥有者如是说：“不景气的内地教育现实，导致一些原来热心资助政府办教育的富豪们渐渐失去信心，近几年，不少人宁愿捐钱给国外大学，也不愿意捐给内地高校，这部分资金‘外逃’，怪谁？全怪我们这些有钱人吗？”

的确如此，撇开这部分投资的流失不谈，留学潮对原本并不宽裕的中国教育经费来说，无异于釜底抽薪。据有关机构调查统计：每年40万之多的出国留学生，将带走至少800亿元的教育消费，这对于本就不宽裕的教育资金来说，绝不是个小数。

值得注意的是，在我们采访过程中，面对杂乱无序、问题成堆的低龄生留学潮，从教育部门到业界有识之士，除去重复“深化改革、创新思路”等陈词滥调，似乎无计可言、无政可施。更令我们无奈的是，国内教育部门和学校并未从根本上觉察到某种“国家危机”，还在津津乐道“成绩是主流”，“出国留学再怎么热，毕竟能出国的还是少数，90%的学生还会留在内地”。

在这种政治语境下，中国的家长们仍将留学视作赶集，前赴后继、乐此不疲，也就见怪不怪了。就连那些围城之中本不打算送子留洋的家长，也不得不担忧孩子“明天的早餐在哪里”。

后记：本章封笔时，又逢招生季。尽管早在2010年前，教育部、公安部、国家工商行政管理总局已经明文规定，任何留学中介机构都不得办理义务教育阶段学生的留学业务，否则属于违法行为。但具讽刺意味的是，由教育部门批准的400多家留学中介机构，没几家不在做低龄留学的生意。仅2014年8—9月，就有蒙特利海湾等30多所欧美国家的中学校长或代表，亲临中国招收小留学生。大部分学校都在大学升学率一栏里，清楚地标注着100%，而且多半是所在国的名牌大学。果真如此吗？

另据美联社最新报道，国际教育协会最新出炉的数据显示，2014年，赴美留学生总数达27.5万，约占该国国际留学生总数31%，而被美国15所顶尖大学接收的仅220名。其中，哈佛大学、麻省理工学院、加州理工学院和阿默斯特大学招收的中国学生均在10人以下，斯坦福大学和哈佛大学对中国学生的录取率则更低。尽管如此，该报道仍透露，“常春藤联盟高校最关注的是那个每年会输送大量留学生来美国的中国”。这种关注得到美国媒体印证：“中国学生在美国一年的消费达到了40亿美元以上，是中国当年从美国进口额的3.3%。”

“招才”也好，“招财”也罢，一个愿打，一个愿挨，似乎没啥好说。谁让我们自己国家的学历那么金贵，而通往名牌大学的独木桥又那么狭窄？

第七章　中国家长：把孩子交给谁？

小留学生出国潮方兴未艾，为深度争夺生源“蛋糕”，近年来，精明的西方人干脆一竿子插到底，纷纷将传说中的优质教育送到中国人的家门口。此前风靡一时的“贵族学校”、“国学班”等体制外教育机构，很快被霸气十足的“国际学校”逼退与“秒杀”。生存在“传统”与“国际”的夹缝之中，到底该把孩子交给谁？中国家长雾里看花，教育当局莫衷一是。

孟母堂：一个福建女子的“春秋大梦”

1996年秋，福建厦门一户普通人家。

一个一岁半左右的小男孩在浴盆里打水嬉戏，年轻的姑姑坐在缸沿一边帮他洗澡，一边绘声绘色地朗读古诗。忽然，小男孩猛地打出几圈涟漪，脱口而出：“鹅鹅鹅，红掌拨清波……”

姑姑一愣，兴奋地朝客厅里喊叫：“哥哥，你们听见了没？侄儿会念诗了，我的早教成功了！”

哥哥见怪不怪：“你天天贴着他耳根读，鹦鹉学舌了呗！”

“不对！我刚才读的是‘白日依山尽’，他念的是‘鹅鹅鹅’，都把自己的手当鹅掌了！”

“瞎猫碰上死耗子！”哥哥看了一眼不着调的妹妹，笑着走开了。可他万万没想到，这个被他付之一笑的生活场景，却促成了妹妹一个春秋大梦，改变了她的生活轨迹。

十年后，小男孩的姑姑辞去了教师公职，来到了上海，因为一桩公案成为轰动一时的沪上、乃至半个中国的公众人物。在接受记者采访时，她对这段“浴盆拨清波”的往事作如下笑谈：

“大学毕业后，我在厦门一所重点小学当英语教师，从一开始就觉得自己的个性与体制内的那种教学工作格格不入。枯燥的教学生活，对老师和学生的时间、智慧的损耗多于受益。所以我想借鉴中国古代和英国延续多年的经典诵读方法，走出一条不同于公办学校的教育模式。

“我的第一个试验品是亲侄儿，孩子出生后，只要是唐诗我就读给他听。他10个月的时候学会说话，一岁多学会念诗。有一次我帮他洗澡，他坐在浴盆里突然来一句：‘鹅鹅鹅，红掌拨清波’！我高兴极了，功夫没白费。后来有一次下雨，他又说：‘润物细无声’。这让我惊喜，因为孩子小，我并没有教他这句古诗的意境，只是反复读给他听，他居然会触景生情！那是真事，我的侄儿决不是天才，只是证明了自古就有的方法论：‘熟读唐诗三百首，不会写诗也会吟’！

“后来我自己的孩子出生了，我也这样教她读经，效果同样很好。周围一些朋友和亲戚很认同我的教育方式，有些人将他们的孩子送到我家里熏陶，这让我不但自豪，也萌生一种使命感，想为传承祖国的文化精粹做点事。这种感觉很奇妙，到现在一直存在着，也是一种缘分吧！”

当社会力量扩张到可以忽略个体存在的时候，颇显畸形的“缘”字便粗暴地剥夺了部分人对命运的选择权。另一部分心有不甘且行为脱轨的人，自然便成了这个社会的叛逆者。

“姑姑”吕丽委就是后者。这个外表沉静却天性倔强的女子，毕业于福建师大英语系，曾供职于厦门一所重点小学。因“不安于体制内沉闷无趣的教师工作”，先是在业余时间教授侄儿、女儿以及朋友们的孩子诵读中外经典，后受台湾经典教育推广者王财贵博士的启发，于2004年正式辞去公职下海单飞，去上海成立了一家名为“孟母堂”的读经学堂。

当初吕丽委挂出“孟母堂”招牌时，也许只是她辞去铁饭碗后，按照自己兴趣所做的谋生尝试，堂下弟子只有自家和朋友的孩子共七八个人，年龄从4岁到12岁不等，在租住的一栋别墅里诵读中外传统文化经典。吕丽委为“孟母堂”制定的基本教育诉求是：“立规矩，懂礼仪，会交往，爱思考，变专注。多识字，广阅读，动静分明，谦和活泼快乐。”“孟母堂”的教育主线为：“博之于文，约之以礼。文武一体，身心并重。人文（经典书画音乐）与技能（手工数理）结合。”

两年后，“孟母堂”的教育理念由学生家长们口口相传，渐渐受到上海学界一些有“国学情结”的中、高级知识分子关注，其中有些人将自己的子女送到这里托管，有些家长还主动到学校当起兼职教师。传统文化推广者、《学习的革命》一书的中文译者——上海师范大学哲学博士顾瑞荣在考察“孟母堂”后，果断地将7个月大的儿子送到这里，不管“孟母堂”发生多大的争议，他都坚定不移地认为：“这是民间对于智慧教育的一种回归。”他还告诉记者：“我已经决定以后一直让孩子在‘孟母堂’读书，不去一般的中小学了。”

类似顾博士这样的家长加盟，客观上对扩大“孟母堂”的社会影响起到很好的宣传示范作用。到2006年，坚持在学堂长年学习的学生达到二十几人，多数是大中学教师、富商、信教家庭的孩子，每人每月按住校时间长短交两到三千元的学习、生活费，用于房租、教师工资、买教材和吃喝等开支。

尽管教师出身的吕丽委知道自己的“孟母堂”在办学方式与教学内容上都为现行体制所不容，故招生随缘、行事低调，但随着名声的传播，该发生的事情还是“敲门拜访”了。

2006年7月10日，上海《东方早报》发表了一篇由该报记者采写的报道：“孟母堂到底出路何在？”此篇文章以白描的方式，轻轻揭开当时沪上虽有言传、却鲜为人知的另类教育场所——“孟母堂”的神秘面纱：

这是一幢距离莘庄地铁站10分钟车程的别墅，有300平方米的室内面积和300平方米的花园。室内经过装修，进出都需要脱鞋。在别墅大厅的墙壁上贴有一张孔子的画像，下面挂了“孟母堂”三个大字。书架上摆满古书，有《汉书》、《资治通鉴》，还有柳宗元、王安石、苏轼等全集。虽然现在已经是普通

民办私塾“孟母堂”

中小学暑假的第二周，但“孟母堂”的课程还在继续。

“道可道，非常道，名可名，非常名。”7岁的男孩彭冬然站在“先生”的跟前，毕恭毕敬地背着《道德经》。“两遍！”身边的同学数道。这是昨天下午孟母堂的语文课现场，6个6至10岁的男孩女孩们，在“先生”的监督下，背诵着古代经典。

6岁的石吟之是这些孩子中年纪最小的，她正在读《易经》的蛊卦，每读5遍，就在书上画一个正字，每天4个正字，80遍后开始背诵。“我喜欢背诵《易经》，”一脸稚气的石吟之说，来孟母堂2个月的她现在天天跟《弟子规》、《易经》等古书打交道，“我很喜欢这里。”

假若换个多元文化的国度，这篇报道，乃至吕丽委和她的学堂，也许不会引起那么大的社会反响。可是此时此地，当事人与政府机构的弹性对抗，使得新闻效应成倍放大，乃至发酵出一连串令人始料不及的连锁事件，小至影响到小人物吕丽委的命运，大到引起一场国家宪法精神与教育大政层面上的辩论，历时八年尚未有果。我们不妨看看经《东方早报》这篇小通讯过后，“孟母堂”事件的部分回放——

7月15日，上海市委机关报《解放日报》发表文章：“未达国家办学标准、未经登记和审批，私塾‘孟母堂’办学违法！”

7月17日，上海市松江区教育局派人到吕丽委家里下发“行政告知单”，明确宣布“孟母堂”属非法教育机构，从事的是非法教育活动，应停止非法行为。

7月19日，学生家长以《孟母堂违反义务教育法吗》一文，联名致函上海市松江区教育局，进一步陈述事实，据理力争。

7月24日，上海市市教委发言人对此发表公开答复，列举“孟母堂”的“三大过错”：1.违反办学许可的有关规定；2.违反《义务教育法》的第二条、第四条和第三十五条的有关规定；3.违反有关教育收费的规定。并将上述内容交由媒体发布，宣布“孟母堂”必须在9月1日前关闭。市教委的明确表态，无可置疑地宣判了这家读经私塾的死刑。

7月28日，《中国青年报》发表署名文章，作者愤言：“对于‘孟母堂’，你可以大骂特骂，但决不可以强力封杀。对于背诵《易经》、《弟子规》等传统经典的教学方式，你可以认为是在误人子弟，但你不可以阻止他人的尝试，教育需要更多的自由……政府不但没有创造条件，相反还成为公民追求这一自由的绊脚石。”

7月29日，央视《中国周刊》主播白岩松对“孟母堂”事件发表言论：“上海全日制私塾‘孟母堂’被叫停，教育局称之为违反义务教育法。也许我们已经不能再去讨论这个代替普通教育的私塾和教育局孰对孰错了，也许近几年的读经热的形成，预示着人们已经开始觉察传统道德沦丧的危机，更为重要的是，人们对于中国应试教育制度的不满，已经由言论转化为行动了。同样的问题，上海是‘堵’，西北是‘疏’，广州是‘默认’，并且专家态度不一。但我想，国家不出台政策规范，也许一切都很难从根本上解决。争议教育，也许是全社会的责任。”有趣的是，白岩松此番略显隐晦的表述，过后竟被有的佛教网站听出“禅机”而转帖。

也许迫于愈演愈烈的舆论压力，尽管多次下令解散“孟母堂”，但上海市教育部门似乎只是出于对既定法律的尊重，到此为止还没有真正给“孟母堂”贴死封条。

非常有意思的是，在此后“孟母堂”与上海教育部门的对抗赛中，有一方诡异的力量进场，于冥冥之中准确地预测着双方的胜败盈衰——接到上海市教委关闭学堂的指令后，吕丽委的丈夫周先生苦闷无奈，经人推荐，打电话向中国内地著名易学研究者、曾任国际易经研究院院长的李守力大师求助。那位因连续数年准确预测国运与世界大事而名噪当下的李大师给予了明确应答：

“从易经象数理论分析，读经命体为庚辰，今年岁在丙戌，天运是丁未，可见在近年天时对传统文化推广不利，2006 年难免有一场官司，要为四书五经而讼。喜国运辛丑，从 2000 年始，传统文化复兴，与西方文化争鸣。2006 年火旺克金，7 月乙未，与天运合攻辛丑，所以有‘叫停孟母堂’之应，喜立秋在即，火气渐退，待到立冬时节，稍占优势。2007 年丁亥，巳亥对冲，去火存金。2008 年偏印局，占稳脚跟，2009 年己丑，湿土润金，全国推广读经运动。中国传统文化复兴在即！”（上述预测文字，摘自 2006 年 7 月 26 日李守力博客）

周先生这一“病急乱投医”之举看似荒唐，但事后“孟母堂”的运势几乎全行进在李大师所预言的路数之中——

预测一：“7 月乙未，与天运合攻辛丑，所以有‘叫停孟母堂’之应”。（摘自 2006.6.26 李守力博客）

8 月 7 日（农历 7 月），有警察来到住家，查验主人身份证号码。

8 月 11 日，中央电视台《今日说法》栏目播出专题“孟母堂之争”，主持人认为：“作为家长来讲这样的教育尝试未尝不可，但是这种尝试可是在拿孩子作为试验品，这也正是为什么我们教育主管部门要对这些教育尝试进行监管的原因。”节目还透露：上海教育部门表示，九月份将对“孟母堂”采取必要措施。

8 月 23 日，国家教育部法制处副主任张文在上海为教育部门负责人作新修订的《义务教育法》专题辅导报告时，明确否定“孟母堂”的教育模式：“在如此封闭的家庭环境之中，学不到许多爱国主义的教育内容，也不能保证学生军训等活动，更重要的是，许多需要孩子在学校里养成的自立以及与人相处等能力都将会缺失，这对孩子的成

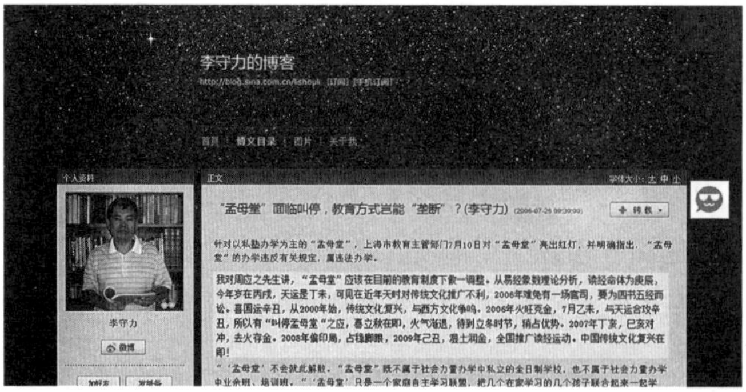

李守力博客截图

长极为不利。”教育部负责人对“孟母堂”的首次表态，进一步引发全国媒体对事件的关注，数百家报纸、刊物、网站的记者蜂拥而至，纷纷进行后续报道。

8月24日，吕丽委就上海市松江教育局7月17日的“行政告知单”，向上海市教委提交“行政复议申请书”，要求撤消“告知单”中的具体行政行为。至此，“孟母堂”事件正式进入法律程序。市教委根据调查情况并综合各方意见，认为《告知单》不在《行政复议法》相关规定的范围内，于当年11月终止行政复议的审理。

8月26日，香港凤凰卫视“一虎一席谈”栏目播出：“孟母堂私塾式教育该被取缔吗？”节目中，正反双方展开激辩。

9月1日，“孟母堂”在行政通知的最后期限仍坚持上课，松江区教育局相关工作人员至家中抄取一份在家学习的儿童名录，重申解散“孟母堂”，让适龄儿童上正规学校上课的要求。

预测二：“立秋在即，火气渐退，待到立冬时节，（孟母堂）稍占优势。”（摘自7.26李守力博客）

11月19日，上海市教育委员会回复吕丽委女士《行政复议终止通知书》。最终裁定：原松江区教育局的意见不具有法律效力，仅仅是指导意见，也不代表上海市教育局的观点。上海市教育局最后认同“孟母堂”的理念，但是希望：尽快给这些孩子在公立学校补办“休学”手续，不要让他们成为“逃学”的孩子。

11月28日，在教育部召开的例行新闻发布会上，针对外国媒体关于武堂、私塾等类似学校的提问，新闻发言人王旭明表示：根据最近刚刚修改后又颁布的《义务教育法》，在义务教育阶段，每个公民都应该享受国家

“孟母堂”学生读经

规定的九年义务教育。至于非义务教育以外的各类学校，我认为按照《民办教育促进法》和《民办教育促进法实施条例》申报有关部门，按照有关部门程序批准当然可以办。

2007年1月，由中国人民大学宪政与行政法治研究中心、北京市律师协会宪法与人权专业委员会主办，广受中国社会各界关注的“2006中国十大宪法事例”评选结果出炉。经多家网站和部分中国知名法学界专家学者层层筛选，上海“孟母堂”事件从20个候选宪法事例中跻身榜单，成为中国教育界首个入选此项目的法律案例，随后并被收录“中国人民大学本科精品课程——教学案例”。

评委会案卷和人大教学案例对上海“孟母堂”事件的描述如下：

2004年9月，全日制私塾“孟母堂”在上海松江开设，教学内容以读经为主，如《易经》、《道德经》、《论语》等中国古代传统典籍；英文则从《仲夏夜之梦》起步；数学由外聘老师根据读经教育的观念，重组教材，编排数理课程；体育课以瑜伽、太极之类修身养性的运动为主。

2006年7月17日，上海市松江区教育局下发告知单，指出：“孟母堂”属非法教育机构，从事的是非法教育活动，应立即停止非法行为。24日，上海市教委发言人阐述了三大理由：学堂未经教育行政部门审批，未获得办学许可；“读经教育”与义务教育多学科、全面发展的要求不相符，违反了义务教育法的多项规定；未经物价部门审核，擅自收取高额学费。而家长未按规定把适龄子女送到经国家批准的教育机构接受义务教育，也属违法行为。

然而，“孟母堂”负责人则声称，孟母堂并没有违反《义务教育法》。教育部门的告知书和公开发言，无法律依据，并准备以行政诉讼和民事诉讼分别起诉上海市松江区教育局和上海市教委，通过法律手段维护其合法权利。

【入选理由】

《宪法》第46条规定了公民的受教育权，“国家培养青年、少年、儿童在品德、智力、体质等方面全面发展。”《义务教育法》在对其进行细化时，明确规定适龄儿童接受义务教育必须“入学”，而且，义务教育阶段的教学制度、教学内容、课程设置，包括教科书的审定都是由国务院主管部门确定的，各地没有原则性差异。这样，家长的选择自由与之产生冲突就成了一个复杂的《宪法》

问题。

预测三："2007年丁亥，巳亥对冲，去火存金。2008年偏印局，占稳脚跟"。（摘自2006.6.26李守力博客）

上海市教育局对"孟母堂"办学理念的首肯、国家出台新法对民办教育网开一面、具有权威性的法案评选对事件的法律关注、案例被列入知名大学教材……这一切，似乎给危在旦夕的"孟母堂"一连打下了几根强有力的支撑"桩"。此后两年，"孟母堂"在一种不被承认也未被强行取缔的状态下，若明若暗地生存下来，而且经过数百家媒体轰炸式的连续报道，学生和教师人数不断扩张，乃至教室不断扩容，又在原址的基础上加租了两栋别墅。

事情发展至此，与李守力大师此前的预测完全吻合。

预测四："2009年己丑，湿土润金，全国推广读经运动。中国传统文化复兴在即！"（摘自2006.6.26李守力博客）

2009年，整体而言，李大师对于中国传统教育的大势预测同样似乎继续得到应验。类似"孟母堂"的民间私塾、学堂涌现全国，据不完全统计，数量接近万家之多。读经声响彻神州大地，民间教育实验盛况空前。可是对于吕丽委和她的"孟母堂"来说，2009年春节刚过，将近两年的短暂平衡却被重新打破。

2月6日上午，沉默了两年的松江教育局突然召开新闻发布会，再次指称吕丽委在家擅自办学，违反了《中华人民共和国教育法》第二十七条、《中华人民共和国民办教育促进法》第十一条的规定。随后，工作人员在数十家新闻媒体的前簇后拥下来到"孟母堂"，向吕丽委当面递交《责令限期改正通知书》，责令其在五日内停止办学，期限截止到2月10日下午4点半。

松江教育局向吕丽委下达叫停通知书

2月9日，吕丽委将一份《关于改正通知书的回函》交至松江区教育局，称："已根据要求停止住所内的一切教学活动，目前住所内的一切活动已恢复正常家居生活。"同时，她与另外一些家长，分别向教育局提交《在家教育申请书》，明确提出要施行类似美国的"在家教育"概念，被媒体解读为对教育部门的"反将"。

"在家教育"或称"在家学习"，即指学龄儿童不去正规学校读书，而是选择在家里接受监护人或监护人所委托的特定对象的指导下完成学业，这种教育方式在西方国家明确得到法律保护，近年来发展迅猛。

以美国为例，在1980年有三十州并不承认在家教育的合法性，然而到了1993年，全美五十州均已将在家教育合法化。根据估计，全美儿童在家就读的数目已从1970年代初期的15,000人，增至1995年将近700,000人，至2003年全美几乎有110万的学生是在家中求学。一项由美国政府主持的调查显示，自1999年以来，在家教育比例增幅达29%。

在美国，政府认为"在家学习"或"在家教育"不仅是合法的，而且是为国家节约教育资源、培养人才，所以政府对"在家教育"的家庭给予适当的教育经费补助。另外，考虑到"在家教育"的家庭背景存在层次的差异，所以美国政府不仅非常鼓励和支持实施"在家教育"的家庭自主联盟，建立组织（美国卫星学校计划Star School Program），而且鼓励和促进家庭之间的交流和联系，以便更好利用家庭教育资源，促进家庭教育效益的最大化。有些州还有"家庭学校"教育法，规定了在家上学也必须完成公立学校的法定课程和考试。作为合法的教育体制，"在家上学"的学生只要通过规定考试，就能获得相同文凭。

对于吕丽委提出的"在家教育"申请，上海市、区教育部门未给予正面回应，仅表示不日还将再次派员实地检查"孟母堂"是否执行当局决定停止教学活动，结果显然相反，"孟母堂"的教学活动非但一天都没停止过，反而因为学生越来越多，又在原址的周围多租用了两栋别墅作教室和宿舍。由此，双方僵持数月。

2009年7月，松江区教育局在小区门口张贴告示，认定设在锦轩新墅小区的“孟母堂”违反《义务教育法》和《民办教育促进法》的规定，“属于非法教育机构，从事的是违法教育活动，责令其停止办学”。此后，仍有不少家长送孩子到“孟母堂”上课，但被早已感觉受扰的业主们和小区保安联合堵门劝退。

由于教育部门的坚持和来自公安、物业和小区居民等方面的压力，加上区房产局向房屋产权所有者施压罚款，迫使其提前解除房屋租赁合同，“孟母堂”不得不停止教学活动。吕丽委夫妇回应记者：“国家对政府办学、社会办学都有一定的限制和规定，但对于家庭教育并没有任何的限制。只要法律没有说不行，我们就不是违法。‘孟母堂’一定会继续办下去。”

不管怎么说，2009年，在各方力量的重压之下，“孟母堂”被迫摘牌，创办人吕丽委夫妇随之撤出松江区锦轩新墅小区156号，不知所踪，但他们留给社会的思考与争论却愈演愈烈。

1.“孟母堂”的办学方式是否违法？

以上海教育当局为主的“指控方”坚持认为：“孟母堂”接收了学龄儿童，等于帮助相关家长剥夺了那部分孩子去公立学校接受九年义务教育的权利，违反了国家《义务教育法》。

而当事者却辩称：“孟母堂”是学生家长自愿联合对子女施行“在家教育”，而并非民办学校，按照目前中国法律，并未禁止公民对自己子女施行“在家教育”，所以“孟母堂”不属于“违法办学”。

在这个问题上，置身事外的学者们似乎看得更清楚、透彻。

在讨论“孟母堂”入选“2006中国十大宪法事例”时，中国人民大学副教授刘飞宇认为：“孟母堂”确实违反了《义务教育法》，但国家是否允许义务教育阶段的教育内容多样化，如果从宪法角度考虑，《义务教育法》是否违宪就有了讨论空间。”

在同样的场合，中国政法大学教授刘莘发表了类似看法：“我们不能把教书育人看成是机械化的大生产，仅仅为了生产出千人一面的‘产品’……义务教育制度的存在，是为了保证每个孩子一生中都能够享有最起码的一段时间的教育。义务教育应当是兜底式的教育，也就是说，它是基本保障，但不应当排斥更适合某些孩子的其他教育。”

“孟母堂”的是非之争，也引起了海峡对岸的学者关注。已故当代著名国学专家、台湾《大学杂志》主编皮介行先生，生前来沪讲学时公开言论：“如果依照实定法至上的观点看，上海市教委的主张是有道理的。但是如果跳出实定法的套套逻辑，依据民族生存、国家发展、人民生计与自由的立场看，事情就很有讨论的余地了……教育不应该成为国家实现权力意志的工具。当此民族复兴的历史运会中，传统儒学的再学习，传统文化的再复兴，已经是不可阻挡的大势，上海市教委的干涉与阻挠是不会成功的，也是违背民族根本利益、不得人心的举动。我希望上海市教委对此做出反思，对人民在教育上的主体性做出应有的尊重，对传统文化的学习活动做出明哲的接纳与协助，这才符合上海这个国际都市的应有格调，也才符合中华复兴的根本利益！”

对于上海教育部门强令关闭“孟母堂”事件，来自民意方面的测试几乎一边倒投反对票。2009年3月，新浪网以“你认为‘孟母堂’应不应该被勒令停办”为题进行网络调查，87.1%参加讨论的网友认为：“不应该，并非所有的儿童都适合义务教育形式，中国需要像“孟母堂”这样多样化的教育探索”；9.4%的网友认为：“应该，‘孟母堂’违反了办学许可的规定，违反了义务教育法及教育收费的规定”；3.5%的网友认为：“不好说”。在评论栏里，很多网友对中国教育制度进行了非常情绪化的抨击，有些人甚至坦言：“支持‘孟母堂’，是因为敬佩他们敢于挑战中国公办教育的垄断权！”

2.“孟母堂”的教育模式是否可取？

“孟母堂”事件之所以引起如此大的轰动效应，并非事件本身有多少值得关注的地方，而是在“孟母堂”的身后，还立着成千上万、五花八门的各种私塾。大多数教育界人士不愿过多从法律层面去讨论，更关心这些有穿越感的古老教学内容和方式，是否适合在当代的人文土壤里复制与重生。

广东省教育厅巡视员李小鲁博士说：“当前有很多‘国学班’、‘诵经班’、‘诗词班’等等，成为一种‘显学’，也成为很多商人圈钱的噱头。国学产生的经济、政治、文化和生活基础都不存在的今天，家庭教育应该少讲一点‘国学’，少说一点‘孔孟’，多关注一些公民素质，多谈论一些现代伦理，多提倡一些当代精神，多实践，养成一些公共道德。”

对此，清华大学国学研究院副院长、哲学系教授刘东有不同看法：“亚洲四小虎，凡是有中国文化的地方，传统文化并不影响经济发展，人的道德品质维持了较高水准。而我国在社会发展过程中却出现了道德的滑坡，传统文化难道比地沟油更有害吗？古代的蒙学，对于约束孩子的行为是经过历史检验的。”

21世纪教育研究院副院长熊丙奇在接受我们采访时说：“‘孟母堂’以及类似的国学班，不是拯救中国教育的出路，存在很多问题。首先，它是一种灌输式教育，如背诵的教学模式，难以对培养学生的人格与思想产生作用；另外，国学中存在很多不适合公民教育的内容，缺乏时代感，难以培养出合格的公民。”

北京航空航天大学人文与社会科学高等研究院教授、知名学者姚中秋从大教育的角度发表不同看法：“多元的社会所对应的必然是多元的教育，教学内容与方式也必然是多样的。有的侧重科学，有的侧重古典，有的侧重知识灌输，有的侧重人格养成。‘孟母堂’与众不同之处在于，它置身于正统教育体制之外，教学内容和教学方式也完全自成体系。它以传统中国私塾的形态，教导孩子学习中国的传统经典……”

还有部分学者，从形式与内容上分别表达自己的褒贬，如：上海大学社会学教授顾骏对“孟母堂”这种教育形式的出现表示了赞赏，但对“孟母堂”过分倚重古代经典有担忧。他说：“孔孟儒家等经典里存有很多思想糟粕，孩子太小，没有辨别能力。教育者责任非常重大，毕竟育人不是一种实验。”

在诸多关于“孟母堂”、关于“国学”的“围炉夜话”中，让记者略感意外的是已故国学大师南环瑾先生的说辞：“外面有人说我提倡私塾，主张专门读古书，那是害死人的，‘读死书，死读书，读书死’，不要把读经和学习现代知识技术对立，不要以为读经可以代替做人做事的修养，不要以为读经就可以当饭吃了”。

众所周知，学贯中西的国学大师南怀瑾先生多年来一直不遗余力地推广国学文化，曾发愿为弘扬传统文化“欲为天心唤梦醒”，并身体力行辗转多地传授国学、答疑解惑，何以如此言辞犀利？南先生此言论并非针对“孟母堂”，其中必定藏着一份对捍卫国粹文化的忧心与疑虑。

作者采访“孟母堂”

结束了“孟母堂”事件的外围调查，我们尝试以学生家长的身份，寻找自2009年被撵出“锦轩新墅”后几乎销声匿迹了的吕丽委。几经周折，终于拨通了她的电话。听起来那是一个快乐、爽朗的女人，回答问题嘎嘣儿脆，一点不含糊。

记者：“……请问您的‘孟母堂’是不是还在办？”

吕丽委：“我们从来就没消失过呀，‘孟母堂’只是换了一个地方而已！”

记者：“我想把孩子送去你们‘孟母堂’读书，可以吗？”

吕丽委：“我们学堂名额已经满了，但是我可以给您介绍去别的私塾，现在上海的读经学校不止我们一家。”

记者：“您替别的私塾介绍生源，难道你们同行之间没有竞争吗？”

吕丽委（笑）：“为什么要竞争啊？大家都在推广国学，现在读经学校还是太少了，多多益善嘛！”

记者：“那我周日还是过您那边去看看，行吗？”

吕丽委：“没问题，来吧！”

三天后，记者按照吕丽委提供的地址，来到上海银都西路春华苑一处私家院落。比起2009年前所在的原址，这里单家独院、绿树成荫、宽敞幽静，再不会由于学生读经声或课外活动骚扰到邻居而发生纠纷。穿过数百平米的花园与草坪，在青枝绿叶的遮蔽下三幢小洋楼若隐若现，院子里阳光灿烂，有些孩子在打篮球，有些在晒被子、晾衣，不似我们此前想象的那种只闻读书声，不见读书郎的私塾光景。

楼房一层大门上悬挂着“孟母堂”匾额，走进教室，迎面有一尊石雕——孟母像。吕丽委说，孩子们每天早晨向孟母行礼，然后开始一天课程。

除普通话里夹杂着少许厦门、上海两地的方言之外，黝黑的皮肤、高昂的音调、炯炯有神的眼睛，还有泡功夫茶时的利索，一切都显露出这个福建女子的原乡原韵。尽管在上海的十年打拼没少经风浪，吕丽委仍从容自信、开朗乐观，对我们这些陌生的访客似乎全无戒心，尽管经常有媒体记者像我们这样冒充家长来做暗访。

记者：“记得‘孟母堂’在松江的时候只有十几个孩子一栋楼，现在规模扩大了很多？”

吕丽委：“是的，现在学生总数有60多人，17名老师，几乎天天还有想送孩子来这里读经的，我们要保证质量，收不了那么多，只好向其他私塾推荐。其实我们没有做任何形式的广告，都是家长们口口相传。”

记者：“来这里读书是按年龄分班吗？”

吕丽委：“不是，我们这里最大的孩子19岁，最小的只有4岁，授课方式是按照学生的接受程度而不是年龄。看他们对经书的接受能力，学的越多，就会被安排在越高的年级。”

记者：“你们给孩子读的经书具体有哪些？”

吕丽委：“我们秉承‘读经典、尊孔孟、诵莎翁、演数理’的宗旨培养学生。目前的课程分为早、午、晚三档。早晨老师带领诵读《诗经》、《论语》等经典篇目，下午诵读《仲夏夜之梦》、《哈姆雷特》等英文经典篇目，或者安排学习古琴、钢琴、小提琴等乐器，晚上要求孩子们背诵学习过的篇目，然后还会听听《水浒》、《三国》或者其他的古文小故事。”

记者：“这些篇目对于一些年龄小、而且未接触过文言文和英语的学生来说，能接受吗？是不是需要老师花费大量时间去讲解？”

吕丽委：“虽然我们这里老师的配比很高，平均一个人带四个左右的学生，但与公办学校不同的是，他们主要作用是督促学生反复诵读、直至背出所学的经典篇目，并不会急于求成去要求学生马上理解经书的全部意义。所谓‘读书千遍，其义自现’，经书有些地方是相互解释的，孩子也有属于他自己的理解和自悟。”

记者：“对于学校规定课程之外而又很有必要学习的知识，比如数理、自然科学方面，该怎么办？”

吕丽委：“不是没有这方面的内容，而是学习方法不一样。我们‘孟母堂’规定孩子从7周岁起开设数理课，只是根据读经教育的观念，重组教材、精简课程，礼聘经验丰富的老师，从高中的数列开始，对小学适龄儿童们讲授加减法到微分几何，乃至拓扑学。物理课给孩子们讲授纳米技术，不让孩子们对最先进的科学知识缺课。对于一些有高考要求的学生，我们计划用六年时间，帮助他们完成小学、初、高中课程，到时候可以与公校并轨，参加高考。”

记者：“您觉得这样做能达到预期效果吗？”

吕丽委：“我觉得可以。说实话，来我们这里的学生不少在原来学校那种大一统模式下，属于被淘汰的‘差生’，受歧视。来这里后，我们因人施教，让他们发现自己的优势，慢慢变得自信起来。”

记者：“有这样的事例吗？”

吕丽委：“有哇，很多！比方有一个15岁的学生，在原来学校讨厌学习英语，成绩被拉下，失去信心。来‘孟母堂’后见面就说不想学英语。我们老师便帮助他读些培根、罗素的经典文章，提高他的兴趣。现在，这个学生可以自己阅读罗素的原版著作《中国问题》。大部分孩子的学习能力很强，关键是发现他们的兴趣点，然后因势利导，提高他们就好！”

记者：“听您的介绍，颇有欧美国家现代教育思维？”

吕丽委：“其实很多思想方法本来就相同。我们聘请过一位德国知名大学的梵文教授，他说，欧洲读经的传统比中国要浓，做的也比我们好，有圈子可以资源分享。据我所知，英国人更重视传统教育，从小学起一直到高中、大学，都设有学习莎士比亚戏剧的课程。”

记者：“如果看得实际点，您刚才也说过，在‘孟母堂’就读的学生大部分都没有学籍，学历也不会受到国家承认。那他们今后的前途、归宿在哪？”

吕丽委：“一是出国留学，我们这里的学生外语提高很快，出国留学基础好；二是有一部分学生在公办学校保留了学籍，到时候可以并轨参加高考；三是参加自考。”

记者:“‘孟母堂’为什么不去教育部门申办正规民办学校，那样不就可以解决并轨?”

吕丽委:“这个问题很复杂，不是申请不申请，而是我们国家现有的教育体系，与民办私塾从各方面都相距甚远。比方说，现在我们一些相当于初中的孩子，他可以做研究生课程相等的课业，去公办学校往哪里放?这就需要在体制外有一种新的教育模式，能容纳。我相信总有一天，读经教育也能够与公办学校并存、发展。”

记者:“您觉得距离那一天还有多远?”

吕丽委:“取决于有志者共同努力。现在批评教育制度的言论很多，我觉得实践才是硬道理。努力去做，总会有效果。比方说，现在学历观念就有所改变，很多学生家长都赞同我的观念，让孩子读经识礼、提高认知世界的主动性，这也是我们‘孟母堂’的最高价值追求!”

记者:“听说‘孟母堂’在上海一直官司不断，孩子送进来学校又被取缔了怎么办?”

吕丽委:“其实打官司很正常啊，很多时候国人不知道自己有什么权利、怎样去争取自己的权利，该打的官司就得打。我相信国家会越来越开明，越来越好的啦!”

记者:“也就是说你们和教育局的官司打到现在也还没个结果?”

吕丽委:“也没什么结果不结果，要说结果也是有的呀，只是外界不知道。”

记者:“我可不可以这样理解，我现在把孩子送过来读经，不去外面张扬就好了对吗?”

吕丽委(笑笑):“差不多差不多……”

在沪期间，除去直接与吕丽委交谈，我们还采访了几位学生和家长，了解他们对“孟母堂”教育方式的真实想法。

两个年龄分别9岁和6岁的孩子答案绝然相反。9岁的孩子是从公办小学转过来的，他回答说很喜欢在“孟母堂”读书，因为没有考试的压力，读经的时候也感觉很快乐。

6岁的孩子没在公办学校念过书，他告诉记者不喜欢来这里上课，因为他非常讨厌读书，特别是背书。

家长的回答则比较一致。家长王先生告诉我们，他送孩子到“孟母堂”读经，主要因为自己也是一位国学推广者，对吕丽委夫妇教育观念高度认同。“孩子还小，可以让他与‘孟母堂’一起成长！”这位先生激动地说。

家长张女士告诉记者，她儿子原来在公办小学读书，成绩不好，没少受老师的责骂，就连当家长的也得不到学校尊重，经常被班主任呼来喝去，听一大堆难听的话。她说：“自己的孩子自己懂，我不图他成绩如何优秀、往后考什么名牌大学、有什么了不得的发展。但至少要让他能够健康快乐地成长，学会做人的道理，往后能够在社会上自立就好。‘孟母堂’很尊重每一个学生和家长！”

有一位家长觉得“孟母堂”的课程设置过于个性化，担心往后孩子所学知识难以融入社会主流价值。但他非常认同学堂宽松的教学环境，觉得孩子在这里更有自信。“再说，读些中外经书，对提高孩子文言文与外语水平，甚至是文明做人等方面，还是很有帮助的！”

最引起记者兴趣的是一位私企老板的回答，他坦言自己的儿子无需辛辛苦苦去公校拿什么文凭，就盼着他健健康康成长起来，今后好接自己的班，成为家族企业的新老板。“把儿子送到‘孟母堂’学习，为的是让他通过读经，多懂一些做人的道理，学好外语，为以后接管自家企业打好两方面的基础。”这位老板朴实的见解，无意中揭示了“孟母堂”之所以能在“不合法”的状态下生存、发展的一条硬道理——在不主张虐杀个性的民主社会，哪怕仅满足于小众需求，像“孟母堂”这样的私塾也有存在的空间。

其实，这种逻辑在世界教育史上早有先例。

20世纪初叶，美国实行强制性义务教育，受到有着独立宗教信仰的早期移民部落阿米绪人的强烈抵制，很多家长因违反《义务教育法》而被捕，孩子交由政府监管。经过近30年的对抗，1972年年底，美国联邦最高法院以压倒多数判决强制实行的教育法规侵犯了阿米绪教徒的宗教自由权利。判决书使用诗意的语言宣示了民主的涵义：“在百分之九十九点九的一致之下，仍要为百分之零点一的异见留下呼吸的空间。”

阿米绪人的胜利并不意味着吕丽委们的胜利，阿米绪人斗争了几十年取得了“在家教育”权，对于中国人来说，那更像是一个不着调的故事。“孟母堂”之所以尚未沉船，吕丽委之所以还能与上海教育当局继续玩捉迷藏，只不过是执法“大象”碍于舆论之重不愿与“蚂蚁”死缠烂打而已。

后记：十几年来，中国大陆境内数千家形形色色的中国私塾（或不叫私塾的“家庭教育联盟”之类），由于受到《义务教育法》的制约，多半被取缔、劝散，或因入不敷出而自行了断。特别是近几年，各类“国际学校”、“国际班”风起云涌，更加挤迫本土私塾的生存空间。毕竟，无论打着什么旗号的私塾，只不过是在中国教育体制失去全民信任的历史机遇下，借助人们对传统文化的怀旧插唱了一曲“凤还巢”。而一旦教育改革有了实质性进展，或一旦“西风”压倒“东风”，国粹也好，民粹也罢，再优秀的传统文化也只有在新时代的脉动中才能获得新的生命旋律。

“狼外教”综合征

◆ “飞地”星二代

2014 年 5 月，浙江卫视《爸爸回来了》播出。节目中，一位 8 岁的小帅哥快速地用全英文做数学作业，用流利的英语与外国友人畅聊几十分钟，并且帮助他解决了买鸟的难题，引起路人围观。节目播出后，那位昵称“威廉弟弟”的小帅哥一夜走红，在网络上引发评论狂潮。

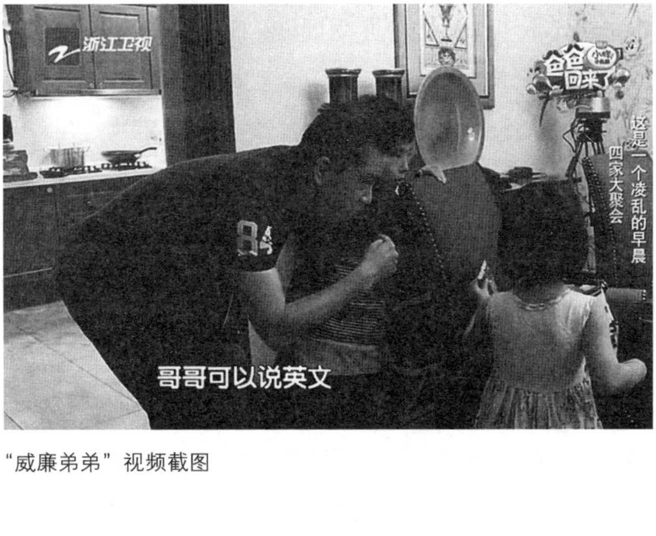

“威廉弟弟”视频截图

这段视频不但让屏幕外的小朋友羡慕不已，而且让很多大朋友跌破眼镜。当晚有大学生在网上发帖调侃：“世界上最尴尬的事情不是没学过英语，而是学了十几年英语，拿下六级证书，水平却不及威廉弟弟读两年幼儿园！”

威廉弟弟瞬间便挣脱了爸爸的光环。记者用他的昵称做百度搜索，相关话题多达几百万条，最热门的帖子莫过于“威廉弟弟读的哪家幼儿园？”差不多占总帖数一半。

很快，熟悉状况的网友公布了答案：威廉弟弟本名王XX，华谊兄弟传媒集团的执行总裁、金牌电影制片人王中磊的公子，就读于北京德威国际学校。

有不谙时事者又问：何谓“国际学校”？哪些人家的孩子可以在其中就读？

知情者又告知：“国际学校”是专供各国政府驻外人员和经商者的子女就读的专属母语学校。近些年由于各方面的原因，中国境内的“国际学校”或多或少都收录了部分中国孩子。

事情没完，此话题一热，内地娱记们自是不甘寂寞，翻江倒海，搜捞出一些未曾曝光过的陈年往事。诸如：

金牌体育明星田亮之女森X与威廉弟弟同是北京德威国际学校的校友；影视明星姜文、周韵的两个儿子，倪萍之子XX，还有李亚鹏与王菲之女李X则同在顺义国际学校为校友；范冰冰的弟弟范XX就读于北京汇佳国际学校；张艺谋与陈婷的三个子女、杨澜的女儿分别就读于北京两所知名国际学校；刘蓓、柳云龙、那英之子就读于北京伊顿双语幼儿园；吴绮莉的“小龙女”、王菲与窦唯之女窦XX就读于上海德威国际学校。据说该校采用全英语教学，且有浓郁的英国传统教育色彩，被誉为培养绅士、名媛的大本营。

多年来，中国的平民文化中有一种根深蒂固的明星情结，一句晚会上的普通台词经明星们演绎，可以成为风靡社会的流行语。一个明星的某种癖好，能成为某个时段的社会时尚。当明星子女出入国际学校的消息和照片、视频被媒体挖出来曝光后，不少网友纷纷发帖：“目前阶段的人生目标，就是让我的子女能上明星子女上的那种国际学校！”

可接下去问题又来了，并不是所有的“国际学校”都向所有的中国公民敞开大门。别说普通“追星族”，就连没有办理“洋户口”的大明星，也经常拉着子女，被挡在知名“国际”的校门之外。

影星董洁曾在自己的微博上这样描述给孩子找国际学校的经过："还没进门先被保安询问，'父母是外籍吗？'我答：'不是。''那孩子呢？''也是中国籍呀！'保安羞涩地慢慢开口：'我们这儿不收中国籍的孩子。'"

据说张艺谋也有类似董洁那样的遭遇，三个子女因为没办外籍户口而被国际学校拒之门外，最后去找北京教委特批，方拿到入学通行证。

王菲虽然拿的是非大陆户籍，但由于上海德威国际学校招生名额有限，有数百个预订学生排队在她前面，所以不得不托朋友去学校走后门，才得以让孩子"插队"入学……

由此看来，中国内地的"国际学校"，似乎成了一块外属精神"飞地"，或如同一位国际学校的老师所言："这是一片神奇的热土，可以帮助部分中国特殊阶层的人实现越洋美梦！"

这方"神奇热土"由谁造就？又是怎样让国人趋之若鹜的呢？

在我国，所谓"国际学校"的雏形初现于20世纪末，多为解决各国驻京外交机构职员的随行子女入学问题，类似"洋私塾"，老师学生寥寥无几，国人很少听闻。首开校门的是1973年美国政府驻京联络处的"外交人员子女学校"，位于三里屯，夹在两套公寓房之间的电梯门厅过道，仅有8名学生和2名教师。

1980年，美国、加拿大、英国、澳大利亚和新西兰五国的大使馆，合办International School of Beijing（ISB，现中文名北京顺义国际学校）。该校于1988年正式注册为外交人员子女学校，1997年底转制为外籍人员子女学校。2003年9月，通过了NCCT认证。至2005年，学校大规模扩容，拥有33英亩校园，以及

在中国大陆注册的国际学校约占全球十分之一

来自54个国家的1980名学生。

1995年，中华人民共和国国家教育委员会下发《关于开办外籍人员子女学校的暂行管理办法》，文件规定：在中国境内合法设立的外国机构、外资企业、国际组织的驻华机构和合法居留的外国人，可以申请开办外籍人员子女学校。外交人员子女学校学生，应限于本国驻华使领馆人员的外籍子女，在征得省级教育行政部门的同意后，也可以招收其他在华居住的、拥有本国或者第三国国籍的学生，不得招收中国内地的公民入学。

口子放开后，此类名称为“外籍人员子女学校”的机构急剧增加，截至2008年10月29日，经教育部批准设立的外籍人员子女学校达98所。到2012年11月21日，注册数增至116所。

以上所述是外国人在中国内地开办学校的几个阶段，迄今为止，所谓“国际学校”的游戏规则，原则上应该还是依据原有国家教委的颁发的相关政策条文。可是在记者的调查中，现实远非如此，如今遍布大中城市的形形色色的“国际学校”，从办学形式到招生范围，乃至教学内容，早就突破了教育部门的条条框框，步入一条高速发展的灰色通道。

对此，几个受访外籍人士笑谈，有些中国通，甚至跟我探讨起玄妙之门里的《易经》，说道“变通”之术。如：“办学条件是死的，办学渠道是活的”、“招生条件是死的，学生家长是活的”，等等。细细查访，老外们所言之“蛊术”莫不一一灵验。

1.“国际学校”的数量大大超出国家审批数。根据英国Nord Anglia机构统计，至2013年，全球国际学校仅3000余所。位于英国的国际学校咨询集团总经理尼古拉斯·布鲁米特透露：“近12年，中国大陆注册的国际学校急剧增多，从22所增长到338所，学生数量增长25倍，达到18.4万多人。”后者达到前者数量的十分之一。另据记者调查，近几年，打着各种“国际教育”旗号的机构仍在疯狂扩张，甚至拓展到一些经济不发达的西部省份，如果加上那些违规自办、或者打“擦边球”的“国际班”、“国际部”、“国际教育培训机构”，数量恐怕得上千了。

2.招生范围早就突破了教育部门设定的门槛。数百家“国际学校”，或多或少都收录过中国内地学生，有些干脆全都是本地户籍的学生。其中主要的

“变通”手法不外乎三种：

一是在合法的中外合办学校中，私自提高教育部规定的中国生源比例，隐瞒实际数量，或寻求权力部门“特批”，破例收录学生；

二是在那些外国人办的“纯种”国际学校，由学生家长将孩子“出口转内销”。即先去一些小国家或地区为孩子办好绿卡，再返回国内读国际学校。这种情况很多，记者先后在京沪穗三地采访过十几位家长，有的去非洲，有的去港澳，虽大费周章，但大多数都回答：“值！”至于有此打算，正在筹谋奔哪方去办绿卡的家长就更多了。

三是将国际学校的收费标准与部分课程设置嫁接到各地公办重点中学，借用原有资源，开办“国际部”、“国际班”，实行“一校两制”。招收的学生基本上全是本地一些寻求优质教育资源，或跟风寻读“国际学校”的有钱人子女。

3. 教学内容与学制随心所欲，变“国际教育”为“国际应试教育”。一般而言，正规的国际文凭组织（IBO）授权的国际文凭学校（IB World School），通常都采用学校开办者母国的学制，或者流行的 IB 学制，少数自己创设学制。如果严格依此办学，大部分跟风急上的“国际学校”，无论从外籍教师的配比，或申请 IBO 认证授权方面根本无法达到要求。于是，纷纷采取“傍名校”、或者干脆“山寨版”的方式骗取生源与钱财。

总而言之，在“明星效应”的鼓动下，中国境内的“国际学校”火了，风头旺盛、迅速蔓延，在极短时间内取代了几年前流行的“国学班”与各类私塾，成为中国教育领域的新宠。以至于一些自命“血统纯正”的“孔家店”，也不得不屈尊西就，干起“孔子国际学校”的营生。

◆“狼外教”风波

事件起始于 2002 年，事发地：英国。

这年秋天，伦敦警方发出一份通缉令，被通缉对象是一位名叫尼尔·罗宾森（Neil Robinson）的老师，男性，时年 46 岁，事发前居住在萨里和苏塞克斯，罪名是涉嫌传播淫秽儿童照片和性侵儿童。

十年过去了，嫌疑犯仍然杳无音讯，未能归案。2012 年 9 月 27 日，英国广播公司（BBC）“犯罪观察”节目应警方请求公开播发通缉嫌犯尼尔·罗宾森

女学生将自己与嫌犯的合影发上互联网

的公告，并宣称：“我们相信他已经逃出国境。”

节目播出后，即被嫌犯的一名女学生看到，认为被通缉的嫌犯与自己曾经的一位老师同名，而且长得一模一样，便将自己与老师的合影连同警方的通缉令，一起发布在社交媒体“脸书”上。

2013年3月，那位女学生的帖子连同电视台的视频，被北京一家为国际家庭提供教育资源的网站“Beijing-kids”转载，迅速引发广泛关注。当天，一位用户名为“gaiushe”的网友在论坛上发布了关于尼尔·罗宾森的消息，称：“这个名叫尼尔·罗宾森的人，曾在北京‘世青国际学校’任教。”接着，该校学生纷纷转发了此人在学校里和女学生的合影，质疑他是否在中国担任外教期间也有过类似犯罪嫌疑，并纷纷向学校报告此事。

很快，学校发言人确认：尼尔·罗宾森自2008年起在该校担任英语老师，在该学校任教期间表现很活跃，并与一名中国女孩结婚成家，2012年5月因个人原因自行离开学校。该发言人还告知警方：“尼尔·罗宾森的签证已经到期，他很可能仍滞留在另外一所学校任教，会对中国孩子犯罪。”

在强大的舆论压力下，2013年4月中旬，尼尔·罗宾森在北京向警方自首，并因“非法居留”罪被警方拘留审查，于4月下旬引渡回国。

2014年1月10日，英国萨里郡警方在其官方网站发布了尼尔·罗宾森受审的消息：“曾逃亡到北京的英国性侵儿童罪犯尼尔·罗宾森日前已在英国当地法院受审，被判入狱12年。尼尔·罗宾森在法庭审判中承认警方对他的数项指控，其中包括：一项制作与一名幼童有关的不雅视频的指控，三项非法性侵一名不足13岁幼女的指控，三项强暴猥亵罪的指控及其他25项指控。”

至此，“狼外教”尼尔·罗宾森在本国的法律程序结束。但是，中国互联网上一场“打狼”运动却刚刚开始。余恨未消的网民们迅速将一批曾经潜伏于本土国际学校中的“狼外教”揪出来示众：

——2013 年 4 月，尼尔·罗宾森被递解回国的第二天，一位网友在“开心网”发帖反映，类似现象南京也有发生。在某国际教育培训机构任职的美籍教师 WSG，经常在夜里邀请 13 岁的女学生去他家玩牌到深夜。有的女生还收到过他的 e-mail 调情：“你让我感到辛辣……”

次日，有知情人士在网上爆料：这位名叫 WSG（化名）的美国人现年 63 岁。2006 年 11 月经香港和澳门短暂停留后，12 月 4 日进入内地，2007 年 9 月至 2009 年 12 月，在南京一家国际学校就职。

接着，另一位网友在美国联邦政府性犯罪资料库中，查出 WSG 有两次犯罪记录，分别是 2004 年 8 月 26 日和 2007 年 8 月 23 日，均因拥有大量儿童色情电影、录像带及照片，按照美国法律属于性犯罪，此种行为属于性侵犯儿童罪。后经南京警方查实，在网上曝光 WSG 的犯罪记录后约两周，此人被迫离开了中国，不知所踪。

2006 年 6 月，中国公安部接到英国警方通告，该国一位名叫普莱斯的娈童惯犯可能藏匿于中国境内。该犯曾于 1990 年因流氓猥亵女童入狱三年，刑满出狱后又网罗一些同党流窜到印度、肯尼亚、坦桑尼亚等国家，继续以各种手段性侵所到国家的男女儿童。经英国警方网络调查，2003 年，该犯从朋友处弄到一本假护照逃至中国中部。

由于中英双方没有引渡协议，此事经过一番外交周折。2010 年 11 月 9 日，在英国首相卡梅隆访华期间，同行的英国外交大臣黑格与中国外长杨洁篪的会谈时，希望中国政府对此案提供帮助。此后，根据中国法律及国际公约，中国外交部领事和国际司专家对英方提交的普莱斯犯罪事实、证据、定罪量刑和追诉时效一一进行了审查，认定英方的请求符合中国的有关法律规定，便由外交部将请求引渡书转交最高人民法院。

2011 年 5 月，按照最高人民法院的通知，湖北省公安厅派出警员，将在咸宁市任外教的普莱斯抓获，转押到北京秦城监狱。同年 11 月 8 日，普莱斯在首都机场被移交给英国警方引渡回国。2012 年 1 月 20 日，在利物浦刑事法

央视播出国际学校英国色狼新闻

庭上，普莱斯悉数承认了检控官对他的21项控罪，被判处有期徒刑七年零八个月。

2013年5月12日，上海法语学校一女生在家长陪同下向警方报案，称自己多次受到美籍英语教师McMahon猥亵。接报后，上海警方迅速组成专案组开展侦查取证工作。13日，McMahon因涉嫌猥亵儿童罪被警方依法刑事拘留。记者调查后证实，该教师曾性侵至少7名男生和女孩，性侵行为长达5年之久。一名受访的外籍学生家长叙述："我女儿入读学校不久便神经失常、行动怪异，不停抓挠脸部和大腿。"另一位母亲则称："我怀疑女儿被性侵了好几个月，我们天天生活在噩梦之中。"

2013年6月25日下午，北京汉普森英语学校一位外籍教师，在对一位女生进行一对一授课时，用随身携带的电脑播放淫秽视频，并对女生动手动脚。受害女生随即打电话向父亲求救，该外教逃离现场，家长赶到后带着女儿就近报警。阜外派出所的民警调查取证后，作出对该外教行政拘留7日、驱逐出境的处理。

女生家长在接受记者采访时说："去念书的时候，学校领导说这个老师教学经验丰富，有好几十个学生。出事之后证实：他什么资质证明都没有，连护照都没有。"

在我们的哲学词库里，有一句常被念叨的话——"坏事变好事"。依照常理，按我国现有的外教人员数量算，几个"狼外教"所占比例微乎其微，简直可以忽略不计。然而如同当初小众的国际学校被明星效应炒热一样，经过当今强悍的自媒体放大，"狼外教"事件在网络上掀起轩然大波。愤怒的网民一如既往地裹挟着大大小小的境内媒体，开展了一场清算国际学校种种劣迹的舆论战。

“那么多性侵和强奸犯如何当上中国国际学校的外教？”

“中国教育当局和学校方面如何监管、审查有关外教的资格与背景？”

“中国境内的国际学校究竟有多少合法合规？”

“国际学校对于中国教育意味着什么？”

◆“国际学校”幕后新闻

其实，“国际学校”的歧义不在“国际”，而在于“International”大旗下包裹着的弊病与祸患。

1. 机构泛滥，意在圈钱。

目前中国境内的所谓“国际学校”，大部分是打着国际教育旗号的盈利机构，大致分为三类：第一类是老外自办自上的学校，或以接受外籍学生为主，招收一定比例（25%）的本地生源。学制、教材依据国际教育通用规范；第二类是中外机构合资办学，生源不限，学制、教材实行“双轨制”，即部分契合本土规制，部分通用国际规范；第三类是形形色色的山寨版“国际学校”，教学内容和游戏规则多半为杂货拼盘，无规范可言。

第一类国际学校除少数几所由20世纪末外交人员子女学校改头换面之外，多半建校时间都在10年以内，收费与美英等国历史悠久、声名显赫的贵族学校基本持平，甚至超高。以上海惠灵顿公学为例，全天幼儿园每学年17万元（人民币），一、二年级22万元，三至六年级23万元，七至九年级25万元，十至十一年级26万元，并额外收取报名费2000元。由此推算，一名学生从幼儿园读到高中毕业，总计需花费约300万元人民币。

同类同档次学校相差无几，如上海美国学校、上海英国国际学校、北京德威（上海）国际学校、北京顺义国际学校、北京BISS国际学校、北京中加国际学校等，每年收取学费均在16万—28万元人民币以上，约为京沪本土中学收费金额的200—300倍以上；

第二类国际学校数量多于前者数倍，遍布中国经济相对发达的大中城市。这些学校多半挂靠一些国际知名学校，有的中外合资，有的由老外出校牌，中介出师资、中国商人出钱合伙经营，每个学生每年收取学费14万—20万元（人民币）不等。记者调查发现，收费最贵的是京沪穗等城市，一些双语幼儿园每年的学费可高达十四五万元；

第三类名曰“学校”，实际上全是一些挂靠于当地公办中小学或各种培训学校里的“国际部”、“国际班”。其中除去少量为方便外籍学生入学，或摸索与国际教育接轨的单位，经教育部门审批开办外，其余均由境内企业或个人投资与学校合办，收费根据所在地区经济状况，每年每人数千元到十万元左右不等。在一些省会城市，不少上规模的重点中学，每年仅“国际班”的单项收入就有几百上千万元。

据记者调查，此类打着“国际”招牌的学校或机构发展迅速、数量巨大，几乎遍布中国所有发达和不发达地区。尽管教育部门三令五申要对那些未依规经教育部门审批的“山寨版”学校进行清理，但在巨大经济利益的驱使下，此类现象屡禁不止、愈演愈烈。

中国教育在线总编辑陈志文接受媒体采访时说：“一个好的国际学校，应该能兼顾课程和考试，课程方面按照美国、英联邦或者其他国家的课程体系设置，包括数理化、生物、历史、文化、音乐、艺术、体育等等。但是，国内大部分国际学校和国际部，都成了考试学校，SAT、AP、A-Level的考试辅导成了主要课程。最为可笑的是，当这些学校的毕业生要申请欧美大学的时候，他们无法提供中学成绩，因为他们没有上课，除非造假成绩单。”

2. 师资匮缺、审查失察，贻害学童。

尽管家长们的出发点不尽相同，但对于大部分中国家长来说，不惜血本送孩子进国际学校，主要目的当然不只是为了让孩子去和那些“富二代”、“星二代”做同学，或是换一个宽松的学习环境去享受无拘无束的“快乐童年”，大家图的是让孩子在国际学校这块文化“飞地”里，与西方文明接轨，找到一条直达世界名校的快捷通道。而要实现这些目的，教师资源、办学资质就成为家长们首要考虑的条件，但又有多少人能够如愿以偿呢?

对普通家长而言，哪怕经济上可以承受，真要让自家孩子进入“威廉弟弟”、“小龙女”那样的一流国际学校，几乎不可能，因为他们没本事为孩子弄到一张外籍护照。怎么办？“退而求其次”，上二三类“国际学校”。于是，“发音纯正的”外籍教师，便成为家长们择校的首选条件，也成为中国教育市场上的稀缺资源。

根据中国国家外国专家局《2014 年度聘请外国文教专家资格单位年检注册名册》，迄今为止，全国具有聘请外国文教专家资格的单位总计 8073 家。而在此名册之外对“洋专家”、“洋外教”的需求量究竟有多大，谁也说不清楚。根据记者的经验，起码在五倍以上。这么大的市场需求量，去哪里弄那么多人呢？以北京市为例，截至 2014 年，该市具备聘请外教资格的各类机构 530 家，而具备正规外教中介资格的机构只有两家，无异于杯水车薪。咋办？绝大多数国际学校也只好“退而求其次”了。

这一退，“狼外教”进来了，“洋逃犯”进来了，形形色色压根儿没干过这一行的洋“背包客”也进来了。再不够，便到境内大学招募毫无教学经验的外国留学生。到最后，只要长着洋面孔的人都行。以深圳有关机构一项调查为例：早在 2007 年，在深圳市从事外语教学工作的外国人就有七八千，但截至 2011 年，深圳市外国专家业务受理量却只有区区 1400 人，这就意味着在众多民办学校和培训机构中的洋外教，有 80%的人是拿着旅游签证或商务签证的“黑打工”。

记者调查得知，依据国际惯例，一个合格的英语教师，必须取得国际英语教学硕士以上的专业学历，经过教育部门考察批准方能入行。而在中国，目前符合这种要求的多半是一些来自英语国家的外教，分别分布在国内重点大学和为数不多的外国人办的国际学校里，被中介机构称作“明星外教”，工资在 250 至 400 元（人民币）/ 小时左右。一位中介机构的负责人告诉记者：像这样的“明星外教”，就算我手上有资源，有几家用人单位出得起价？

记者调查时发现，除去京沪几所专收外籍学生的国际学校，这种价格昂贵的外籍教师，几无可能出现在二三类学校，更不谈“山寨江湖”。那些地方即便有洋面孔出现，基本上也是“三无外教”——无专业学历、无合格资质、无教学经验。有些外教甚至语音不正、语法错误连篇，无异于误人子弟。更有甚者，如果摊上“狼外教”，对学生和家长的伤害就更大了。

一家国际学校的负责人告诉记者：“如果通过正规渠道聘请一名外教，需要跑公安局、教育局、外事局、外国专家局。跑完批复后还得带他们去办暂住证、体检，最少花费一个多月时间，就这样还保不齐弄了个有问题的人进来。花点钱全都扔给中介去办，成本摊到学费里头，外教出了问题责任在他们。”

记者又回头去问中介，“对于那些外教的来历和教学资格，你们怎么把关？”得到的回答是：“我们也就只能看看他们的护照，还有学历证明，至于那些资料的真伪，是否有犯罪前科，无论是我们或用人单位，甚至市教委，都没有权力去审查。”

这一点我们从有关方面得到证实，国家外国专家局在回应记者提问时表示：按照国际惯例，除了申请绿卡以外，政府机关一般不会要求外国人提供所在国官方出具的无犯罪记录证明。

上海一家国际学校的外籍老师告诉记者：“现在老外到中国找一份教师工作太容易了，网上有专门为这部分人编造简历、进行资格包装的机构，用人单位需要提供什么证明材料全都可以帮你办好。”这个美国人还说，去年一位来他们学校求职的老外向校方出示的证明材料，竟然完全抄袭五年前他在广东求职的一份档案，“连名字都一样，只是照片 PS 过！”

在北京一所语言培训学校任教的迈克尔·泰向记者证实：他求职时，学校没有对他进行任何背景审查，也从未被要求提供正规资料证实自己没有犯罪记录。“他们只是要求我提交简历……在很多情况下，雇主甚至连简历都不需要，只要你看起来是西方人，会说英语就行。在北京我所认识的大部分外籍教师都没有经过背景审查。”

综上所述，对于“洋外教”队伍里丑闻不断、乱象百出，我们就不难理解了。记者在几家国际学校采访时，曾亲眼见过一些纹身刺青的男教师，穿着睡衣拖鞋、涂着红指甲给孩子们上课的女教师。更令人愤慨的是，记者曾在一家网站上见过一个老外发帖，说他在中国当外教时，曾“上过几十个中国女生”！

如此种种，未免让人替那些国际学校的孩子和家长捏着一把汗。连一家英国教育集团的负责人也坦言：“这些年来中国的外教有 90% 不合格，原因是部分机构聘请外教时只图低成本，忽略了高素质，这样的状况对孩子们极为不利！”

上海某知名高校的一位美籍外教接受采访时说，在“黑外教”队伍里，“很多人在本国长期失业，巨大的生活和心理压力找不到宣泄口，现在面对相对弱势又不敢反抗的学生，他们潜在的黑暗人格全面爆发，干出一些坏事来并不奇怪！”

3. 搅乱教学秩序，挤占公共教育资源。

不规范的国际学校、杂乱无章的教学体系、不具备教学资格甚至来路不明的洋外教，这些大比例客观存在的事实，揭示了当下盛行于中国内地的所谓“国际教育”只不过是一场商业闹剧。而从事这场闹剧的机构之多、势头之迅猛、利益链之庞大，远远超出人们的想象。这种现象在短时间内轻而易举地渗入我国一半以上的行政地区，严重影响到公立学校的正常教学秩序。

武汉一所知名大学附属中学的受访学生向记者反映：“学校发的外文教材和资料，全部都是盗版书！”记者亲眼所见，该生展示的一大摞外文课本，的确包装粗糙、字迹模糊，而且连起码的版权页、出版社名称、定价都没有，甚至连纸张都是打印纸。除此之外，外教行为不端、国际班权属不明，还引发过家长群聚抗议。

在另一个城市，有受访家长向记者反应，他儿子所在的学校公开动员家庭经济好的家长送孩子上国际班，并承诺只要交齐高学费，中考时国际班的学生可降低分数线，优先录取重点高中。

更为恶劣的是，有些公办学校开设国际班，仅仅只是向中介机构提供场地和学校冠名权，然后坐地分钱，并不承担实际的教学和运营工作，更谈不上对教学质量负责。一位受访老师嘲讽这种现象是“学校只管租场地，中介机构乱唱戏”。

亲力亲为也好，搭台唱戏也罢，学校领导看重的无非是经济利益。记者调查发现，从各方面挤占公共教育资源，供少数特殊学生群体使用的现象的确十分严重。有的公校，把经验丰富、教学能力强的老师划拨给国际班，将最好的校舍、教学设备优先分配给国际班，把面积最大、设施最好的运动场所封闭起来，专供国际班学生使用。还有的公校甚至将教学经费拨给国际班学生定做高级校服，然后再将国际班收取的学费挪作他用。这些乱象不只是影响到学校的正常教学秩序，同时也加重了民众对教育制度乃至社会的抱怨。

在那些设有国际班的学校采访时，很多正常班级的学生家长向记者倾吐：“好好的学校，自打办了国际班，人分几等，有钱人家的孩子衣着华丽的贵族校服、教室敞亮，就连大操场也给占了。相比之下，我们的孩子在学校里就像一群不受人待见的打工仔。他们心里会怎样想？能不怨爹怨娘？”

老师更多抱怨："领导泡在国际班，吃香的喝辣的，什么好事都优先国际班，普通班的老师和学生成了后娘养的！"

进了国际学校或国际班的学生和家长新鲜一阵过后，似乎也有怨言。南京一位家长受访时编了一段顺口溜："交的是英国学费，教的是非洲英语，读的是盗版教材，考的是野鸡大学！"这种现象绝非个例，而是存在于全国大部分此类学校或班级。

4. 与本土教育脱节，学生后顾堪忧。

目前在境内接受国际教育的中国学生，大概有三种情况：

其一，在正规国际学校读书的学生，具有强大的家庭背景和经济实力，即公众言论中的"星二代"和"富二代"等。他们当中大多数人已经随父母拿了国外绿卡，完全放弃了国内学籍，铁了心出国读大学，不需要留什么退路。在与一位知名度很高的明星聊天时，她明确表达出对国内生存环境的失望，"孩子学习压力大，连呼吸新鲜空气都困难！"另一位富豪家长则向记者吐露："孩子将来在哪里读大学，读什么样的大学，甚至将来干什么我并不考虑，就只想让他们不被繁重的学业剥夺了童年幸福！"

其二，就读于二类国际学校（中外合资）的学生，多数为中产阶级家庭子女，父母多半是中高级知识分子或普通企业家，不少人有过留学国外的背景，由于不同原因回到国内工作。他们不希望孩子今后留在国内，所以将国际学校作为跳板，给他们去国外留学、发展铺路。一位在北京某大医院工作的哈佛医学院博士回答记者提问时表示："我儿子很聪明，就算在普通高中读书也能考上重点大学。但是我不想他在黄金年龄段性格被压抑、扭曲成像我这样的书呆子，所以选择了国际学校！"

其三，就读于各类"国际部"、"国际班"的学生，家庭经济条件小康水平，学籍在公办学校。此类学生数量最多，超过前两类人的总和。他们多数学习成绩平平，预计将来报考国内重点大学无望，所以家长牙缝挤金，让孩子接受国际教育，多一条出路。在接受记者采访时，这部分家长多数并不真正了解国外大学教育的实际情况，只是在家庭经济条件允许的前提下，多花些钱陪孩子碰碰运气。

这三种情况下的孩子今后出路如何？记者采访了一些专业人士，请他们

"号号脉"、提个醒。

对于前两类学生，牛津国际公学中国区总经理卢先生的见解是："许多家长对国际学校的教育存在着理解上的误区，认为学生在这里便不用太专心课程，唱唱跳跳，参加些社会活动，仅此而已。但其实像麻省理工这样的学校，其招生门槛就是 AAA。我们学校采用的是 A-Level 课程（英国高中课程），要想考入牛津、哈佛这样的名校，也必须要有 3 个 A，不是每个学生都可以做到的。

"另外一条很重要的标准，就是看学生在未来能不能对社会有所贡献。西方很多学校的招生观念，并不是招收那些单纯考试成绩好的学生，而是招未来能有所成就、回报社会的学生。如果你想培养孩子成为比尔·盖茨和乔布斯那样的学生，公立学校不太可能教出来。"

当记者问及："很多国际学校招生简章宣称只要踏进他们学校，就百分之百迈入世界名校，有这种可能吗？"一位在北京从事国际教育多年的外籍专家回答记者："绝无可能。从事我们这个行业的人应当诚实一些，不要只把光明的愿景呈献给孩子和他们的家长。即便是从一些货真价实的国际学校里毕业的学生，能如愿考入耶鲁、剑桥、哈佛等世界名校的人数也非常少，凤毛麟角！"

我曾在北京一些知名国际学校的网站上摘取了他们公布对口世界名校的名单，让一位美籍外交官甄别，她看后告诉我另一个事实："您给我看的名单，大多不是什么世界名校，而是你们说的'野鸡大学'，在英文里称作 Diploma mill 或 Degree mill"。

另一份资料显示：2012 年，美国教育机构公布了全球 1500 所"野鸡大学"黑名单，美国占一半以上。据美国《高等教育纪事报》公布的数据，美国的野鸡大学每年创造的利润近 10 亿美元。另有境外媒体报道："遍布美国的野鸡大学在美国声名狼藉，却满足了中国社会的需求而大放光彩，形成了完整的产业链，从业者达数万人以上……"

对于第三类接受"国际教育"的学生来说，他们面临的问题更大。

首先，学历、学籍不被承认。根据国家教育部统计，目前经过各省审批报教育部备案的高中中外合作办学项目仅 90 个，其他"国际部"、"国际班"多半是学校自行开设的"课程改革实验班"。以上海和广东为例，据上海市教委有关人士向记者证实：目前，除了 5 所经过审批的学校、幼儿园国际部外，其他学校开设的“国际班”均未经审批；2013 年，广州各类机构举办的国际班 34 所，而广东省教育厅厅长在线回答媒体提问时却明确宣布：“广东省目前没有审批过国际高中学校！”

厅长发言不久，广东东莞伊顿国际学校给数十位学生家长发出通知，根据规定，国际学校不得招收境内中国籍学生，所有境内中国籍学生必须在 5 月 30 日前离校。接到通知后，家长们才意识到这所每年学费高达 5 万元的“国际学校”，过去 7 年竟一直是“黑户”。在家长的强烈反对下，校方经过与教育部门协调，暂时得以按照“新生新办法、老生老办法”处理遗留问题。受访家长称：“心还悬着，害怕哪天孩子就被清退了。”

其次，由于课程体系设置混乱、师资课程水平参差不齐，学生高考时面临“里外不是人”的尴尬处境——参加国内统考，显然拼不过使用法定教材按部就班毕业的同学。参加国际考试，一是没有对口大学，二是即便经过中介努力，取得申请境外大学的资格，但录取口碑好的大学比例相当低。

在“中国教育在线”召开的一次教育沙龙上，北京一所知名中学的校领导向资深教育专家、总编辑陈志文发问：“为什么我们被（国外）名校录取的都是校本部的学生？国际部的学生反而很难申请到好学校？”

陈志文回答：“很多高中国际班课程就是个大杂烩，国内课程、国外课程、英语课程、SAT（学术能力评估测试）、托福等混在一起，不成体系。”陈志文说，所以美国大学在录取的时候，国内高中国际班学生的 GPA（平均分数、平均绩点）就会大打折扣。”他举例：“有的高中国际班在推广的时候说自己课程体系是 AP，实际上，AP 只是对美国高中优秀学生的补充考试，而不是完整的课程体系。美国高校首先看的还是学生 GPA 成绩。”

陈志文还坦言：“我们应当告诉家长，真实的西方教育是什么。否则孩子会认为，国内应试教育惨无人道，我被残害了，然后去念国际班，去美国念书，吃喝玩乐就能上名校。有句话经常被在各种场合提及，即‘美国前 10 名的大学不看分数’。实际上，美国高校的录取，分数还是前提，是基础。GPA 都达到了 3.9，SAT 都过了 2200 分，才去看学生的特色。”

5.“连台湾绿营也不敢提‘去中国化’！”

前几天与到访的几位台湾、新加坡的朋友聊天，当谈到近年在大陆火起来的国际教育话题时，朋友们颇多微词。

在台湾教育机构工作多年的曾先生说："真搞不懂你们大陆人噢，前些年关起国门来原子弹都炸不开，现在说声开放就无边没谱。我在网上看到很多国际学校的招生广告，公开标榜'去中国化'的程度100%。这算什么话？比台湾绿营还厉害！他们也不敢说'100%去中国化'，否则怎样拉选票？毕竟都是中国人噢。"

我告诉他们，可能国际学校所指的主要是他们小范围内的语言和教学方法，而不涉及大文化。

台大退休中文教授曾先生说："我看不对头。如果专指校内的语言、教学环境，国际学校本来招收的就是外籍学生，不存在'去中国化'的问题。这明明是一种文化挑战嘛！中国教育当局怎么可以视而不见呢？真的是匪夷所思，就算是在台湾，这种强调也会招致文化界批评的！"

来自新加坡的李先生认为："还是商业炒作的因素多一点。'去中国化'的程度越高，证明这所学校的外教多、西方教育模式更纯粹，加上与国际考试和名牌大学对接，都是卖点，可以提高收费标准。新加坡有一家英属国际学校到中国开办分校，收的学费高过校本部，听说比英国大本营还贵。"

在内地，早就不乏与上述观点相同者。在"2014首届基础教育国际化论坛"上，中国教育发展战略学会副会长周满生明确表述："应避免我国高中的国际课程班走入歧路，要注意'四不'——第一，公办实验性示范性高中的国际课程班，不是外国大学的预科班；第二，高中国际班不是国际教育机构的招生办；第三，国际课程班不应该成为中介机构的广告牌；第四，国际课程班不是教育产业化的渠道。"

说句实在话，中国教育这个大盘，别说那几位台湾学者看不懂，就连我们这些"身在此山中"的人又能看懂多少？即便看懂了一点皮毛又能说些什么？做些什么呢？眼睁睁见着那些"挂羊头、卖狗肉"的"国际学校"将"去中国化"、"全盘西化"作为竞争生源的口号，眼睁睁看着他们的招生摊位前面拿着钱包、排着长队上赶着报名的国人，真不是一两句话能准确表述这其中的酸甜苦辣。

后记：本节完结时，有闻习近平总书记临北师大参观考察，这位上任伊始便有志于弘扬民族传统文化的主席先生，拿起一本课标书说："我很不赞成把古代经典诗词和散文从课本中去掉，'去中国化'是很悲哀的。应该把这些经典嵌在学生脑子里，成为中华民族文化的基因。"

习主席的这番话，至少是对现阶段各种"去中国化"行为的最高层回应吧。

两位洋博士的"教子攻略"

在低龄儿童出国留学热节节升温、国际学校棚棚爆满之际，记者采访了两位有着不同教育背景且都从事过教育工作的父亲。他们各自选择了特立独行的方式，与当下国内主流教育模式和时尚教育路数大不相同。

采访时间：2015 年 8 月。

采访地点：上海同济大学。

受访人：邱义智（Eric），中国台湾籍人士，自幼于台湾、新加坡、美国等地求学，有着丰富的教育背景。2003 年，邱教授从美国来到上海从事金融顾问工作，后因其教育主张和授课能力，应邀担纲上海交通大学客座教授，现供职于同济大学出国培训学院任学术督导，先后教授过来自大陆各地的学生 2000 余名。

采访人：本书作者。

◆ Eric："华人的孩子应能吃苦抗压！"

记者偶然得知，这位曾亲身经历过东西方不同教育模式和体验的教授，来大陆工作一段时间后，主动让太太带着本打算在台湾读小学的儿子转学沪上，进入被国人妖魔化的中国教育"围城"。是什么原因使这位教育学者做出如此令常人不解的举动？他有什么与众不同的教育主张？为此，2015 年 8 月，我们在上海采访了邱义智教授。

记者：Eric，内地应试教育给孩子带来的压力之大早已众人皆知，因此受到各方面的诟病颇多。这些您和太太事先知道吗？

作者采访邱义智教授

邱义智：来之前我们就做过了解，大陆这边还是以考试为导向，中学生乃至小学生压力非常大，但是不可否认的是也还存在另一面，那就是大陆孩子们的基础课程学得非常扎实，他们参加国际奥数等项比赛，成绩非常好。所以那个时候刚好有机会来大陆工作，我就带儿子一起过来上海念书。除开学好基础课程，也想让他感受一下这边的竞争压力。我相信他经受这种压力考验之后，今后去哪里生活应该都没有太大问题。

记者：怎么听起来，有点接受“魔鬼训练”的感觉（笑）？据我所知，20世纪90年代之前，台湾中小学教育状况与大陆现在的情况差不多，也是大联考、一考定终身？

邱义智：是那样。到了1994年，台湾学生不满学业负担过重，走上街头抗议联考制度，台湾“行政院”被迫成立“教育改革审议委员会”，并邀请诺贝尔化学奖获得者李远哲教授出任召集人，带头制定了台湾教育改革的蓝图，由李登辉鼎力支持，拍板执行。

记者：我查阅过相关资料，那次大游行的基本主张有三条。第一，批判升学主义，片面追求文凭、学历，导致了学业负担过重；第二是反对管理主义，批判教育行政化；第三反对粗廉主义，批判培育廉价的教育，而不关注教育的品质。

邱义智：是那样。2002年，台湾正式废除了联考联招，大学招生改采多元入学方案。以前清贫子弟可以通过公平联考改变自己的命运，高考改革后，在成绩之外增设了多项人为因素，结果“多元入学”变成了“多钱入学”，城乡差距、贫富差别更加扩大且固着化，弱势群体陷入更不利的处境，许多寒门人才被埋没了。

此后，为了消除民怨，台湾“教育部”又鼓励广设大学，从23所增加至160多所，只要有钱人人都可以上。这样一来，本科生甚至是硕士、博士文凭大幅贬值，失业率大幅提高。再加上受人口少子化的冲击，很多大学因生源不足而频遭倒闭。

记者：对此我们也有所耳闻。许多台湾学者把地区经济失意、就业艰辛，归罪于李远哲教授主持的“教育改革”，认为此举废止了教育竞争，导致台湾出不了高精尖人才。李远哲则反讽台湾政治“不公不义”，并非“多元化社会”，故导致“多元入学”的失败。说到这儿，我联想近年来大陆推出大学招生改革方案，似乎与台湾当时推出的教育改革举措有诸多异曲同工之处？

邱义智：其实只要是有华人的地方，就有儒家思想，父母望子成龙、望女成凤的意识很强烈，希望小孩子书念得越多越好。我小学在台湾、中学在新加坡、大学到美国念的书，后来去日本工作，现又在大陆工作，这几个地方的教育我都亲身感受过。为什么20世纪中期以后，“亚洲四小龙”（包括韩国、香港、新加坡、台湾）得以崛起？因为得天独厚的天然资源吗？显然不是。我觉得关键就是教育办得非常好，为什么好？得益于通过竞争教育资源，涌现出一大批非常优秀的人才。

台湾“410教改联盟大游行”

记者：现在大陆像您这样想法的家长可不多，有外籍背景的让孩子读国际学校，没有外籍背景的不是读二类合资学校，就去读重点中学的“国际部”。作为一名有着欧美大学教育背景的学者，您却反其道而行，就没考虑到学习压力过大，会给孩子的成长造成负面影响吗？

邱义智：在沪工作的一些台湾朋友，很多人也将小孩送去国际学校或国际班，为什么呢？第一，境内班的压力比台湾大，孩子受不了，课业跟不上。国际学校交了钱就可以上，而且教学内容方便今后去国外念大学。对我们而言，要念国际学校，那我留在台湾，或者去新加坡、香港，甚至直接去美国就好，不就更快跟国际接轨了吗？我们还是觉得先让孩子把基础课程学得扎实之后再出去，竞争力会更强。

第二，据我了解，在大陆，那些每年花十几二十万的国际学校，所谓跟国际接轨，无非是多几个外教，其他课程都没有国内部这么扎实。国内部的孩子经过中考筛选，考到同一个学校的各方面程度差不多，有好的学习氛围。有些国际学校或者国际班，很多"富二代"搅在一起，学习负担轻，没事就互相攀比，比名牌鞋、名牌衣服、品牌手机。放学以后，一些把持不住的小孩子还会有一些偏差行为。

记者：您观察挺仔细。几年下来，您儿子自己的感觉怎样？没打过退堂鼓？

邱义智：孩子嘛，当然偏重感性。读高一的时候，每天作业要做到十一二点以后才能够睡，压力非常大。写作业不是一道一道看过题目再解题，而是直接拿课堂笔记的答案出来抄。我说你抄这个答案、交这个作业，有意义吗？他说不抄答案天亮都做不完作业。我就奇怪，老师在布置作业的时候怎么想的？儿子每次回台湾看到堂哥堂姐、表哥表姐啊，他们的课业很轻松，就觉得哇，好羡慕啊！

看见孩子那样，我跟太太也有过一点动摇，这样做对儿子来讲是不是太残忍？要不要让他转读国际学校？因为我们本来的想法就是让他高中毕业后去美国念大学。既然不在这边参加高考，也就没必要跟这边的小孩子受同样的煎熬。可是转念一想，我们来大陆的初衷是什么？不就是想让孩子来感受这种竞争的氛围吗？咬咬牙，让孩子在国内把基础教育学扎实了，然后利用高三这一年，给他好好提高英文，准备托福、SAT就够了，这些对他来讲游刃有余。

所以在这方面，我们也非常同情大陆的孩子，比我们的压力大很多。他们只有两条路可走，要么通过高考进入国内名牌大学，要么通过国际学校考国外大学，走哪条路都不轻松。

记者：对您来说，儿子可以不吃这么多苦，经受这么大的压力，同样能去国外名校念书，您不觉得自己这样做只是获得某种仪式感吗？开句玩笑说，走秀？

邱义智：孩子迟早都得面对各种各样的压力，不是今天就是明天，整个华人圈都一样，包括新加坡也是。他们的筛选程度更是亚洲首位，初中毕业筛选一次，把不适合读高中的学生弄去念职校。到了高中竞争更激烈，大学就那么多，名校更只有那么几所，要想出人头地，面临的竞争就是压力。台湾按照西方教育的思路，放弃了这种竞争，人人上大学，结果又怎样？

记者：可是据我所知，在西方，尤其是美国，他们主张的是让孩子快乐成长，不给孩子有过大的学习压力，他们的精英“产量”并不比我们低呀？

邱义智：没错，美国中学生的课程、作业压力的确没这边大，因为他们各方面的资源比我们优越，大学名校多，社会福利条件好，最重要的是他们没有“唯有读书高”的传统思想。在西方价值体系里，读不读大学，读不读名校，并不影响他们的生存境遇。可是我们的孩子即使去了那边，要想过上平等的生活，各方面都得比别人更优秀。

再说，毕竟大陆这么大，人这么多，没办法让每个人都受到均等教育，没有淘汰制度怎么办？你不要讲大陆，看台湾就好了，也有城乡差距。有钱人住在都市里，享受的资源会更丰富，要说他们就比乡下人的孩子更优秀吗？不见得啊！假如没有考试就可以进入大学的话，那些乡下穷人的孩子一辈子都没有翻身的机会。

记者：如此说来，您还是很认可高考制度的？

邱义智：至少在中国，所有阶层的孩子通过高考来“跳龙门”，是一个最公平的方法。尽管弊端不少，在奋斗的过程中压力大一点、比较辛苦一点，毕竟不少平民子女就是凭借高考，跳过龙门，脱离了艰难的生存环境。

记者：我们再谈谈您那位来大陆寒窗苦读的公子，现在情况怎样？是否如您所愿？

邱义智：毋庸置疑，他现在比欧美国家的同龄小孩在基础学科上要扎实，又比台湾的小孩更有抗压能力。但我们的设计是要他成为一个国际人，地球村的一员，所以他以台湾的出生、大陆的基础教育，然后再去接受美国的高等教育，虽不敢奢望他以后有多了不起的成就，但至少会比同侪更有宏观的视野，更能抗压，更容易融入各种社会环境。

记者：可不可以这样理解，您利用了大陆教育的局部优势，成全了孩子的一段人生阅历。但对内地的学生而言，你觉察到我们现行教育体制存在什么弊病吗?

邱义智：当然有。第一个是学生作业太多太重。比如我刚刚讲的，学校给的功课、布置的作业分量根本就是超过学生可以承担的，只好抄答案。

第二个是考试太难太频繁。学生一年到头、隔三差五被大大小小的考试弄得晕头转向，连准备的时间都没有，考得不好怎么向父母、老师交待?只好作弊。这种行为好像变成了一种习惯，这个非常不好，假如孩子有机会去国外读书，把这个习惯带出去，个人诚信就完了，何谈前途?

还有一点，有些课其实很有必要，课程表上也排了，但得不到执行。比如体、美、音，都被挪去上所谓的“主课”了。我觉得中学还应该是通才教育，让学生广泛接触各类知识，从中发现自己的特长和兴趣点，学校与家长的责任只是顺其所长、扶助成长，这才是人性化的教育之道。否则，孩子的天赋与特长会被一个极端的教育制度埋没掉。所以在这方面，我倒是觉得大陆真有必要学学西方，开设一些学生感兴趣的课程，让孩子多一些表现潜力、自由发展的空间。在这一点上，我觉得台湾比大陆做得要好些，除去语数英和体美音之外，会开一些包括生活与伦理健康教育、公益课、家政课、五育均衡团队合作课。

记者：谢谢邱教授接受采访，也祝愿您对公子的苦心如愿以偿。

邱义智：谢谢!

（本书完稿后，记者接邱先生电告：得益于内地学校扎实的基础教育功底，他儿子以全优的成绩与表现，被全美设计专业排名第二的 Pratt Institute 艺术学院录取）

后记：在中国大陆“废除高考”呼声渐高之时，来自台湾的邱义智先生为我们提供了两点思考：一是20世纪末台湾的教育改革曾经弱化统考、盲目扩充大学教育，结果造成社会精英缺失、高学历者过剩、贫富阶层享受高等教育的权利失衡，前车可鉴；二是有必要借鉴西方先进教育模式，但不等于全盘模仿，应结合国情循序渐进，否则易留后患。

◆彭中天："有国学托底路走得更长！"

采访时间：2015年11月

采访地点：北京私人住所

受访人：彭中天，科瑞集团创始人、监事会主席、高级经济师。美国南加州大学（SCUPS）工商管理博士，出身于教师之家，其父彭友善系中国现代著名画家、美术教育家，其母及兄姊全是中学教员。

采访人：本书作者。

2010年，彭博士做出一个令常人匪夷所思的"疯狂"举动，让正在小学五年级就读、且成绩优秀的儿子停止备战中考，休学去北京一家私塾续读，在朋友圈引发震动。2015年元旦过后，记者在北京采访了彭中天和他的儿子彭雪铭，一探究竟。

作者采访彭中天博士父子俩

记者：据我所知，彭博士出身于新中国一个教师之家，家庭成员全部都服务于体制内大中小学，从事一线教学工作，您自己也是自幼成长于公办教育体系内，当过教师。

彭中天：是的。

记者：在如此纯粹的家庭教育背景之下，是什么原因使你作出让儿子脱离公办教育轨道、改读私塾的决定？

彭中天：这件事的渊源有点复杂，其中有我对传统文化的心结，也有对现行教育制度的思考。但做出这个决定，却是事发突然。

我原来就读的师大附中，是江西最好的中学之一，每年都会通过高考出去一批高材生，进入清华、北大等中国最高端的名校读书，毕业后几乎全部从事令人羡慕的工作。十几年后的一个春节，十几位在京工作的同学聚会，这些当年令我高山仰止的学习楷模，尽管看上去都“事业有成”，但似乎没有一位达到当年所理想的人生高度。为什么？于是，话题转到那个著名的“钱学森之问”——“为什么我们的学校总是培养不出大师？”茶来话去，尽管议论不出什么清晰答案，却促使我下定一样决心。

同学走后，我对太太说，那么多该成功的同学都“成仁”了，看来我们前面所受的教育失败了。如果儿子到我们这个不惑之年，还只能活成这个样子，不是我想要的，必须替他另辟蹊径。

春节过后，我给读小学五年级的儿子办了退学手续，让他改上私塾。

记者：对于每一个家庭来说，孩子的教育是头等大事，您这样匆忙决断是否过于任性？是想解开您对传统文化积余的“心结”，还是像众多父亲那样，希望儿子高唱“长大后我就成了你……”

彭中天：我非但不想用自己做模板去复制儿子，相反倒是担心“他就成了我”。我是在“文革”期间唱着“红歌”长大的，与当时被当成封建糟粕批判的传统国学并无渊源。大学毕业后，我来北京创业，成功参与上市公司运作，各种荣誉随之而至，免不了被外界看作名利双收的“成功人士”。可自己呢，由于商业需要，不免在各种是非圈内虚与委蛇，心烦意躁。有段时间我特别迷茫，思念父亲，追忆他的学养、品格，想起他对我的文化期望。思前想后，特别羡慕他们那一代知识分子处世不乱、荣辱不惊的厚重文人气质。

记者：恕我直言，在大多数人眼里，您是一位事业成功者，衣食无忧，可以在这个世界的主流情境之外，去享受一些比较纯粹的精神生活。您有没有想过，与您儿子一般大小的孩子们，他们必须活在当下，在这个光明或是灰暗的主流情境中生存、发展，而要做到这一点，您不觉得适应现有的教育模式是他们的首选或宿命吗？

彭中天（沉默）：……至少对于我来说，有些事可以从流，有些事无法从流。这些年，无论是大中小学，年年都有一些极端事例见诸媒体，刺激良知。不乏成绩优秀者，甚至高材生，因为几句口角，或仅仅出于嫉妒心就去杀人、去投毒，去无端剥夺同窗的性命，为什么？现行教育体制脱得了干系吗？

记者：当然脱不了干系，但毕竟是个例。

彭中天：虽说不是多数，但也绝非个例。考试论成败，分数论英雄，"成则王侯败则寇"——价值观出问题了。再就是方法论。从小学到中学，甚至是大学，学生学到了什么？怎么学？为了应付考试，死记硬背，获得的全是一些毫无系统可言的知识碎片。读了十几年书，还是盲人摸象，无法整合所学，生成自己的知识体系，走出校门什么都还给老师了。

记者：您说的这些问题的确客观存在，但是您不觉得私塾所学的内容，与现代社会的文化需求距离更远吗？

彭中天：不对。国学包含一个庞大的价值观体系，它强调做人之美在德，"上善若水，厚德载物"。还有方法论——成事之道在"变"。"穷则变，变则通，通则久"。几千年来，不管是否被社会显现，国学精神始终深植于中国人的文化底蕴。这种底蕴的深浅，决定一个人能飞多高、走多远？今后的格局有多大。

记者：希望儿子今后比你走得更远、更长？

彭中天：是的。不管今后他是从事社会科学还是自然科学，我相信有了国学底蕴，他会少一点浮躁，路走得更稳更实，不踏空。

记者：您儿子对家长为他选择的模式是服从、接受还是赞许？

彭中天：让他自己说吧。

记者：好的，（对小彭）那我们来聊聊吧。雪铭你现在几年级了？

彭雪铭：相当高中一年级了。

记者：当年爸爸让你退学读私塾，你自己愿意吗？

彭雪铭：开始并不愿意。读五年级了，我成绩很好，考重点中学应该没问题。过完春节后，突然知道爸爸要我退学去读私塾、学国学。那时候我并不知道私塾是什么样子，国学平常老听爸爸唠叨一些，但到底是什么也不清楚。但我从小就佩服爸爸，在我看来，他所有的决定都正确。

记者：看来你爸爸在家里搞个人崇拜呀！进去以后，你看到、感觉到什么？

彭雪铭：刚到书院什么都不适应。我爱玩爱动、无拘无束，用我爸的话讲，没礼貌、没规矩。进私塾后第一课就读《弟子规》，读完、背熟以后，不知不觉随大流跟着做，见到老师、长辈鞠躬，客人来了问声好。还有，日常生活也尽可能遵循古训去做。

吴：在那种环境下，你不觉很烦、很受拘束吗？

彭雪铭：开始有点，但是后来习惯了觉得挺好，反倒不习惯那些不礼貌的行为。

彭中天（插话）：去私塾后，儿子做的第一次家庭作业就是帮父母做早餐，陪母亲去买菜，了解市场行情。这样做了，久而久之我发现他各方面都在潜移默化中进步。比如说，原来在家里别说劳动，连自己的被子从来不叠。后来呢，不但会叠自己的被子，还会给阿姨（保姆）叠被子，把阿姨感动得流眼泪。

吴（问彭雪铭）：阿姨是雇佣到家里替你们服务的？你怎么反过来为阿姨服务呢？

彭雪铭：阿姨从小把我带大，有感情，家里人都把她当亲人看。

吴：这里行礼，那里行礼，这里尽义务，那里尽义务，你不觉得很麻烦吗？

彭雪铭：该受到尊敬的人理应受人尊敬，该受到尊重的人理应得到尊重，这些礼节就算是繁复一点，做到了，为人处世就有个礼数。

记者：比较公办小学，你觉得在哪里读书压力更大？

彭雪铭：当然是在公办学校压力更大，作业多，考试多，压力大。

记者：听说私塾死背硬记的东西很多，不是更枯燥乏味吗？

彭雪铭：老师只要求我们多读，背多少字由我们自己划定。

记者：你每天自己划定多少任务？

彭雪铭：1600字，《孟子》可以背一章。

记者：你背过一些什么经典？

彭雪铭：先是蒙学的《孝经》、《弟子规》、《千字文》、《三字经》、《百家姓》，然后背《大学》、《中庸》、《论语》、《孟子》，在学期末的时候背了《道德经》，这个算是比较难的，勉勉强强能背完，但是要不断复习才能记住。

记者：像《道德经》这种，恐怕大人都很难理解。老师会给你们讲解吗？

彭雪铭：老师不会讲，只说读得多了慢慢自己就理解了。

彭中天（插话）：自己理解的要比通过老师讲解去理解更科学、更好！

记者：为什么？

彭中天：国学的一些经典内容之所以能够传承几千年，就因为那些内容信息量大，可以随时代变迁而被后人反复印证和灵活运用。整齐划一的讲授与答案，只能培养学生死记硬背。

记者（对彭雪铭）：那你能理解多少？

彭雪铭：不敢说马上理解或全部理解，多读一遍多理解一点，再在行为上多做到一点，日积月累，就可以潜移默化了。

记者：我以前一听私塾、国学，脑子里能想到的就是死记硬背、食古不化，经你们父子这么一演绎，感觉有些不一样了。

彭雪铭：其实儒家学说并不是那种老古板，不懂得变通。他们最终的目的都一样，但是手法却有变化。

记者：哦？你举个例子给我听听。

彭雪铭：先说孔子吧，基本上是正论，“礼运大同、大同小康”，到处宣讲他的理想社会是个什么样子。而孟子宣扬政治主张的方法就有变通，不直接讲道理，而是讲故事，让你自己反思。比如：梁襄王要费民力给自己搭建一个台，遭到民怨，孟子没有直接反对，而是向梁襄王讲周文王筑台的故事——《诗经》里面说，周文王进攻密须国得胜后，搭建一个很大的土台子，当地百姓一起来帮助测量、参与建筑，非常卖力。台子筑成之后民众都去台上欢庆……用此故事劝阻梁襄王，只可惜梁襄王当时没听明白。

记者：现在请你告诉我，你读私塾最大的收获是什么？你爸爸觉得你懂“礼”了。

彭雪铭：最大的收获是意识到了中国有这么多文化宝藏，以前就知道古代有个孔子、孟子，至于他们的系统理论是什么，一概不知，现在明晰多了。

记者：你觉得你学的那些东西应该继续往下传承吗？

彭雪铭：应该是往下传承的。

记者：传承有什么好处啊？是不是太拘束人呀？

彭雪铭：不一定按照古代圣贤那些规矩方圆去生活，因为毕竟与他们之间有两三千年的距离，社会变更了。但是我们可以理解国学经典里面蕴含的正确道理，运用到生活中去，与现代生活太远或不适和的内容可以灵活变通、为我所用。就是所谓的“取其精华去其糟粕”吧。

记者：问你最后一个问题，我知道到目前为止，你接受过三种不同模式的教育。小学在体制内公办小学，初中在私塾，现在在国际学校读高中。我想知道，你怎么评价这三种学习模式的优劣？

彭雪铭：小学五年培养了我的竞争意识，一不小心成绩拉下了，跟老师家长都不好交差，在同学中也没面子。但是那种学习方式的确压力太大，对所学的知识都没时间去消化，老师的要求是“你不需要思考，只需要知道对错就行！”

私塾看起来非常八股，老要朗读背诵，但读过公办学校的人都会觉得那里没有什么压力，相反有更多的时间通过读书背书明白很多人生道理，懂得自己与社会、自然的关系。但是采用这种学习方式是不是要因人而异，我还没考虑好。只觉得有些同学思维很封闭、眼界狭窄了些；

在国际学校我感受最强烈的教育理念是“自由”。老师给你一个课题，没有标准答案，让你围绕它去发挥。老师也不会过度强调你的对错与否，最在意的只是你思想的深度与广度，有没有散发性和创造性思维，还有就是动手能力。

记者：好了雪铭。跟你对了半天话，都让我感觉不出你的真实年龄了。今年多大？

彭雪铭：15岁。

记者：真棒！今后最想做的事是什么？你想过吗？

彭雪铭：想过。想从事推广中国国学文化的国际教育工作。

记者：不是也要去办“孔子学院”吧？

彭雪铭：办孔子学院太单调。除开儒家，中国古代有诸子百家，比如：法家、道家、墨家等等，各自都有自己完整的思想、文化体系，如果能像开中药方剂那样，把主要的国学体系综合起来开办国际教育，并且选择最适应老外的学习方法，真正让西方人领略到我们经典国学的魅力，那就实现我的理想了。

记者：哦呀，你又让我目瞪口呆了！（转向彭中天）对于孩子的志向，您持什么态度？

彭中天：他真能那样我当然会支持。这都是后话，我的任务是帮助他完成从业前的学习计划。学完了三年国学，四书五经背完了，根扎稳了，还得要融入现代社会，不能把他变成古人吧？所以现在读国际学校，这不是目的，是手段，直通外国大学，去看看外面的世界，学习人家的先进知识和方法论，然后再回来，如同张之洞那句话——“中学为体，西学为用。”到时候你有什么抱负，有什么理想，自己再去奋斗。

记者：如果走出国门后，他改变现在的初衷，要去当科学家，要留在西方从事自己钟爱的事业，您会失落吗？

彭中天：我的态度很明确，路由他选，乐见其成！我非常自信的是，有了国学底蕴，他永远不会忘掉自己姓什么，从哪里来。

记者：您觉得类似雪铭所经历的这种教育模式可以在多大程度上复制？

彭中天：我并不赞成完全复古办学，事实上作为一个国家的整体教育体系也不可能那样去做。且不说有国家《义务教育法》在那里管着，就事论事说，大面积推广私塾，师资、教材显然很难到位。现在为什么五花八门的私塾、国际学校那么多，更多反映的是国民对现存工业化、批量化、标准化办教育的模式不满。

记者：单从方法论上讲，您认为在两者之间能找到一些可协调性吗？据我所知，在英国，从小学到大学都开有莎士比亚戏剧课，只是在不同的年龄段，选择深浅不一的教材、用不同的教学方法。那也是人家的“国学”经典啊！

彭中天：没错，这种方式值得我们借鉴，我们的国学教育也应当贯穿学校教育的始终。比方说，让孩子在幼儿园阶段背诵一些唐诗宋词，总比天天读“小白兔，白又白”之类有意思吧？整体而言，中华文化源远流长，其中有精华也有糟粕，最大的问题就是与时俱进，对国学教材进行重新编写，把对当代有启迪的、当代缺少的东西整理出来，而不是原文照搬。

后记：两位“洋博士”的教子攻略，听上去更像是文化牛人的“任性”——前者邱先生从台湾到新加坡、美国，在海外转了一圈后将儿子送进因“应试教育”饱受诟病、国人“己所不欲”的“围城”之内，帮儿子“找罪受”；后者彭先生深受西方文化影响，却偏偏让儿子弃公学读私塾。有趣的是，据我们跟访得到的最新消息，本书尚未完结，邱、彭两位先生的公子殊途同归，业已去了美国读书深造。

毫无疑问，两位洋博士的“教子攻略”在现阶段很难为更多人去复制，但至少我们可以从中感受到一种新的思路与逻辑——假若我们能用当代的文化理念去激活历史经典，同时借助传统文化的合理内核，去助长当代教育的正能量，中国的教育改革之路会不会走得更顺当一些?

至于现阶段中国家长究竟该把孩子交给谁，那还是仁者见仁、智者见智的事。

跋

教育应该为幸福人生奠基

去年“五一期间”，作家吴树先生和记者蒋铮女士来苏州对我进行专访。记得那是一个烟雨蒙蒙的上午，我们就中国教育的变革与挑战、“新教育实验”的缘起与发展等话题，聊得甚为广泛与深入。

碰巧的是两个月之后，在盛夏的一天，我去北戴河看望一位老领导，无意之中又将与吴树先生他们讨论的话题继续聊了起来。老领导求学时有着教育专业的背景，工作后又带来超越教育的视野，对当下教育问题的点评鞭辟入里。他幽默地说，现在有两个“子”成为人们痛苦的重要来源——房子和孩子。从某种意义说，买房子也是为了孩子。“当年我们最直接的痛苦是饿肚子，现在人们最直接的痛苦就是孩子，特别是孩子的教育。”

教育为什么让人痛苦？他一针见血地指出，一个重要的原因就是我们没有“以人为本”。教育最基本的功能是帮助人的成长，让人成为一个幸福的人。人，应该是教育的出发点和归宿。但我们的教育方向错了。我们的教育是从社会出发的，我们的教育理念没有全面地以人为本，而是“以教为本”、“以分为本”。扪心自问，有多少教育局长、学校校长是把学生的健康、学生的幸福放在第一位？他强调，每个人的健康幸福是全社会美好进步的基础。离开了个人的健康幸福，就谈不上社会的和谐发展。

从教育的内容体系来看，主要是解决三个基本问题：如何认识自然，如何认识社会，如何认识自我。他指出，我们的教育对认识自我是不重视的，这也是没有“以人为本”的具体表现。《三字经》第一句就是“人之初，性本善。苟不教，性乃迁”。就是讲人，讲认识自我。正确的做法，是应该以人为中心来组织教材。但现在我们的课程、我们的教材，都不是从人开始。如我们的音乐课，一开始就是讲乐谱，讲技法，为什么不讲讲我们为什么要唱歌？为什么不讲讲音乐与我们每个人有什么关系？甚至我们的思想品德课程，这是一门离开人就不可能存在的课程，却也照样转来转去转不出社会的圈子，对于许多人生的问题避而不谈，如怎样谈恋爱？什么叫快乐？有了烦恼怎么办？这些问题很少登上我们学校的大雅之堂。我是谁？我要走向哪里？这些根本的人生哲学在学校里没有位置，导致学生们“讲社会头头是道，说自己全都不知道”。

一位作家、一位记者、一位老领导，他们对于教育问题所共同倾注的忧虑与反思，引起我极强的共鸣。

人，因教育而成为人，教育，因人而存在，双方彼此依存。因此，教育毫无疑问首先应该教会学生如何认识自己，如何珍惜生命，如何热爱生活。所以，关于生命的教育，应该成为教育最重要最基础的课程。这也正是我发起的“新教育实验”正全力投入新生命教育板块研究的出发点。

人活着，为了幸福。教育的使命，就是帮助人们创造幸福。在“以教为本”、“以分为本”的教育中，胜利者似乎能够赢取所谓的幸福，但这种幸福与心灵相距甚远，是功利的，也是脆弱的。我们“新教育实验”始终以“过一种幸福完整的教育生活”为愿景，我们一直认为：教育应该为人生幸福奠基，如果不能让人们未来幸福，教育也就失去了存在的价值；与此同时，教育也应该是幸福人生的重要组成部分，如果不能让孩子当下幸福，教育也就失去了通往未来的可能性。

为此，“新教育实验”研发了自己的卓越课程体系，其中基础性的生命课程，就是把人的生命分为自然生命、社会生命和精神生命，将教育的目标定位于努力拓展自然生命的长度、社会生命的宽度和精神生命的高度，为人们赢得更有尊严、更加幸福完整的人生。

吴树先生的老朋友徐锋先生在 2012 年邂逅“新教育”之后，对“新教育”这种“以人为本”的理念高度评价。他深有感触地说：“新教育是在给一个病人——中国教育，作一次准确的基因修复。大家从事的，是一项注定要走进历史的、伟大的、关系中国教育成败的基因修复工程。”也正是基于这样的认识，他向吴树先生竭力推荐了我们的“新教育实验”。

“新教育实验”对于教育的思考与探索，我在和吴树先生交流时也反复提及，他颇为赞同。所以，在出版这两本书时，我不仅作为受访者出场，还应邀与著名作家理由先生分别为书作序写跋。

坦率地说，我喜欢这两本书，更理解作者的良苦用心。因为对于中国教育改革来说，的确需要有这样的忧患意识，需要有担当的全方位反思与审视。吴树先生告诉我，他们以文学的方式（而非评述）记载近三十年中国教育走过的路、发生的事，以及事件中的人物命运，是为了从那些真实的故事、鲜活的个体命运中，折射出中华民族在融入世界大家庭之际所经历的彳亍、彷徨与艰难奋进。其实，无论是文学还是评述，都是观察者自己眼中的中国教育，见仁见智，全是作家自己的眼光。

此外，我感觉书中的批评多了一些，忧虑重了一些，对于正在民间悄悄进行的教育改革关注少了一些。吴树先生说，希望今后有机会深入我们的“新教育实验”现场，全面了解中国民间的教育变革，届时争取能够完成一篇更加“正能量”的报告文学。为此，我们期待着。

朱永新
2016 年 2 月 20 日

朱永新

作者简介：第十二届全国政协常委、副秘书长。中国民主促进会中央委员会副主席；中国教育学会副会长，苏州大学博士生导师，改革开放 30 年“中国教育风云人物”；中国“新教育实验”发起人与实践者，该项教育改革案例入围 WISE 世界教育创新奖；代表作：《朱永新教育作品》16 卷。